JN163177

# 民法理論研究

中村哲也

# 民法理論研究

✿❋✿

学術選書
121
民法

信山社

# はしがき

本書を故広中俊雄先生に捧げます。先生からは発表した論文に手を入れて論文集を早く出すようにと何度か勧められていましたが、纏めるための視点が見出せずに時間だけが過ぎてしまいました。ようやく『民法理論研究』という名前が浮かぶことによって、収録論文と編成についての考えが纏まってきました。その切掛けとなったのは先生への弔辞において民法理論研究会で議論して戴いたことへの感謝を中心に述べたことです。この研究会の名称は先生の命名によるものでした。そしてこの「民法理論」ということが先生のご関心の所在を表すだけでなく先生の私達へのご指導の内容を表すものでもあったと思い至ったのでした。そしてまた、先生から様々な形で戴いたご教示なしではありえなかったであろう本書収録論文の全体を表すものとしてこのタイトルを用いることを先生はお認め下さるであろうと考えました。本書の内容が書名の大きさに追い付かないのは痛感するところですが。

収録論文8、9、10の原型は大学院修了に際して東北大学に博士論文として提出されたものである。先生は博士課程の三年間が過ぎても論文の構想が纏まらないという状況にあった筆者を粘り強くご指導下さった。留年していよいよ追い詰められた気持ちで六月下旬に先生の研究室で論文の中間報告をした際、それまでに何回か行った中間報告では厳しく（といっても必ず方向のサジェスチョンを伴いつつ）再考を指示されることの繰り返しであったが、この時初めて先生は私の報告を聴きながら笑顔を見せて、その枠組みで先に進むことを促して下さった。このようなテーマで博士論文を書くことを認め励ますというのは、ご自分でもこの問題に強い関心をもっておられたからであろう。大学院修了とともに職に就くことができ、その後は民法解釈論文と並行して本書に収録したような論文を書いてきたのであるが、それらは今から振り返れば先生のいわれる意味での「民法総論」に属するものであった。自らの力を弁えずに背伸びをし続けたような気もするが、曲がりなりにもこのような研究生活を送ることができたのは、法現象である民法解釈およびその方法を社会科学の対象として観察するという先生から受けた大学院時代のご指導があったればこそであった。

これら収録論文の執筆はまた多くの方々との出会いがあって可能となった。第Ⅰ部については、法政大学所蔵梅謙次郎文書目録のほぼ三年におよぶ作成過程で議論を交わした岡孝学習院大学教授、『日本民法典史料集成』の作業を全面的にバックアップされていた（そして本書の刊行を引き受けて下さった）信山社の袖山貴社長、第Ⅳ部については、民法理論研究会で議論した諸氏特にこの研究会を発足させ二〇年に亘って運営を担当された水谷英夫・小島妙子両弁護士に感謝します。また、私は研究生活を弘前大学でスタートし次いで大部分を新潟大学で過ごしたが、そこで自由な環境の下での研究を可能にしてくれたかつての同僚諸氏に感謝します。また、本書校正につき信山社稲葉文子さんの御助力に感謝します。

二〇一六年九月六日

中村哲也

『民法理論研究』目次

# 民法理論研究

# Ⅰ　民法典編纂に関する研究

1 民法第二編親族案

2 民法修正原案の「単独起草合議定案」の事例研究

3 民法典論争と法典調査会及び帝国議会における修正作業の関連

4 Institutiones から Pandekten へ

# *1* 民法第二編親族案



## 一　はじめに

民法典第四編第五編旧規定（以下、明治民法とする）を特徴付けていたのは、家、戸主権、家督相続の制度である。梅は、これらの制度に対して民法典施行後の著書、講演、新聞論説の中で明確な批判をしているが、法典調査会での審議においても批判的姿勢を窺うことができる。このことは、明治民法に関する研究を通して既に知られている[1]。家制度批判、男女同権の主張は明治の初期から存在し[2]、自由民権運動のなかでも重要な主張の一つであった[3]。梅による家制度批判は新しいものではなく、とくに激しいというわけでもない[4]。梅の親族法観の意義は何と言っても、起草委員のそれ、言い換えれば、権力の中枢から委託を受けた者のそれとして明治民法のなかに跡を残したという点にある。

既に旧民法が家―戸主権―家督相続の制度を持っており、法典実施延期の経緯からいっても、それらの制度を覆すということは政治的に実現可能性のない現実の下で、梅の立場はそれらの存在を前提としたうえで、その機能を減少させるということ及び悪慣習とみるものを正すというものであった。

法典調査会での審議の当初は少数ながら家制度批判の立場からと思われる発言をする委員がいたが[5]、それらの委員は第四編以後の審議には加わっていない[6]。かくて、穂積八束、土方寧、三浦安、奥田義人、村田保といった家制度論者が不満を抱きつつ[7]出席し熱心に議論する第四編第五編の審議では、起草委員として当然のことながら、梅にとっては、穂積陳重、富井政章とときには相違が現れることはあっても基本的には一致してそれら家制度論者による攻撃から原案―自からも多くの批判点をもつそれではあるが―を守ることが中心的な任務となった[8]。

## 二　第二編親族案の提出

梅は、第一回法典調査委員総会で、「法典調査ノ方針」原案第二条「民法全典ヲ五編ニ分チ其順序ハ左ノ如ク定ム　第一編　総則　第二編　物権　第三編　人権　第四編　親族　第五編　相続」に対して異議を唱えた。「本員ハ第四編ニ在ル親族ヲ第二編ニ改メント欲ス其ノ理由ハ親族上ノ権利義務ハ物権人権トハ性質ノ異ナルモノニシテ物権人権ハ所謂財産権ニシテ親族権ハ或ハ人事権トモ称スヘキモノナリ……今日日本ノ有様ヲ見ルニ身分ノ事ト財産ノ事トヲ比較スルトキハ十中八九重キヲ身分ニ置ケリ[9]」。

明治二六年三月三一日付けで三起草委員の連名で内閣総理大臣伊藤博文に出された「法典調査規程理由書」の第五条の中に「(但シ親族法ノ位置ニ関シテハ起案者中之ヲ総則ノ次位ニ置クヘシトナスモノアリ)[10]」とあって、梅が「方針」原案の作成において第二編親族を主張していたことがわかる。穂積陳重が第一回総会で梅の提案に関して「原案ノ如ク第四編ニ置クヲ以テ相当ト信ス乍併此點ニ於テハ敢テ熱心ナル反対者ニアラサルヲ以テ之ヲ述ヘス[11]」と発言したのを捉えて、梅は第二回総会で「穂積君モ格別ノ異議ハ無イ様テアリマシタ若シサウテアレハ私ハトウカ其通リニ致シタイト思ヒマス」[12]と強引に議論を自説に導こうとした。穂積も今度は、物権人権は一般に亙るから前に置き特別関係についてだけの権利は後にするということ、親族と相続が離れるのは不便であるということを述べて原案を守る態度を明確にした[13]。第二編親族案は賛同者が現れず修正案としての採決の対象にもならずに葬られるのであるが、梅のその後の議論と無関係なものとみることはできない[14]。

フランス民法典、旧民法では親族に関する規定は相続に関するそれとは離れており、親族を第二編に置くことは違和感を生じさせるものではなかったと思われる。第二編にすること自体は規定の内容に具体的に直結するものではない。梅としては、それだからこそ、反論も抽象的にならざるをえないと考えたかもしれない。第一回総会での穂積の対応は梅の思う壺だったということになる。もっとも梅の提案理由も力を持ちうるものであったわけではない。梅が挙げる積極的論拠は「今日日本ノ有様ヲ見ルニ……十中八九ハ重キヲ身分ニ置ケリ」ということである。これは、それだけ取り出せば家制度論者の支持を得られそうな表現である。確かに梅は、後に家制度批判を明言するにおいても、「十五年ノ後カ二十年ノ後カ分カラヌ兎ニ角時機ノ到来ト共ニ家族制ハ廃シテ行クデアラウ」[15]とする一方で、「今人為的ニ廃メルト云フヤウナコトハ到底出来ルコトデナイ、又ソウ云ウ必要ハナカラウト思ウ」[16]と述べ現実の急激な変更は主張していない。しかし、このことから第二編親族案を梅の現状肯定の姿勢の現れとみることは適切ではないであろう[17]。梅にとって立法作業の出発点である親族・家族に関する現状は決して積極的に肯定しようとするそれではなかった[18]。親族を第二編に置くことが現実の慣習や家制度を尊重することを意味するのであれば、それは梅が法典編纂において避けようとする事柄であった。したがって、「方針」の起草において親族が第四編に置かれたのに対して敢えて異を唱えることはないであろうし、まして総会で修正意見を述べることはなかったであろう。「十中八九……」という表現は、一つには現状肯定を思わせるため、もう一つは、現状のではなく梅が考える親族の在り方の重要性が込められた発言であったのではないか。そして、梅提案には、この意味での親族法の重要性の主張と並んで、親族法を相続法と切り離すという、法典調査会で述べることは得策でない目的もあったのではないか。

乙第二三号（「家族ノ遺産相続ニ付イテハ分割主義ヲ採ルコト」）の審議において、穂積が家督相続を単独、遺産相続を分割、富井がどちらも単独、梅がどちらも分割相続をあるべきものと考えていたことが述べられている[19]。家督相続こそ親族法と相続法を結びつけ、それぞれの性格を決定づけるものであった。この審議の際、梅は、「是迄ノ此議場ノ傾向ヲ見ルト到底サウ云ウ案ヲ出シテモ諸君カ能ウ議決シテ下サルマイ[20]」と述べた。法典調査会での「傾向」は、「方針」の起草段階で容易に予測しうることであった。梅の編別の主張は、当面単独家督相続が避けられないとしても、将来の民法典として、親族法との分離によって相続法に財産取得の特別法という性格を与え、同時に親族法にそれとは独立した性格を与えるという意味を持ちえた。また、第四編第五編が一体として家制度を表現するものになるのを避けることもできる[21]。親族と相続が離れるのは不便であるという穂積陳重の第二回総会での発言は常識的ではあるがこの提案の一面をついていたということになる。

## 三　梅における家制度と親族法

それでは、財産法のみならず相続法からも自立的な親族法ということでどのような内容のそれが構想されたのであろうか。梅は、第二編親族案の理由を述べるなかで、「親族ニ於イテ親タリ子タリ夫タリ妻タル如キハ人間ノ常ニシテ人間トシテ之ナキ者ハ殆ト無シト謂ウテ可ナリ[22]」と言う。「方針」第六条では「民法親族編ニ於テハ家族及親族ノ私法的関係ニ関スル規程ヲ掲ク」とされていたが、梅は、「家族」には触れずに「親族ノ私法的関係」だけを述べている。法典施行後、梅は、「欧羅巴ノ今日ノ親権、父権、若クハ夫婦ヲ以テ組立テ居ル家ノ新ナル観念ニ移変ッテ行クト云フコトハ妨ゲヤウト思ッテモ妨ゲルコトハ出来ヌ」し、またそれは、「少シモ憂フベキコトデナイ[23]」と述べた。梅にとっては、親族関係と区別された意味の家族関係は、親族法のなかでは重要な位置を与えられるべきものではなかった。法典調査会での発言の多くは原案作成段階の起草委員の議論を経たものであるが、梅個人の意見が窺えるものを手掛かりにすることによって、「愛情」による夫婦と親子の結び付きが親族編の中核をなすべきであるとする梅の考えを見いだすことができる。

明治民法のなかの戸主は、単独の家督相続による財産の取得が家族に対する事実上の支配を可能にするということはあるが、それ以外では、家族に対する権限の多くは規定上は形式的なものにされた(24)。婚姻・養子縁組に戸主の同意が必要であるとされても、同意がなくても無効ではなく離籍できるだけである(25)。「戸主ハ其家族ニ対シテ扶養ノ義務ヲ負フ」とする明治民法七四七条については、法典調査会ではとくに教育方針の指示の権限を欠いて費用負担の義務だけとなることへの反対が強く主張されたが、梅・富井が踏張って、長時間の議論の末、戸主には費用負担だけが残された(26)。このような起草委員の立場は他の委員の中に不満を惹き起こしたが(27)、起草委員は基本的にはこの方針で一致していた(28)。梅の立場はこの方向を更に進めることにあり、そのことから他の起草委員と意見を異にすることがあった。例を挙げると、明治民法七三三条三項「父母共ニ知レサル子ハ一家ヲ創立ス」は、甲号議案になく、第一三八回法典調査会において、起草委員提出の修正案七四二条として現れた。これは旧民法人事編二五五条にあたるものである。梅は当然の規定で「別段御異議モナカラウ」と言ったが、富井が「棄児トカ迷子デアルドチラニシテモ極小サイモノデアルサウ云フモノヲ法律上当然一家ヲ創立スト云フノハ如何ナモノデアラウカ」「戸籍法デ始末ヲ附ケルコト」ができないかと疑問を呈したことが発端となって議論となった(29)。土方による「梅君ノ御考エハ詰リ一家ト戸籍ト同視セラレテ居ルト思フ(30)」という批判が梅の提案の性格をついている。土方発言には家の形式化への反発がある。しかし反対論はこの問題への対応を提示できず、修正案に対する削除案は否決された(31)。

## 四　「愛情」に支えられた親族関係

家制度に対する梅の批判的姿勢は、擬制的親族関係への批判と共通しており、更には、当時の慣習を「男尊女卑ノ風余リニ甚シ」[32]とすることにも関連している。このことが明確に現れるのは、継親子、嫡母関係および婚姻関係についての議論である。明治民法七二五条にあたる甲第四八号七三三条の審議において、旧民法人事編二三条「嫡母、継父又ハ継母ト其配偶者ノ子トノ関係ハ親子ニ準ス」、同二四条二項「然レトモ婦ノ夫家ニ於ケル又入夫ノ婦家ニ於ケル尊属親トノ関係ハ親属ニ準ス」に相当する規定がないことが、委員の猛反対を惹き起こし、起草委員の防戦も空しく、それら規定の復活が決議された[33]。旧民法人事編二三条は最終的に明治民法七二八条となる。しかし、旧民法人事編二四条二項にあたるものは、一旦は修正案七三八条として決議されたが[34]、法典調査会での曲折があった後、整理会で起草委員から決議案を明治民法七二八条にあたるものに替える整理案および整理修正原案が出された。決議が覆されたのであるから、穂積八束、土方は猛反対したが、結局この整理修正原案が可決された[35]。

梅は、旧民法人事編二三条の復活に反対しつつ、それが復活されることになっても、「嫡母ニ付イテハ絶対ニ反対シタイ」として修正案を出すが[36]否決された。継親子関係と区別して、嫡母子関係を親子関係とすることに反対する梅の議論は、庶子を認めると妾も認めることになるというものであったが、ここには擬制的親子関係ということに加えて「男尊女卑ノ風余リニ甚シ」とする慣習批判の一つとしての妾慣習への批判をみることができる。

継親子・嫡母子関係の関連で更に例を挙げる。明治民法七七三条「継父母又ハ嫡母カ子ノ婚姻ニ同意セサルトキハ子ハ親族会ノ同意ヲ得テ婚姻ヲ為スコトヲ得」の原案甲第五〇号七七九条は「前条ノ規定（父母の同意）ハ継父母ニハ之ヲ適用セス」となっていた。嫡母子が親子関係とされた以上ここで嫡母を継父母と同じに扱うという梅からの修正提案には異論は出なかったものの、穂積八束からこの条文の削除案が出されて議論が生じた。梅は「何時モ徳義問題ト法律問題ヲ混スルカラ困ル」「前条ハ全ク愛情ヲ基礎ニシテ書イタノカ夫レカ本家ヲ削除シテ継父母ヤ嫡母カ入ツタナラハ却テ前ノ箇条ノ議決ノ精神ニ戻ル……飽クマテモ反対致シマス」[37]と主張したが、削除案が多数を占めた。梅はそのあと継父母や嫡母の同意がない場合に親族会の同意に代えることを提案してそれが成案につながった。[38]

旧民法人事編二四条二項の復活の阻止の際、梅は、整理会でやはり「慣習的道徳的ノ考エカ残ルダラウト思ヒマス……ケレドモ法律上実ノ親子ト同ジヤウニスルト云フコトハ到底出来マセヌ」という言い方を用いた。土方がなおも「決議案ノ通リテアルト云ツテモ別ニ害ガアルト云フノデハナイ」と言うのには、「害カアル」と言い切った。[39] 同様の主張は他にもみられる。甲第四八号七四一条「婚姻ニ因リテ他家ニ入リタル者ハ其配偶者ノ死亡シタル後ト雖モ婚家ヨリ更ニ他家ニ入ルコトヲ得ス但シ婚家及ヒ実家ノ戸主ノ承諾ヲ得テ実家ニ復籍スルハ此限ニ在ラス（二項略）」（のち修正されて明治民法七四一条となる）の数回にわたる審議を承けて、第一三一回法典調査会に起草委員から「婚姻ニ因リテ他家ニ入リタル者カ其配偶者ノ死亡シタル後更ニ他家ニ入ラント欲スルトキハ婚家及ヒ実家ノ戸主ノ承諾ヲ得テ予メ実家ニ復籍スルコトヲ要ス（二項三項略）」とする修正案が提出された。梅は起草委員としてこの修正案を説明した後、「私一己ノ資格テ修正案ヲ提出致シマス……第一項ノ『婚家及ヒ』ノ四字ヲ除クト云フコトテアリマス」「成程配偶者ノ死ンダ跡テ後家ヲ守ルト云フコトハ日本ノ徳義トナッテ居リマス……（しかし）法律上トシテハ苟モ再婚ヲ許ス以上ハ貞婦二夫ニ見エズト云フ原則ハ採用シテイナイ」[40]とここでも「徳義」と法律の区別を根拠とした。梅の修正案は、穂積八束の「軽々シク梅さんノ御説ノヤウニ決セラレテハ大変ニ不安心ニ思ヒマスカラ……多少倫理ノ関係ニ重キヲ措テ規定ヲシテ貫ハヌト往ケナイ」[41]という反対もあって結局否決された。

これらの梅の発言から窺うことができるのは、家制度論者の主張を「徳義」の問題であるとして、[42]それと対置した「愛情」[43]に支えられた夫婦・親子関係を親族法の中心としようとする姿勢である。[44]これが財産法と相違するだけでなく、[45]相続法とも離されたものとしての梅にとっての親族法だったのではないか。[46]

## 五　ま と め

梅のこのような親族法の考え方は、資本主義の展開に資する親族法とするという側面を持つことは勿論であるが、他方で、そこに経済生活から自立した価値を基礎におく親族法という考えの萌芽をみることもあながち無理なことではないであろう。明治民法第四編第五編はその後も引き続き政治的思想的対立のなかに置かれることになる。法典調査会における梅の奮闘―前三編におけると併せ伊藤博文の期待に十分応えるものであったであろうそれ―は明治民法典のなかに家制度のある程度までの形式化として跡を残し、また民法典制定後の彼の著作はその後の家制度批判の流れにとって一つの源の位置を占めるものとなったのである。

（1）　平野義太郎「明治法学史における一学派」法律時報五巻八号（一九三三）→『日本資本主義社会と法律』（一九七一）三八頁以下、我妻栄「家族制度法律論の変遷㊤㊥㊦」法律時報一八巻一〇号―一二号（一九四六）→『民法研究Ⅶ』（一九六九）六九頁以下、利谷信義「明治民法における『家』と相続」社会科学研究二三巻一号（一九七一）四三頁以下、有地亨「明治民法と『家』の再編成」青山道夫他編『講座家族8―家族観の系譜』（一九七四）三〇頁以下等。

（2）　福島正夫編『家族　政策と法7　近代日本の家族観』（一九七六）所収の福島正夫「小野梓の家族観」、野崎衣枝「森有礼の家族観」等参照。

（3）　ただし、植木枝盛について上野千鶴子『近代家族の成立と終焉』（一九九四）一一二頁、一二三頁注（7）の指摘するところも参照。

（4）　伊藤博文と梅の緊密な結び付きについて、向井健「梅謙次郎」法セミ臨時増刊・日本の法学者（一九七四）八七頁以下参照。

（5）　西園寺公望が主査会で（第八回民法主査会議事速記録二巻八〇丁（法典調査会議事録はすべて学振版））、末延道成、渋沢栄一が総会で（第三回法典調査委員総会議事速記録（総会議事）一巻一二五丁、一二六丁）、戸主制度の廃止を主張した。それらの意見が述べられたときに梅は発言していない。梅は民法典が制定されるまでは家制度に対しての正面からの批判を表明していない。梅「法典ニ就イテ」国家学会雑誌八四号（一八九四）参照。

（6）やはり総会で戸主制度廃止の発言（第三回総会議事一巻一二八丁）をした磯部四郎は後の審議にも加わっているが、磯部の法典調査会での立場については、利谷・前掲六七頁注(3)参照。

（7）甲第六一号九七三条二項（後に明治民法九八七条）審議のなかに穂積陳重の「平生家ヲ重ンシナイト云フコトヲ土方君当リカラ云ハレル位ナ我々カ置イタ……」（第一七五回法典調査会民法議事速記録（民法議事）五七巻一三五丁）という発言がある。明治民法第四編第五編が家制度をめぐる異なった考え方の妥協のうえに成り立ったことにつき我妻・前掲一〇〇頁以下。

（8）起草委員に共通した基本的立場について、福島「兄弟穂積博士と家族制度」法協九六巻九号（一九七九）→『福島正夫著作集第二巻家族』（一九九六）三四七頁以下。

（9）第一回総会議事一巻一〇丁。また、沼正也「梅謙次郎の執着」『沼正也著作集二二』（一九八二）二一九頁以下参照。

（10）民法成立過程研究会『明治民法の制定と穂積文書』（一九五六）→福島正夫編『穂積陳重立法関係文書の研究』（一九八九）一一四頁。「梅博士遺事録二二回」法律新聞八八〇号（一九一三）に、三月二一日の伊藤博文官邸での会合で、穂積陳重から『法典修正見込書』、梅から『民法修正案編纂の方針』が提出されたとある。この『……の方針』では親族は第四編である。しかし、その文書は修正案ができた後のものに見え、また、実質的内容および用語は、第九回帝国議会衆議院法中修正案委員会での梅の説明（広中俊雄編『第九回帝国議会の民法審議』（一九八六）七〇頁）に対応している。『……の方針』は東川徳治『博士　梅謙次郎』（一九一七）一七二頁以下の「民法修正案編纂方針」と同じであり、後者「方針」の末尾に（草稿）とあるのは、衆議院委員会のための草稿であることを意味していると思われる。穂積陳重『法窓夜話』（一九一六、参照は一九八〇年版）「九九　法典編纂」の官邸での会合の記述に『……の方針』はでてこない。『……の方針』について、岡孝「明治民法と梅謙次郎」法学志林八八巻四号（一九九一）四一頁注(96)も参照。「法典調査規程理由書」と衆議院委員会での説明の相違については、広中『民法綱要第一巻上総論』（一九八九）

九六頁。

(11)　第一回総会議事一巻一四丁。

(12)　第二回総会議事一巻二三丁。

(13)　第二回総会議事一巻二三丁以下。

(14)　民法典施行後も梅がこの考えを繰り返し述べたことにつき、沼・前掲二一二頁以下。沼「明治民法から現行民法までの相続法」『沼正也著作集一八（新版）』（一九七七）二九六頁は梅の編別の主張を富井のそれに対置して「市民社会法の基本的理解についての端緒性さえなかった」とする。この対置は家制度への批判の強さの相違には対応していない。

(15)　梅「家族制ノ将来ヲ論ス」法学志林三三号（一九〇二）三四頁、また、「二十世紀の法律」読売新聞一九〇〇年一月五日、『民法要義巻之四親族編』（参照は一九一二版）一三頁。

(16)　梅「家族制ノ将来ヲ論ス」二四頁。

(17)　有地「明治民法起草の方針などに関する若干の資料とその検討」法政研究三七巻一・二号（一九七一）一一四頁。

(18)　梅「法典ニ就イテ」八一頁以下の悪慣習とされる例を参照。

(19)　第一七二回民法議事五六巻九四丁以下。

(20)　第一七二回民法議事五六巻一〇一丁。梅の家督相続制度の批判は、梅「家族制ノ将来ヲ論ス」二二頁以下。

(21)　梅は「民法中ノ人権物権ト親族相続編トノ関係ハ民法ト商法トノ関係ヨリモ薄シ」（第一回総会議事一巻九丁）とも言うが、これは民法と商法は起草委員が同一であるべきとするものであって、ここには親族法と相続法が一体であるという主張はない。

(22)　第一回総会議事第一巻一〇丁。これは直接には、原案の物権人権と親族の順序を一般法特別法の先後で説明する理由書に反論するものである。

(23)　梅「家族制ノ将来ヲ論ス」三四頁。

(24)　我妻・前掲八八頁以下、山中康雄「市民的家族法のありかた」青山道夫教授還暦記念・家族の法社会学（一九六五）二八頁以下。家制度が民法典のなかに置かれていたことの政治的意味は別の問題としてある。

(25) 明治民法七五〇条。梅はこの規定について「立法者ハ茲ニ見ル所ガアッテ」(梅「家族制ノ将来ヲ論ス」三三頁)と自負している。居所指定権も同様になっている(明治民法七四九条)。

(26) 第一二八回民法議事四三巻六七丁以下。この議論のなかで、梅が戸主の同意権許可権をさして「其ノ点ニ於イテハ或ハ既成法典ヨリ一層強ク戸主ノ権ヲ持テ居ル」(第一二八回民法議事四三巻八〇丁)と言ったのは、本文に述べたような内容の戸主の扶養義務規定を通すための発言とみるべきであろう。ただし、有地・前注(1)四〇頁はこの発言の理解を異にする。

(27) 土方は「起草委員ノ御考エヲ伺ト云フト……戸主、家族ト云ウヤウナ関係ハ認メテ往キタクナイヤウナ精神ノヤウニ見エル」(第一二八回民法議事四三巻八九丁)と言った。

(28) ただし、戸主が取得した財産に対する権利については見解が分かれた。富井による廃戸主制度導入の修正案に対して、梅は粘り強く反対して阻止に成功した。この経過は、利谷・前掲八八頁以下に詳しい。起草委員の基本的立場に対して法典調査会で戸主制度に関連して変更が加えられた重要な例としては、甲第四八号七五一条審議において推定家督相続人の分家を禁止する修正案が出され、起草委員の否定的見解を押し切って可決されたことが挙げられる(のち明治民法七四四条となる)。梅は修正案に反対して、「(これからは武家の社会でなく)平民社会ノ慣習カ餘計勢力ヲ持ツ方カ多カラウト思ヒマス」(第一三〇回民法議事六三巻一九七丁)と発言している。

(29) 第一三八回民法議事四六巻二九丁以下。

(30) 第一三八回議事四六巻三六丁。

(31) 第一四一回法典調査会で起草委員から明治民法七三三条一項二項にあたる条文が加えられた修正案が出され今度は議論なく可決された(民法議事四七巻三丁以下)。

(32) 梅「法典ニ就イテ」八三頁。

(33) 第一二四回民法議事四二巻四五丁。岸本辰雄はこの議論を「個人主義制度ト家族制度ノ喧嘩」と表現した(第一二四回民法議事四二巻三九丁)。

(34) 第一二六回民法議事四二巻一二七丁。これは整理会で決議案第七二八条とされているもの。

(35)　第一三回民法整理会議事速記録（整理議事）第四巻一二七丁以下。この経過については、広中「尊属の概念」『家族法大系1』（一九五九）→『民事法の諸問題』（一九九四）二〇三頁以下に詳しい。なお、梅の尊属概念については、山畠正男「尊属の概念」太田武男先生還暦記念・現代家族法の課題と展望（一九八二）四四頁も参照。
(36)　第一二四回民法議事四二巻四一丁。
(37)　第一四二回民法議事四七巻六九丁以下。
(38)　第一四二回民法議事四七巻七七丁。
(39)　第一三回整理議事四巻一四一丁以下。
(40)　第一三一回民法議事四四巻三丁以下。
(41)　第一三一回民法議事四四巻五丁。
(42)　梅が繰り返すからであろう、穂積八束には「例ノ通リ道徳ト法律ト混シタヤウニ一概ニ御聴取リニナッテハ困リマスカ……」（第一五三回民法議事五〇巻九三丁）という発言がある。
(43)　梅『民法要義巻之四親族編』一〇三頁、三四七頁、三四九頁参照。法典調査会で梅が単独相続に反対した理由の一つは「親ノ愛情ニ於テ違ヒハナイ」（第一七二回民法議事五六巻一〇一丁）ということであった。
(44)　梅が、「従来ノ親族会ノヤウナモノテアルト……有害無益」（第一七二回民法議事五六巻七一丁）と考え、親族会の招集及び会員選定に裁判所を関与させる規定（明治民法九四四条および九四五条一項）を曲折を経て実現に導く過程で示した粘り（特に第一四回整理議事五巻二丁以下）もこの延長でみることができる。
(45)　夫婦財産制についての発言第一三九回民法議事四六巻八三丁以下参照。
(46)　本稿では立ち入れなかったが、男女同権についての梅の考えは、「法典ニ就イテ」八三頁、女戸主をめぐる法典調査会での発言（第一二七回民法議事四三巻五七丁以下）、離婚原因としての姦通をめぐる発言（第一三九回民法議事四六巻一〇八丁）を参照。

# 2 民法修正原案の「単独起草合議定案」の事例研究

## ―梅文書・穂積文書所収草稿（所有権ノ取得／共有）及び書き込みの解読を通して―



## 一　はじめに

法政大学図書館所蔵梅謙次郎文書の中に民法修正原案の「所有権ノ取得」・「共有」部分（『甲第十三号』[1]として法典調査会での審議に付された部分）の草稿と思われる文書がある（梅文書研究会編『法政大学図書館所蔵梅謙次郎文書目録』（二〇〇〇）第4部門4・46、以下、梅4・4・46と表記する）。この文書と同一内容同一筆跡のものが、穂積文書に収められている（福島正夫・民法成立過程研究会編『明治民法の制定と穂積文書』（一九五六）→『穂積陳重立法関係文書の研究』（一九八九）目録第四部乙4、以下、穂積四・乙・4とする）[2]。この二つの文書に使われている用紙はともに赤マス目用紙で、隅にかこみで大嶋用紙とある。[3] 甲号議案の草稿が二部残っていることが確認されているのはこの『甲第十三号』だけである。この両文書にはそれぞれに梅、穂積の筆によると思われる多くの書き込みがある。これによって、少なくとも立案担当以外の二人の委員は同じ草案を渡されて、それに合議の内容を書き込んでいったということが分かる。このことは、当然そうであろうと推測されてきたことではあるが、梅4・4・46の存在によって確かめられたわけである。

梅4・4・46／穂積四・乙・4が富井の自筆であるか否は本稿のテーマではない。[4][5] 富井筆であれ他人筆であれ、部分的にせよ甲号議案の起草の合議の過程で用いられたと思われる二つの文書をみることが可能になったことが重要であると考えている。[6] 即ち、甲号議案の起草過程は、立案担当者による単独起草と三人の起草委員による合議という二つの段階からなったとされている（「単独起草合議定案」法典調査規程第一条）。この二つの文書の解読を通して、まず、単独起草された内容の確定が可能となり、次いで、合議段階で重ねられた修正の内容が判明してくる。甲号議案と旧民法典の相違箇所については、法典調査会における審議の際の起草委員の説明から、起草委員の間で合議の結果となった考えを知ることができる。本稿は、直接に現行民法の個々の条文の成立史研究の一環であることを目指すものではなく、残された二つの草稿を手掛かりに、そのような法典調査会審議で説明されるようになるものが単独立案と合議定案の作業のなかで成っていく過程を推測しようとするものである。以下では、まず、富井の草稿から『甲第十三号』に至るまでの条文の変遷を対照表にして示す（二）。ついで、富井による草稿と合議に提案されたその最終内容（以下「富井草案」と呼ぶ）を確定することによって、草案提出までの富井による立案の過程を推測する（三）。次に、梅4・4・46と穂積四・乙・4における修正案の書き込みの型を分類することを通して、合議における草案の修正の過程を推測する（四）。最後に、梅4・4・46と穂積四・乙・4における参照条文の訂正・追加の相違を検討して（四）の記述を補足する（五）。勿論、立案を担当する者による相違と議案の対象部分による相違を考えれば、『甲第十三号』の起草過程の検討から、甲号議案全体の起草過程に関しての推論が可能になるわけではない。本稿は、二つの草稿が存在するこの部分だけの検討であり、しかも多くの推測を語らざるを得ないが、そのような制約の下で、旧民法典の具体的な修正の出発点をなす甲号議案起草過程の解明の一歩を試みようとするものである。

## 二　富井草稿／富井草案／梅・穂積によって書き込まれた修正案／『甲第十三号』対照表

残された草稿からは、まず富井が起草委員三名による合議に提出する前の案を知ることができる（対照表第一段）。富井はそれに一部修正を加えたうえで合議に提案した（対照表第二段）。三起草委員は、それぞれ手元にある富井草案に合議途中の或いは定案なった修正案を書き込んでいったのであろう。対照表の第三段目に、梅、穂積とあるのは、それぞれの文書所収の草案に書き込まれている修正案という意味であって、必ずしも梅個人、穂積個人による修正案を意味するものではない。この段のアラビア数字は、梅・穂積文書それぞれにおける第一修正案、第二修正案等を示している。従って、両文書の間で数字、内容が異なることが少なくない。この数字が書かれていないのは、草案に対する修正案がない条文である。この段で穂積最終修正案の末尾に注番号が付されているのは、その最終修正案についての注ではなく、この条文の合議における修正案全体に関しての注である。節と款については、梅文書と穂積文書の間に相違はない。第四段目の現行条文は、厳密にいえば対応といえるかが問題となりうるものもあるが、参考として掲げた。草稿、修正案、議案書で用いられている旧漢字は、この表では新漢字にした。なお、富井草稿（従ってまた草案）の条文のあとに参照条文名が挙げられているが、参照条文は本稿の検討対象ではないので、対照表には記載しない。参照条文についても梅4・4・46と穂積四・乙・4で書き込みがあり、その間に相違がみられる。また、それらと『甲第十三号』の参照条文とも相違する箇所がある。これらの相違については五で述べる。

## 『甲第十三号』（所有権ノ取得／共有）成立の過程を示す対照表

| 富井草稿 | 富井草案 | 梅・穂積によって書き込まれた修正案 | 『甲第十三号』（対応する現行条文） |
|---|---|---|---|
| 第二節　所有権ノ取得<br>第一款　先占<br>第二百三十八条　無主ノ動産ハ別段ノ定ナキトキハ所有ノ意思ヲ以テ之ヲ占有スルニ因リテ其所有権ヲ取得ス<br>無主ノ不動産ハ国庫ノ所有ニ属ス<br>（別案）本条中「無主ノ動産」ヲ「無主物」トシ「不動産」ヲ「土地」トスルコト | 第二節<br>所有権ノ取得<br>第一款　先占<br>第二百三十八条<br>草稿と同じ<br>（以下「同じ」は別案を含め草稿と同じ） | 第二節　所有権ノ取得<br>第一款　先占<br>**梅1**　第二百三十八条　無主ノ動産ハ所有ノ意思ヲ以テ之ヲ占有スルニ因リテ其所有権ヲ取得ス但法令ニ別段ノ定アルトキハ此限ニ在ラス<br>無主ノ不動産ハ国庫ノ所有ニ属ス<br>**梅2**　第二百三十八条　無主ノ動産ハ所有ノ意思ヲ以テ之ヲ占有スルニ因リテ其所有権ヲ取得ス<br>無主ノ不動産ハ国庫ノ所有ニ属ス<br>**穂積1**　梅2と同じ | 第二節<br>所有権ノ取得<br>第一款　先占<br>第二百三十八条<br>**梅2・穂積1**と同じ<br>（現二三九条） |
| 第二百三十九条　善意及ヒ所有ノ意思ヲ以テ他人カ飼養セル野栖ノ動物ヲ占有スル者ハ其占有ノ始ヨリ二十日 | 第二百三十九条<br>同じ | **梅1**　第二百三十九条　二十日間所有ノ意思ヲ以テ他人カ飼養セル野栖ノ動物ヲ占有スル者ハ其占有ノ始善意ナ | 第二百三十九条<br>**梅3・穂積1**と同じ |

| | | | |
|---|---|---|---|
| 内ニ回復ヲ受ケサルニ因リテ其所有権ヲ取得ス | | ルトキニ限リ其動物ノ所有権ヲ取得ス | （現一九五条） |
| | | **梅2** 第二百三十九条　二十日間所有ノ意思ヲ以テ他人カ飼養セル野栖ノ動物ヲ占有スル者ハ其占有ノ始善意ナルトキハ其動物ノ所有権ヲ取得ス<br>**梅3** 第二百三十九条　所有ノ意思ヲ以テ他人カ飼養セル野栖ノ動物ヲ占有スル者ハ其占有ノ始善意ナルトキハ其動物ノ所有権ヲ取得ス但二十日内ニ所有者ヨリ返還ノ請求ヲ受ケタルトキハ此限ニ在ラス<br>**穂積1**　**梅3**と同じ(7) | |
| 第二款　遺失物及ヒ埋蔵物 | 第二款　遺失物及ヒ埋蔵物 | 第二款　遺失物及ヒ埋蔵物 | 第二款　遺失物及ヒ埋蔵物 |
| 第二百四十条　遺失物ハ特別法ノ規定ニ依ルニ非サレハ拾得者ニ於テ其所有権ヲ取得スルコヲ得ス<br>（別案）遺失物拾得者ハ特別法ノ規 | 第二百四十条<br>同じ | **梅1** 第二百四十条　遺失物ノ拾得者ハ特別法ノ規定ニ依リテ其所有権ヲ取得スルコトヲ得<br>**穂積1**　**梅1**と同じ(8) | 第二百四十条<br>**梅1**・**穂積1**と同じ<br>（現二四〇条） |

| | | | |
|---|---|---|---|
| 定ニ依ルニ非サレハ其所有権ヲ取得スルコヲ得ス | | | |
| 第二百四十一条　埋蔵物ハ発見後六カ月内ニ其所有者ノ知レサルトキハ発見者ノ所有ニ属ス但他人ノ物ノ中ニ於テ発見シタル埋蔵物ハ其他人ト之ヲ折半ス | 第二百四十一条<br>同じ | **梅1**　第二百四十一条　埋蔵物ハ特別法ノ定ムル所ニ従ヒ公告ヲ為シタル後六カ月内ニ其所有者ノ知レサルトキハ発見者其所有権ヲ取得ス但他人ノ物ノ中ニ於テ発見シタル埋蔵物ハ其物ノ所有者ト之ヲ折半ス<br>**穂積1**　第二百四十一条　埋蔵物ハ特別法ノ定ムル所ニ従ヒ広告ヲ為シタル後六カ月内ニ其所有者ノ知レサルトキハ発見者其所有権ヲ取得ス但他人ノ物ノ中ニ於テ発見シタル埋蔵物ハ其物ノ所有者ト之ヲ折半ス | 第二百四十一条<br>**梅1**と同じ<br>（現二四一条） |
| 第三款　添付及ヒ製作 | 第三款<br>添附及ヒ製作 | 第三款　添附及ヒ加工 | 第三款<br>添附及ヒ加工 |
| 第二百四十二条　不動産ノ所有者ハ其不動産ニ附従トシテ合シタル物ノ所有権ヲ取得ス | 第二百四十二条<br>同じ | **梅1**　第二百四十二条　不動産ノ所有者ハ其不動産ノ附従トシテ之ニ附属セシメタル物ノ所有権ヲ取得ス但権原 | 第二百四十二条<br>**梅3**と同じ<br>（現二四二条） |

ニ拠リテ其物ヲ附属セシメタルトキハ此限ニ在ラス

**梅2**　第二百四十二条　不動産ノ所有者ハ其不動産ノ従トシテ之ニ附合シタル物ノ所有権ヲ取得ス但権原ニ因リテ其物ヲ附属セシメタル第三者ノ権利ヲ妨ケス

**梅3**　第二百四十二条　不動産ノ所有者ハ其不動産ノ従トシテ之ニ附合シタル物ノ所有権ヲ取得ス但権原ニ因リテ其物ヲ附属セシメタル他人ノ権利ヲ妨ケス

**穂積1**　第二百四十二条　不動産ノ所有者ハ其不動産ノ従トシテ之ニ附合シタル物ノ所有権ヲ取得ス但権限ニ因リテ其物ヲ附属セシメタル者ノ権利ヲ妨ケス

**穂積2**　第二百四十二条　不動産ノ所有者ハ其不動産ノ従トシテ之ニ附合シタル物ノ所有権ヲ取得ス但権限ニ因リテ其物ヲ附属セシメタル他人ノ権利ヲ妨ケス(9)

第二百四十三条　数個ノ動産カ互ニ附合シテ分離スヘカラサルニ至リタルトキハ其附合物ハ主物ノ所有者ニ属ス分離ノ為メ過額ノ費用ヲ要スルトキ亦同シ
物ノ主従ノ区別ハ之ヲ裁判所ノ査定ニ委ヌ

第二百四十四条　附合セラレタル動産

---

第二百四十三条
同じ

第二百四十四条

---

**梅1**　第二百四十三条　数個ノ動産カ附合シテ毀損スルニ非サレハ分離スルコト能ハサルニ至リタルトキハ其附合ニ因リテ生シタル物ハ主タル動産ノ所有者ニ属ス

**梅2**　第二百四十三条　二人以上ノ所有者ニ属スル数個ノ動産カ附合ニ因リ毀損スルニ非サレハ分離スルコト能ハサルニ至リタルトキハ其附合物ノ所有権ハ主タル動産ノ所有者ニ属ス

**梅3**　第二百四十三条　各別ノ所有者ニ属スル数個ノ動産カ附合ニ因リ毀損スルニ非サレハ分離スルコト能ハサルニ至リタルトキハ其附合物ノ所有権ハ主タル動産ノ所有者ニ属ス分離ノ為メ多額ノ費用ヲ要スルトキ亦同シ

**穂積1**　梅2と同じ

**穂積2**　梅3と同じ(10)

**梅1**　第二百四十四条　附合シタル動産

---

二百四十三条
**梅3・穂積2**と同じ
（現二四三条）

二百四十四条

| | | | |
|---|---|---|---|
| 中ニ於テ主従ノ区別ヲ為スコト能ハサルトキハ各所有者ハ其附合ノ当時ニ於ケル価額ノ割合ニ応シテ附合物ヲ共有ス | 同じ | 中ニ於テ主従ノ区別ヲ為スコト能ハサルトキハ各動産ノ所有者ハ其附合ノ当時ニ於ケル価額ノ割合ニ応シテ其物ヲ共有ス<br>**梅2**　第二百四十四条　附合シタル動産中ニ於テ主従ノ区別ヲ為スコト能ハサルトキハ各動産ノ所有者ハ其附合ノ当時ニ於ケル価額ノ割合ニ応シテ附合物ヲ共有ス<br>**穂積1**　第二百四十四条　附合レタル動産中ニ於テ主従ノ区別ヲ為スコト能ハサルトキハ各動産ノ所有者ハ其附合ノ当時ニ於ケル価額ノ割合ニ応シテ附合物ヲ共有ス(11) | **梅2と同じ**<br>（現二四四条） |
| 第二百四十五条　前三条ノ規定ニ依リテ一物ノ所有権カ消滅シタルトキハ其物ノ負担セル他ノ権利モ亦消滅ス<br>右権利ヲ負担セル物ノ所有者カ附合物ノ単独所有者ト為リタルトキハ此等ノ権利ハ其附合物ノ上ニ存ス又附合物ノ共有者ト為リタルトキハ其持 | 第二百四十五条<br>別案を除き同じ<br>（別案）以下墨抹消 | **梅1**　第二百四十四条　前二条ノ規定ニ依リテ一物ノ所有権カ消滅シタルトキハ其物ノ上ニ存在セル他ノ権利モ亦消滅ス<br>右ノ権利ヲ負担セル物ノ所有者カ附合ニ因リテ生シタル物ノ単独所有者ト為リタルトキハ其物ノ上ニ存在セ | 二百四十七条<br>**梅3・穂積2と同じ**<br>（現二四七条） |

分ノ上ニ存ス
（別案）本条ヲ置カサルコト

---

ル権利ハ爾後其附合ニ因リテ生シタル物ノ上ニ存在ス又附合物ノ共有者ト為リタルトキハ其持分ノ上ニ存ス

**梅2**　第二百四十七条　前五条ノ規定ニ依リテ一物ノ所有権カ消滅シタルトキハ其物ノ上ニ存在セル他ノ権利モ亦消滅ス
右ノ物ノ所有者カ附合混和又ハ製作ニ因リテ生シタル物ノ単独所有者ト為リタルトキハ前項ノ権利ハ爾後附合混和又ハ製作ニ因リテ生シタル物ノ上ニ存在シ其共有者ト為リタルトキハ其持分ノ上ニ存ス

**梅3**　第二百四十七条　前五条ノ規定ニ依リテ一物ノ所有権カ消滅シタルトキハ其物ノ上ニ存セル他ノ権利モ亦消滅ス
右ノ物ノ所有者カ附合物混和物又ハ加工物ノ単独所有者ト為リタルトキハ前項ノ権利ハ爾後附合物混和物又ハ加工物ノ上ニ存シ其共有者ト為リタルトキハ其持分ノ上ニ存ス

第二百四十六条　前三条ノ規定ハ混和ノ場合ニ之ヲ準用ス
（注意）若前条ヲ置カサルレハ本条「前三条」ヲ「前二条」ト改ムルコト

---

第二百四十六条
注意を除き同じ
（注意）以下墨抹消

---

**穂積1**　第二百四十七条　前五条ノ規定ニ依リテ一物ノ所有権カ消滅シタルトキハ其物ノ上ニ存セル他ノ権利モ亦消滅ス
右ノ物ノ所有者カ附合物混和物又ハ加工物ノ単独所有者ト為リタルトキハ前項ノ権利ハ爾後其附合物混和物又ハ加工物ノ上ニ存シ其共有者ト為リタルトキハ其持分ノ上ニ存ス

**穂積2**　**梅3**と同じ(12)

**梅1**　第二百四十五条　前二条ノ規定ハ二人以上ノ所有者ニ属スル物カ混和シテ識別スルコト能ハサルニ至リタル場合ニ之ヲ準用ス

**梅2**　第二百四十五条　前二条ノ規定ハ各別ノ所有者ニ属スル物カ混和シテ識別スルコト能ハサルニ至リタル場合ニ之ヲ準用ス

**穂積1**　第二百四十五条　前二条ノ規定ハ二人以上ノ所有者ニ属スル物カ混和ニ因リ識別スルコト能ハサルニ至

---

二百四十五条
**梅2・穂積2**と同じ
（現二四五条）

---

第二百四十七条　他人ノ材料ヲ以テ新ナル物ヲ製作シタルトキハ其製作物ハ材料ノ所有者ニ属ス但製作ニ因リテ生シタル価格カ著シク材料ノ価格ヲ超ユルトキハ製作者其物ノ所有権ヲ取得ス

第二百四十五条第一項ノ規定ハ本条ノ場合ニ之ヲ適用ス

（注意）若第二百四十五条ヲ置カサルトキハ本条第二項モ亦之ヲ置カサルコト

---

第二百四十七条

注意を除き同じ

（注意）以下墨抹消

---

リタル場合ニ之ヲ準用ス

穂積2　梅2と同じ

梅1　第二百四十六条　他人ノ材料ヲ以テ新ナル物ヲ製作シタルトキハ其製作物ハ材料ノ所有者ニ属ス但製作ニ因リテ生シタル価格カ著シク材料ノ価格ヲ超ユルトキハ製作者其物ノ所有権ヲ取得ス

製作者カ材料ノ一部ヲ供シタルトキハ之ニ其労力ノ価ヲ加ヘタルモノカ他人ノ材料ノ価ヲ超ユルトキニ限リ製作者其物ノ所有権ヲ取得ス

梅2　第二百四十六条　他人ニ属スル物ニ工作ヲ加ヘタルトキハ其加工物ノ所有権ハ材料ノ所有者ニ属ス但工作ニ因リテ生シタル価格カ著シク材料ノ価格ニ超ユルトキハ加工者其物ノ所有権ヲ取得ス

加工者カ材料ノ一部ヲ供シタルトキハ之ニ其工作ニ因リテ生シタル価格ヲ加ヘタルモノカ他人ノ材料ノ価格

---

二百四十六条

梅3・穂積2と同じ

（現二四六条）

---

ニ超ユルトキニ限リ加工者其物ノ所
　有権ヲ取得ス

**梅3**　第二百四十六条　他人ニ属スル動
産ニ工作ヲ加ヘタルトキハ其加工物
ノ所有権ハ材料ノ所有者ニ属ス但工
作ニ因リテ生シタル価格カ著シク材
料ノ価格ニ超ユルトキハ加工者其物
ノ所有権ヲ取得ス
加工者カ材料ノ一部ヲ供シタルトキ
ハ之ニ其工作ニ因リテ生シタル価格
ヲ加ヘタルモノカ他人ノ材料ノ価格
ニ超ユルトキニ限リ加工者其物ノ所
有権ヲ取得ス

**穂積1**　第二百四十六条　他人ニ属スル
物ニ工作ヲ加ヘタルトキハ其加工物
ノ所有権ハ材料ノ所有者ニ属ス但工
作ニ因リテ生シタル価格カ著シク材
料ノ価格ニ超ユルトキハ工作者其物
ノ所有権ヲ取得ス
加工者カ材料ノ一部ヲ供シタルトキ
ハ之ニ其工作ノ価ヲ加ヘタルモノカ
他人ノ材料ノ価ニ超ユルトキニ限リ

| | | | |
|---|---|---|---|
| | | 加工者其物ノ所有権ヲ取得ス<br>**穂積2**　**梅**3と同じ(13) | |
| 第二百四十八条　前数条ノ適用ニ依リテ利益ヲ失ヒタル者ハ第　　条ノ規定ニ従ヒ償金ヲ求ムルコトヲ得尚損害アルトキハ其賠償ヲ求ムルコトヲ妨ケス<br>(別案) 前数条ノ適用ニ依リテ損失ヲ受ケタル者ハ第　　条及ヒ第　　条ノ規定ニ従ヒ償金ヲ求ムルコトヲ得 | 第二百四十八条<br>同じ | **梅1**　第二百四十八条　本節ノ規定ノ適用ニ依リ損害ヲ受ケタル者ハ第　　条及ヒ第　　条ノ規定ニ従ヒ償金ヲ求ムルコトヲ得<br>**梅2**　第二百四十八条　本款ノ規定ノ適用ニ依リテ損失ヲ受ケタル者ハ第　　条及ヒ第　　条ノ規定ニ従ヒ償金ヲ求ムルコトヲ得<br>**穂積1**　**梅**1と同じ<br>**穂積2**　**梅**2と同じ(14) | 二百四十八条<br>**梅2**・**穂積2**と同じ<br>(現二四八条) |
| 第三節　共有 | 第三節　共有 | 第三節　共有 | 第三節　共有 |
| 第二百四十九条　各共有者ハ其持分ノ多少ニ拘ハラス共有物ノ全部ヲ使用スルコトヲ得但他ノ共有者ノ使用ヲ妨ケサルコトヲ要ス<br>(別案)「其持分ノ多少ニ拘ハラス」ノ数字ヲ入レサルコト | 第二百四十九条<br>同じ | **梅**　修正案なし<br>**穂積**　修正案なし | 二百四十九条<br>富井草案二百四十九条と同じ<br>(現二四九条) |

| | |
|---|---|
| 第二百五十条　共有物ノ管理ハ多数決ニ依リテ之ヲ定ム但其多数ハ持分ノ価額ニ従ヒ之ヲ算ス<br>各共有者ハ共有物ノ保存ニ必要ナル行為ヲ為スコトヲ得<br>（第一項別案）「依リテ之ヲ定ム」ヲ「依ル」トスルコト | 第二百五十条<br>同じ |
| 第二百五十一条　各共有者ハ其持分ニ応シテ共有物ノ負担及ヒ其管理ノ費用ヲ払フ義務ヲ負フ<br>共有者カ三カ月内ニ其義務ヲ履行セサルトキハ他ノ共有者ハ相当ノ償金 | 第二百五十一条<br>同じ |
| **梅1**　第二百五十一条　共有物ノ管理ハ共有者ノ多数決ニ依リテ之ヲ為ス但其多数ハ持分ノ価額ニ従ヒ之ヲ算ス<br>各共有者ハ共有物ノ保存ニ必要ナル行為ヲ為スコトヲ得<br>**梅2**　第二百五十一条　共有物ノ管理ハ共有者ノ多数決ニ依ル但其多数ハ持分ノ価額ニ従ヒ之ヲ算ス<br>各共有者ハ共有物ノ保存ニ必要ナル行為ヲ為スコトヲ得<br>**梅3**　第二百五十一条　共有物ノ管理ハ各共有者ノ持分ノ価格ニ従ヒ其過半数ヲ以テ之ヲ決ス但保存行為ハ各共有者之ヲ為スコトヲ得<br>**穂積1**　梅3と同じ[15] | 二百五十一条<br>**梅3・穂積1**と同じ<br>（現二五二条） |
| **梅1**　第二百五十二条　各共有者ハ其持分ニ応シテ管理ノ費用其他共有物ノ負担ヲ分ツ<br>共有者カ三カ月内ニ前項ノ義務ヲ履行セサルトキハ他ノ共有者ハ担当ノ | 二百五十二条<br>**梅2・穂積1**と同じ<br>（現二五三条） |

| | | | |
|---|---|---|---|
| ヲ払フテ其持分ヲ取得スルコトヲ得<br>（第一項別案）「義務ヲ負フ」ヲ「コトヲ要ス」トスルコト | | 償金ヲ払ヒテ其持分ヲ取得スルコトヲ得<br>**梅2**　第二百五十二条　各共有者ハ其持分ニ応シテ管理ノ費用ヲ払ヒ其他共有物ノ負担ニ任ス<br>共有者カ三カ月内ニ前項ノ義務ヲ履行セサルトキハ他ノ共有者ハ担当ノ償金ヲ払ヒテ其者ノ持分ヲ取得スルコトヲ得<br>**穂積1**　梅2と同じ | |
| 第二百五十二条　前三条ノ規定ハ特約ヲ以テ之ヲ変更スルコトヲ得<br>此特約ハ各共有者ノ特定承継人ノ利害ニ於テ其効力ヲ有ス | 第二百五十二条<br>同じ | **梅1**　第二百五十三条　前四条ノ規定ニ異ナリタル契約アルトキハ其契約ニ従フ<br>此契約ハ各共有者ノ特定承継人ニ対シテモ其効力ヲ有ス<br>**穂積1**　梅1と同じ | 二百五十三条<br>**梅1・穂積1**と同じ<br>（現二五四条） |
| 第二百五十三条　共有者ノ持分ハ反対ノ証拠ナキトキハ相均シキモノト看做ス<br>（別案）本条ヲ第二百五十条ノ第二項 | 第二百五十三条<br>別案を除き同じ<br>（別案）本条ヲ第二百五十一条ノ | **梅**　第二百五十四条　富井草案二百五十三条と同じ<br>**穂積**　第二百五十四条　富井草案二百五十三条と同じ[16] | 二百五十四条<br>富井草案二百五十三条と同じ<br>（現二五〇条） |

| | | | |
|---|---|---|---|
| ト為スコト | 第二項ト為スコト | | |
| 第二百五十四条　各共有者ハ他ノ共有者ノ同意アルニ非サレハ共有物ニ変更ヲ加フルコトヲ得ス<br>（別案）「共有物ニ」ノ下ヲ「如何ナル変更ヲモ加フルコトヲ得ス」トスルコト<br>（同）「ニ非サレハ」ノ下ヘ「一切」ノ二字ヲ入ル、コト | 第二百五十四条<br>同じ | **梅1**　第二百五十条　各共有者ハ他ノ共有者ノ同意アルニ非サレハ共有物ニ如何ナル変更ヲモ加フルコトヲ得ス<br>**梅2**　第二百五十条　富井草案二百五十四条と同じ<br>**穂積**　第二百五十条　富井草案二百五十四条と同じ | 二百五十条<br>富井草案二百五十四条と同じ<br>（現二五一条） |
| 第二百五十五条　共有者ノ一人カ其持分ヲ拋棄シタルトキ又ハ相続人ナクシテ死亡シタルトキハ其持分ハ他ノ共有者ニ属ス | 第二百五十五条<br>同じ | **梅1**　第二百五十五条　共有者ノ一人カ其持分ヲ拋棄シタルトキ又ハ相続人ナクシテ死亡シタルトキハ其持分ハ他ノ共有者ニ帰属ス<br>**穂積1**　**梅1**と同じ | 二百五十五条<br>**梅1・穂積1**と同じ<br>（現二五五条） |
| 第二百五十六条　各共有者ハ常ニ共有物ノ分割ヲ請求スルコトヲ得但五年ヲ超ヘサル期間分割セサルヲ約スルコトヲ妨ケス | 第二百五十六条<br>同じ | **梅1**　第二百五十六条　各共有者ハ何時ニテモ共有物ノ分割ヲ請求スルコトヲ得但五年ヲ超エサル期間分割セサル旨ヲ約スルコトヲ妨ケス | 二百五十六条<br>**穂積1**と同じ<br>（現二五六条） |

此特約ハ何時タリトモ之ヲ更新スルコトヲ得但其期間ハ五年ヲ超ユルコトヲ得ス

（別案）第一項ノ「常ニ」を「何時タリトモ」トシ第二項ノ「何時タリトモ」ヲ入レサルコト

（第一項別案）「分割セサルヲ約スル」以下ヲ「分割セサルコトヲ約シタルトキハ此限ニ在ラス」トスルコト

（第二項別案）「其期間ハ」ノ下へ「更ニ」の二字ヲ入ル、コト

第二百五十七条　前条ノ規定ハ第二百二十七条ニ掲クル共有物ニ之ヲ適用セス

第二百五十七条

同じ

此契約ハ之ヲ更新スルコトヲ得但其期間ハ更新ノ時ヨリ起算シ五年ヲ超ユルコトヲ得ス

**梅2**　第二百五十六条　各共有者ハ何時ニテモ共有物ノ分割ヲ請求スルコトヲ得但五年ヲ超エサル期間分割セサル旨ヲ約スルコトヲ妨ケス

此契約ハ之ヲ更新スルコトヲ得但其期間ハ更新ノ時ヨリ五年ヲ超ユルコトヲ得ス

**穂積1**　第二百五十六条　各共有者ハ何時ニテモ共有物ノ分割ヲ請求スルコトヲ得但五年ヲ超エサル期間分割セサル旨ヲ約スルコトヲ妨ケス

此契約ハ之ヲ更新スルコトヲ得但其期間ハ更新ノ時ヨリ五年ヲ超ユルコトヲ得ス

此契約ハ各共有者ノ特定承継人ニ対シテモ其効力ヲ有ス[17]

**梅1**　第二百五十七条　前条ノ規定ハ第二百★条及ヒ第二百二十七条ニ掲クル共有物ニハ之ヲ適用セス

第二百五十七条

**梅2・穂積2**と同じ

第二百五十八条　分割ニ付キ共有者一致セサルトキ又ハ共有者中ニ未成年者禁治産者若クハ准禁治産者アリテ其後見人若クハ保佐人アラサルトキハ裁判ヲ以テ分割ヲ為スコトヲ要ス
裁判所ハ適当ト認ムル方法ニ依リ分割ヲ為スコトヲ得
（第二項別案）左ノ但書ヲ加ルコト
但共有者各自ノ持分ニ対スル同種ノ部分ニ現物ヲ分割スル能ハサルトキ又ハ著シク其価格ヲ減スルニ非サレハ之ヲ分割スル能ハサルトキハ各共有者ハ其競売ヲ請求スルコトヲ得

---

第二百五十八条
一項「分割ニ付キ共有者一致セサルトキハ裁判ヲ以テ分割ヲ為スコトヲ要ス」以下同じ

---

**梅2**　第二百五十七条　前条ノ規定ハ第二百八条及ヒ第二百二十七条ニ掲クル共有物ニ之ヲ適用セス

**穂積1**　第二百五十七条　前条ノ規定ハ第二百★条及ヒ第二百二十七条ニ掲クル共有物ニ之ヲ適用セス

**穂積2**　梅2と同じ(18)

**梅1**　第二百五十八条　分割ニ付キ共有者一致セサルトキハ裁判所ニ於テ分割ヲ為スコトヲ要ス但現物ヲ以テ分割ヲ為スコト能ハサルトキ又ハ分割ニ因リ著シク其価格ヲ減スル虞アルトキハ裁判所ハ共有者ノ請求ニ因リ又ハ職権ヲ以テ其競売ヲ命スルコトヲ得

**梅2**　第二百五十八条　分割ニ付キ共有者一致セサルトキハ裁判所ニ於テ分割ヲ為スコトヲ要ス但現物ヲ以テ分割ヲ為スコト能ハサルトキ又ハ分割ニ因リ著シク其価格ヲ減スル虞アルトキハ裁判所ハ共有者ノ一人ノ請求

---

（現二五七条）

二百五十八条
**梅2・穂積1**と同じ
（現二五八条）

| | | | |
|---|---|---|---|
| | | ニ因リ又ハ職権ヲ以テ其競売ヲ命スルコトヲ得<br>穂積1　梅2と同じ(19) | |
| 第二百五十九条　第二百六十五条ノ規定ニ従ヒ分割ヲ請求セサルコトヲ約シタルトキハ其特約ハ共有者ノ死亡ト共ニ其効力ヲ失フ但反対ノ意思アルトキハ此限ニ在ラス<br>右特約ハ各共有者ノ特定承継人ノ利害ニ於テ其効力ヲ有ス<br>（第一項別案）「共ニ」ヲ「ニ因リテ」トスルコト<br>（同）本条第一項「其契約ハ」以下第一項ト第二項トヲ前後セシムルコト | 第二百五十九条<br>「第二百五十六条ノ規定ニ従ヒ……」以下同じ | 梅　草案全体を括弧で括ってある<br>穂積　草案全体を朱斜線で抹消(20) | 対応する条文なし |
| 第二百六十条　各共有者ノ債権者ハ自已ノ費用ヲ以テ分割ニ参加スルコトヲ得<br>前項ノ規定ニ依リテ参加ノ請求アリタルニ拘ラス分割ヲ為シタルトキハ其分割ハ債権者ニ対シテ効力ヲ有セ | 第二百六十条<br>同じ | 梅1　第二百五十九条　各共有者ノ債権者ハ自己ノ費用ヲ以テ分割ニ参加スルコトヲ得<br>前項ノ規定ニ依リテ参加ノ請求アリタルニ拘ハラス分割ヲ為シタルトキハ其分割ハ債権者ニ対シテ其効ナシ | 二百六十条<br>梅2と同じ(21)<br>（現二六〇条） |

ス
（第二項別案）「其分割ハ」以下ヲ「債権者ハ其分割ノ無効ヲ主張スルコトヲ得」トスルコト
（別案）本条ト次条トヲ相前後セシムルコト
（同）本条ヲ置カサルコト

**梅2** 第二百六十条　各共有者ノ債権者ハ自己ノ費用ヲ以テ分割ニ参加スルコトヲ得
前項ノ規定ニ依リテ参加ノ請求アリタルニ拘ハラス分割ヲ為シタルトキハ其分割ハ債権者ニ対シテ其効ナシ

**穂積1** 第二百五十九条　各共有者ノ債権者ハ自巳ノ費用ヲ以テ分割ニ参加スルコトヲ得
前項ノ規定ニ依リテ参加ノ請求アリタルニ拘ハラス分割ヲ為シタルトキハ其分割ハ債権者ニ対シテ其効無シ[22]

第二百六十一条　共有者ノ一人カ他ノ共有者ニ対シテ共有ニ基ケル債権ヲ有スルトキハ分割ニ際シ債務者ニ皈スヘキ共有物ノ部分ヨリ其債権ノ弁済ヲ為サシムルコトヲ得
此権利ハ債務者ノ特定承継人ニ対シテ之ヲ主張スルコトヲ得
右債務ノ弁済ヲ受クル為債務者ニ皈スヘキ共有物ノ部分ヲ売却スル必要

第二百六十一条
同じ

**梅1** 第二百五十九条　共有者ノ一人カ他ノ共有者ニ対シテ共有ニ関スル債権ヲ有スルトキハ分割ニ際シ債務者ニ皈スヘキ共有物ノ部分ヲ以テ其債権ノ弁済ヲ為サシムルコトヲ得
此権利ハ債務者ノ特定承継人ニ対シテモ之ヲ主張スルコトヲ得
右債務ノ弁済ヲ受クル為債務者ニ皈スヘキ共有物ノ部分ヲ売却スル必要

二百五十九条
一項二項の「皈スヘキ」が「帰スヘキ」とされた以外は**梅2・穂積1**と同じ[23]
（現二五九条）

アルトキハ債権者ハ其売却ヲ請求スルコトヲ得

（第二項別案）債権者ハ債務者ノ特定承継人ニ対シテ此権利ヲ主張スルコトヲ得

（第三項別案）「債務者ハ」ノ四字ヲ入レサルコト

第二百六十二条　分割ノ結了シタルトキハ各分割者ハ其領収シタル物ノ証書ヲ保有ス

共有者一同又ハ其中ノ数人ニ分割シタル一箇ノ物ノ証書ハ其最大部分ヲ領収シタル者之ヲ保有ス最大部分ヲ

第二百六十二条

同じ

---

アルトキハ債権者ハ其売却ヲ請求スルコトヲ得

**梅2**　第二百五十九条　共有者ノ一人カ他ノ共有者ニ対シテ共有ニ関スル債権ヲ有スルトキハ分割ニ際シ債務者ニ皈スヘキ共有物ノ部分ヲ以テ其ノ弁済ヲ為サシムルコトヲ得

債権者ハ右ノ弁済ヲ受クル為債務者ニ皈スヘキ共有物ノ部分ヲ売却スル必要アルトキハ其売却ヲ請求スルコトヲ得

債権者ハ債務者ノ特定承継人ニ対シテモ前二項ノ権利ヲ主張スルコトヲ得

**穂積1**　**梅**2と同じ[24]

**梅1**　第二百六十二条　分割ノ結了シタルトキハ各分割者ハ其受ケタル物ニ関スル証書ヲ保存スヘシ

共有者一同又ハ其中ノ数人ニ分割シタル物ニ関スル証書ハ其最大部分ヲ受ケタル者之ヲ保存スヘシ最大部分

二百六十二条

**梅**3と同じ

（現二六二条）

領収シタル者ナキトキハ分割者ノ協議ヲ以テ其保有者ヲ定ム若協議成ラサルトキハ裁判所之ヲ指定ス
右何レノ場合ニ於テモ証書ノ保有者ハ他ノ共有者ノ要求ニ応シテ之ヲ使用セシムルコトヲ要ス
（別案）本条ヲ次条ノ後ニ置クコト
（同）本条ヲ置カサルコト

ヲ受ケタル者ナキトキハ分割者ノ協議ヲ以テ其保存者ヲ定ム若シ協議整ハサルトキハ裁判所之ヲ指定ス
右何レノ場合ニ於テモ証書ノ保存者ハ他ノ共有者ノ要求ニ応シテ之ヲ使用セシムルコトヲ要ス

**梅2**

第二百六十二条　分割ノ結了シタルトキハ各分割者ハ其受ケタル物ニ関スル証書ヲ保存スヘシ
共有者一同又ハ其中ノ数人ニ分割シタル物ニ関スル証書ハ其最大部分ヲ受ケタル者之ヲ保存スヘシ其部分ノ同者二人以上アルトキハ分割者ノ協議ヲ以テ其保存者ヲ定ム若シ協議整ハサルトキハ裁判所之ヲ指定ス
右何レノ場合ニ於テモ証書ノ保存者ハ他ノ共有者ノ要求ニ応シテ之ヲ使用セシムルコトヲ要ス

**梅3**

第二百六十二条　分割ノ結了シタルトキハ各分割者ハ其受ケタル物ニ関スル証書ヲ保存スヘシ
共有者一同又ハ其中ノ数人ニ分割シ

第二百六十三条　各分割者ハ分割ニ因

---

第二百六十三条

---

タル物ニ関スル証書ハ其最大部分ヲ受ケタル者之ヲ保存スヘシ最大部分ヲ受ケタル者ナキトハ分割者ノ協議ヲ以テ其保存者ヲ定ム若シ協議整ハサルトキハ裁判所之ヲ指定ス

右何レノ場合ニ於テモ証書ノ保存者ハ他ノ分割者ノ要求ニ応シテ之ヲ使用セシムルコトヲ要ス

**穂積1**　第二百六十二条　分割ノ結了シタルトキハ各分割者ハ其受ケタル物ニ関スル証書ヲ保存スヘシ

共有者一同又ハ其中ノ数人ニ分割シタル物ニ関スル証書ハ其最大部分ヲ受ケタル者之ヲ保有ス最大部分ヲ受ケタル者ナキトハ分割者ノ協議ヲ以テ其保存者ヲ定ム若シ協議整ハサルトキハ裁判所之ヲ指定ス

右何レノ場合ニ於テモ証書ノ保存者ハ他ノ分割者ノ要求ニ応シテ之ヲ使用セシムルコトヲ要ス(25)

**梅1**　第二百六十一条　各共有者ハ他ノ

---

二百六十一条

| | |
|---|---|
| リテ他ノ分割者ニ皈シタル物ノ妨碍追奪及ヒ瑕疵ニ付キ担保ノ責ニ任ス<br>（別案）共有物ノ全部又ハ一部カ分割ニ因リテ共有者ノ一人又ハ数人ニ皈シタルトキハ他ノ共有者ハ売主ニ同シク各其持分ニ応シテ担保ノ責ニ任ス | 同じ |
| 第二百六十四条　入会権ノ行使ニ付テハ各地方ノ慣習ニ従フ | 第二百六十四条<br>同じ |
| 第二百六十五条　本節ノ規定ハ別段ノ定ナキトキハ数人ニテ所有権以外ノ権利ヲ有スル場合ニ之ヲ準用ス<br>（別案）「数人ニテ」ヲ「数人カ共ニ」トスルコト<br>（同）「本節」ヲ「前数条」トシ本条ヲ前条ノ前ニ置クコト<br>（同）本条ヲ置カサルコト | 第二百六十五条<br>同じ |

| | |
|---|---|
| 共有者カ分割ニ因リテ得タル物ニ付キ売主ト同シク其持分ニ応シテ担保ノ責ニ任ス | 梅1・穂積1と同じ |
| **穂積1**　梅1と同じ[26] | （現二六一条） |
| **梅1**　第二百六十三条　共有カ入会権ノ性質ヲ有スルトキハ各地方ノ慣習ニ従フ | 二百六十三条<br>梅1・穂積1と同じ |
| **穂積1**　梅1と同じ[27] | （現二六三条） |
| **梅1**　第二百六十四条　本節ノ規定ハ数人ニテ所有権以外ノ権利ヲ有スル場合ニ之ヲ準用ス但法令ニ別段ノ定アルトキハ此限ニ在ラス | 二百六十四条<br>梅1と同じ<br>（現二六四条） |
| **穂積1**　第二百六十四条　本節ノ規定ハ数人ニテ所有権以外ノ権利ヲ共有スル場合ニ之ヲ準用ス但法令ニ別段ノ定ナキトキハ此限ニ在ラス | |
| **穂積2**　第二百六十四条　本節ノ規定ハ | |

| | | |
|---|---|---|
| | | 数人ニテ所有権以外ノ権利ヲ有スル場合ニ之ヲ準用ス但法令ニ別段ノ定ナキトキハ此限ニ在ラス |

## 三　富井による立案について

(1)　富井の草稿と草案の関係の検討に入る前に、この区別について述べておこう。梅4・4・46、穂積四・乙・4では、多くの条文や注意書に線が引かれて抹消が行われている。上の表の第一段と第二段は、それらの抹消のうちどれが富井による提案のものなのか、どれが三人の合議の過程におけるものなのかを判断することによって作成した。即ち、それらの抹消線には、墨と朱の二種類がある。両文書の比較から、この二つの種類の線は異なる者によって、異なる時に引かれたということが推測され、また、それぞれの文書の朱線は異なる者の手になると推測される。というのは、草案二四五条では、「(別案) 本條ヲ置カサルコト」、二四六条では、「(注意) 若前條ヲ置カサレハ本條ノ『前三條』ヲ『前二條』ト改ムルコト」、二四七条では、「(注意) 若第二百四十五條ヲ置カサルトキハ本條第二項モ亦之ヲ置カサルコト」、二五八条一項では、「又ハ共有者中ニ未成年者禁治産者若クハ准禁治産者アリテ其後見人若クハ保佐人アラサルトキ」が墨で抹消されている。これら墨線は、梅4・4・46／穂積四・乙・4のそれら箇所がともにほぼ正確に同じ場所を同じ角度及び濃さで引かれているから、同一人によるものと思われる。これに対し、朱による抹消線は、梅4・4・46と穂積四・乙・4の間で、抹消される条文は同じであるが、異なった線形であり、線が及ぶ箇所も異なっている場合も多い。また、墨による抹消線ではどこからどこまでが抹消されたかが明確であるが、朱線には、かすれていたり途中までのものもある。このことは、墨線が他者に対して示すためのものであるのに対して、朱線は他者に示すことは予定されてはいなかったということを推測させる。これらのことから、墨による抹消は、草案が梅・穂積に渡される前に、富井（或いはその指示のもとに書記）によって引かれ[28]、朱による抹消は、合議の段階でそれぞれ梅、穂積によって引かれたものと見てよいであろう。

どちらの文書にも二五九条に墨による準用条文名の誤記の訂正がある。また、二五三条では、朱で抹消されている別案の中の条名が墨で訂正されている。さらに、穂積四・乙・4の二五六条では、梅4・4・46にあって穂積四・乙・4では欠けていた文字「但」が墨で加えられている。なお、穂積四・乙・4の二四三条の参照条文のなかで、「ツユーリヒ」を「ツユウ」とウを書きかけて墨で塗られている。かくて、富井によって穂積・梅に提案された草案は、草稿のうちこのように墨で抹消或いは追加・訂正された後のものがそれであり、穂積・梅はそれに修正を朱で書き込んでいったのだと思われる[29]。なお、上で触れたような墨抹消された当初の条文や注意書も両文書を突き合わせることによって判読が可能になった。

(2) この残された草稿に至るまでにも当然稿が重ねられたのであろうが、この草稿からだけでも、①富井が草稿までに決断した（旧民法典の）修正案、②その後、草案提出までに決断した修正案、③別案という選択を残したままで提案した修正案の三種類があることが分かる。①に属する修正案は一一カ条である。この草稿で扱われたのは全二八カ条であるから、①はその半分に満たない。それら一一カ条の内訳は、所有権ノ取得部分の全一一カ条中は七カ条であるが、共有では全一七カ条のうち四カ条しかないから、共有の部分でより多く未決断の部分が残されたわけである。所有権ノ取得の部分のそれら七カ条もすべて旧民法典の対応規定を修正していてそれが内容にも及んでいることは勿論であるが、その中でも主として表現の修正に関するものが二四三条、二四七条、添付から先占への位置の変更が二三九条、旧民法典の何カ条かを一つにまとめたものが二四二条であり、二四一条は財産取得編五条、六条、二三条の内容の部分修正はあるが規定の整理と表現の修正が主と言える。二四四条は財産取得編一七条の内容的修正であり、二四六条は財産取得編一八条の部分的修正である。共有部分の四カ条では、二五七条は財産編三九条四項の表現の修正といえるが、二五二条二項、二五五条、二六四条は新設規定である。

②は、二四五条の「（別案）本条ヲ置カサルコト」の削除と二五八条一項の修正である。[30] 二四五条の別案の削除は、草稿と合議への提案の間に、富井が後に『甲第十三号』二四七条の法典調査会審議において、「比規定カナケレハ寔ニ困ツタ結果ガ生シマス」と説明しているような考え（『民法議事』九巻一九八丁）が強くなったことによるのであろうが、旧民法典にはこの二四五条に相当する条文がないということも、富井が草稿の後までこの条文の必要性について迷った一因かもしれない。二五八条一項の修正では、草稿では入れられていた財産取得編四〇九条二項の第一と同じ趣旨の文章が削除されている。これを除くことが別案として考えられていたわけではないから、富井は草稿までは、旧民法典の規定の内容を引き継ぐことを当然と考えていたわけである。富井は、後に第三節共有の法典調査会での審議における説明で、無能力者がいれば分割は一般の法律行為と同様に取消可能であるから（彼にとっての）危険はないという趣旨を述べている（『民法議事』一〇巻五丁）から、合議への提案の直前にそのような考えに至ったのであろう。二四五条、二五八条についての富井の決断は、合議でも支持されて『甲第十三号』の内容となった。

③別案を付したまま原案として提案された条文は一六カ条ある。[31] 二五八条は一項が上述のように修正され、二項に別案が付されていたから、①②③の合計は二九になる。複数の別案が付された条文も多く、別案の合計は二六である。②型が存在することから推して、③型には、草稿を点検した後での、やはり別案を合議での議論の対象にしようという富井の判断を窺うことができる。これら別案を付された本案の旧民法典との関係をみてみると、本案が内容的に大きな変更或は新設を含むのは、共有部分の二五〇条、二五一条二項、二五八条、二五九条、二六〇条、二六一条、二六五条である。しかし、このうち二五〇条、二五一条二項、二五九条、二六一条の別案は表現或いは条文の位置に関するものであり、また、①型にも新設変更の条文が少なくないことを考えると、本案が旧民法典の内容的修正或いは新設であることと別案が付されたこととの間に強い関係があるとまではいえない。

次ぎに、別案の本案に対する関係をみてみると、主として表現に関するといえるものが一六（二四八条、二四九条、二六三条の別案もここに入れた）、条文の位置の関するもの五、内容にかかわるもの五である。このうち内容に関するものをみてみると、まず、二三八条で建物を二項の対象にしないという趣旨の別案が付されている。土地との関係での建物の扱いは、法典調査会の審議で争点のひとつとなったものであるが、この別案も建物の扱いについての富井の迷いを示すものといえる。二五八条に但書を置くという別案は、むしろそれが本案にされなかったということが興味をひく。のち富井は、『甲第十三号』の二五八条の但書について、法典調査会での審議の際、「杓子定規ヲ避ケマシテ原則トシテハ（不都合のない限りは）現物デ分割ヲセネバナラヌト云フコトノ其制限ノ外ニ於テハ裁判所ニ全権ヲ與フルコトニシタ」「唯此但書ノ場合ニ於テノミ共有者ノ一人ノミガ請求スルカ或ハ裁判所ノ職権ヲ以テ競売ヲ命スルト云フコトニシテ差支ヘハナカラウト思フタ」（『民法議事』一〇巻六四丁）と説明している。合議の場に草案を提出するまでは、現物分割での職権的判断での「杓子定規ヲ避ケ」るという点で旧民法典を修正することを本案で第一に考え、次いで、場合によって現物分割以外の選択もできるというように職権の幅を広げることを慎重を期して別案の形式で提案したのだと思われる。二六〇条、二六二条、二六五条には、「本条ヲ置カサルコト」という別案が付されている。二六〇条（『甲第十三号』二六〇条）に付いては、富井が法典調査会での審議において、「本条ハ既成民法ニ其規定ガアリマセヌニ依ツテ果タシテ権利者ガ此権利ヲ持ツカ否ヤニ至ツテハ疑ガアラウト思ヒマス」（『民法議事』一〇巻一一四丁）といっており、この別案が草案まで残された理由もそこにあったのであろう。二六二条（『甲第十三号』二六二条）に関しては、富井は法典調査会審議における説明では、「此条ハ取得編第四百十五条ニ只少シ字句ノ修正ヲ加ヘタ丈ケデアリマス」と極簡単に述べているが、次いで土方委員が「外ノ箇条ト性質ガ違ツテ体裁ガ悪ルイカラ是レハ削除シタ方ガ宜イト思ヒマス」（『民法議事』一〇巻一一九丁）と主張した。土方の主張は賛同者を得られず、修正案としての採決の対象にならなかったが、富井にも、草案提出まではこのような気持ちがあったのかも知れない。二六五条は、「稀ナ場合」（『甲第十三号』二六四条についての富井の説明、『民法議事』一〇巻一六五丁）であるうえに、旧民法に対応規定がないということが、この別案が最後まで置かれた理由であろう。

このようにみると、確かに、本条との関係で内容的な意味をもった別案が合議まで持ち込まれているのは、本案或いは別案が新設を含め旧民法典と内容的に異なる場合である。しかし、①にも新設規定はあり、また、上に述べたように、③のなかでも本案が新設規定或いは旧民法典の変更でも別案は表現に関するものがあるから、①②③に属するということからは、民法典修正の内容との明確な傾向を取り出すことはできない。しかし、③が多数を占めるということには、富井立案における迷いの姿勢を見ることができよう。所有権ノ取得の部分より、共有部分に内容的に大きな変更や新設が多く(所有権ノ取得の部分では、①型の二四四条と②型の二四五条)、また、別案が付された割合も共有部分が大きいことから、迷いは特に共有部分に多く残ったようである。

## 四　合議による定案について

(1)　対照表第四段で梅或いは穂積文書中の修正案が挙げられていない条文があることが示しているのは、それぞれの文書で最終修正案として書き込まれたと思われる案と『甲第十三号』との間に相違がある条文が幾つかあるということである。穂積文書での草案二四一条、二四二条、二四四条、二六二条二項、二六五条の最終修正案は『甲第十三号』でそれらに相当する条文と文字或いは文章が異なっているが、『甲第十三号』のそれら条文は梅文書での最終修正案とは同じであるから、こちらが合議の結果であって、穂積文書のそれには誤記ないし書き落としがあると思われる。逆に、梅文書の草案二五六条の最終修正案では『甲第十三号』二五六条の第三項にあたる修正が書き込まれていない。穂積文書にはそれが書き込まれているから、梅の書き落しと思われる。それらはすべて、おそらく富井の手元にあった草案には『甲第十三号』と同じに書き込まれて、それをもとに活版印刷用の原稿が作られたのであろう[32]。

(2)　梅4・4・46と穂積四・乙・4の間での修正案の書き込みの相違を手掛かりとして、草案から『甲第十三号』に至るまでの修正案の作られ方を推測してみると、次ぎの五つの型が見られる。Ⅰ草案の本案が修正されずに『甲第十三号』となったもの。草案二四九条、二五三条がそれである。後述するように、二五四条もこの変型といえる。Ⅱどちらの文書でも修正案の書き込みが一回だけのもの。二四〇条、二四一条、二五二条、二五五条、二六三条、二六四条がこれにあたる。合議で削除され『甲第十三号』には採り入れられなかった草案二五九条もⅡの変型といえる。Ⅲ梅文書には複数の段階の修正案、穂積文書には最終案のみが書き込まれているもの。二三八条、二三九条、二四四条、二五〇条、二五一条、二五六条、二五八条、二六〇条、二六一条、二六二条である。Ⅳどちらの文書にも複数の段階の修正案が書かれているもの。これには、二種類あって、どちらも二つずつ書かれているのが、二四六条、二四八条、二五七条（Ⅳ―1）、梅文書が三段階、穂積文書が二段階のものが二四二条、二四三条、二四五条、二四七条（Ⅳ―2）である。Ⅴ梅文書には最終案のみ、穂積文書には二段階の修正の跡がみられるもので、二六五条がそれである。Ⅴは、後に述べるように実質的にはⅡといえるから、複数修正案が見られるⅢとⅣの合計は一七カ条である。

　Ⅰ型では付されていた別案が抹消されているだけである。二五四条では、梅文書では一旦は別案を採り入れた修正案が書き込まれているが、それが抹消されて草案に戻っている。穂積文書では別案が抹消されているだけである。この草案二五四条は合議の結果、『甲第十三号』では二五〇条に移されているが、この位置の移動についても、『甲第十三号』の二四九条と二五一条の二つの条文から「或ハ疑ガ起ラヌトモ言ヘナイ」からこの条文（『甲第十三号』二五〇条）を置くことにしたという法典調査会での審議の際の富井の説明（『民法議事』一〇巻一六丁）が当てはまるであろう。二五四条に見える両文書の相違には、Ⅲ型、Ⅳ―2型と共通するものを窺うことができる。

　Ⅱ型の多くは、おそらく、一回目の検討で修正案が固まってそれを書き込んだのであろう。第二節・第三節それぞれの最後の条文まで検討作業が進んでからもう一度戻って点検が行われたのであろうが、その際にそのまま維持されたものと考える。勿論、一回目では修正の必要なしとされたが、後の点検の際に修正されたものもあるかもしれない。また、一回目の修正部分と二回目の別な修正部分が合わさって一つの修正案ができあがったものもあるかもしれない。Ⅱ型の経緯についてはこのように様々な可能性が推測できるが、修正の内容については、ここに属する七カ条は主として本案の表現上の修正であるといってよいだろう。勿論、表現の修正といっても条文の問題であるから内容に関係しないということはないのであるが、これら条文の修正では内容をめぐっての議論の紛糾はなかったのではないかと推測される。Ⅱ型のうち、草案の本案が旧民法典の内容の大きな変更或いは規程の新設といえるのは、二五二条、二五五条、二六四条と二五九条である。これにＶ型の二六五条をここに加えると五カ条である。本案がそのような性格である場合には複数の段階の修正が行われることの方が多いとはいえるが、本案の性格と修正が一回か複数かとの間にはとくに強い関係があるとまではいえない。

Ⅲ型には一〇カ条が属する。この型では、梅は合議の過程で第一次修正案を書き込んだのに対して、穂積は修正案が固まってから書き込んだと思われる。このことからは、梅のまめな、穂積の慎重な姿勢をみることができよう。また、これらの条文の合議では、梅が第一次となる修正案を提案することから始まって主導的役割を果たすことが多かったのではないかと推測できる。この型も、Ⅱ型と同じように、多くは一回の合議で修正案が固まったと思われるが、一回目では固まらず、従って梅だけが第一次修正案を書き込み、穂積は何も書き込まず、確定は二回目以降にまわして先に進んだ条文もあったであろう。修正の内容については、草案との対比及び第一次と第二次の修正案の対比の両方において、このⅢ型でも主として表現の修正が行われたものといってよい。二五八条但書の付加も、富井が別案として付した但書が合議での確定案に入れられたのであるから、草案からの内容的な変更とまではいえない。二五八条の合議は、むしろ、富井としては予期した通りの展開だったのではないかと思われる。この二五八条の但書は、置くこと自体には議論はなかったのかもしれないが、穂積文書での書き込みが、表現について苦心した様子を伝えている。修正が内容に関するものとしては、二五六条への三項の付加がある。穂積文書では上欄外に書き込まれているが、梅文書にはない。この付加は内容的に重要であるが、富井は法典調査会での審議において『甲第十三号』二五三条二項（原案二五二条二項）と「同ジコト」であると説明しており（『民法議事』一〇巻六二丁）、合議でも議論があったとは思われない。なお、Ⅲ型に属するもののうち、本案が旧民法典の変更・新設であるのは、二四四条、二五〇条、二五一条、二五八条、二六〇条、二六一条である。この型での梅1と梅2の関係は、表現上のものといえる。

Ⅳ型は、一回目の検討で第一次修正案が一応できあがって穂積もそれを書き込んだが、それが二回目の検討でまた修正されたのではないかということを推測させる。七カ条ある。但し、そのなかで、二四五条の穂積2による穂積1の修正は、追加したものと思われる「其」を抹消しただけであり、「其」の追加と抹消だけならば、書いた時点で読み直して訂正することもありうる。草案二四五条の梅2と梅3の間には、「製作」から「加工」への修正があり、これは、草案二四七条の合議の進展と関連しているから、梅3に至ったのは、一回の合議ではなく、二回目以降の合議であったと思われる。穂積はその段階で始めて穂積2を書き込み、間を措かずに「其」を書き込みまた消したのではないかと推測される。従って、穂積の二四五条の修正案は二つあるが実質的には一つで、二四五条の修正の過程はⅢ型に属するといってよいであろう。

草案からの修正の内容については、二四三条、二四五条、二四六条、二五七条の修正は表現に関するといってよい。二四八条は、表現ともいえるが、利益と損害の理解だから、むしろ体系的整理に関する。草案に但書が付加された二四二条、二項が全く別な内容にされた二四七条（『甲第十三号』二四六条）には、草案からの重要な内容上の修正がある。富井は、法典調査会での審議において、『甲第十三号』の二四二条但書（草案二四二条）について、「少シ不明瞭ナ書キ方デアリマスケレドモ既成法典ニアツテモ矢張リ同ジコトデアラウト思ヒマス、此但書ガナクテハ甚ダ困マルト思フ、」（『民法議事』九巻一六六丁）と説明しているが、但書は富井草案にはなかったものである。しかし、後に、梅が「但書ノ規定ハ殆ド当然言フヲ竢タサル所[33]」といっていることからみて、合議においては、但書を付加することに大きな議論はなかったと思われる。『甲第十三号』二四六条（草案二四七条）について、富井は「財産取得編第二十条ノ殆ンド原文ノ第一項乃至第三項ノ通リテアリマス」と説明している（『民法議事』九巻一八八丁）。『甲第十三号』二四六条の一項、二項そして第三款の款名でも、製作が加工と修正されている。草案二四七条の梅文書の第一次修正案では、まだ「製作」が残されていたから、梅1から梅2に至る過程で、ここで扱われるのは必ずしも「新タナル物カ出来ルト云フコト」ではないという考え方（富井『民法議事』九巻一八九丁）が起草委員の間で明確となることによって表現が修正されたのだと思われる。Ⅳ型のなかで、梅文書では三つの段階の条文が書き込まれていて、穂積文書に二つの段階の修正案が書き込まれているⅣ—2型は、穂積が、第一次修正案が一旦確定してから書き込んだからこのような相違になったのではないかと思われる。ここには、Ⅰ変型の二五四条及びⅢ型と同様、梅・穂積両委員の姿勢の相違が窺われる。なお、本案が旧民法典の内容の大きな変更でⅣ型に属するものはなく、新設規定も二四五条だけであるから、ここでも、本案のそのような性格と修正の積み重ねとの間に強い関係は見いだせない。

Ｖ型とした穂積文書の二六五条では、「共」が行間に書き込まれて「権利ヲ共有スル場合ニ」とされた後、またそれが抹消されてもとに戻されている。梅文書にはこの書き込みはない。しかし、これまで見てきたような両文書での修正案の書き込み方からすると、二六五条の**穂積1**は、修正案としてあったのではなく、梅文書と同じ修正案を書き込む際の誤記であって、すぐにそれが抹消されて**穂積2**になったという可能性が大きい。その場合には、このＶ型はⅡ型に吸収される。いずれにせよ、梅文書が一つしか修正案を書き込んでいないことから、後の点検はあったにせよ、二六五条は一回の合議で確定案に至ったと思われる。

(3)　草案と合議の関係をまとめると次のようなことがいえる。まず、草案中の本案がそのまま『甲第十三号』となったのは、別案が削除されて本案が維持された二四九条、二五三条、二五四条だけで、他はすべて、僅かな語句の付加だけのものもあるにせよ、草案に修正が加えられている。

次に、草案における別案の有無と合議段階で修正が重ねられたということとの間には、明確な関係は見いだせない。建物の扱いを土地と別にするという重要な別案が付されていた二三八条も、梅文書で修正が二回になっているのは表現上及び他の規定との整合のためであったといえよう。また、「本条ヲ置カサルコト」という別案が付された二六〇条、二六二条、二六五条でも、修正は表現に関していて、そのような別案の存在が議論に影響を与えたことを窺わせるものはない。また、二六五条は実質的には修正は一回だけの可能性が大きいこと上述の通りである。逆に、合議段階での草案から内容的な大きな修正といえる二四二条但書の追加、二四七条二項は草案に別案として付されたものではなかった。また、全文削除された二五九条に付されていた別案は表現上のものであって、存置に関するものではなかった。これらのことからすると、本稿で対象とした部分の合議は、多くの別案を用意した富井の予想とは異なるものであることが多かったように思われる（二五六条に付加された三項も別案にはなかったが、これは、二五二条二項があったから、予期の外というほどのものではなかったであろう）。なお、富井が付した二六の別案のうちなんらかの形で『甲第十三号』に採り入れられたのは、二四八条、二五八条、二六三条に付された単数別案、二五六条、二六〇条、二六一条、二六二条に付されたそれぞれの複数別案の内の一つである。

所有権ノ取得部分の合議と共有部分のそれを比べると、二三九条、二四二条、二四三条、二四五条、二四七条で修正が三回行われており、すべて所有権ノ取得部分である。それらの他に、二四六条、二四八条と所有権ノ取得部分で穂積文書でも二つの修正案が書き込まれているが、共有部分で穂積文書に二つの修正案が見られるのは（二六五条を除くと）二五七条だけである。表現及び内容の両面で所有権ノ取得部分の合議でより議論が行われたことが窺われる。草案に別案が付された条文の割合は共有部分の方が多いから、ここにも、富井の予期と合議の進行の様子は異なっていたようである。また、梅文書に最終確定前の修正案の書き込みが多いということからは、富井と梅の考え方が異なることが多かったのではないかということ、その際に穂積が多くの場合直ちには梅の修正案に賛成したわけではなかったようだということが推測される。

## 五　参照条文の追加及び訂正について

『甲第十三号』で条文のあとに記載されている参照条文は、富井草稿にも書かれている。合議の過程でそれら参照条文の記載についても点検が行われ追加・訂正が朱で書き込まれている。梅4・4・46と穂積四・乙・4の間でこれら書き込みに多くの相違がある。参照条文は本稿の検討対象ではないので、以下では両文書間での相違箇所について簡単に述べるに留める。この相違には三種類のものがあって、Ⓐ参照条文そのものの追加・訂正、Ⓑ表記の訂正、Ⓒ点検作業の跡である。

Ⓐに関しては、共通する書き込みも勿論多いが、梅4・4・46では草案の二三八条、二四一条、二四七条、二四八条で、「紐」の「紐草」への訂正、二三九条で「同二草」（ここで同とは「独」のこと）の追加、二四一条で、「内務省甲第二十号布告」を「内務省甲二号布」に訂正、二五七条で「二〇八」の追加、更に、二四一条欄外に「〇十四年二号告、」の追加が書き込まれているが、穂積四・乙・4にはこれら追加・訂正は書き込まれていない。梅4・4・46において訂正・追加されたこれらの箇所は、『甲第十三号』ではそのように直っている。参照条文に関して付け加えると、梅4・4・46で追加された「同二草」が『甲第十三号』二三九条の参照条文では、「同二草八七五、二項、三項」となっている。合議の場で梅が第二草案の参照の必要性を指摘し、富井が、合議の後、その条名を調べて印刷用原稿に書き入れたのであろう。

Ⓑに関しては、梅4・4・46では、「ウオー」が「ヴヲー」に、「グラウビユンデン」が「グラウブユンデン」に訂正されているが、穂積四・乙・4では、二三八条について「グラウビユンデン」が「グラウブユンデン」に、「ウオー」が「ヴオー」に直されている他は行われていない。また、梅4・4・46では、二四〇条、二四一条の両方で、明治、同、第、條、二四一条で達が抹消されているが、穂積四・乙・4では、二四〇条でのこれらの訂正・抹消は行われているが、二四一条では省略されている。このように、穂積文書においては、多くの場合、一度直したものは、二回目以降は直されていない[34]。なお、穂積四・乙・4の二三八条、二四〇条では、「墺」が「澳」に直されているが、梅4・4・46では直されていない。しかし、活版刷『甲第十三号』では「墺」のままである（ちなみに、『民法議事』では「澳」）。

Ⓒに関しては、梅4・4・46では、各参照条文の表記毎に「、」が打たれているが、穂積四・乙・4にはそのような点検の跡はない。このように見てみると、参照条文の記載・点検についても、梅のまめな姿勢と穂積の立案担当者の訂

正に委ねるという姿勢を窺うことができる。ここには、条文の修正の書き込みについての上記Ⅲ型及びⅣ―2型と共通するものが見られる。

## 六　おわりに

富井草案において提案された本案のなかで、旧民法典の大きな内容的変更或いは新設を含むのは、二四四条、二四五条、二五〇条、二五一条二項、二五二条二項、二五五条、二五八条、二五九条、二六〇条、二六一条、二六四条、二六五条であり、これらのうち、二五九条は合議によって削除されたが、他の規定は表現の修正がされたうえで維持された。また、合議によって付け加えられた二四二条但書、二四七条二項、二五六条三項も旧民法典には対応する規定がないものである。このようにみてみると、『甲第十三号』の起草においては、確かに、旧民法典修正の骨格は富井の立案によってほぼ作り上げられていたといえる。しかし、富井においては、共有部分においてより多く旧民法典の内容的修正或いは新設が試みられていたが、合議段階では、それらの変更・新設は（別案で提案されていた二五八条但書の採用を含め）基本的に維持されつつ、それに加えて、所有権ノ取得部分を中心に、表現に関してだけでなく、内容的にも旧民法典からの修正がさらに進められていった。

このようにして、三起草委員は単独起草合議定案の過程を通して、旧民法典の修正についての意思を共通のものにしていったと思われる。第二七回法典調査会における『甲第十三号』の審議は明治二七年九月一一日に始まった。旧民法典修正の第二段階というべき法典調査会での審議における起草委員の発言には甲号議案の単独起草合議定案の過程が背景にある。甲号議案のこの起草過程を明らかにし、その民法典制定過程全体の中での意義を明確にするということ、ここにも民法学の新たな課題がある。

（1）議案書は活版印刷であり、法典調査会の各委員に配付されたものでは「甲第十三号」という議案番号が配付日付とともに蒟蒻版で付加刷りされているが、梅文書中の議案書（梅文書第1部門32・10）では、議案番号だけが墨書されている。また、前者には㊙印が押されているが、後者にはない。なお、議案書では第二四八条中の二か条の条名が無記入であるのに対し学振版『民法議事』九巻二一七丁では条名が記入されているが、この問題については別の機会に述べる。

（2）穂積四・乙・4は草案の条名の順番に綴られているが、梅4・4・46は、合議で修正された条名に即して並べられている。欄外に、並べ替えのためのメモと思われる書き込み（梅筆か）がある。

（3）甲号議案草稿は、赤マス目用紙、青マス目用紙が使われている例もあるが、多くは法典調査会用紙である。大嶋用紙は、穂積四甲七3、穂積四乙11、12で使われている。この用紙が使われている箇所は富井担当と思われる（福島・前掲五五頁参照）。梅文書中には、この富井草稿と思われるものの他には、大嶋用紙が使われたものはない。

（4）梅4・4・46の一枚目上欄外に、墨筆で、「富井博士ノ自筆草案ニ加筆シタルモノナルカ如シ」と書き込みがあるが、本稿ではこの書き込みの筆者、目的などの検討には立ち入れない。

（5）法政大学大学史資料委員会／法政大学図書館一〇〇年記念事業委員会編『法政大学　一八八〇―二〇〇〇―そのあゆみと展望』（二〇〇〇）四一頁に富井がフランス留学時代に書いたとされる漢詩が掲載されている。この漢詩は明治一五年のものであり、書体も異なるので、それと比較することによっても、梅4・4・46が富井自筆であると確定することはできない。

（6）梅4・4・46／穂積四・乙・4が富井筆か否かとは別に、それが富井担当部分であるかの確認も必要であろう。この点に関しては、福島・前掲五三頁以下のような根拠に基づく推測ができるほか、次のことも両文書が富井担当部分であることの推測を可能にする。穂積文書第四部乙28「離婚」の欄外に「富井氏立案」と朱で書き込みがある。この文書は梅4・4・46／穂積四・乙・4と同一筆跡である。この「離婚」の草稿への書き込みは、「富井氏」という表示のしかた（梅4・4・46の書き込みは、「富井博士」と呼んでいる）からも、穂積文書第四部甲の穂積自筆と思われる草稿にみられる書き込みとの比較からも、穂積によるものといってよいだろう。

（7）草案二三九条につき、穂積文書上欄外に「?.」の抹消と「百九十七条ニ入ル」と書込みがある。以下、断りのない限り、条名は富井草稿／草案のそれである。

（8）穂積文書では二四〇条の（別案）の右上欄外に符号「✓」がある。

（9）梅1の前に、「不動産ノ附従トシテ合シタル物ハ其不動産ノ」と書きかけたと思われる案がある。その際、「トシテ」と「合シタル」の間に文字らしきものが書き加えられているように見えるが判読できない。

（10）梅文書では、二四三条二項の上欄外に「?」と思われる符号が記された後抹消されている。穂積文書では、同じ箇所の「?」が残されている。穂積文書には、草案の「分離ノ為メ……」に引かれた抹消線の「分」の左横に「但」と書きかけた跡がある。これは、**穂積2**で、「分離ノ為メ……」の抹消を「イキル」として戻す前の書きかけと思われる。

（11）穂積文書では、草案二四四条の「附合セラレタル動産」の上の抹消線が「セラ」だけに引かれており、「シ」の書き込みもない。

（12）**穂積1**の「其附合物混和物」の「其」は、後から書き込まれたものでまた抹消されて**穂積2**になった。従って、書かれている修正案は二つであるが、**2→1→2**という順序になる。いずれも梅文書での最終修正案段階のものである。

（13）**穂積1**の一項但書で、「製作」が「工作」に修正される前に別の書き込みがある。「加工」と読めるようでもあるが確認できない。また、二項では、冒頭で「工作者」と書きかけて「加工者」と直されている。末尾の文章では、初めから「加工者」となっている。また、二項の「超ユルトキニ限リ」のトとキの間に書きかけて抹消した文字があるが、判読できない。

（14）**穂積1**では、抹消した草案二四八条の横に「イキ」と書き込みがある。また、穂積文書では、二四八条の本条の「損害」、別案の「損失」に傍線が引かれ、梅文書でも（別案）「損失」に傍線が引かれている。**梅1**の「損害」から**梅2**での草案の別案にあるような「損失」へ戻る過程で議論があったことが窺える。

（15）**梅1**は、「共有物ノ管理ハ多数決ニ依リテ之ヲ為ス……」である可能性もある。

（16）穂積文書上欄外に「共有ノ冒頭ニ置ク如何」という書込みがある。

（17）**穂積1**の第三項は上欄外に書かれているが、**梅2**には三項がない。**梅1**で、草案の第二項の「何時タリトモ」を抹消した右横に書き込みがありそれが抹消されているが、書き込みは判読できない。

(18)　**梅1穂積1**の★は、判読不能箇所を示す。

(19)　穂積文書には、上欄外に「裁判所ハ職権ヲ以テ又各」と書きかけて「職権」以下を抹消した書込みがある。これは、**梅2**と同じ案を書き込む際の書きかけであろう。また、穂積文書には、富井草案の但書の上欄外に?と思われる符号が付されている。

(20)　穂積文書では、草案の二五九条一項の「特約」を「契約」と訂正してあるが、これは、草案での別案（同）に「契約」とあるから、富井による草案の説明を聴く際に直したもので、案の修正として書いたものではないと思われる。穂積文書上欄外に、「位置」という書込み及び草案の（第一項別案）の上欄外に○の符号がある。

(21)　法典調査会での審議における『甲第十三号』二六〇条二項の書記朗読では、「其分割ハ債務者ニ対シテ……」（『民法議事』一〇巻一一四丁）とあるが、活版刷『甲第十三号』では、「債権者」とあり、『民法議事』の記載は書記の誤読をそのまま記載したのであろう。なお、『民法議事』の書記朗読の条文にみられる濁点は、活版刷『甲第十三号』の条文にはないが、それらを個々に指摘することは省略する。

(22)　**梅1**では富井草案の「已」とも見える箇所に線を引いて「己」と書き直している。これは修正というより癖字による誤解を避けるための確認的作業と見るべきかもしれない。梅文書での条名変更の箇所に符号のようなものがあるが判読不能。穂積文書では、草案の別案（同）の上欄外に?が付されている。

(23)　梅4・4・46と穂積四・乙・4のどちらにおいても、草案二六一条の「皈スヘキ」はそのままであるが、『甲第十三号』では「帰スヘキ」となっている。これは、合議終了後に訂正されたのであろう。なお、穂積四甲8における草案四〇九条では、「帰ス」となっているが、穂積四乙11の五三二条、五三三条、穂積四乙19の六六一条二項では、「皈ス」となっている。しかし、穂積四乙23の七〇一条では「帰ス」である。四〇九条は穂積担当、五三二条、五三三条、六六一条は富井担当、七〇一条は梅担当とされている部分である。このことからすると、少なくとも草案六六一条の合議定案段階では、まだ、「帰ス」と、「皈ス」の整理は意識されていなかったようである。

(24)　梅文書「右ノ債務」の上欄外に「二項」と書込みがある。

(25)　**梅2**の「其部分ノ同者二人以上……」には、「同」と「者」の間の（おそらく）「シ」の書き落しがあったと思われる。

(26) 梅1では、「各共有者ハ」の「者」と「ハ」の前に書きかけて抹消した文字らしい跡があるが判読不能。

(27) 穂積文書上欄外に符号が付された後に抹消されている。

(28) 墨による抹消・訂正は、草稿が書かれてから（或いは清書されてから）何日か後に富井による検討を経てなされたと思われる。この墨線は富井によるものである可能性が大きいと思われるが、富井が手元に持っていた草稿に抹消・訂正を書き込んでそれを書記に示して、他の二つの草稿に書き込むよう指示したという可能性も考えられるから、判断はできない。なお、梅文書目録の第4部門4・46の備考欄には、「2種類の筆跡による朱書訂正がある」とあるが、「2種類の筆跡による訂正がある」の誤り。

(29) このような墨と朱による本文のような区別は、目下のところ本稿が対象としている文書についていえるだけであって、他の部分の草稿のなかで同じことが当てはまるものがあるかの判断はできない。

(30) 二五三条の（別案）での条名の訂正、二五九条一項での準用条文の訂正は、修正とはいえないから、②には入れない。

(31) 福島・前掲五三頁以下の民法原案起草分担表に拠りつつ、穂積文書所収の甲号議案草稿とされるもののうち合議に付されたと思われるものにつき、別案の有無と担当者の関係をみてみると、富井担当部分で別案が付された条文が多くみられるのに対して、穂積担当部分には数カ条であり、梅担当部分には全くみられない。なお、本稿が対象とする部分は、富井担当と思われる部分のなかで別案が特に多いというものではない。

(32) 梅文書には、『民法中修正案』と題された冊子のなかに、四つの甲号議案の印刷用原稿が収められている（梅文書目録第1部門30-3、5、7、8）。第四編にも印刷用原稿がみられることからは、全体を通してそうであったということが推測されうる。梅担当と思われる部分の印刷用原稿が梅の手元に残されていたということは、刷りあがった活版刷を校正（法典調査会での審議に間に合わせるという時間的な理由から、校正ではなく点検であった可能性も大きい）するために立案担当者に印刷用原稿が活版刷と一緒に渡されたということを推測させる。本稿で見て来た梅4・4・46、穂積四・乙・4についても、合議の後、富井の手元にあって訂正された草案をもとに印刷用原稿が書かれたと思われるが、その草案及び印刷用原稿は、おそらく、他の多くの富井の文書とともに「災禍により消滅」（福島・前掲四頁）したのであろう。

(33)　梅『民法要義第二巻物権編〔第九版〕』（一九〇〇）一五八頁、この点については、広中俊雄『物権法〔第二版増補〕』（一九八七）四〇六頁参照。

(34)　活版の『甲第十一号』では、「ヴォー」であるが、活版の『甲第十三号』及びその後はほとんど「ヴヲー」である。しかし、厳密に統一されたわけではないようであり、『甲第二十四号』では、「ヴォー」となっている。また、草稿でも、本文書よりあとの部分にも、「ヴォー」、「ウォー」がしばしばみられる。なお、『民法議事』では、『甲第十三号』を含めすべて「ヴォー」となっている。表記に関しては、更に、草稿ではすべて「モンテ子グロ」であり、梅4・4・46、穂積四・乙・4でも、「モンテ子グロ」は直されていない。活版の『甲第十一号』までは「モンテネグロ」であるが、『甲第十三号』（『甲第十二号』にはモンテネ（子）グロ法の参照なし）以降は、大部分は、「モンテ子グロ」となっている。しかし、『甲第十三号』以降のすべてが「モンテ子グロ」に統一されているわけではなく、『甲第三十六号』では、「モンテネグロ」となっている。なお、『民法議事』では、「モンテネグロ」である。

## 3 民法典論争と法典調査会及び帝国議会における修正作業の関連

一　民法典論争は第三回帝国議会両院における民法商法施行延期法律案の可決とその約五か月後の裁可という結果となり、内閣内の法典調査会の設置とそこでの修正作業そして帝国議会での審議と続くことになった。以下では、これらの修正作業の中から民法典論争との関連が深いと思われる幾つかの点を取り上げて、そこから民法典論争の一側面を考えることにする。

二　『法典調査ノ方針』第二条によるパンデクテンシステムの採用は、法典調査会において最初に手がけられた修正作業であった。このことが民法典論争との関係でもちえた意味として次のようなことが考えられる。

第一に、この方針によってもたらされる重要なこととして旧民法典人事編の解体がある。この方針と人事編の関係に関しては、『法典調査規程理由書』の「第六条　理由」が「（人事編の方法が）世間ノ争議ヲ招キタリ故ニ修正案ニ於テハ……（第四編で）只親族間ノ関係ノミヲ規定シ一般ニ権利ノ主格ニ関スル規定ハ之ヲ総則中ニ掲ケントス」としている。この点に関しては、広中俊雄博士の論文に詳しく述べられているので参照を乞うことにしてここでは立ち入らないことにする。(1)

第二に言えることは、人事編の問題を超えてこれからの修正作業の土俵を民法典論争から距離を置いたものにするということである。施行延期派は法典がフランス民法典とボワソナードからの直接的影響のもとにあるとして法典を批判していたが、論争中にフランス民法典の形式であるインスティテューティオーネスよりもドイツ式のパンデクテンをという主張をしていた訳ではない。パンデクテンを評価していた穂積陳重[2]は延期派に近い立場であったが民法典論争には加わっていなかった。法典調査会に提出される原案の起草委員を命じられた穂積陳重・富井政章・梅謙次郎にとって、修正作業では旧民法典の轍を踏まないことが重要な課題であったことから、パンデクテンの採用は民法典論争の再燃を防ぐという意味をもったと考えられる。

第三に、上記のことはまた、第三回帝国議会において現れたような施行延期派と政治的保守勢力との結びつきを防ぐという意味を持った。人事編第一条「凡ソ人ハ私権ヲ享有シ……」の消滅[3]がそのことの例であると言える。この条文が消えたことは直接にパンデクテンの導入と結び付くという訳ではないが、人事編の上記条文はフランス人権宣言の天賦人権的思考に連なる規定であったことから、パンデクテンを採用することでフランス民法典の形式から離れたことが間接的に与っていたといえる。断行派に自由民権的思考が残っていたとはいえないが、このような条文の消滅は、延期派および保守的政治勢力から修正作業を防御するという意味をもった。国権主義の代表的思想家であった加藤弘之は、第三回帝国議会の貴族院での民法商法施行延期法律案の審議において、(旧)民法典は、「法典ノ土台ガ余程憲法ト矛盾シテ居ル」と批判していた[4]。パンデクテンの採用はこの「土台」を変えたかのような外観を呈している。人事編の解体を内容とするパンデクテンの採用は、少なくともかつての施行延期派からボワソナードの影響を理由とした西洋直輸入であるとする批判の根拠を奪った。とはいえ法典調査会の修正作業の成果として第一二回帝国議会に提出された第四編第五編の法案もなお家制度の法典化に対する保守政治家の不満を解消するものではなかった。このことはこの法案の審議においてかつての施行延期派と保守政治家の乖離となって現れる。この点については項を改めて四で述べる。

三　次に、かつての施行延期派で法典調査会委員となった論者達の法典調査会での第四編第五編の議事における姿勢から、民法典論争と明治民法典の関係をみてみよう。

法典調査会の審議は第三編の終盤になって時間に追われるようになった感があったが、第四編に入ると穂積八束、元田肇、村田保、三浦安、土方寧といったかつての施行延期派が熱心に討論に加わって再び盛んな議論が繰り広げられることになった。三人の起草委員による原案においても家制度が私有財産制度と並んで民法典の柱をなしていたが、穂積陳重を間において富井と梅という家制度に関して相反する立場の妥協の結果であることによって[5]、施行延期派のなかに見られたような家制度イデオロギーとは別のものとなっていた[6]。確かに第四編第五編の審議では原案に対しての修正案が多く出されまた個々的には実際に修正された箇所も少なくないが、起草委員による原案の基本的な性格を変えるものではなかった。概していえばかつての延期派であった委員の意見は通らないことが多く、それら委員が第四編第五編の審議過程で主導的位置を占めたということはできない。

以上のことからは次のようなことが考えられるであろう。旧民法典人事編も明治民法典第四編第五編も家制度を前提としてそれに法的技術を施すという点では共通性をもっており、権利義務というタームで民法典を組み立てることで既に、「民法出テ、忠孝亡フ」（穂積八束）[7]といった立場とは異なるものであった。このことからは、民法典論争史研究に関しては、明治民法典の第四編第五編を延期派の主張を表すものとしたうえで旧民法典と明治民法典の規定の比較をもとにして民法典論争における両派を性格付けるわけにはいかないのではないか、といえそうである。

**四**　次に、施行延期派と保守的政治勢力との関係を見てみよう。ここではそれを第三回帝国議会での民法商法施行延期法律案の可決と第一二回帝国議会貴族院民法中修正案外一件特別委員会における継続調査委員設置案の可決との関係からみることにする。

第三回帝国議会の貴族院での民法商法施行延期法律案の発議者は村田保でありそれに多くの賛成者が名を連ねているが[8]、その中には、加藤弘之、谷干城といった強硬かつ有力な保守思想家或いは政治家が含まれていた。この法律案が可決されるに至るには様々な要因が考えられるが、施行延期派と議会内の保守的政治勢力が結び付いたことも重要な要因であった。

さて、民法典第四編第五編の法案は第一二回帝国議会の衆議院での小修正を経たのち貴族院の上記特別委員会に付託されるが、そこでは継続調査委員を設けてそこで調査を継続するという案が加藤弘之によって提案され可決された。加藤の提案理由は審議に時間が足りないということであるが、[9]真意は法案に反対ということにあったのではないかと推測される。ここで興味深いのは、かつての施行延期派であった村田保、三浦安が継続調査案に反対していることである。[10]ここにきて第三回帝国議会において見られた施行延期派と保守的政治思想家・政治家との結び付きが崩れている。[11]

条約改正問題や既に前三編が第九回帝国議会で可決され公布されているというような背景もあるが、それ以上に、法律家である村田や三浦にとっては、あくまで家制度と法典（による権利義務関係化）はなじまないとする政治勢力とは異なって、前三編と一体をなす法典化ということに既に違和感はなくなっていたのであろう。かつての施行延期派の中で保守的政治思想と近い位置にあった穂積八束は、「余ハ公用物ノ上ニ『此の所民法入るへからす』ト云フ標札ヲ掲ケ新法典ノ実施ヲ迎ヘントス」[12]と公法私法峻別二元論を唱えて民法典批判からは距離をおく。穂積八束のこの姿勢も村田や三浦の立場と通じるものと思われる。こののち「忠孝」イデオロギーの拠点は教育勅語を掲げた文部省が担うことになっていく。

**五**　最後に、民法商法施行延期法律がその内容として使っている「修正」という表現のもつ意味を施行延期派の考え方と関係付けながら考えてみよう。[13]

第三回帝国議会に提出された法律案では「修正ヲ行フカ為明治二十九年十二月三十一日マテ……施行ヲ延期ス」とされていたから議会における発言では「修正」という言葉が使われることが多いのは当然であるが、非法律家においては改正と修正が同義で使われることがあった。例えば、渡正元（断行意見）は「改良修補」、「延期改正」と言っているし、加藤弘之（延期意見）は「施行して後から修正」「実施して後に改正」、宮本小一（延期意見）は「修正」「改正」、谷干城（延期意見）は「改正」と言っている。[14]これに対して政府当局者は「修正」と「改正」を使い分けていた。そこでは法典の未施行と修正、施行後と改正が言葉としてセットになっている。田中不二麻呂（国務大臣）は、施行後に改正を検討するのはともかく、施行前の修正には反対であるとして手続的にも法律案への不同意を示すなかで、「(この延期法律案が通れば)民法商法ハ忽チ性質ヲ変ジテ未定ノ草案トナリマス」と述べた。[15] ここで言われているのは、施行延期法律案は修正を求めるという表現をすることで修正の対象たる既成法典を実質的には草案とするものであり、これは既定の法典の取り扱いとして手続的に誤りであるという主張である。[16]

この施行延期法律案は、法案賛成派にとっても政府にとっても「其名ハ法律ノ修正ト雖其実ハ法律ノ廃止ト云フモ敢テ過言ニアラズ……」[17]というものであった。この法律によれば、もし「修正作業」が期限までに行われなければ(旧)法典がこのまま施行されることになるから「廃止」にはならない。修正が行われれば旧民法典は「廃止」されることになる。かくて、「修正」のための施行延期という表現は「廃止」を最終的目標とするという意味を持つものということになる。そして事実、明治二三年法律第二八号民法財産編・財産取得編・債権担保編・証拠編は明治二九年四月二七日公布の法律第八九号(その別冊が民法前三編)により、明治二三年法律第九八号民法財産取得編人事編は明治三一年六月二一日公布の法律第九号(その別冊が民法後二編)によって「廃止」されたのである。[18]

(1) 広中「成年後見制度の改革と民法の体系(上)」ジュリ一一八四号[二〇〇〇]九六頁以下および広中編著『日本民法典資料集成Ⅰ民法典編纂の新方針』[二〇〇五]二頁、資料は同書六六五頁以下。
(2) 穂積陳重『法典論』[一八九〇]一二三頁以下。
(3) この条文が修正作業において辿った経緯については広中・ジュリ一一八四号九四頁以下。
(4) 第三回帝国議会貴族院議事速記録一一号七五頁。
(5) 梅による家制度批判については、中村「民法第二編親族案」法時七〇巻七号[一九九八]三三頁[本書三頁]以下参照。
(6) 施行延期派の代表的文献である「法典実施延期意見」法学新報第一四号[一八九二]→星野通編著『民法典論争資

料集〔復刻増補版〕』〔二〇一三〕一七四頁参照。
(7)　法学新報第五号〔一八九一〕→星野・前掲書八二頁以下。なお、後注(12)参照。
(8)　そこに富井の名前もみえる。
(9)　第一二回帝国議会貴族院民法中修正案外一件特別委員会速記録第三号一六頁。法案反対を明示する者としては名村泰蔵が「日本ノ風俗ニハ大イニ反スル所ガアラウ」としつつ、加藤の提案に賛成している（同二〇頁）。もっとも、名村は民法典論争においては断行派に属していた（「法治協会雑誌発行ニ就テ」法治協会雑誌第一号〔一八九一〕→星野・前掲書九〇頁以下）。より明確に政治的保守の立場から継続委員案に賛成しているのは曽我祐準である（同速記録一七頁）。
(10)　第一二回帝国議会貴族院民法中修正案外一件特別委員会速記録第三号二〇、二一頁。
(11)　施行延期法律案の発議賛成者であった保守政治家の谷干城は、第一二回帝国議会貴族院本会議での審議が特別委員会委員長（黒田長成）の継続審議とする報告を覆す方向に進むなかで、この報告を支持する立場からの不規則発言をさかんに行っている（第一二回帝国議会貴族院議事速記録第一六号五、六、八、九頁）。
(12)　穂積八束「公用物及民法」法学協会雑誌一五巻〔一八九七〕九一一頁。この論文は民法前三編の公布後、法典調査会で彼も加わった後二編の審議が続いている時点のものである。このような八束の姿勢（やはりこの時点になっての妥協というべきであろう）を考えるうえで、民法典論争における八束の立場（前注(7)該当本文）についての井ヶ田良治「民法典論争の法思想的構造（続）」思想五〇六号〔一九六六〕九三頁以下の指摘が参考になる。
(13)　法曹会編『似たもの法律用語のちがい〔三訂版〕』〔一九九三〕八頁には、法律等の制定の過程で制定機関がその案の内容を改めることを「修正」といい、一旦制定された法律等の内容を他の法律で改めることを「改正」というとある（林大・山田卓生『法律類語難語辞典』〔一九八四〕二八頁も同旨）。実際にも公布後施行前に「改正」が行われた例として、「裁判員の参加する刑事裁判に関する法律等の一部を改正する法律」（平一九法六〇）がある。前田達明編『史料民法典』〔二〇〇四〕一一一六頁が、法典調査会における作業から明治民法典の制定までの手続きを旧民法典の改正作業として整理しているのも（同二頁では「旧民法典の修正」であるとしつつも、それに続く文章では「改正作業」としている）、旧民法典が公布されたことで制定手続きはすべて終わっていることを理由としていると思われる。しかし、少なくとも本稿の対象の範囲である第三回帝国議会から第一二回帝国議会までは現在のような用語法とは異なっていた。そこでは施行延期法律案そのものおよび議会内での議論で「修正」という表現が「改正」とは区別されたうえで用いられていたのであり、本稿はそのことの意味を考えてみようというものである。

(14) 発言順に、第三回帝国議会貴族院議事速記録一一号七四頁、七六頁、八二頁、一二号九三頁。

(15) 同速記録一一号七三頁、また、第三回帝国議会衆議院議事速記録第二四号五五頁。

(16) 「改正」には改正案が伴わなければならないという趣旨。

(17) 田中不二麻呂・第三回帝国議会貴族院議事速記録一一号七三頁。

(18) 明治三一年法律第九号を明治二九年法律第八九号の「追加的改正立法」であるとする法務省民事局の見解の問題点につき、広中「民法改正立法の過誤（再論）」法時七二巻三号［二〇〇〇］九五頁以下参照。この批判に対して小林明彦・原司「平成一一年民法一部改正法等の解説（一）」法曹時報五二巻八号［二〇〇〇］四〇頁注二は、「民法」は上記二法律の「各別冊として生み出された法律の題名である」として「追加的改正立法」説を擁護している。しかし、「民法」は、「各別冊として生み出された」一つの法典（別冊の冒頭に「民法」とある）の名前であって、別冊を伴った「法律の題名で」はない。両氏の文章は、「法律」によって作られた「各別冊」がその根拠となっている「法律の」「題名」を「生み出」したとしていると解するしかないが、不自然な論理といわざるをえない。歴史事実の認識としては、民法と名付けられた法典は前三編が明治二九年法律第八九号の別冊として、後二編が明治三一年法律第九号の別冊として作られたといえば済むだけのことである。また、両氏が「民法」は「法律の題名」であるとするのは、明治二九年法律第八九号と明治三一年法律第九号が同名の一つの「法律」を成している（後者は前者の改正立法である）という結論を導くためであるが、旧民法典も二つの法律からなっていたことを考えれば、一つの法典が二つの法律からなっていることには何の不思議もない。この二つの法律は、本稿でしばしば言及してきた民法商法施行延期法律という題名にも示されているように、併せて民法と呼ばれていた。しかし、だからといって一つの法律となったなどと考えられた筈もなく、それぞれが明治二九年法律第八九号と明治三一年法律第九号によって廃止されたのである。念のためにいえば、法典の条名が通し番号になっているかどうかは法典の形式によるのであって、通しであることはその法典を作り出した二つの法律を一つの法律であるとする根拠になるものではない。

## 4 Institutiones から Pandekten へ

一 旧民法典から明治民法典（第一編から第三編が明治二九年法律第八九号の別冊、第四編と第五編が明治三一年法律第九号の別冊。以下、民法典）に至る修正作業においてまず最初に手掛けられたのは、法典編別のフランス法的な Institutiones 方式からドイツ法的な Pandekten 方式への変更であった。この変更は必ずしも個別規定のレベルでのフランス法からドイツ法への転換を意味するものではなかったということは既に民法学の共通認識となっている。しかし他面、そのことから方式の変更自体は重要な意味を持たなかったのだと結論するのも早計であろう。以下では、この方式の変更が持った歴史的意味を、穂積八束の有名な二つの発言を手掛かりとしながら考えてみよう。

二 周知のとおり八束は、旧民法典の施行に反対して、「民法出テ、忠孝亡フ」と論陣を張った。旧民法典が公布されるや湧き上がった民法典論争及びそれが民法商法施行延期法律の制定という結果に至るには様々な要因が指摘されているが、そのなかの一つとして重要なのは旧民法典人事編に対する反対であった。延期派一一名の連名による「法典実施延期意見」に挙げられている七つの反対理由の最初に置かれていたのが、「新法典ハ倫常ヲ壊乱ス」であった。ここには、人事編が日本の家制度を無視しているとして家制度論者からの強い攻撃対象となっていたことが示されている。上記の八束の発言は、このような延期論の一つの側面を巧みに表現する標語となった。かくて、施行延期法律によって政府に課された修正作業においては、人事編の扱いが極めて重要な意味をもつことになった。

法典における編別の点に限って言えば、この対応は旧民法人事編を民法典では総則編と親族編へ解体することとなって現れた。それに関連して旧民法財産取得編が物権、債権及び相続編に分けられたこと、五つの編に番号がつけられたことも重要である（家制度との関係という視点からの人事編と親族編の個々の規定の検討は、法典ということの意味を焦点とする本稿のテーマからは外れる）。このような編別に対しては、梅謙次郎が法典調査会第一回委員総会で親族編を第二編とする修正を主張したが、この意見は賛同者を得られず、採決対象となる修正案の要件（法典調査規程第二七条）を充たすことができなかった。梅の意見は、彼が家制度に批判的であったこととの関連において見ることができる（ちなみに、彼は第五編における家督相続制度にも反対の意見を述べている）。

人事編が解体され、親族編が第四編、相続編が第五編とされたことは、民法典が第一編から第三編と第四・五編という原理を異にする二つの部分（前三編と後二編）からなるという考え方に親しみ易いものとなった。民法典制定後の民法学においては、民法を財産法と身分法に分けて説明することが通例となった。そのそれぞれでは、財産権主体としての個人の地位と家の中の身分で示される構成員として地位が表されていた。民法典が統一的に人格を備えた個人をそのようなものとして対象とするものであるということが明示されるのは、現憲法の制定に伴う改正（旧一条ノ二、現二条）を待たなければならなかった。

今日でも身分法が家族法と名前を変えられて財産法と対置されることが多い。さすがに学説においては八束的発言の内容上の影響が見られる訳ではないが、目を学説の外に移せば、八束的考えはタカ派保守政権およびそれを支える政治勢力が一側面として持っているアナクロニズムの中に残っている。

三、民法前三編公布後の八束の発言もその後に重要な意味を持つことになった。八束は、行政裁判所の裁判規準に関して、「余ハ公用物ノ上ニ『此の所民法入るへからす』ト云フ標札ヲ掲ケ新法典ノ実施ヲ迎ヘントス」と述べた。ここには、行政権力が依るべき行政法は民法とは異なった原理に基づく法体系をなすとすることに繋がる点で、その後、行政法を公法と性格付けることを経て通説となる公法・私法二元論の原型が現れている。Pandekten 方式そのものが公法・私法二元論を表現しているとまでは言えないが、Pandekten 方式の母国ドイツにおいては公法・私法二元論が支配的となっていた。しかしそれにも増して、我が国での Pandekten 方式採用の歴史的意味という点では、起草委員穂積陳重の法典調査会第九回主査委員会における次のような発言が重要である。即ち、原案一条（現三条一項）「私権ノ享有ハ出生ニマル」の審議において、そこでの「私権」を「権利」とする修正意見に対して、答弁に立った穂積陳重は「或ル国デハ民法ヲ国法ノ根本即チ基本法典ト見テ居リ、……民法ト云フモノハ一番基本法典デ人民ノ権利ヲ極メタモノジャトシテ居ル国モ少ナクナイ……、民法ノ始メニ……権利ノ享有ハ出生ニ始マルト書クト如何ニモ権利ノ宣言ノ様ナ文章ニナッテ人ハ生レ乍ラニシテ権利ヲ有スルト云フ即チ生得権ノ宣言ヲシタ様ニモ見ヘマス、ソレデ旁々此処ニ私権トシタノデアリマス」と応えた。陳重が、「権利」と「私権」を区別することで、民法典が「生レ乍ラニシテ有スル」権利を掲げる法典となることを拒否するとき、否定の対象としてフランス人権宣言および「国法ノ根本」と解されたフランス民法典を念頭においていたことは明らかである。ここからは、修正作業における Institutiones 方式から Pandekten 方式への変更が、民法典が「一番基本法典」であることの否定と結びついていることを窺うことができる。このことは、前述したような人事編の解体によって親族法と切り離された人についての規定が、総則編の冒頭において（生得的な性格をもたない）財産に関する権利の主体を表すものとなること、第一編から第三編が財産法として経済社会に限定された基盤をもつものとされるということであった。この陳重の答弁には、旧民法典が施行延期に追い込まれた轍を踏まないという慎重な政治的配慮を窺うことができるが、また、民法典が依って立つ基盤が、そのような配慮を必要とするような日本社会（フランス民法典的位置づけを貫くことが困難な、citoyen たることから切断された経済的 homme と家制度からなるそれ）であったということが示されている。陳重のこのような発言は、行政権に民法の原理が及ぶことを拒否する八束説の出発点となるものであった（念のためにいうと、このことは八束説の方からその関連を探った場合に言えることであって、陳重の上記の意見が論理的に八束のような解釈論に導くというわけではない。例えば第一二〇回法典調査会での原案七二三条（現七一五条）審議における陳重の意見は、後に現れる八束説のような峻別説ではない）。

八束説的な公法・私法の峻別はその後の国家無答責法理の基礎となり大日本帝国時代の法律学および司法・行政に対して大きな力を持った。この法理に依る主張が近時の戦後補償裁判のなかで亡霊のように現れたことは周知のとおりである。今日、民法学において公法・私法峻別への批判は一般的である。このことは、一時期公法・私法協働論が短い間に支持を広げたことにも示されている。しかし、行政法学と異なって民法学では、公法私法峻別論の基礎にあった公法・私法概念を批判・克服することの必要性はいまだ一般的認識と言えるには至ってはいない。

〈付記〉本稿には注を付しませんでしたが、拙稿「民法典論争と法典調査会及び帝国議会における修正作業の関連」〔本書五七頁以下〕（松山大学法学部松大ＧＰ推進委員会編『シンポジウム『民法典論争資料集』（復刻増補版）の現代的意義』所収）に、本稿と共通する史料の典拠および関連文献が挙げてあります。

# Ⅱ　民法解釈の方法的分析

5 認識・評価峻別論と法解釈学

6 法解釈学における認識・評価峻別論の意義について

7 制限超過利息に関する反制定法的判決と厳格解釈判決の方法的検討

# 5 認識・評価峻別論と法解釈学



## 一 問題の所在

「認識・評価峻別論」については、広中俊雄氏による問題提起後(1)、近時、憲法学のなかで一つの議論対象となりかけているが(2)、他の法領域においては、従ってまた民法学においても、議論の展開はみられない。広中①は、法律学だけでなく、社会科学全般(示される例からは、認識に関しては、自然科学にも及ぶが(3))を対象とするものである。しかし、ウェーバーの(4)(実践的評価に関する)峻別論の他に、碧海純一編『法学における理論と実践』〔一九七五〕に対する千葉正士氏の書評が①のきっかけになっているとされていることからいっても(5)、法解釈学一般にとっての問題がそこには特にある。

憲法学における議論状況は、規範科学論者（山下氏・菅野氏）による樋口論文批判が行われているという段階であって、これら批判者の関心の所在から、議論は認識行為についての峻別論が中心的対象となっている。[6] しかし、すぐのちに述べるように、本稿での関心は法解釈学・実践的評価についての峻別論議であり、以下では憲法学での議論にはその限りでしか触れない。[7]

広中氏によれば、[8] 実践的評価についての提言としての峻別論とは、実践的（評価的）提言を根拠付けるために事実を援用する（この立場をAとする）ことに対して、実践的評価につき事実認識との峻別を説く立場（B）である。Bの立場の目的は、実践的評価が徹頭徹尾その人自身の奉ずる価値に基づいてなされるものとなるようにし、本人に実践的評価・行動についての責任を完全に自覚させることにある。Aの立場のなかには、もっぱら事実に倚りかかっているのであって、自らの態度についての責任を負う意思のない型（$A_1$）と、自己の奉ずる価値に基づいて実践的提言を行うのであるが、当面の問題については事実の援用が説得効果の点から有用なので自覚的に事実認識を実践的評価に結びつける仕方での議論をする型（$A_2$）があるとされる。Bの立場には、峻別という提言によって、批判対象たる実践的提言の説得力を減殺ないし剝奪することとなるという附随的効果に対する態度によって、そのような効果を無視する型（$B_1$）と、そのような社会的効果に対する自己の評価を明らかにし自己の評価にふさわしい行動をとる型（$B_2$）が区別される。[9] 責任の倫理を重視する観点に立つなら、選択肢は$A_2$か$B_2$であり、その一つの立場を選んだら、それで一貫すべきである、とされる。

私がこのような実践的提言としての峻別論（の採否）の議論に関心をもつのは、第一には、一つの立場を貫徹させるという意味で、「解釈論の提示の仕方については方法的自覚がなければならない」[10]という要請が無視さるべきではないと考える故である。第二に、目下、私は、法解釈学にとって、体系思考の提示或いは前提化が重要であると考えているのであるが、民法学における体系（法律学における体系という一般的問題のなかでの法領域による特色をもった下位問題であろう）といわれてきたものの性格を明らかにし、ついで、あるべき体系像を求めるに際して、この峻別論議はくぐらざるを得ない関門であると思われるからである。

このような関心をもちつつ、近時の憲法学での議論に接し、あらためて広中論文を読み返すうちに次のような疑問をもった。規範科学という独特な学派を抱えることによって（またそのかぎりで）峻別論々議が行われている憲法学と異なって、民法学も含めて他の領域で議論が行なわれていないのは、一般に方法論議が低調であること、民法学でいえば、利益衡量論々争後[11]、解釈学方法論がまとまった形で議論されていないということの故であるが、それとは別に、広中論文による峻別論の問題の提示にも尚不充分な点があるのではないかということがそれである。それは以下の三点についてである。第一に、A型のメルクマールである「事実の援用」ということの叙述が簡潔なために意味の理解が容易でないということ。第二に、法解釈論においては、「事実問題として」、$B_2$型は貫徹困難で$A_2$型に「引き寄せられてゆく」[12]とされるが、そこで引用される樋口論文との関係も含めて、「困難」の内容が明らかにされていないために、「方法的自覚」の要請のもつ意義・選択の重大さが充分に伝わらないことにならなかったかということである。これは$B_2$型の問題点の検討ということである。第三に、とくに広中②においては、$B_2$型の問題点について触れているが、$A_2$型の検討がない。このことの延長として、$A_2$型を一貫させるということはどういうことかも問題である。本稿の直接の目的は、第二、第三点の検討にあり、第一点は、そのための前提として、いくつかの点を明確にするためのもの、という関係にある。私は、目下、$B_2$型に即しての解釈論を心掛けているが、窮極の処で$B_2$型を純粋な形で貫徹しうるかに僅かながらの惑いをもっている。以下、これら三点の検討を行うことによって、自らの方法的選択の基礎を確かめたい。

## 二　事実の「援用」ということ

一　A型とB型は、従ってまた、$A_2$型と$B_2$型は、解釈論の提示において事実認識の援用を行うことを構わないとするか、それを行ってはならないと考えるかによって区別されている。この区別の問題点は、(イ)行われた「援用」から型へのふるいわけがすぐにできるか、ということ、(ロ)A及び$A_2$型の定義が、そのままで、例として挙げられるものとの関係で適合的かということである。

二　(イ)広中②では、解釈論の提示の仕方について、「こうすることが正当であるから、そうすべき」という記述の仕方が「普通」であり、国民の支配的意識・立法者の意図・諸外国の一般的傾向などを根拠とした記述の仕方で「なされることもある」と述べられる。そして、この後者の型では、「事実が援用されている」ということが重要なことであるとされる[13][14]。この後者が典型的に現われた場合、それがA型であるということは明らかである。しかし、問題は、「普通」である提示の型と共に、根拠の補強として、事実の援用が行なわれる場合である[15]。

まず、「なされることもある型」がA型であるとはいえても、「普通」である型が$B_2$型であるとはただちにはいえない。というのは、B型は、その定義上、ある解釈論で援用が行われていないということだけではなく、「事実の援用を批判する」者である（峻別論）とされているからである。援用を批判する者であるという定義は、広中①が、峻別論のもつ意義を、援用批判のもつ附随的効果に即して検討するものであったということによる。しかし、②でも、批判が$B_2$の前提になっていることは次のことから窺える。即ち、$B_2$型がおちいる可能性のある態度の一つとして、批判の対象たる実践的提言を内容的に支持する場合に、批判を緩める、あるいはやめるということが挙げられている（②三〇頁）。「やめる」ということは、批判をしていたことを前提としており、更に、この場合、「そうすると批判するのは、……内容的に支持しない場合だけになる」とされていることも、援用批判があることが、自己欺瞞に陥ったそれであっても、$B_2$型の要素になっていることを示している。従って、援用批判を伴うことなく、解釈論の「普通」である提示の仕方を行うものは、その解釈論からは、援用批判こそ未だしていないが援用はすべきでないと考えているいわば潜在的$B_2$型であるのか、$A_2$がその問題については「普通」の型をとっているのかの判定はできない[16]。

しかし更に問題なのは、援用が行なわれた場合である。典型的に、「なされることもある」型での提示である場合は別として、正当と考える実質的根拠を述べつつ、更に補強的援用を行う場合、まず、援用を批判しつつ（$B_2$）この意味の援用をすると、「批判の相手$A_2$に引きよせられた」[17]、一貫ということに欠けることになった$B_2$であるということになろう（援用を批判しつつ、補強的であれ援用をするということは矛盾を意味するが、ここではむしろ、後述する参考と援用との相違があいまいなまま提示するという形をとることになろう）。これに対し、援用の批判がなく、補強的に援用がなされた場合、それは$A_2$型がこの問題においてとっている提示の仕方なのか、潜在的$B_2$が既に引き寄せられたものなのかはわからない。更に、補強的であれ援用があるのであるからとして、$A_2$型に入れようとすると、それは、「ある事実から直接に抽き出されたものとして……」というA型の定義[18]には、そのままでは当てはまるわけではない[19]。従って、補強的援用をA型に入れるためには、「直接に抽き出す」ことの容認ということをA型の定義からはずすことが必要になり、これを$B_2$型に入れて、$B_2$型の「$A_2$型へ引き寄せられたもの」とみるには、$B_2$型の定義から援用批判ということを落とすことが必要になる。要するに、ABの定義のどちらにもそのままでは入らないわけであるが、これは、A型・B型が典型的な姿をとるものを表現するからである。援用批判のメルクマールと直接に抽き出すというメルクマールの責任倫理問題にとっての重要性を比較すると、B型から批判の存在を落すことは適当でないであろう。また、自己の評価であることの明示（「普通」の提示の型）自体は、$A_2$型と対立するものではなく、明示があることだけから$B_2$型に入れるというのは適当ではあるまい[20]。この種の補強的援用は、A型＝峻別していない型とみればよいと思われる。従って、A型のなかに、直接的抽出型と補強的援用型があって、それが広中氏のいう$A_1$・$A_2$の区別にかぶさるということになるのではないだろうか。

しかし、補強的援用の問題は以上のことに留まらない。広中②は、「自分のとる解釈論をきめるにあたって事実認識の結果を役立てる（参考にする）場合」と「自分のとる解釈論を他者にむかって提示するさいに事実認識の結果を役立てる（援用する）こと」を区別して、峻別論の批判対象を後者であるとしている[21]。従って、補強的であれ援用は、峻別論の批判の対象となる（ただしそれはただちに型に結び付くものではない）。しかし、参考と援用は、提示された解釈論に即して、明確に分けられるだろうか。

「参考」とされる場合（正確にいえば、参考という意味をもって事実認識が提示される場合）にも、様々なレベルのものが考えられる。$A_2$・$B_2$のいずれにせよ、解釈論における価値判断部分の内容は、自らの価値基準とそれに照らしての利益衡量からなる。個々的利益衡量を通して価値基準が修正されるというプロセスがありうることは勿論であるが、それぞれの解釈論において、基本的には、価値基準が利益衡量を規定する。事実認識が参考にされるということはこの両方の段階での判断形成において考えられるが（とくに歴史〔沿革ではない〕研究が第一段階で働くことが重要）、個々の解釈論において、援用との関係如何が問題となるのは、主として利益衡量段階においてである。そして更に、そこにおいても「参考」の意味は次のように分けられよう。㋑現状の認識である。これは利益衡量の直接的要因である。広中②二二頁の例である金融梗塞の招来の有無が、一定の価値基準の下での利益衡量の一要因になる場合にはこの種類に入る。㋺利益衡量の間接的要因となる事実認識である。例えば、法的安定性という価値視点から、判例認識や慣習の認識を衡量の参考にする場合がそれであり、また、一定の法治国家像を一つの価値として、立法者意思を衡量の要因とする立場もあるかもしれない。㋩外国法研究のなかから知るに至った裁判規準の例を参考にする場合がある。ここでは、直接にせよ間接にせよ利益衡量要因ではなく（国際私法では要因になるかもしれないが）、自らの利益衡量を裁判規準に構成するうえでの参考であったり、利益衡量が既に実現されている、又、それで不都合がないということを確認するものであったりする。歴史研究・立法者意思も、そこに自らの価値判断の実現の例をみて、あらためて自らの価値判断を確認するという意味で参考にされることが多い。これらのどの段階でも、「参考」にしたとして提示すること（提示されなければ、どのような認識に基づいたのか分からない）は、同時に事実上解釈論を補強する機能も果たす。参考と援用は、定義上は、価値判断形成過程で働くものと、その外に存在するものと区別されうるが、実際上の機能では、参考として明示されたとしても、相違は紙一重となる。法解釈論において、㋑㋺㋩の形での認識の提示はいわば不可避的なものといえようが、広中②三〇頁でいう$B_2$型の貫徹困難ということがこのことを意味しているとは読めない（そこでは、法解釈論のもつ権力統制のための説得作業という性格が考えられていると思われる）。参考と援用を峻別して、参考であればB₂型が貫徹しているというのなら、その解釈主体にとってはともかく、他者にとっては、そこでB₂型が貫徹されているのか、補強的援用によって、A₂型に引き寄せられているのかの判断は困難であろう。[22] とはいえ、両者には提示の仕方での方法上の相違があることは確かであり、また、事実認識を参考にしたものとして提示することは、ある議論の論点の明確化のために必要なことである。従って、ここでは、認識・評価峻別論に立つ場合には、援用と参考の基本的な相違を自覚し、かつ、自らの峻別論を明確に述べる（それによって参考であることが明確になる）ということしか問題の解決策はなさそうである。

三　(ロ)A₂型の、即ち「当面の問題について……説得的効果の点から有用なので、自覚的に事実認識を実践的評価に結びつける」一つの例として、広中①は、「〝歴史の方向に合致する事実〟を自己の実践的評価の補強……のために援用するという態度」[23] を挙げる。しかし、広中①がこの例で念頭に置いているマルキシズムに立つ論者にとっては、自己理解としては、事実のなかにある規範の認識が同時に自らの実践的主張でもあるのであって、「ただ説得効果をあげるうえに有益」[24] だから援用するというものではないだろう。広中氏のA₂型の定義は、事実認識とは別に自己の奉ずる価値があって、この価値に即して、実践的主張において、「説得効果をあげるために」認識を援用する、というように読める。[25] 勿論そのような立場があり得、それをA₂型とすることは有用である。しかし、マルキシズムに属する主張の中にA₂型の問題点を含むものがあるとするのなら、当然のことかもしれないが、実践的主張の提示の型の構成は、提示者の自己理解に即するのでなく、提示の客観的意味に着目したものであることが述べられ、更に、マルキシズムに属する主張においても、その自己理解とは異って、実際上は、そこでの事実の援用が自己の価値判断の説得効果のためのものであること、実際に認識から価値判断を直接に抽出しているのではなく、そこに主体の選択が存在するのではないかに言及することが必要になる。[26][27]

第二の問題は、法解釈論としての$B_2$の困難さということである。この問題は二つの点からなる。第一は、広中②のいう「困難」ということの検討、第二は、$B_2$型の困難さは別の処にあるのではないかということである。第一点から述べる。

## 三　$B_2$型の「困難」さについて

一　広中②においては、既に触れたように、$B_2$は、「解釈論がかかわってくるかぎり、その峻別論の立場を簡単には貫徹しえず、……$A_2$のほうへ引き寄せられていく可能性が高いであろう[28]」とする。ここでは、解釈論のもつ実践的説得という性格が考えられているであろうことは上述したが、そのことはこの引用文に続いて、樋口①一四頁の次の叙述が紹介されていることからもいえる。樋口①は、$B_2$型は、「解釈学説が『科学的』『客観的』ではなくて『主観的』なものでしかありえないという自分の素性を、いわば種明しすることですから、解釈主張のうえでは、大いに説得力を失うことを覚悟しなければならない」と述べる。広中②によって同旨のものとして引用されている樋口①の個所ではあるが、二つの点に留意が必要である。即ち、第一に、広中②が、「事実問題としては[29]」とすることに意味されているであろうこと、第二に、評価の提示における「援用」の意味の相違があるということである。まず前者については、広中②がみている$B_2$型の困難の内容は、確かに、樋口①のいう自己の解釈論の説得力の減少にある。しかし、広中①では、峻別論の検討さるべき附随的効果は、他者の主張の説得力の減殺であって、自己の主張の説得力の低下は、峻別論問題にとっては、「きわめて小さい問題にすぎない[30]」としている。とはいえ、解釈論の展開にとっては、一般的にいって自己の主張の説得力の低下に導く峻別は、「事実問題として」貫徹に困難が伴うとされるのであろう。

第二の点について。樋口論文の前記引用文において考えられている解釈論の例は、立憲主義原理が「勝者の正義」であるという認識を示しつつ、解釈論として、日本国憲法が「普遍的正義」・個人の尊厳を化体していると主張するものである。[31] 樋口論文においては、一方で、日本国憲法を「勝者の正義」であるとする認識を提示するだけである認識行為についての「単純峻別論」と、実践と認識の峻別を説くだけの評価行為についての「単純峻別論」への批判、他方で、そのような認識を評価に直結する・憲法タブー論の形をとった・改憲論（$A_1$型か$A_2$型かははっきりしないが）批判がある。樋口①では前者の批判、②では後者の批判が中心になっている。これらの批判の展開は、広中論文での「峻別論」の問題提起と共通性をもつ。しかし、樋口①が$B_2$型（「批判的峻別論」）の困難さをいうとき、そこでは、およそ事実認識の援用の問題があるのではなく、事実認識（「勝者の正義」）とは異なった内容の主張（「普遍的正義」）を、異なることを示しつつ、行うことの説得力の低下が考えられている。この問題は、広中論文での峻別論の問題をその一部としつつ、より広く法解釈論の特質に触れるものである。そこには、事実の援用というより、事実でないものを認識であるかのように提示すること、樋口①の例でいえば、「個人の尊厳を化体した日本国憲法」という言い方、また一般には、「〜が条文の意味である」という解釈論の提示の仕方がある。この提言形式が広中論文の峻別論議との関連でどのようにみられるかが問題となる。[32] 事実認識の形での実践的評価の提示が問題を含みうる以上、事実でないものを認識命題によって提示することが問題を含みうることは当然であるともいえようが、しかし、樋口論文の提起するものは、条文の意味の歴史的認識と異なった評価を条文の意味として提示するという法解釈論に独特の問題である。このような場合の法解釈論における「認識であるかのような提示」となりうるものには、三つの種類が考えられる。㋑裁判規準をある条文の或いは複数の条文から抽出された意味であるとして示すこと。これは提言内容そのものである。例えば、元本充当後の過払い金の返還請求の許容を利息制限法一条二項の外で構成すること、民法六一二条の解釈として、一定の賃貸借関係について背信的行為の無い場合には解除を認めないという主張を行うこと、更には、民法七〇九条の権利侵害を違法な侵害と解釈することや、過失概念の操作も提言内容によってはここに入る。㋺それら規準の解釈を根拠付ける価値基準を実定法内在的なものであるとして提示すること。例えば、「個人の尊厳を化体した日本国憲法」、また、私的所有・契約自由・人格の保護等の原理も、内容によっては、民法典の意味の歴史認識とは異る場合があろう。㋩規準命題相互の関係の説明のための概念構成及び論理構成。例えば、法律行為の取消しの効果の説明・それと民法一七七条の関係の説明、解除の構成と損害賠償の性質・範囲の関係付けなど。これら㋑㋺㋩はそれぞれ、歴史認識との相違ということと意味としての提示ということの両方の問題をもちうる。峻別論との関係で援用と共通な問題となるのは、「意味としての提示」であり、樋口論文が、それを峻別論問題として論じているのもその故である。

前記三形式のうち、㋩は、たしかに説得力を増すもの——論理構成がスムースにいくかに関して、また、概念が受け入れられやすいものか否かについて——でもあるが、現在の法律学では、その中心的意義は、論理的無矛盾性という法解釈でありうることの条件の存在を示すことにある。従って、それ自体として重要なものではあっても、峻別論議の点からみた場合、法的構成において、〝〜さるべき〟が表面に出ていなくても、それら構成は、提言内容及び実質的根拠に対応させられたものであるから、㋩における提言の根拠付け形式を実践命題化することを、独立に、樋口論文のいう説得力問題とも、また広中②のいう「困難」とも考える必要はないであろう。

前記㋑㋺において、解釈者の実践的評価が、法源の「意味である」として提示されるのは、裁判規準の存在ということが法解釈論の共通の前提となっているからである。[33][34] そして、「意味である」という形で論ずること自体は解釈論であることの共通の約束事であるとしても、その場合、「〜が意味であるとすべきである」という自らの価値判断の型を明示するか否かが「説得力」の問題となる。

確かに、裁判規準の存在の了解を利用しながら、規準の意味が既存ではなくて解釈主体が選択したものであることを明示することは、法律家でない者に対しての説得力において相違がありうる。他方、法律家（特に裁判官）が名宛人である場合、現在では、選択であることを明示するしないが、説得力の点で「困難」に通じるような相違があるとは思えない。樋口論文のいう説得力は前者に関するものであろうか。憲法解釈論が運動との結びつきが強いとはいえるとしても、民法でも例えば、「住民には環境権がある」という議論の仕方になると同じ問題がある。このことは、法を巡っての専門・非専門の分化の一つの現れといえようが、樋口論文のいう説得力がこのことであるとしても、樋口論文が$B_2$型を選択している通り、そしてまた、広中①が「小さな問題である」としている通り、$B_2$型選択にとっての問題点があるわけではない。$B_2$が価値をおく責任倫理ということは、法律家でない者に対する発言においてより問われるともいえよう。

二　次に、$B_2$の困難が別の処にあるのではないかということについて。広中①は、認識行為についての実践的提言としての峻別論を論じるなかで、樋口論文のいう批判的峻別論に当たる型について、樋口論文のいう自覚的結合論からは「"玉砕主義"と評されるかもしれないような結果」となる可能性をもつものであって、そこでは、「認識と対等の価値を与えられているのは、実践的目的の達成ではなく、それに向けての実践行動それ自体であるとみるべきであろう」としている[35]。この問題性が、本稿の対象である評価に関する峻別論である$B_2$型について、そのままではないにせよ、あてはまる場合がないかが検討さるべきである。ここで、そのままではないと述べたのは次の理由による。即ち、認識レベルの批判的峻別論においては、認識と実践に対等の価値が与えられているから、認識をしないという選択肢がないため、認識を行うことによって「玉砕」に至ることがありうる。これに対し、実践的評価についての$B_2$型においては、実践（解釈論）を行うに際して、実質的価値と峻別による責任倫理の自覚の明示に同価値がおかれるのであるから、なお、実質的価値の観点から実践（解釈論）を行わない（或いは、他の種類の実践や亡命を行う）という実践的選択がありうるからである。しかし、実質的価値の追求と責任倫理ということ自体の価値の主張が両立しえない場合、例えば次の二つのケースで$B_2$型の貫徹を考えてみよう。ⓐ事実の援用或いは条文の意味であるという型の解釈論が実質的価値の観点から尚有用であるかもしれないが、それを自らの価値判断であるとすることがそれ以上の実践（解釈論及びその他の種類の）を不可能にする蓋然性がある場合（例えば、逮捕・処刑が予想される場合）、ⓑ同様の状況下で、内容的に支持しえない主張が$A_1$・$A_2$型において存在し、その方法的批判だけでなく内容的批判を行うことが自らの他の実践をも不可能にするであろう場合である。ⓑの場合、批判を行わないという選択は$B_2$には本来的にはない。即ち、$B_2$においては、自己の責任倫理の一貫が重要であるだけでなく、他者にも責任倫理の自覚を求めるということが峻別の提言の出発点である。この責任倫理を要請するということが、実質的価値の追求と同列に置かれる場合には、$A_1$・$A_2$型の存在を批判しないという選択はないことになる[36]。そして、$B_2$型では、方法的批判には必ず内容的批判が伴うわけであり、それは「玉砕」に繋がろう。

ⓐケースにおいて、(イ)$B_2$の貫徹を求めることは、解釈論を放棄することが早めにならないかということが難点として考えられ、他方(ロ)$B_2$の立場の例外的放棄を認め、$A_2$型による解釈論を行うことを可能にすることには、$B_2$型から$A_2$型への移行が早めになる（場合によっては、(イ)における解釈論の放棄よりも早くなる）可能性がある。ただし、このようなⓐケースにおける$B_2$型の困難については、責任倫理という価値からは、解釈論を行うことを放棄せざるを得なくなっても、他の実践を通して自らの実質的価値を一貫させることによって、別の意味で責任倫理は貫徹されるものであって、解釈論の放棄自体を重大なことと考える必要はない。従ってここでは、$B_2$型は(イ)でよく、(ロ)の途をとるまでもないであろう。これに対し、ⓑケースにおいては、$B_2$型の純粋な形での貫徹には困難があると考える。ⓑケースでも$A_2$型にはそもそも方法的批判うんぬんの問題は生じないし、内容的批判についても、する・しないそれぞれの実践的意義が実質的価値の観点から判断される。そして、内容的批判をする場合でも、事実の援用や条文の意味であるという主張が可能である。$B_2$型については、(イ)玉砕、(ロ)例外的に方法的批判をしないという余地を認める、(ハ)例外的に$B_2 \to B_1$に移ることを認める、(ニ)例外的に$B_2 \to A_2$に移ることを認める、という方途が考えられる。このうち、(ハ)(ニ)には、ⓐケースの(ロ)と同様の難点がある。ⓑ(ロ)は、「批判をしない」ということには、そのかぎりで解釈論の場を離れることを選択するということが含まれている点で、実質的にはⓐケースの(イ)と同じ意味を持つと考えられる。そこでは、$B_2$型が純粋な形で貫徹されているとはいえないが、なお、別の型になったというわけではない。$B_2$型の困難はこのⓑケースにあるのではないだろうか。

## 四　$A_2$型の問題点

広中論文においては、既にみてきたように、$B_2$型の解釈論における貫徹にとっての事実上の困難及びその陥りやすい危険が指摘されているのに対し、$A_2$の問題性がそれに比して、御都合主義というB₂からのありうるとされる批判以外には、述べられていない[37]。とくに②においては、法解釈論のあるべき基本的姿勢として$A_2$・$B_2$の可能性を示して、選択とその一貫を迫るのであるから、$A_2$型の問題点の検討が行われないことには疑問が残る。

$A_2$型も$B_2$型とは異った意味ではあれ、責任倫理のうえに立つものであって、具体的な援用の採否も、自己の判断であることの明示の意義も、実現を欲する実質的価値に即した責任倫理の視点から判断される。しかし、問題として第一に、$A_2$型では、自己の責任倫理意識は明確であることが前提となるが、他者にとっては、提示されている解釈論の立場が$A_1$なのか$A_2$型なのかは、その解釈論自体からは分からない。$A_2$型の性格上、「当面の問題」の明確化は困難であるからその範囲が広がる可能性があり、その場合には、$A_2$型は責任倫理という態度が一般的になることには働かない。責任倫理ということ自体の明確化及びその態度の拡大には$B_2$型の方が$A_2$型より適合的であることは確かである。このことは、責任倫理の自覚という点では$A_2$型と$B_2$型は「同じ平面にある[38]」といえるにしても、責任倫理ということ自体の価値の位置付け方が異なっていることによる。以上のことからは更に、広中②でいう$B_2$型が$A_2$型に引き寄せられる可能性ということをもじっていえば、$A_2$型は$A_1$型に引き寄せられる可能性があるともいえる。即ち、自己の評価であることを自覚するだけでなく、その旨を明示すること及び援用を行わないことはこの自覚の継続の外的強制として作用しうるのであって、それがない場合は、ある場合に比して、責任を事実に転嫁する可能性が生じやすいであろうからである（「当面の問題」が広くなると特に）。

$A_2$型についての第二の疑問点は、広中②が各自の選択した立場の一貫を要請するとき[39]、$A_2$型の一貫ということは何を意味するかということである。この型は、当面の問題においては、事実認識を援用して構わないと考えていても、峻別論と違って、この一般的態度を表明する必要はない。自ら援用しそれをよしとするのであれば、他者に対して援用を批判しない（峻別論を利用しない）ということだけが$A_2$型にとっての方法的制約である。[40] そして、援用するしないはすべて、自らの奉ずる価値の実現との適合性判断にのみ服する。そこでは、援用問題・援用の限定は解釈方法論の中のテーマとはならない。ところで、峻別・援用論議が提起されたのは、責任倫理の貫徹如何という観点からであった。現代、法解釈に携わる者にとっては、附随的効果を含めて、自らの作業の実質的価値にとっての適合性についての考察が常に必要であるとすべきであるが、[41] 責任倫理ということは、実質的価値の法解釈学にとってのこのような意義に対応している。たしかに、責任倫理の一般化ということ自体実質的価値の一部をなすといえる。しかし尚、責任倫理という価値自体を共通にもつということが、それぞれの奉ずる価値の対立があっても、法解釈学の方法を語ることを可能にする[42]（方法が一致するという意味ではない）。$A_2$型が、広中氏の定義のように、自らの奉ずる価値の自覚・責任に立つとしても、それは、法解釈学の方法を超えたところでの責任倫理である。これに対して、$B_2$型は、前途ⓐⓑケースは別として、法解釈学の方法での責任倫理の貫徹を考える。法解釈方法論の問題点は、援用・峻別問題に限るわけではないとはいえ、援用問題がもつ責任倫理従ってまた法解釈学方法論にとっての意義を考えた場合、この点についてのルールを実質的価値の下におく（従ってルールの確立が困難な）$A_2$型が一貫されるとき、そこでなお法解釈学の方法の議論が可能であろうか。〃御都合主義〃であるかもしれないことは、実質的価値から判断される実践一般にとっては大きな問題とはならないかもしれないが、法解釈論にとっての共通の場を、従って法解釈学方法論を語ることにとって、致命的な問題点ではないであろうか。

## 五　むすび

このようにみてくると、$A_2$型は、「当面の問題」の限定が行なわれない場合、その問題性が極めて大きくなるが、他方、自己が責任倫理意識をもつというに留まらないという意味での、責任倫理意識の一般化ということ自体の意義を、実質的価値の観点から従属的なものとみる基本的立場からして、また、〝説得力〟の点からしても、$A_2$型による「当面の問題」の限定は困難といわなければならない。

$B_2$型は、前述ⓑケースでの(ロ)の途があるとすれば、純粋な型ではなくなるかもしれないが、責任倫理と実質的価値の衝突を回避できる、といえよう。

もっとも、本稿で行ったような、いわば極限的事例によって諸型を検討することの必要性は否定さるべきでない（極限的事例において現れてくる性格は、そうでない場合にも、顔を出す可能性は常にある）としても、法解釈作業に際し、$B_2$型に立つことを選択した場合には、広中②のいう二つの危険に陥らないということが、現実的にはより重要であることは確かである。

（1）　広中俊雄「認識・評価峻別論に関するおぼえがき」世良教授還暦記念下・社会科学と諸思想の展開〔一九七七〕（以下、広中①として引用）、また、広中「法律論文を書くための条件」広中・五十嵐清編『法律論文の考え方・書き方』〔一九八三〕（広中②）。

（2）　樋口陽一「日本憲法学における『科学』と『思想』」法哲学年報一九八一（樋口①とする）、樋口「タブーと規範」世界四五一号〔一九八三〕（樋口②）、樋口論文批判として、山下威士「タブーとしての憲法?-」法学新報九一巻一・二号〔一九八四〕、菅野喜八郎「『批判的峻別論』偶感」『法の理論4』〔一九八四〕。

(3) 広中①一四三頁以下。

(4) 法時四八巻六号〔一九七六〕一〇五頁以下。

(5) 広中①一四一頁。

(6) 法解釈学という表現は、本稿では、法解釈論と同義に用いているが、ただ、法解釈論といった場合には、特定の事件の解決を主たる目的とするそれ——当事者によって主張されるものであれ、判決理由で述べられるものであれ——も入ることになろうが、本稿で法解釈学というときには、それを主たる目的とせずに一般的な形での提言を念頭においている。これはいうまでもなく属人的な分類ではないから、実務家の法解釈論も、この性格をもつときは、法解釈学となる。

(7) 「法解釈学」ということに関連して、憲法学での議論に出てきた二つの点について、ここで触れておく。第一は、山下・前掲三五八頁以下のいう、解釈・評価と法解釈学（説）の区別を本稿は採らないということである。このことは、「ワク」論の考え方（山下・三五九頁）如何に拠ることになるが、この点については、広中『法と裁判』〔一九六二〕四一頁以下及び、同「現代の法解釈学に関する一つのおぼえがき」社会科学の方法九号〔一九六九〕→『民法論集』〔一九七一〕三八二頁以下に加えて述べるものを私は目下の処持っていない。第二に、特に菅野・前掲三六頁以下には、樋口①一五頁が、思想（法解釈論）を、「意識的に理性的な土俵のうえでおこなおうとするかぎり、科学ではないとしても学問の名になお値する（傍点は原文）」としたことに対する批判がある。私は、法解釈学とよぶかどうかは言葉の問題であると考える。従って、本稿の題名でも「法解釈論」として構わないのであるが、第一に前注でのべたような区別のために、第二に、通常用いられる呼び名でありまた、法律学以外の領域での用いられ方とも共通することがあるということから、「法解釈学」とした。菅野氏が、氏のいう「学＝認識」にのみ行うに価する価値をおいているのか否かはわからないが、そうでないのなら、氏にとっても、認識と実践が異なった性格をもつという区別が重要なのであって、「学」であるか否かがではない筈である。「学」と呼ぶか否かに拘わらず、行うに価すると考える場合には、重要なことは、樋口①のいう「意識的に理性的な土俵」ということの内容の検討及びその場の確保ということであろう（なお、学という名称の問題は、教壇で教師のとるべき態度の問題と全く同じというわけではない）。

(8) 以下は、広中①一四八頁以下、広中②二八頁以下参照。A・Bの符号は②による。

（9） なお、樋口氏は、広中氏の分類と異って、実践的評価についての峻別論として、認識行為についての峻別論のその附随的効果（広中①によれば「認識という行為をそれに随伴しうべき社会的結果に対する評価から切り離すことへの要請として機能」すること）への態度に従っての三分類と並行して、三つの類型を考えている。即ち、広中②にいう$B_1$を単純峻別論、$B_2$を批判的峻別論、$A_2$を自覚的結合論とする（樋口①一二頁、②三九頁以下）。私は、樋口氏の実践的評価についての峻別論の分類に疑問をもつ。第一に、山下・前掲三五六頁がいうように、自覚的結合論は、「峻別論の前提の上」にはない（ただし、山下・前掲は、①広中$B_2$が「樋口教授の批判的峻別論と自覚的結合論をひとつにまとめ」たものである、とする点、②自覚的結合論が、「事実（＝その認識）を左右する」ものとする点（ここでは事実認識の仕方には関係がない）において、型理解に問題をもつ。その結果、山下・前掲三五七頁㈧での選択の問題が、広中②より狭くなっている）。即ち、認識場面での「結合論」では、認識を行う場合には、認識そのものには峻別が貫徹される（但し、広中①一四六頁の「認識結果に反する発表」には、認識と発表を別にしない限り、疑問が残るが。なお、樋口①一一頁、②三九頁参照）のに対し、$A_2$型においては、評価が「峻別」しないで提示される。そこでは、実践的行為において「峻別論が自覚的に拒」（広中①一五二頁）まれている。第二に、認識という行為についての提言としての峻別論と実践的評価についての提言としての峻別論のそれぞれの類型構成の基準はその対象の相違からして共通の性格をもつものではない。従って、両峻別論間の各類型は共通のものとなる性格を本来的にもつものではない。更に、樋口②四〇頁は、両場面で批判的峻別論を採ることを「認識と評価を二元的に峻別する立場を首尾一貫させ」ることであるとしている。しかし、それぞれの場での立場の「一貫」――そのうちの実践場面のそれが本稿のテーマであるが――ということと、両場面を通じての一貫ということとは異なる。樋口氏のいう「首尾一貫」は後者の意味であるが、認識・実践という異なる場面の類型の選択についての「首尾一貫」は、二元論そのものからただちには導き出せない。二つの場面のそれぞれの峻別論はその採否も含めて別のものであって、それぞれの類型をどう組み合わせるかは選択の問題である。例えば、実践的評価について$A_2$に立つ者は、認識行為について、峻別論に立ったとしても、自覚的結合論と結び付きやすい、ということはいえるとしても、その逆はいえない。認識行為について自覚的結合論を採りつつ、実践的評価について$B_2$に立つことに、何ら「一貫」の点から問題とすべきことはない。ここでは、氏のいう「首尾一貫」ということ自体は、責任倫理の問題と関係をもつものではない。

（10） 広中②三一頁。

（11） 峻別論問題と利益衡量論論争の間には、入り組んだ関係があるように思われるが、本稿では立入らない。

(12)　広中②三〇頁。
(13)　広中②二七頁以下。
(14)　方法的に自覚的に立法者意思説をとる石田穣説についてここで触れておこう。石田氏においては、裁判官の価値判断のコントロールを、実質的価値を提示することによってではなく、法解釈の形式的方法の樹立によって行うことが意図されている。そこでは、本稿の検討の対象たる峻別論議の前提たる法解釈学の実践性・実質的価値判断は、自覚的に拒否されている（石田『法解釈学の方法』〔一九七六〕一五頁以下）。法規の「間接的拘束」のうちの「裁量的条理」の適用において、「解釈者の価値判断が原則として介入」するとされていても（四六頁以下）、この「価値判断」は、立法者意思・法律の趣旨との関係で許されたものであり、また、そこでは、「裁量」が語られるのであって、主体的選択の責任倫理と結び付きうる性格のものではない。この立法者意思論が支持を広げた場合には、新たな形で、$A_1$・$B_1$の問題が生じないかの検討が必要になるかもしれないが、目下の処、この方法による認識の提示が$A_2$型でないということは明らかであるから、本稿の検討からはずしてよいであろう。
(15)　たしかに、広中氏の類型構成においては、補強的援用があればAとするであろうことは、「補強……のための援用」（広中①一五三頁）という表現から窺える。しかし、他方、そこでの補強という意味は、基本的に自己の奉ずる価値が歴史の方向の中に存在するという立場の論者が、従って、既に峻別を自覚的に（認識論的に）拒否する論者が、その実践的主張を更に説得力あるものとするために援用する、ということのようにも読める（とくに、一五一頁の例と合わせて読むと）。従って、「普通」型＋補強的援用について、$A_2$型であるとすること、及びそのための$A_2$型の再構成について検討することがなお必要であると考えた。
(16)　$A_2$型は、必ずしも積極的に援用が構わないと言明する必要はないし、また、その$A_2$論者にとって、「当面の問題……」と判断されるべき問題が尚現れなくて、これまでは、「普通」の型での提示だけを行ってきているという場合も考えられる。
(17)　広中②三〇頁。
(18)　広中②二八頁。

(19) 例えば、広中氏は、所有権移転時期についての鈴木説（漸次的移転説）に対して、「……認識からただちに、……法解釈学上の提言を引き出すことは、問題である」とする（広中『物権法(上)』〔一九七九〕六五頁）。鈴木説は、所有権移転時期の画定について、「実益があるかどうか」の検討を行い、また、「理論的には不可能」としている（『物権法講義〔二訂版〕』〔一九七九〕七八頁以下、ここでの「理論的」ということの意味は不明確であるが）。たしかに、鈴木説が、「事態を率直にみるならば、……とすべきである」と結論をのべるとき、そこには、事実の援用、それも、「なされることのある」型に近いそれがある。しかし、所有権移転時期をある一点で画すべきでないという解釈論（規準の具体的内容というよりは、論理構成という性格をもつが……）の提示を全体としてみた場合、実質的根拠（ここでは実益論）及び概念・論理構成についての考え方が、事実認識と並んで、規定的であり、「ただちに……」とはいえないのではないだろうか。

(20) たしかに、自己の価値判断明示型と必ずしも明示しない型にわける（そうすると、補強的援用は、$B_2$と同じく、明示型になる）という枠組みもありえようが、それだと価値相対主義か否か（主観説・客観説）という区別とあまり変わらなくなり、峻別論々議の法解釈学方法論にとっての意義は大幅に低下することになろう。

(21) 広中②三〇頁。

(22) 例えば、広中②において、$A_2$型による援用の例として挙げられる公務員の争議権についての制限的解釈で考えてみても（なお、同じ例が①一五一頁では、「なされることもある型」で表現されているのに対し、②二九頁では、「そのさい」に「役立たせる」もの＝補強的援用であるようにも読める）、その論者は、問われれば、それは参考として提示したと答えるかもしれない（次述(ロ)の問題は別にして）。第四七回労働法学会シンポジウム「官公労働者とストライキ権」における中山和久氏の総論的報告「ストライキ権の特質と問題点」（日本労働法学会会誌四四号〔一九七四〕）をみてみても、そこで「比較法的検討」に大きな意義が与えられているのは、直接には、「日本におけるストライキ権論の特殊性と普遍性とをより明らかにする」（八頁）ためであり、また、結論は、市民的自由・生存権の「二重構造」で根拠付けられている（一六頁以下）。運動との距離が近い労働法学の性格からいって、ここでの比較法的検討には援用の意図があるのではないかと思われるが、参考か援用かの判定の決め手はなく、論者が参考であると答える可能性はある。

(23) 広中①一五三頁。なお、ここでの「補強」ということについて、注(3)参照。
(24) 広中①一五二頁。
(25) 樋口①が、A₂型を峻別論の中に入れている（前章注(9)参照）のは、広中氏のこの定義に由来するものと思われる。もっとも、樋口氏のように理解したとしても、自覚的に直結する論者を峻別論ということは適当ではないだろう。
(26) 広中①一五三頁以下の世良説の引用に続く叙述はこのことを前提とするものとみてよいであろうか。
(27) 例えば、近時接する機会のあった山下末人「ラレンツ＝ヘーゲルの私法上の帰責論（Zurechnungslehre）から㈠」法と政治三五巻二号〔一九八四〕一二五頁以下は、「法解釈学的個別判断は、個別社会関係をとらえ、それを全社会関係に組み入れると同時に、全社会関係の一環として整序するという機能を本来的にもっているという意味で、現実の複雑な動的社会関係の（実践的）認識である」という。私法解釈学が、「anwendungsorientiert な方向に終始し」、法的判断の社会構造からの被規定性の分析を「必ずしも自覚的に行っていない」（一二四頁）という山下氏の問題意識もこの基本的認識と結びついている。しかし、様々な anwendungsorientiert な行為の間に存在する内容上の相違は、法解釈の前提とされた認識の相違に還元されうる場合も多いであろうが、また、評価の相違による場合も多いのではないか。この現実は、マルキシズム内部の対立（そこでは、相手をマルクスから離れたものと批判する形が多いせよ）が常に存在しているということが示しているものではないだろうか。念のためにいえば、以上のことは、認識及び評価の「社会構造による被規定性」ということが、解釈学説の分析（客観的適合性判断）にとっての有用な道具であるということを否定することを意味するものではない。
(28) 広中②三〇頁。
(29) 広中②三〇頁。
(30) 広中①一四九頁。
(31) 樋口①一五頁。
(32) 広中②二八頁が、A型の定義として、「ある事実から直接に抽き出されたものとして実践的評価を表明したり事実認識の提示という仕方で……」と述べるとき、ここでの「事実認識の提示」ということで、樋口論文での解釈論の例のような、事実とは異なることを「条文の意味である」として提示する型が考えられているのではない。

(33) 欠缺論の問題にはここでは立入らない。

(34) なお、樋口①は、繰り返し、法学の特色として同じ言葉が認識行為と実践行為にまたがって使われることを挙げている（五頁、七頁、一三頁）。しかし、このことは、樋口論文において、「解釈学説としての効果への顧慮」という点からのB2型の困難さと結び付けられているわけではない。両義性ということ自体は、峻別の出発点であっても、困難に繋がるわけではないし、また、法学それも特に憲法学では、規範認識が学問作業とされることがあるから、この両義性が顕著であるが、法学以外の領域でも、程度は異なれこの種の両義性はあるだろう（平等・自由・個性・豊かさといった言葉の機能）。

(35) 広中①一四四頁以下。

(36) 広中②三〇頁は、B2型が陥り易い二つの危険を挙げている。(い)批判の対象たる実践的提言を内容的にも支持しない場合には、内容的な批判をもすることによって責任を全うすべきであるのにそれをしないですますという安易な態度、(ろ)批判の対象たる実践的提言を内容的には支持するという場合には、減殺ないし剝奪される説得力を補いうるような仕事をすることに力をつくして然るべきであるのにその仕事の困難を見越して事実の援用に対する批判それ自体をゆるやかにする……という自己欺瞞的な態度。これらの危険についていえば、これらはいづれも実質的議論を怠ることを表している。この怠りの可能性が常に存在することは否定できない。しかし、本文との関連では、これら危険は、本文でいうような状況での困難を考えているわけではないようである。(い)は広くとれば、本文ⓑケースでの「批判しない」ということも含めなくもないが、率直に読む限りでは、(い)(ろ)ともに、平常な状態において存しうる怠慢の可能性を指摘したものであろう。

(37) なお、広中①では、B2からA2に対してありうる批判として、A2は、「そういう仕方による説得を受ける人々を欺くことになる可能性を伴っている……」ということが挙げられている（一五三頁）。しかし、ここでは、事実認識を歪めて説得に用いるということは含まれないという意味で、事実認識そのものは正しいと信じられたものであることを前提とすると、A2型が「欺くことになる」という意味が私には理解できない。

(38)　広中①一五二頁、また、樋口①一四頁。
(39)　広中②三一頁。
(40)　「事実命題からただちに価値命題を導くことはできない」という認識をもつことはA₂型と必ずしも矛盾しない。この認識をもつA₂（この認識に立たないA₂型もある）が、批判対象を内容的に支持しない場合に、実践的意図の下に、この認識を述べることを考えてみると、確かにこれも認識の援用の一種ではあるが、しかし、自らが、他の問題であれ、事実を援用している場合には、この批判は方法的には（実質的価値の点からではなく）矛盾した態度である。
(41)　広中②二四頁以下。
(42)　樋口①一五頁のいう「意識的に理性的な土俵」の不可欠な一要素といえよう。

# 6 法解釈学における認識・評価峻別論の意義について
## ――樋口陽一氏の指摘に関連して――



### 第一章　問題の所在

樋口陽一氏は、論文「『批判的峻別論』批判・考」において、[1]評価の場面での認識と評価の峻別が法解釈をめぐって行われる際の「最も大きな『困難』」として、「『法源』とされているものとの整合性を説明」することなどの「『擬制の効用』をとり払うという附随的効果」を指摘し、更に、このことは、公権的解釈機関による解釈に対して、「司法権の頂点」から「全人格」・「思想」を問題とすることにも通じるものであるとした。筆者は、かつて、法解釈学においても認識・評価峻別論を考えるうえでの問題点を検討したことがあるが、[2]樋口氏は更に新たに「批判的峻別論」[3]の「困難」さの指摘を行ったのである。筆者は、樋口氏の問題の指摘を重要なものと考えるが、氏による問題の位置付けに疑問をもつ。具体的には、第一に、氏によって「操作」とよばれたものが、氏のいうように「批判的峻別論」の「困難」として現れる問題であるか、という疑問である。このことは特に氏のいう「諸操作」のうちの、法源との整合性ということが、このような峻別論々議によって扱われるべき問題であるかということに繋がる。第二に、「全人格的裁判」像に基づく主張も氏とは別の位置付けがなさるべきではないかということである。このことは、この問題がむしろ事実の援用という面からみられるべきこと、更には、その際においても、樋口氏が整理の出発点とした広中氏による$A_2$か$B_2$かという問題の立て方に再検討の余地はないかということに繋がる。第一点を第二章、第二点を第三章として論じる。従って、本稿は、樋口氏による指摘を手掛りとして、法解釈学にとっての認識・評価峻別論の意義を求めようというものである。[5] 認識・評価峻別論議は、認識場面でも評価場面でもそれぞれにおいて作業に携わる者にとって、自己の作業の社会的存在性を考えること、それについて決断することを迫るという、避けて通れない論点を扱うものである。本稿は、樋口氏の法解釈学をめぐる指摘に答えるという限りで、この問題の一部を対象とするものである。

## 第二章　「法源との整合性」の取り払い？

一　樋口②は、「㋑制定法ほかなんらかの『法源』とされているものとの整合性を説明する擬制」、「㋺『法源』となされていなくとも諸外国の解決例を採用するなど、さまざまの操作が要求されることによって、……恣意的な解釈に、事実上抑制がかけられている[6]」とする。確かに樋口氏も、中村・前掲一七頁〔本書七九頁〕以下を指示しつつ、㋑を「条文の意味の歴史的認識と異なった評価を条文の意味として提示すること」、㋺を「事実の援用」であるとする[7]。しかし、樋口氏は、批判的峻別論のテーマを「認識の名において解釈を主張してはならない」と定式化することによって、㋑が「認識の名」で行われることが、㋺とともに、批判的峻別論と相容れないものとなることから、その困難さに通ずるものとして採り上げられることになった。㋑を樋口氏のように位置付けることが適切かを検討するには、回り道のようではあるが、樋口氏のいう批判的峻別論・自覚的結合論と広中②の$B_2$・$A_2$類型のズレ・その背後にあるそれぞれの対処しようとする問題の相違を確認することから始める必要がある。

二　広中②においては、$B_1$・$B_2$はAとの対比において定義されている。[8] $A_2$は、「当面の問題については事実の援用が説得効果の点から有用なので」行うものである。ここでは、ある実践的主張の法解釈論による根拠付け或いは法解釈論そのものが認識の外形を採るかということではなく、法解釈の直接の根拠付けとしての事実の援用がメルクマールとなる。これに対し、樋口氏のいう自覚的結合論は、「自分の提言を、あえて認識作用と結びつけた形で説く立場[9]」である。これだけでは$A_2$との相違は必ずしも明らかではない。しかし、自覚的結合論には、$A_2$のような「当面の問題」という限定はなく、また、「事実の援用」でなく、「認識作用」一般、従って、規範認識を含むものである。[10]「当面の問題」ということについては、たしかに個々の解釈論を採り上げた場合、それが「当面の問題」の中にあれば、$A_2$も自覚的結合論も「認識との結合」というレベルでは同じである。しかし、樋口氏の型に「当面の問題」という限定がないということは、そこで事実認識でなく認識作用一般とされることによって、規範認識が含まれているということと関連している。即ち、事実認識であれば様々な内容があり、それらの援用の効果を測定しつつ、法解釈の根拠付けのために援用するしないの選択が解釈主体には常にある。これに対し、規範認識との結合は、法解釈の根拠付けという次元ではなく、法解釈であるということ自体の一つの形態である。従って、事実の援用と違って、自由に、「当面の問題」に有用であるから結合させるということは事実上困難であろう。

このように樋口氏のいう自覚的結合論は、その表現の類似にも拘わらず、広中②の$A_2$とは内容的に相違があり、当然これに対応して、批判的峻別論と$B_2$にも相違があることになる。$B_2$は評価の直接の根拠付けとして事実の援用を批判するBの一類型であるのに対し、批判的峻別論は、「認識の名において解釈を主張してはならない」という主張とされていて、規範認識と法解釈の峻別ということを含んでいる（むしろこれが樋口氏の中心的関心であろう）。いいかえれば、$B_2$は、法解釈論の提示の仕方ということで、法解釈の根拠付け如何を対象としているのに対し、批判的峻別論は、表現としては根拠付け方法を含みつつ（或いはそれとの区別なく）、より広く法解釈の提示の外形そのもの（規範認識としてか実践としてか）の相違に着目したものとなっている。

三　型の定義におけるこのような相違は、直接には、憲法解釈学方法論と民法解釈学方法論の議論状況の相違に由来すると考えられる。樋口②において、ある法解釈論における根拠付けと法解釈一般の根拠付けの区別が重要なものとされないで、事実認識と規範認識（及び「擬制」）が同じレベルで捉えられたということには次のような要因が考えられる。第一に直接的なこととして、憲法解釈論が性格としては規範認識とは異なったものであることが樋口氏の意味では共通認識としてあるわけではないらしいということである。このことの故に、樋口氏においては、宮沢説を引きつつ、同じ概念を用いた議論のもつ規範認識と法解釈論という両義性を自覚することと、この両義性をそれぞれの作業の提示場面でいかに処理すべきかが関心の中心になったのだと思われる。樋口氏はこの両義性を前提とするから「擬制」という表現になり[11]、また、「擬制の効用」に（憲法）解釈論の一つの性格をみる方向が示唆される。かくして、峻別論議は「擬制」の維持か否かという問題とされ、法解釈の根拠付け方法（自由法論後の民法解釈方法論の中心的課題はこれであったとさえいえる）の問題ではなくなった。このことが、㋑と㋺の操作を一括することの一つの因となったと思われる。第二に、間接的なこととして、「憲法学」においては、上記の憲法解釈論の状況とは一八〇度違ったところに位置する規範科学（民法学にはこれに対応するものはない）の存在がある。即ち、樋口氏には、認識場面での峻別論を議論するにおいて中心的には規範科学の中にある単純峻別論への批判があった。そこでは、規範認識の提示がそれとして他者の解釈論の説得力を奪うという実践的機能をもつことが検討の対象となる。ここでは、非規範科学論者の側での認識・評価の「結合」の存在が、規範科学の「実践性」（！）の土壌の一つとなっている[12]。そしてこのことから樋口氏が認識場面で峻別論を検討する際には当然認識ということで規範認識を考えるわけであり、それが、「並列的」[13]に類型を立てる評価場面での峻別論の検討における㋑㋺の一括した扱いに間接的な一因となったと思われる。第三に、樋口氏は憲法学での解釈論における上記第一点、規範認識における第二点を前にしつつ、憲法解釈論に携わることによって、広中①②の評価場面での関心である法解釈論が説得行為であるという性格に由来する（従って民法解釈論とも共通する）一般的問題にも直面し、それが、憲法学の状況を$A_2$・$B_2$類型と「並行」させて、㋑㋺の操作を一括することの一因となったと考えられる。

四　以上のことからいえることは、㋑㋺を「認識の名の下」のものとして一括して扱うことは、憲法学の状況をぬきにしてはその意義が理解できないものであり、また、法解釈学一般の検討という点からは適合性を認め難いということである。「法源の意味である」ということ及び法源との整合性の説明は、自らの主張が法解釈論である（ありうる）ということと同義である。それは、ある実践主張の根拠付けとして機能しうるもの（法律論による根拠付け）ではあっても、それ自体では法解釈の根拠付けたりえない(14)。この点が事実の援用との相違である。そして、峻別論をとるか否かに拘わらず、法解釈学と峻別論というテーマにとっては、自由法論後の、法解釈の複数の存在可能性とその選択ということが重要である。従って、とくに民法学における法解釈方法にとっては、法解釈論であること・解釈論による根拠付けは法的構成の意義としてなお重要性をもっているということと並んで、そしてそれとは性質を異にして、法解釈の根拠付けの方法が重要である。このことから、樋口②のいう操作のうち、㋑はおよそ法解釈論であることの資格の問題、㋺は、法解釈の根拠付け方法と事実認識の問題と捉え、㋑は峻別論によって検討されるべきものではなく、㋺を峻別論の問題とすることが適切であると考える(15)。かくて、法源との整合性の説明ということは、峻別論・$B_2$の困難として考えるべき問題でなく、およそ法解釈論一般に求められるものということになる。

付言すれば、㋑を峻別論議とは別の問題とすること、更にはそうした場合の性格付けを、明確にではないが、その後の論稿樋口③から窺うことができる。そこでは、㋑と関連をもちうる問題であるワク論に関し、それを「法源とされている制定法の規範認識」とする考え方（以下ⓐ）と、「ある解釈はそれ自身として論理的一貫性をもたなければならず、また法体系全体に対し論理的に矛盾しないものであることが説明されうるものでなければならない、というワク」という広中氏の考え方（ⓑ、傍点は樋口氏）を分け、このうちⓑを説明可能性という「ゲームのルール」と意義付けている[16]。このⓑは樋口②における㋑を想起させる[17]。たしかに㋑は、認識としての提示＝擬制に重点が置かれていたから、「条文の意味としての提示」までの広いものを思わせるものであり、そのままワクⓑにならないのは当然としても、ワクⓑは、㋑を、規範認識ⓐから切り離して、限定・明確化するものと解することも可能である。また、樋口②では、石田最高裁長官による「全人格的裁判」像に基づく主張が㋑操作を取り払うことの付随的効果として述べられているが、樋口③においては同じ主張が「主観的良心説」の一つの帰結として述べられ、それへの対処としてワクⓑが考えられている[18]。このことを合わせ考えると、ワクⓑを規範認識と異なったものとしてゲームのルールとする際に、峻別論議に触れていないということも、樋口②の㋑の位置付けからの変化を推測させる[19]。

## 第三章　$A_2$・$B_2$の選択ということ

一　上述のように樋口②では、「全人格的裁判」像に基づいて「思想」を問題とする主張が、「擬制」を取り払うことの付随的効果＝批判的峻別論の困難として述べられており、また、樋口③では、主観的良心論がワクⓑ＝ゲームのルールに服さないことに至る表れとされていた。しかし、樋口③のいうルールを前提としても「人格的裁判」像に基づく主張はありうるし、そもそもそれが、樋口氏のいうようには、法源との整合性やワクⓑを否定するもの、即ち法律論であることとの必要性の否定であるとはいえないのではないだろうか。「全人格的裁判」像に基づく主張は、そのようなルールに服するか否か、法律論か否かというといわば形式の問題としてでなく、むしろ、内容の問題、即ち、「国民の大多数の意見」を根拠として法解釈の内容を一定の価値観によって統一することを図るものとみて、法解釈の根拠付け方法という角度から検討すべきであろう。この場合には、この「全人格的裁判」像に基づいて「思想」を問うという主張は、それ自体「国民大多数の意見」という事実の援用の一変種とみうるし、また、裁判における法解釈の「事実」の直接的な援用による根拠付けを促進する機能をもつであろう[20]。確かに、この主張は法解釈論として現れているわけではないから、ただちに、法解釈論の提示の方法という問題の対象となるものではないともいえよう。しかし、それ自体実践的主張を根拠付けるというレベルでは援用型であるというだけでなく、それが現実化した場合には、「国民大多数の意見」によって法解釈を根拠付ける裁判が増大するであろうことは、裁判内容が「司法権の頂点」の要請（と思われるもの）と一致する場合は勿論、一致しない場合であっても大いに考えられる。

「全人格的裁判」像に基づく主張の問題性を、このように樋口②とは異なった位置付けをするということは、しかしながら、本稿でそれをただちに樋口②での自覚的結合論或いは$A_2$の問題であるとすることを意味するものではない。まず、樋口氏が前提とする広中氏の$A_2$・$B_2$という整理とその間での選択を迫る[21]という問題のたて方を再検討することが必要であると考える。

二　事実の援用による法解釈の直接的根拠付けを批判する型Bのうちの$B_2$の問題性として、広中②は、「批判するのは批判の対象たる実践的提言を内容的にも支持しない場合だけになる」ような「自己欺瞞的な」、しかも、そこで内容的な批判をしないで済ますという、「安易な態度に堕する危険」を重要なものとし、他方$A_2$については、「都合のわるい事実なら援用しない……御都合主義」という批判がありうるとしている[22]。しかし、広中氏による二つの型の問題性の指摘は異なった平面のものを採り上げている。即ち、$B_2$については、事実の援用を批判することによる「批判の対象たる実践的提言の説得力を減殺ないし剝奪することとなる」ことへの対処の型として述べられるから、ここでは峻別という一般的テーゼを一貫させた場合の、とくに他者に向けてのそれの、付随的効果への対処の困難さが語られる。これに対し、$A_2$は、峻別論でないことによって、他者による援用を批判しないということ以外には、一般化しうるテーゼをもたない。従って、$A_2$の問題性については、彼による法解釈論の提示の仕方のそれが語られている。$B_2$がこれと同じレベルに引き直されたときに語られるべきは、自己の解釈論の説得力の減少ということであろう。かくて、広中②が$A_2$・$B_2$間の選択を迫るとき、$B_2$だけが一般的テーゼであるために、$A_2$のように法解釈論の提示におけるだけでなく、解釈論を行わないことにも一貫を求められることによって既に対等でない負担が課されている。勿論、$B_2$が広中氏による定式化のように他者への批判として現れてくる場合には、氏の指摘するような実践的機能をもち、方法の一貫性の要求という観点からは、「自己欺瞞的態度に堕する危険」をもつであろうから、$B_2$がそのような主張をするのであれば、$A_2$と対等に置かれていないということはなんら問題ではない。しかし、$B_2$が法解釈作業に携わる者として想定される場合には、$B_1$と違って、広中②のいうような一般的テーゼによって他者を批判し、それによって他者の主張の説得力を奪う者として登場することは現実にはないのではないだろうか。[23] 広中氏においても、本来、法解釈論の提示の方法としての$B_2$類型がそれとして立てられたのではなく、峻別を説きつつ実践には携わらない$B_1$、及び評価場面で$B_1$の批判がそのままあてはまるような$A_1$の問題が出発点にあって、それぞれの問題点の克服の可能性として$B_2$・$A_2$が定式化されたように思われる。このことから、$B_2$は法解釈論の実行とは無縁な$B_1$が法解釈論に及ぼす問題性をすべて負わされた形になっている。そして更には、批判に伴う付随的効果の問題が批判しないことの問題性にまで延長されることによって、$B_2$は人間の行動としては貫徹が極めて困難なものにされている。[24] とくに広中②における問題の整理ののち広中氏が$A_2$の選択を表明するに至るには、[25] $A_2$・$B_2$の定式化が既にその方向にならざるを得ないものであったということがあるように思われる。

三　しかしまた、広中③が、「問われれば」「抽象的に方法の議論として（自覚的結合であると——筆者）言わざるを得ない」というとき、これまでの$A_2$・$B_2$類型間の選択という問題に新たな素材が付け加えられたといえる。$A_2$の問題点の中心は$A_1$からの自らの切り離しがいかに可能かということであった。上述のとおり、$B_1$・$B_2$の定義は一般的テーゼの形をとる点がAの定義との最大の相違であるが、それに関連して、$B_1$・$B_2$間はその定義によって、具体的行為を手掛りに区別しうるようになっている。これに対し、$A_1$・$A_2$の定義は、法解釈論の提示に即したものではあるが、ある法解釈論を$A_1$・$A_2$に区別することには機能しない。それは、$A_1$・$A_2$の区別が法解釈論の外での、自らの実践に責任を負うか否かということによっているからである。広中③が「問われれば答える」とするとき、そこには、その法解釈論が広中②での定義によって$A_1$から区別されるのでなく、自らそういってはじめて$A_1$から分離できるものであるということが示されている。$A_2$の定義からは、どのような形の法解釈論の提示を行っても、（他者による事実の援用を批判しない限り）[26] $A_2$類型でなくなることはないという意味では「一貫」を語りうるが、それはまた、$A_1$・$A_2$は区別し難いということでもある。広中③が問われれば$A_2$と答えるとすることは、$B_2$を貫徹困難としつつ、自らを$A_1$ではないことを、法解釈作業から離れて、表明するというものであるが、これは実質的には$A_2$の中でこのように答える$A_2$と答えない$A_2$を分けるということに繋がる[27]。

以上のことから次のことがいえる。広中氏の定義において、$A_2$・$B_2$は、なるほど一面では、広中・樋口氏のいうように、責任倫理に即するという共通性[28]をもつが、他方、その責任倫理を法解釈学方法論の次元で表現するかについての相違があった[29]。しかし、「問われれば（$A_2$と）答える」と表明するということは、責任倫理に即することを法解釈学方法論次元にも持ち込むという点で、「方法議論」の場では峻別論に近付くものとみうる。そして実際上も、$A_2$であることを予め表明すれば、彼の法解釈論での事実の「援用」は、彼の実践的判断の形成の参考として提示されるものに近付くことになる。

**四**　広中②は、「解釈論の提示は、……《こういう解釈による問題処理がなさるべきである》という記述の仕方でなされるのが普通である……ところが、これらと異なり、」として、「実践的（評価的）提言を根拠付ける目的で事実が援用される」「仕方でなされることもある」としていた[30]。これをみる限りでは、広中氏のいう「援用」が行われないのが「普通」であって、そこでは$A_2$うんぬんの問題は出てこないことになる[31]。従って、A型は、「普通である」提言と並んで、援用による記述を選択することを常に残しているものということになる。とすれば、その部分をのぞいた「普通である」部分は$B_2$と対立するものではない。$B_2$を、貫徹が不可能ともいえる一般的テーゼとしてでなく、自らの解釈論の提示の仕方ということに限定すれば、普通である記述の仕方を援用から区別するということが$B_2$のなすべきこととなる。そのためには、事実の認識が自己の選択の参考である旨を個々的に明示すればよいということになるが、法解釈作業に携わる者にこのことが共通のものとなっていればその必要はなくなる。$B_2$にとって重要なことは[32]、$B_1$のように峻別論によって他者を批判するということではなく、法解釈論の評価部分が事実認識作用に終らないこと、自己の評価基準に即したものであることの自覚をこの作業に携わる者に共通のものとすることにあるのではないだろうか。従って、$A_2$が「問われれば答える」というものである場合には、更に一歩を進めて、「法解釈は、主体的選択に基づくべきものであり、それにとって重要である事実の認識は自らの選択を支えるものとして提示されるべきである」という命題を、樋口③の表現を借りれば、いわばゲームのルールとして、$A_2$・$B_2$の共通のものとする可能性が出てくる。この命題が一般化すれば、$A_1$は存在の場を失い、$A_2$の$A_1$との区別という問題は解消できる。また、峻別論によって他者を批判するという$B_1$も（目的を半ば達したことによって）存在根拠を失い、従ってまた、その延長におかれた一般的定式としての$B_2$の困難も生じなくなる。

このような命題の一般化へのありうる批判として第一に、法解釈論の、他者とくに権力作用への働きかけの道具としての意義を減殺することにならないか、ということが考えられる。しかしこの点でも、「問われれば答える」ことを表明していれば同じことになるわけであるが、それ以外にも、ワクⓑというルールを前提としたうえで、選択の契機の存在を共通の認識とすることは、それぞれの主張の実質的内容部分を目的・手段思考による目的適合性・付随的効果判断に基づく批判にさらすということ、従って、説得が、「擬制」によってではなく、選択の基礎におかれた（とされる）事実認識を手掛りにより実質的に行われるようになることに資するであろう。批判の第二として、説得行為である以上、事実との直結が効果があれば直結が行われ続けるのであって、上記命題は実際上は無意味であるということが考えられる。この命題が共通になれば直結の説得力は減少しようが、それでも事実上直結は残るであろう。この場合、「問われれば答える」$A_2$ということでは現状は変化せず、$A_1$・$B_1$の排除はできない。従って、まず、「方法論を議論」する場では、評価を巡っては、目的・手段思考による論点の明確化と相互批判可能性の拡大のための土俵の設定を課題とすべきである。そのうえで、法解釈論において、この認識を共通としない論者に対しては、そこで示された事実認識をそれ自体として或いはその実践的評価の基礎たるに適したものであるかという角度からの批判の対象とすべきである。この場合には、峻別論によって説得力を奪うということは独立に意味のあることではなく、事実認識を上述の意味で検討の対象とすること自体の中に含まれたものとなる。第三に、法解釈論が主体の選択を基礎に置くものということを共通認識にすることは、権力の側からの「思想」の選別を可能にすることに至らないか、という点について。この点でも$A_2$と答えるということも同じになるのであり、むしろ、ここでも樋口氏のいうルール・ワクⓑを前提として、その中で選別する側が示す事実認識もその選択の基礎資料として扱われ、その経験的資料としての意義・それに基づくものとしての主張・法解釈が検討されるという場の設定・確保が重要であろう。

## 第四章　ま　と　め

かくて、樋口②による法源との整合性操作の指摘は、それとして重要なものではあったが、当然のことながら憲法学における方法論の現状を背景にしていることから、そのままでは一般化されうるものではなく、また、峻別論を巡っての$A_2$・$B_2$類型が対象とする事実の援用というテーマとは異なったものとなった。また、「国民大多数の意見」ということを「事実」の援用という角度からみた場合、そもそも、広中②における$A_2$・$B_2$の一貫とその間での選択という問題設定には検討の余地があった。そして広中③によっても、$A_2$のかかえた問題は残ると同時に、他面$B_2$と共通する側面をもつものとなった。他方、$B_2$は、一般テーゼとしては貫徹が極めて困難なものであるが、法解釈論のあるべき共通の場を設定することには、尚生かすべき意義をもっているといえよう。

（1）　広中俊雄教授還暦記念論集・法と法過程（一九八六）（以下樋口②とする）三八三頁以下、その他本稿で多く参照する文献は以下のとおり、樋口『司法の積極性と消極性』（一九七八）（樋口①）、同「裁判と裁判官」樋口・栗城寿夫

『憲法と裁判』〔一九八八〕（樋口③）、広中俊雄「認識・評価峻別論に関するおぼえがき」世良教授還暦記念下・社会科学と諸思想の展開〔一九七七〕（広中①）、同「法律論文を書くための条件」広中・五十嵐清編『法律論文の考え方・書き方』〔一九八三〕（広中②）、同（発言）「東北大学での三十五年――広中俊雄先生にきく――」法学五三巻六号〔一九九〇〕（広中③）。

（2）　中村「認識・評価峻別論と法解釈学」法政理論一八巻一号〔本書七一頁〕〔一九八五〕。

（3）　樋口②は、「認識の名において解釈を主張してはならない」とするものを批判的峻別論と呼ぶ（三八三頁）。中村・前掲（前注（2））では広中②のいう$A_2$・$B_2$類型を検討の対象としたが、次章で述べるように、樋口氏の立てる類型と広中氏のそれとはいくつかの点で相違がある。広中②での類型をここで繰り返しておくと、「ある事実から直接に抽き出されたものとして実践的評価を表明したり認識の提示という仕方で意図的に特定の実践的評価を他者に喚起したりする」立場(A)があり、そのなかで「もっぱら事実に倚りかかっているのであって、事実が変化すれば彼の態度……も変化するわけで従前のそれについての責任を負う意思は全然ない」という型$A_1$と、「自己の奉ずる価値に基づいて実践的価値を表明するなどしているのであって責任を回避するつもりは毛頭ないが、当面の問題については事実の援用が説得の効果の点から有用なので自覚的に事実認識を実践的評価に結び付ける仕方で議論する」型$A_2$が分けられる。他方、このような事実の援用（による直接的な根拠付け）を批判する峻別論者(B)の中でも、批判の対象たる実践的提言の説得力を減殺ないし剥奪することになる、という結果に関して、関知しない態度をとる型$B_1$と、その結果に対して責任を引き受ける型$B_2$があるとされる。樋口氏のいう批判的峻別論という類型はこの$B_2$をもとに作られている。なお、ここで触れておくと、樋口②三八七頁は、$A_2$に対応するものと思われる氏のいう「自覚的結合論」を、認識行為についての峻別論の三類型と並列的に、峻別論の類型としていることについて中村・前掲注（9）〔本書八七頁〕で行った批判に対して、評価場面での自覚的結合論にも「評価そのものには」峻別論と共通の視点が貫徹されていること、また、「提示されない部分がかくされている」ことが認識行為についての峻別論の一つたる結合論と共通すると反論している。しかし、認識行為についての峻別論が認識の仕方についてであるのと異なり、評価場面での峻別論は、評価の仕方＝「評価そのもの」に関してではなく、評価の提示という実践行為に関するものである（評価そのものは実践的意義をもたない）。そして、実践にとっては、従ってまたそれについての峻別論にとっては、「提示されない部分」でなく、「提示された部分」が重要である。樋口氏による類型の「並行」は必要でもなく適切でもないと考える。

(4) この言葉は、本稿でも、中村・前掲注(6)〔本書八六頁〕の意味で用いる。

(5) 事実の援用ということ、従って価値判断の提示の方法ということは法解釈学の方法にとっての一つの中核部分をなす。他方、近時、平井宜雄氏による「法的議論」という考え方に基づく戦後法解釈方法論——とくに利益衡量論——批判(「法律学基礎論覚書」ジュリスト九一六号〔一九八八〕以下連載→合本〔一九八九〕)によって、またそれをとりまく他の流れ——実践哲学・手続保障論等——もあって、法解釈(学)方法論議は新たな段階に入りつつあるように思われる。平井氏の関心は、主張の法律論による正当化という点が中心になっているようであり(「学者中心主義」批判)、法律論の提示・正当化とその際の主体の位置という問題は、(峻別が或いは逆に説得のための結合が)いわば当然のこととされているのか表面に出ていない。「マクロ正当化」が、「批判に耐えて言わば『生き残』」るという問題であるとすること(平井・発言「法学と法学教育」ジュリスト九四〇号〔一九八九〕一八頁)は結論的に支持しうるが、それに至るまでになお検討されるべき問題があるように思われる。しかし、この点での、認識・評価峻別論議と平井氏の問題提起との関係についての整理が筆者にはまだついていないので、本稿では近時の論争に立入ることはしない。

(6) 樋口②三八三頁、㋑㋺の符号は以下の叙述のために私がつけた。

(7) 樋口②三八五頁注⑿。樋口②の本文でいう「擬制」ということに力点を置くと㋑をこのように言い換えることになろうが、整合性の説明ということであれば「異なった評価」とする必要はないであろう。とはいえ、厳密にいえば、「意味としての提示」そのものは、整合性の説明よりも広いからまだ同義とはいえず、意味でありうることを論理的に説明することとしてはじめて整合性の説明と同じになる。なお、中村・前掲一七頁〔本書七九頁〕以下では、事実の援用と意味としての提示の相違を指摘しつつも、結果的には意味としての提示が$B_2$の困難に至らないというコンテクストで論じたために、この区別と峻別論議の関係について不明確さが残った。

(8) なお、広中①では峻別論から出発してそれとの対置で$A_2$が定義されている。

(9) 樋口②三八五頁。

(10) 更には、樋口氏の関心からすれば、「擬制」、従って認識したとは異なることを認識であるかのように提示することも「自覚的結合」として考えることになろうが、これは正確には、「認識の結果と結びつけた形」とはいえない。従って、自覚的結合論の定義自体が、樋口氏の関心をカバーできるものになっていない。ここにも間接的に、法解釈における「意味である」とする提示を峻別論の中で論じることの不適切さが現れている。

(11) 例えば、山内敏弘「『批判的峻別論』論争に思う」法律時報六〇巻一号（一九八八）八八頁は、「法の解釈が基本的には……認識作用でない」としつつも、樋口氏の「擬制の効用」という表現を批判する。山内氏においても、事実認識と規範認識は区別されていないようである（そのワク論の叙述参照）が、そのこととは別に、更に、「一方では認識と評価の無媒介的な統一を否認すると共に他方では両者の完全な分理(ママ)峻別をも否認する憲法解釈学」が主張されるとき、峻別論議の提起した問題は残されたままになる。評価が事実認識と関連をもっているのは当然であって、だからこそ峻別の問題が出てくるのである。氏が批判対象として想定している「法の解釈が事実認識と全く切り離されて存在している」という主張は評価に関する峻別論とは無縁のものである。「峻別」ということについては、また、（認識と評価一般についてであるが）広中③二六七頁以下参照。なお、山内・同頁における自覚的結合という言葉が樋口氏と同じ意味かの問題もある（認識場面のそれについては、山下威士「『批判的峻別論』の構造」法政理論一九巻四号〔一九八七〕八七頁注⒀参照）。

(12) 規範科学と非規範科学の間には、実際には相互の批判ではなく無視しかないようであるが、あたかも規範認識をめぐる相違であるかのような外形が作り上られる。このことのために、同じ「憲法学」という名の下で、方法ではなく性格の異なる作業が行われることになる。

(13) 樋口②三八六頁。この点については、前注(3)参照。

(14) もし、正しい規範認識が同時に「正しい」解釈論であるという考え方があるとしても、そこでは「正しい規範認識」はあくまで法解釈の根拠付け方法の一つであって、その論者は一般的テーゼとして、その方法を良しとしていると解すべきものである。

(15) ㋺は、「国民大多数の意見」ということと、勿論事実の内容が違うから評価との関係での援用の実際上の意義は違ってくるが、事実の援用という構造は同じなので、一括して第三章で扱う。

(16) 樋口③五二頁以下。

(17) なお、樋口①一七七頁では、「枠」の説明に、「法源との適合性」・「擬制操作」という表現が用いられていた。

(18) 樋口③五七頁以下。ただし、ワクⓑがそのような実質的機能をどこまで持ちうるかは検討の余地がある。樋口③のこの叙述は、樋口①一七七頁以下における「枠」の機能への期待と連なるが、この期待とワクⓐ論者の期待（例えば山内・前掲八八頁）との異同が問題となってこよう。

(19) ⓑが整合性と関係ないから峻別論に触れていないとみるのも一つの理解かもしれないが、樋口②三八五頁注(12)とも合わせて考えると、本文の理解の方が自然であろう。

(20) 変種としたのは、「国民大多数の意見」更には、社会通念・一般的法意識といった表現は、しばしば、事実認識の形をとっていても、論者の推測更には自己の実践的意欲の言い換えということがあるということ、それらが経験的検証になじみにくいものであるということによる。このことは例えば外国法の認識の提示と異なる点である。しかし、経験的認識の対象とすることが閉ざされているわけではなく、そして重要なこととして、法解釈の根拠付けの構造という場面では、「事実」の「援用」という性格をもつ。

(21) 広中②三一頁。

(22) 広中②二九頁以下。広中①一五三頁では、$A_2$について、「そういう仕方で説得を受ける人々を欺くことになる可能性を伴う」という批判もありうるとする。

(23) 広中『物権法(上)』（一九七九）六五頁における鈴木説批判はそれを思わせるが、広中氏自身の立場は異なる（広中③二六九頁）。なお、中村・前掲一三頁注(7)〔本書八九頁注(19)〕参照。また、星野英一氏による広中氏の方法への批判（「書評『民法の基礎知識』」法学二九巻二号（一九六五）→『民法論集第一巻』（一九七〇）三四九頁以下）も、（ここでは立入れないが）直接にはこの峻別論議と結び付けられるべきものではない。

(24) 中村・前掲二〇頁〔本書八一頁〕以下での$B_2$の検討と修正の試みの「困難さ」も結局はこのことに由来するものであった。なお、そこで行った$B_2$を一貫させることの内在的「困難さ」の検討に対する樋口②三八五頁注(15)のコメントに関しては、本文と前章の叙述全体が答えになっていると考える。
(25)　広中③二六九頁。
(26)　ただしこの点は$A_1$も同じ。
(27)　広中②二八頁には、自らの「実践的評価を表明するなどしているのであって……」とあるから、当初から広中氏は$A_2$でこのように答える型を考えていたのかもしれない。しかし、このように答えないで「説得効果の点から有用なので自覚的に事実認識を実践的評価に結びつける」者も多いであろう。
(28)　広中②二九頁、樋口②三八八頁注(17)。
(29)　中村・前掲二四頁［本書八三頁］。
(30)　広中②二七頁以下。
(31)　厳密にいえば、そこで「普通である」とされるものには、必ずしも、自己の選択である旨は現れていない。「なさるべきである」という結論部のみが示されていて、その根拠付けに事実の援用がなされる余地があるから。
(32)　正確を期せば、前述のように、$B_2$は、現実の存在を表すものとしてでなく、$B_1$の問題点を克服する可能性として措定されたものであるから、ここでは、峻別論の意義を法解釈学に生かそうとする者にとって重要なことは、ということになる。

# 7 制限超過利息に関する反制定法的判決と厳格解釈判決の方法的検討

## ―民法上の法形成に関する民法総論的研究補遺―



### 一 問題の所在

最判二〇〇六（平一八）・一・一三民集六〇巻一号一頁（以下、最判二〇〇六）は、貸金業規制法四三条の「任意の支払い」要件に関して、厳格解釈によると明示しつつ（この部分の判決理由は三で引用する）、期限の利益喪失特約は「通常、債務者に対し、支払期日に約定の元本と共に制限超過部分を含む約定利息を支払わない限り、期限の利益を喪失し、残元本全額を直ちに一括して支払い、これに対する遅延損害金を支払うべき義務を負うことになるとの誤解を与え、その結果、このような不利益を回避するために、制限超過部分を支払うことを債務者に事実上強制することになるものというべきであ(り)」、「上記のような誤解が生じなかったといえるような特段の事情のない限り、債務者が自己の自由な意思によって制限超過部分を支払ったものということはできないと解するのが相当である」とした。最判二〇〇六が示したこの厳格解釈は、最大判一九六四(昭三九)・一一・一八民集一八巻九号一八六八頁(最大判一九六四)、最大判一九六八(昭和四三)・一一・一三民集二二巻一二号二五二六頁(最大判一九六八)以来の、制限超過利息をめぐる立法府と司法府の対立の終結に向けての大きな進展を示すものであった。

二〇〇六年一二月、利息制限法一条二項が削除され、貸金業規制法四三条も改正されて制限超過利息の弁済を有効とする条文ではなくなった(この部分の施行は二〇一〇年六月)。これによってそれら条文に関する上記判決は過去のものとなり法解釈学上の検討の対象ではなくなったが、本稿は、民法上の法形成過程において法解釈方法の果たした意義の事例研究といういわば民法基礎理論的関心によるものである。[1] この検討を通して明らかにしようとすることは、最大判一九六八と最判二〇〇六の関連と意義であり、具体的には①反制定法的判決と厳格解釈判決はともに体系的解釈を基礎としておりまたこの両判決の体系的解釈には強い関連性があるということ、②どちらも民法上の無効・不当利得法の貫徹を内容とするものであることがそのような形での法形成を可能にしたということ、従って、消費者保護法理の展開としてではなく、市民法理の回復という視点からみることによってこの法形成の意義と正当性の所在が明らかになるということである。

## 二　反制定法的大法廷判決による無効論理の貫徹とその意義

(一)　最大判一九六四と最大判一九六八[2]は併せて、民法上の救済を制限的に修正する利息制限法一条二項に表された貸金業者への特典付与の政策に抗して、民法上の法理(無効論理)を回復・貫徹するものであった。[3]

最大判一九六二（昭三七）・六・一三民集一六巻七号一三四〇頁（最大判一九六二）は、支払われた制限超過利息の元本充当の可否についての条文がないことを欠缺として扱い、利息制限法一条の一項と二項を結び付けたうえで二項の趣旨に沿って元本充当を否定した。これに対して、最大判一九六四は、この問題に欠缺があるとはせずに、利息制限法一条一項による制限超過利息部分の無効を前提として、一項と二項を切り離して、民法上の不当利得法理に戻って元本充当についての規準を民法四九一条に求めた。これは民法を基礎においた体系的解釈といえる(4)。

最大判一九六八は利息制限法一条二項が明文で否定していた不当利得返還請求を扱うものであったが、最大判一九六四を前提として、充当計算上の元本完済後も余剰金は制限利息という性格をもつものではないという結論を引き出した。充当後は元本不存在の故に利息債務が発生しないということから、利息制限法一条二項は元本が存在する場合にのみ適用になるとする。これは同条文の目的論的制限であるような外見をもつが、目的とされるものに適合した部分を適用範囲として残すことを予定しているものではないから目的論的制限とはいえない(5)。この外見的目的論的制限によって、一条の一項と二項の切り離しという最大判一九六四の論理に、不当利得原理に基づく元本充当後も支払われた制限超過利息であるという性格を回復しないという論理が付け加えられ、元本充当後の余剰金の返還請求権の問題が一条二項の適用から外された。この限りでは（外見的）目的論的制限によってなお一条二項に適用範囲が残されそうであるが、最大判一九六四の論理を上記の「目的」によって残されたかのような部分に組み合わせると、元本が存在する場合には支払われた超過利息は元本に充当されるから、二項の適用範囲であるとして残されたように見える元本が存在する場合にも、この条文のいう超過利息部分が存在することはないことになる。かくて、この外見的目的論的制限は一条二項の空文化という反制定法的判決に導くものとなった。

ここでの論理によって実現されるものが無効・不当利得上の救済という民法上の基本的法理であることが、その貫徹が反制定法的判決として現れるものであってもその正当性を（後述する方法的と対比させてというと）内容的に支えるものであった。これは民法上の救済に新たな救済を付加する或いは民法上の救済を実質的に確保するための道具を新たに用意するというものではなく、そこにあるのは民法上の救済を制限的に修正する規定の適用を排して民法上の救済を回復するものという意味で市民的法理の実現であり、消費者保護法理の展開というものではなかった。実際上からみても、最大判の事件当時は貸金業の営業の中心は事業者金融であり、いわゆる「庶民金融」の中心は質屋が担っていた。政策的要素の強い消費者保護という観点から最大判の流れを性格付けることは、反制定法的判決の登場及びその後の定着の意味の適切な把握とはいえない。また、方法的正当性という点でも、立法府の怠慢と判断しうるには、利息制限法一条二項が市民社会の展開にとっての適合性を欠く所以が明確にされなければならない。最大判一九六二以来司法府によって提示されていたこの問題[6]が利息制限法一条二項によって制限的に修正されていた市民社会の基本的法理の回復・貫徹であったことが、反制定法的判決が登場しさらには（後述するように）それに続く司法府と立法府の対立のなかで最終的に司法府によって示された方向での制定法化が行なわれることになった大きな理由であって、内容が立法府に対しての消費者保護という政策的要請であったとしたらこのような経過を辿ることにはならなかったであろう。

㈡　更に、最大判一九六四、一九六八による無効論理の貫徹からは、無効論理と任意の支払い要件が対立的契機を含むということが明らかになる。このことは、最大判一九六四、一九六八段階では、元本充当・返還請求肯定の根拠が債務の不存在そのものであるから、超過利息の支払いが任意か否かは問題とならないというだけのことであったが、後に貸金業規則法四三条でこの要件が復活し、最判一九九〇（平二）・一・二二民集四四巻一号三三二頁（以下、最判一九九〇）で制限超過利息債務の無効の認識の要否が問題とされることになるので、ここで、無効論理と任意の支払い要件の関係を整理しておこう。

不当利得法理では債務不存在であれば弁済は無効であって不当利得返還請求権の存在が原則であり、利息制限法一条二項の任意の支払い要件は不当利得法上の救済の制限的修正であることは言うまでもない。このことが表しているのは、無効論理と支払いの任意性要件の関係の両面性である。というのは、一面において、民法七〇五条においても弁済が任意に行われたものであることは前提となっているという意味で無効・不当利得法と支払いの任意性は両立している。債務不存在を知っての弁済があったとしても、そこに事実上の強制が存在していれば七〇五条は適用されない（例えば、大判一九一七（大六）・一二・一一民録二三輯二〇七五頁など）[7]。しかし、利息制限法一条二項が支払いの任意性を無効・不当利得法理の制限的修正の要件とするとき、不当利得法の前提にあったこの任意の支払い部分の存在だけで、七〇五条に拠らずに、返還請求を否定することを意味した。これによって支払いの任意性要件は無効論理と対立する側面を持つ。この後者の側面から見ると、無効・不当利得法の中に債務不存在を知っている場合の準則（七〇五条）が既に含まれているから、利息制限法の一条二項は債務不存在を知らない場合を含まなければ七〇五条と同じ意味になってしまう。この点において最大判一九六四、一九六八の当時においても存在していた認識必要説は弱点を抱えていた[8]。実際にも、最大判一九六八が末尾で付加的にこの事件では債務不存在を知っていた事情がないということを述べているのは、七〇五条による返還請求権の否定の可能性がこの事件にはないことの確認的叙述である。最大判一九六八の論理によれば、利息制限法一条二項が適用されないのは元本債権が存在しないからであって、任意の支払いがないからではない。判決において、利息制限法一条二項の適用を排除する解釈論が展開された後に債務不存在についての認識がないことが述べられているということは、利息制限法一条二項と無効の認識の有無は別レベルの事柄とされたことを表している。ここでも七〇五条の弁済のなかにはそれが任意であることは当然の前提とされている（強制があればここにいう弁済があるとはいえない）のであって、不当利得法上は債務不存在自体が救済の根拠であり、その不存在を知っていることが返還請求権の否定の根拠であって支払いの任意性が根拠なのではない。それに対して、利息制限法は支払いの任意性だけで返還請求権を否定しようとしたという意味で不当利得法の前提とされているものだけ取り出して要件とする救済の制限的修正である。これらのことを背景として最大判一九六八の説示をみれば、無効の認識を必要とする解釈論を後の貸金業規制法四三条（以下法四三条）の任意性要件を限定するために復活させることには困難があった[9]。

## 三　最判二〇〇六における「法の趣旨」理解と厳格解釈

### ⑴　「法の趣旨」理解における「例外的」文言の意味

最判二〇〇六では、本稿冒頭で引用した任意性要件の厳格解釈は次のような「法の趣旨」理解によって理由付けられていた。「法四三条一項は、貸金業者が業として行う金銭消費貸借上の利息の契約に基づき、債務者が利息として支払った金銭の額が、利息の制限額を超える場合において、貸金業者が、貸金業に係る業務規制として定められた法一七条一項及び一八条一項所定の各要件を具備した各書面を交付する義務を遵守しているときには、その支払が任意に行われた場合に限って、例外的に、利息制限法一条一項の規定にかかわらず、制限超過部分の支払を有効な利息の債務の弁済とみなす旨を定めている。貸金業者の業務の適正な運営を確保し、資金需要者等の利益の保護を図ること等を目的として貸金業に対する必要な規制等を定める法の趣旨、目的（法一条）等にかんがみると、法四三条一項の規定の適用要件については、これを厳格に解釈すべきである（最高裁平成一四年(受)第九一二号同一六年二月二〇日第二小法廷判決・民集五八巻二号三八〇頁、最高裁平成一五年(オ)第三八六号、同年(受)第三九〇号同一六年二月二〇日第二小法廷判決・民集五八巻二号四七五頁参照）」。ここでは、同じく任意性要件の意味が問題となっていた最判一九九〇におけるとは異なって、法四三条の趣旨の理解に「例外的に」という言葉が入れられていて、この「例外」が厳格解釈の理由となっている。「厳格に解釈する」という表現は、ここで引用されているように同じ第二小法廷による書面の一七条・一八条充当性を判断した二〇〇四年二月二〇日の二つの判決において用いられていた。しかし、それらでもこの法律を「例外的」とする性格付けはまだ打ち出されていなかった。[10]

そして、法四三条という行政法規のなかの民事法規定が例外であるとされることは、当然のことながら原則が前提とされているのであり、それは民法ということとなる。この民法の実質的内容をなしているのは、最大判によって利息制限法一条二項が空文化されている法状態（反制定法的法状態）である。最判二〇〇六が最大判を基盤としたものであることが、この「例外的」によって表されるものである。

法四三条をこのように体系的に位置づけることは、その解釈において具体的にはアメムチ論との相違となって現れる[11]。この条文を貸金業者の規制を強化（ムチ）することの見返りとして保護を与える（アメ）ものと見るアメムチ論では、法四三条要件は貸金業規制法のなかでのみ位置付けられ解釈される。従って、その解釈ではアメとムチの均衡をとること、即ち貸金業者保護と消費者保護の均衡という政策を実現することが目指される。そのことからは、任意性要件の解釈における指針は立法府による政策判断の所在に求められることになる[12]。

これに対し、最判二〇〇六に示される原則・例外という見方によれば、法四三条要件解釈においてはそのような政策的判断ではなく、民法上の救済を制限的に修正することの正当性の有無が問題となる。最判二〇〇六が述べる「法の趣旨」では、その正当性を承認しうるのは例外的であることになり、（判決理由の表現を使えば）「特別な事情」のある場合だけであるとされる。ここでは民法上の原則が厳格解釈を支えており、民法上の救済の制限的修正を所与の前提としたうえでアメとムチのバランスをとることを課題であるとする見解は退けられることになる。

## (2) 「例外的」文言がもつもう一つの意味

厳格解釈は解釈方法論的には体系的解釈を基礎にしている。この点での最大判一九六四、一九六八と最判二〇〇六の共通性が重要である。

一九七八年の貸金業規制法制定と一九九〇年、二〇〇六年の二つの最判との間には、法四三条の解釈にとって重要性をもった社会的変化があるわけではないということも含めて[13]、歴史的解釈と客観的解釈を歴然と区別するほどの時間的間隔があるとは言えない[14]。確かに、最判一九九〇における「法の趣旨」とそれに基づく法四三条の解釈は立法府意思の認識を基礎にした解釈である（少なくともそのように見える）という意味で歴史的解釈といいうるが、最判二〇〇六のそれも立法当時の反制定法的状態の基盤の上にある貸金業規制法の位置付けという意味で同様に歴史的認識に基づく歴史的解釈である。しかし、最判二〇〇六では、民法と貸金業規制法の民事法規定の関連付け・体系的解釈の上に、「任意」ということばの客観的解釈が提示されている。ここでは「制定時」と「現在における」意味を区別するには時間的間隔が短いから、体系的解釈従ってまたそれに基づく客観的解釈が同時に歴史的解釈でもありうるのである。従ってともに歴史的解釈と呼びうるこれら二つの解釈の相違はその前提にある法規の歴史的意味の確定というレベルでの貸金業規制法の捉え方にある。最判一九九〇の「法の趣旨」は、国会審議における提案者の趣旨説明および大蔵省政府委員の説明にほぼ対応しているという意味で、それらを基礎とした歴史的解釈がそこにあるようにみえる。[15] これに対して、上述のとおり、最判二〇〇六が貸金業規制法の民事法規定を「例外」であるとすることには、民法を基礎においた体系的な位置付けがあると解することができるが、このような位置付けは、まず、立法当時の法体系の歴史的意味の確定（およびその前提としての論理的意味理解）がありそしてそれに基づく解釈論として提示されたものである。そこでの民法とは最大判一九六八以降の反制定法的法状態の内容となっているものである。

このような体系的解釈は、最大判の反制定法的判決登場に至る過程においても現れていた。即ち、前述したように、最大判一九六四は、最大判一九六二が制限超過利息の元本充当に関する欠缺を想定してその補充を利息制限法一条二項の趣旨に沿って行ったのに対して、欠缺を想定せずに民法典に戻って民法四九一条に拠った。このことは、体系的解釈を基礎にして利息制限法一条二項を民法に対する「例外」と位置付けて充当にまで及ぶ評価を含むものではないとしたうえで、原則である民法に戻って規準を求めたことを意味している。次いで、最大判一九六八は外見的には一条二項の目的論的制限という欠缺補充に拠っているかのようにみえるが、この外見の前提となっているのは最大判一九六四による元本充当でありそこでの体系的解釈であった。このように、制限超過利息に関する反制定法的判決および厳格解釈判決は、民法上の法理を原則とする体系的解釈を基礎に置くことによって、立法提案者の意思と対立する法形成を導くという点で共通性・関連性をもつものであった。

なっていて、民法法理と立法府意思とを対抗的に捉えるという視点は現れてこない。しかしこのことには最大判一九六八との関係という点からは二つの見方の可能性がある。一つは最判一九九〇の立場を、法四三条に合理性を認めて立法府の意思に忠実に要件を解釈・適用したものと見るという可能性である。[16] この見方は、最判一九九〇が最大判ルールから離れた位置にあるものとみるという理解を意味する。[17] しかし他方、最判一九九〇には次のような可能性もみることができる。最判一九九〇が扱った支払いの任意性要件にとって債務不存在についての債務者の認識が必要であるかという問題については、上述したように最大判一九六八はその末尾で無効の認識と利息制限法一条二項の任意性要件は別次元の事柄（前者については不当利得法の中にルールがあり、後者は不当利得法を外から制限的に修正するための要件）であることを示していた。従って、最判一九九〇にとっての具体的問題である任意性要件に無効の認識は必要であるかという争いにおいてそれを不要であるとすることは、最大判一九六八の末尾で確認的に示された事柄を、それが実際に判断対象となった事件において確認したというという可能性がある。この後者の可能性からみれば、「法の趣旨」理解に立法府意思と民法法理との対抗が現れないのは、そこでの認識の要否問題がそのような対抗とは別の次元にあるからであって、必ずしも最大判の基本的姿勢から離れるという意味をもつものではないということになる。最判一九九〇をこの二つの見方のどちらから見るべきであるかは困難な問題であるが、次のことは言えるであろう。この判決当時は任意性要件をめぐる争いが無効認識の要否の問題として争われており、そのような議論状況は、裁判所だけでなく債務者側代理人さらには民法学においても、法四三条に関して、最大判一九六四、一九六八を継続的に展開する意味をもつような、民法法理を基礎として立法府意思に対抗する法的論理を組み立てる準備がまだ出来ていなかった段階であったことを示すものということである。そのことはまた、最判一九九〇の後、同判決の前者の可能性を解釈論的に支持する方向が裁判例においてもまた判例解説においても現れることに繋がっていた。[18] しかし同時に、書面要件に対する厳格な姿勢を示す裁判例が登場し始めることは、裁判所が必ずしも一般的に法四三条が合理性を備えていると見ていたわけではないということを示すものであった。この書面要件の厳格解釈が以下五で述べるように任意性要件の厳格解釈に繋がっていく。

## 四　最判二〇〇六における厳格解釈の内容

最判二〇〇六の任意性要件解釈でも、最判一九九〇が述べた任意性要件の充足にとって制限超過利息債務の不存在の認識は不要であるというルールは維持されている。最判二〇〇六は、最判一九九〇のルールを引用したうえで、それに誤解による事実的強制の存在が任意性を妨げるという解釈が付け加えられたという形式（判決理由は「けれども、……」で繋げられている）が採られている。この付け加えられた解釈部分によって、その前に述べられた最判一九九〇の法命題は論理的には否定されないで前提として残されても、その命題がそのまま実際的に結論に至る場面はなくなった[19]。このような厳格解釈による部分の付加が可能になったのは、それが最判一九九〇の命題とは次元を異にする問題設定によるものであったからである。そのことは厳格解釈の以下のような三つの特色として現れる。

### (1)　任意性問題を、「誤解」による事実的強制という原因に問題を移すことで「強制」の意味を拡大したこと

まず、最判二〇〇六の厳格解釈によって導き出された結論は、期限の利益喪失約款の存在による誤解に基づく事実的強制の存在が任意性要件の充足を妨げるというものであるが、厳格解釈であることの第一の現れが、任意性即ち強制（のないこと）の存在として、このような「誤解による事実的強制の存在」を持ち出したことである。様々な誤解がありうるから、これによって「強制」の可能性がそれまで強制の例とされていたものに対して大幅に広がった。また原因レベルに問題を移したことは、任意性要件解釈を、最判一九九〇を導いていた無効の認識の要否問題とする議

論から切り離すことを可能にした。即ち、「誤解」は強制の原因であり、債務不存在の無効の認識のないことは約款の有効性についての「誤解」の原因の一つ（実際にはそれが多いにせよ）ではあってもイクォールではない。債務不存在の認識はあっても約款を有効とする誤解はありうるからである。[20] このように本判決が任意性要件を、債務不存在の認識の要否問題とは異なる事実的強制の「原因」レベルで「誤解」を採り上げたことが、最判一九九〇を引用しつつ「けれども」として「強制」解釈による任意性否定の可能性を続けて述べることを可能にした。

**(2) 期限の利益を失うと誤解することによる事実的強制の存在への着目**

厳格解釈の第二の特色は、事実的強制の存在の誤解の原因として約款条項の効力の誤解を採り上げたこと、法の誤解と約款の誤解の相違への着目とそれを事実的強制と結び付けたことにある。それは誤解惹起の意味の拡大解釈である。まずこれによって法の誤解の問題ではないことが表される。[21] 任意性要件と債務不存在の認識の関係については、強制は法の不知によるものを含まないとされたことが本判決でも前提となっている。任意性の厳格解釈はそれを外したうえでの誤解惹起に着目しての拡大解釈であった。約款の効力の誤解に着目することの意味はここにある。即ち、債務不存在の不知・誤解を支払いの任意性と結び付ける事は、法・法律の不知を問うことになって、契約法が拠って立っている前提と対立することになる。これに対して、約款は立法府が公布するものではなく、当事者の合意（約款の場合には一方当事者による作成・提示であるからなおさら）であるから、内容についての不知・誤解は法規の不知・誤解のような法律の公布制度との緊張という問題を持たない。約款によって惹起される誤解を推定してそれを法的効果と結びつけることには上記のことに由来する困難を考える必要がないのである。

**(3) 「通常」と「特別な事情」**

最後に厳格解釈であることは、期限の利益喪失約款について、「通常、……誤解を生じさせるものであると」したことにも現れている。まず、「通常」このような約款によってはじめて債務支払いについての「誤解」が生じるわけではなく、大部分は債務不存在についての「誤解」に端を発している。しかし、そのような多くの例の実際と思われる因果を論理の上で辿ることではなく、約款に焦点に合わせたうえで、特別な事情例えば当該約款が「通常、……誤解を生じさせるものであると」は言えないことの証明を求めた。確かに支払いに至る誤解の原因が他にあるにせよ、約款だけに限定して解釈すれば約款が誤解惹起の可能性を持つか否かだけが問題となる。問題のこのような限定によって、約款の客観的存在から既にその誤解惹起可能性が認められるから、その債務者が実際に誤解していたかその誤解は約款の存在の故であるかは、すべて「特別の事情」の有無レベルに移されことになる。このように通常と特別な事情とすることによって例外要件の機能が限定される。原則・例外という出発点が結論部分でこのような図式で再現される。ここにも約款の厳格解釈がある。

最大判二〇〇六による法四三条を「例外的」であるとする性格付けは、厳格解釈が期限の利益喪失条項に対してだけに限られるものではないことを意味していた。最判二〇〇六の厳格解釈は立法府の意思とは対立的であるが、最判二〇〇六は法四三条の適用範囲を「特別な事情」という形で残しており、反制定法的判決ではない。しかし、例外の極小化というその結論そして拠って立っている「法の趣旨」理解およびその基礎である体系的視点がこの法律に関しての立法府「立法担当者」の意思とは異なっているという意味で、反立法府意思的であった。この対立的内容であることの正当性根拠は、市民法適合的対応を欠くという意味での立法府の怠慢に帰する。このように怠慢と評価しうることにとってはその内容が、最大判一九六八と関連をもって、無効法理という民法の基本理念の貫徹であることが大きな意味をもっていた。[22]

## 五　最判二〇〇六における任意性の厳格解釈と書面要件

(一)　最判二〇〇六の厳格解釈はこの判決で突然現れた訳ではない。最判二〇〇六は厳格解釈を明示している最判例を引用しているが、一七条・一八条書面に関してそれらの最判例より前にも実質的に厳格解釈が始まっていた[23]。書面と任意性は同じ四三条の要件であるから、それからの書面厳格解釈裁判例と最判二〇〇六の厳格解釈との結び付きは明らかである[24]。確かに、最判二〇〇六が約款による誤解惹起による事実的強制の存在を述べるときに、この約款が書面によるものとは書かれてはいない。一七条によって書面には基本的合意内容が記載されることが要求されるから、実際上期限の利益喪失約款はすべて書面によっていることになるが、そのことが任意性要件の解釈の中で意味を持つ訳ではないからである。しかし、最判二〇〇六における厳格解釈の作業において、期限の喪失条項の効力についての誤解に着目して事実的強制の存在を推論するにおいて、約款が書面で存在することが、書面の厳格解釈裁判例があることと関連して、実際的に大きな意味をもったであろうことが容易に推測できる。

(二)　書面と任意性の両要件の厳格解釈は、後者についての最判二〇〇六においてこの法律の「例外」性による理由付けがされることによって、厳格解釈全体として、例外的要件を限定することで原則へ復帰するという方向を持つものという性格が明らかになってきた。このことは、書面要件でいえば、その厳格解釈にとっては書面の適正化は付随的問題であって、この法四三条の要件の機能限定こそが中心的意味をもつということであり、任意性要件でいえば、この厳格解釈の持つ意味は任意性を確保することにあるのではなく、法四三条の任意性要件の機能の極小化にあるということである[25]。最判二〇〇六だけでなく厳格解釈判例全体によって貸金規制法四三条の適用範囲の極小化が出現したのである[26]。この極小化によって広がるのは原則適用の範囲であり、その内容は最判一九六八によって明文として存在する利息制限法一条二項を空文化して形成された反制定法的法状態にある民法法理である。

かくて、立法府と司法府の間で、かつて利息制限法一条二項に対する反制定法的判決の果たした役割を、今度は貸金業規制法四三条の厳格解釈が果した。それら判決の基礎にあるのはともに民法の無効・不当利得法原理である。貸金業規制法四三条によって導入された民事法規定は、利息制限法一条二項の機能的復活と元本充当の否定という、かつて最大判によって否定された特典の復活であった。これに対抗するものとしての最判二〇〇六は、民法の暴利禁止・不当利得法理の適用を回復するものである。この法形成は、民法上の救済の制限的修正に対してそのような制限を撤廃する方向にあるもので、新たな消費者法理（民法法理の実質化という意味をもつ救済の補充的修正）の展開という性格は持っていない(27)。

(3)　最後に、最判二〇〇六およびそれに先立つ書面要件に関する最判において、厳格解釈を行うことが明示されていることの意味を、最判二〇〇六に即して考えてみよう。この明示は、直接にはそれに続けて展開される「強制」解釈の理由であり、それはこの文言だけを取り出して通常用語の使用を前提にその存在の有無を論じるのではなく、体系的な例外的要件であるそれとして解釈することを宣言するものである。また、最判二〇〇六による法四三条を例外的とする性格付けは、厳格解釈がこれからも期限の利益喪失条項に対してだけに限られるものではないことを意味していた。かくて、この厳格解釈をとると明言することは、間接には、法四三条を裁判所が民事裁判規準として受け入れるにはこのような厳格解釈が必要となるということを立法府と行政府に対して表明するという意味をもつことになった。これは、最大判一九六二、一九六四において利息制限法一条二項が民法法理と両立し難いことが間接的に示されていたことと同様である。そして、この厳格解釈の先にありうる司法の対応は反制定法的判決か違憲判決である。かくて、最判二〇〇六の後、立法府による反制定法的法状態の制定法化の方向が促進されることになるが、このような市民社会からの委託に適合的な制定法化が可能な社会的状況は最大判一九六八より前に既に存在していたのである(28)。

## 六　まとめにかえて

冒頭の「問題の所在」の末尾で示した本稿の目的である①②について述べてきたことを繰り返す必要はないであろう。以上の検討から見えてきたもののさらに先にあると思われる問題を記してまとめに代えることにする。

このような反制定法的判決およびそれを背景とした厳格解釈判決が立法府の意思を押し退ける形で民法原理を貫徹し、それらの裁判例による法形成が制定法化によって決着をみたということからは、反制定法的判決の機能が違憲判決のそれに近付き、厳格解釈の機能は合憲的解釈のそれに近付くものであるということをみることができる。このことは、司法府と立法府の対立において、反制定法的判決が違憲審査制度のいわばその「原初的形態」[29]として、違憲審査制度の導入によってもその正当性を奪われるというものではなく、極めて例外にではあれ反制定法的判決が正当性をもちうる場合があるということ、その際に違憲規準に相当するものは民法法理そのものであるということを表している。そのような方法に基づく法形成は、例外的な存在に留まるものであるが、権力分立を主要な要素とする民主主義的国家形態にとっての適合性が否定されなければならないものではない。ここには市民社会を基盤とした市民国家における実質的意義の民法と憲法の関係[30]という論点が含まれているが、本稿ではこの点の検討・展開に及ぶことはできない。

（1）　筆者はこのような関心から既に最判一九六八と最判二〇〇六の検討を試みた（「民法上の法形成と民主主義的国家形態」民法研究六号〔二〇一〇〕一〇三頁、一二八頁［本書四二〇頁、四四四頁］以下）。しかし、そこでは特に最判二〇〇六の検討が不十分であったので、本稿はそれを補うものである。

（2）　最大判一九六四、最大判一九六八については、最判二〇〇六との関連に必要な限りでの検討に留め、判決文の引用は省略する。この二つの最大判については、中村・前掲九六頁〔本書四一四頁〕以下参照。なおその後、拙稿とは関心を異にするが、最大判一九六八による反制定法的判決の登場までの論理の展開につき、特に最大判一九六四の横田（正）反対意見の意義を中心に置いて検討する亀本洋『法哲学』（二〇一一）三四頁以下が出された。

(3)　ここで論理の貫徹というのは、論理必然性あるいは論理一貫性の現実化ということとは異なる。ある論理が含んでいる内容を、もう一つの論理を付け加えることで更に進めるという実践的行為を意味する。

(4)　当時学説上有力であった助力拒否説は一条一項と二項をリンクさせる解釈論であり、民法の無効論理の制限的修正の充当否定への拡大を阻止しつつ、他面では二項が存在することに忠実な解釈をするというものであった。最大判一九六八は助力拒否説の中心的論者であった我妻栄をして、研究生活の最後に学問的苦悩に直面させることになった。このことについては広中俊雄『民法解釈方法に関する十二講』（一九九七）一三九頁以下が詳細に検討している。

(5)　この点に関しては中村・前掲一〇八頁〔本書四二五頁〕。目的論的制限につき詳しくは、広中・前掲六三頁以下参照。

(6)　最大判一九六二の後の行政府および立法府の対応については中村・前掲九四頁〔本書四一三頁〕以下

(7)　川角由和「民法七〇三条・七〇四条・七〇五条・七〇八条」広中＝星野英一編『民法典の百年Ⅲ　個別的観察　債権編』（一九九八）五二九頁以下、利息制限法一条二項との関係に関する五三一頁注（二四）も参照。

(8)　当時の認識必要説は、西村信雄・座談会「『任意に支払った超過利息は元本に充当できない』とする判例をめぐって」民商法雑誌四七巻二号（一九六二）二五八頁以下参照。

(9)　貸金業規制法成立時は従来からの貸金業者がその「規制」の中心的対象であったが、同時に大手高利貸資本の台頭がみられ、そのことも同法成立にとって重要な意味をもっていた。しかし、後者も前期資本としての性格は変わるものではなかった（以上につき中村・前掲一二一頁〔本書四三八頁〕以下参照）。この点からみても、利息制限法一条二項と貸金業規制法四三条は民法との関係で同じ機能をもっていた。法四三条の任意性要件に関しての認識必要説もこの二つの条文の任意性要件を同じ意味であるとしていた（森泉章編『新・貸金業規制法〔第二版〕』（二〇〇六）四二三頁）。

(10)　この二つの判決のなかの一つでの滝井裁判官の補足意見の中で期限の利益喪失条項が用いられた場合の支払いの任

意性否定の可能性が示されていて最判二〇〇六が現れることへの伏線となった（最判二〇〇六における上告理由中に引用されている）が、その補足意見でも「例外」という表現は使われていない。

(11) 議会での提案者や政府委員の発言の趣旨から、立法府意思はこのように表現しても誤りではないであろう。なお、滝澤孝臣解説は、最判一九九〇判決が基礎にした「法の趣旨」をこのように理解している（「判例解説（最判一九九〇）」最高裁判所判例解説民事篇平成二年度〔一九九二〕六一頁注（一八）、同・「『支払いの任意性』に始まり、ふたたび『支払いの任意性』へ」銀行法務21、六五九号〔二〇〇六〕一六頁）。

(12) もっとも、最判一九九〇の任意性解釈がこのような法四三条理解の上にあるものと断定してよいかはなお検討を要する。この点に関しては後述する。

(13) この間に貸金業界は大手資本の進出によって大きな変貌をとげ、いわゆる消費者金融が業務のうえで重要性をもってくるが、法四三条要件についての解釈論上の取り組みはこのことを法四三条解釈にとって重要なこととして行われていたわけではない。この点については前注(9)も参照。

(14) 歴史的解釈と客観的解釈については、広中・前掲八頁注(2)、一五頁注(1)参照。歴史的解釈は歴史的意味の確定という認識行為を基礎としつつそれを主体が選択した解釈として提示するものであり、たとえ解釈者が主体的選択の存在を否定しつつ提示しても、解釈である以上はやはり彼または彼女の解釈時点での選択に拠るものとして実践的意味をもつ。歴史的意味の確定と歴史的解釈という二つの行為はこのように次元を異にしている。この二つの行為の区別については、広中『新版民法綱要第一巻総論』〔二〇〇六、旧版一九八九〕六六頁参照。なお、亀本「法制定の重み」広中俊雄先生傘寿記念論集・法の生成と民法の体系〔二〇〇六〕五八二頁以下は歴史的解釈の意味について論じているが、歴史的意味の確定と歴史的解釈という二つの行為の関係が明確にされていないことによって、現時点での実践的行為である後者の理解の点で問題を含むものとなった。

(15) 前注(11)の滝澤調査官解説および後注(16)参照。

(16) この見方は判決の内容を支持するにせよ批判するにせよ多くの文献における見方である。このうち支持説は滝澤・銀行法務21、六五九号一四頁および一六頁以下、批判説の代表的文献は、鎌野邦樹『金銭消費貸借と利息の制限』〔一九九九）三四一、三五二頁、小野秀誠『利息制限の理論』〔二〇一〇〕八一頁、論拠は異なるが同旨のものとして茆原正道「貸金業規制法四三条に関する最高裁判決の意義」市民と法四〇号〔二〇〇六〕四〇頁。

(17) 中村・前掲一三一頁〔本書四四六頁〕も前注の後者と同様の理解に立っていた。

(18) 滝澤・前掲一二頁は、最判一九九〇を第一の可能性でみる立場から法四三条の任意性要件問題はこの判決によって済んだものとしていた。

(19) 法四三条が存続したと仮定しても、「特別な事情」がある場合に適用されるのは、厳格解釈しても誤解が生じる余地はない或いは主張されているような誤解からは任意性を損なうような事実的強制は生じないという場合になろう。

(20) なお、約款の一部無効はこの判決の判示事項の一つであり、この判決までは下級審裁判例の判断が分かれていた。従って、制限超過利息部分も期限の利益喪失が生じると考えることは、最判二〇〇六の判示を前提とすれば「誤解」ということになるが、それを行為時点での「誤解」と呼ぶことは果たして適切であるかという問題があるかもしれない。しかし本稿は法形成上の論理の展開を辿ることを主眼とするので、この点には立ち入らない。

(21) 茨木茂「みなし弁済否定の最高裁判決」ＮＢＬ八三〇号〔二〇〇六〕三四頁は、厳しい督促やブラックリストに載るという不利益を心理的強制と解している。しかし、最判二〇〇六の論理からは、それらは期限の利益が喪失するという誤解の結果として生じる一層の心理的（事実的）強制ということになろう。なお、そこで問題となる「心理的強制」は債務が不存在であるのに弁済される場合のそれである。

(22) 滝澤・前掲一四頁は、最判二〇〇六につき、①「期限の利益喪失約款の一部無効を知らないことの誤解」による事実上の強制によって任意性を否定したものと解した上で、②法の不知と法の誤解には相違はないのではないかと疑問を提示している。①に関して、「法」の誤解による強制と「約款」の誤解による強制の間には相違がないであろうという批判が前提になっているが、厳格解釈において法の誤解ではなく約款の誤解に着目したことの意味、「法」と約款とで扱いに相違がありうることは本文(2)で述べたとおりである。②に関しては、債務不存在の「不知」と約款の無効についての「誤解」については、それらの不知と誤解のレベルの相違を本文(1)で述べた。もっとも滝澤の疑問の根本には最判一九九〇が示した命題の適用範囲がなくなる（最判一九九〇と最判二〇〇六の命題が矛盾する）ということがあるようである。しかし、最判二〇〇六の厳格解釈は広い範囲での適用可能性をもつものであったが、もし法改正がなくこの厳格解釈が行われることが続いたと仮定した場合にも、本文四の最初の段階で述べたように、厳格解釈の論理的前提として（この最判二〇〇六でいえば、「けれども」の前に引用されたように）最判一九九〇の命題は生き続けるものであった。そしてこのような形式をとることが最大判の無効論理と対立するものではないということが、最大判と厳格解釈の関連という視点からは重要である。なお、滝澤論文における最判二〇〇六の扱いにおいては、それが「例外的」規定の厳格解釈とされたことへの着目がない（前掲・五頁の判決の紹介でこの部分の引用が省略されている）。このことが最判一九九〇と最判二〇〇六のそれぞれの命題の関係付けに問題を残す遠因となったのかも知れない。滝澤と同様な見解に立つ品谷篤哉「いわゆるグレーゾーン金利と期限の利益喪失特約(1)」民事法情報二三八号〔二〇〇六〕二頁以下においても、二〇〇六年判決のいう貸金業規制法の民事法規定を「例外」とすることと厳格解釈の結び付きが見落とされている。このことから、例外に対する原則の内容を表す最大判との連関において厳格解釈を位置付けることが行われていない。なお、最判二〇〇六を支持する立場から、三村素子「判例（本件）解説」最高裁判所判例解説民事篇平成十八年度（上）〔二〇〇九〕四二頁は、滝澤への反論として、本判決につき、債務不存在についての誤解と期限の利益喪失についての誤解は「実質を異にするものととらえ（て）」いると解しているが、三村の理解した「実質」の内容が述べられていないから反論として成功していない。

(23) 下級審裁判所から始まったこの方向は、鎌野・前掲三〇九頁以下。また、最高裁判例については、小野・前掲二五二頁以下参照。

(24) 三村・前掲三九頁注(21)。

(25) 最判二〇〇六だけを採り上げれば約款規制という点で消費者法との共通性はみることができるが、この判決の法形成上の意義は厳格解釈諸判決の終着点としてのそれにある。そして、その中心的意味は任意性要件の極小化にあって、そこでは約款規制的側面は道具的位置にある。

(26) 書面要件の厳格解釈と最判二〇〇六の厳格解釈の関係につき、小野「判例解説（最判二〇〇六）」別冊ジュリ・民法判例百選Ⅱ債権（第六版）〔二〇〇九〕一一三頁は「形式を重視する思考からの転換」としているが、むしろ両者の関連が重要であろう。ただし、小野『利息制限の理論』二五三頁には、書面要件に関する裁判例を「伏流水」（最判二〇〇六に繋がるものという意味であろう）とする表現もある。

(27)　川地宏行「判例解説（最判二〇〇六）」法教三一一号（二〇〇六）一二三頁は、最判二〇〇六による「強制」の解釈を批判して、不実告知による法の誤認という構成を主張している。しかし、法の誤認（無効認識必要説）という最大判一九六八によって間接的に否定されている根拠をあらためて持ち出すことには解釈論として問題があるだけでなく、厳格解釈の基礎におかれた体系的解釈が示しているように、最大判から最判二〇〇六に続く法形成の内容が民法法理の復活・貫徹にあることが見落とされている。

(28)　一九六三年の法務省による利息制限法改正案の内容と顛末につき、中村・前掲九四頁［本書四一三頁］および一一二頁注（9）［本書四二九頁注(137)］参照。

(29)　この表現は、水林彪「近代民法の原初的構想」民法研究七号（二〇一一）一頁からヒントを得た。ただし、次注及び該当本文参照。

(30)　「実質的意義の民法」については、広中・前掲八五頁以下。

# Ⅲ　民法解釈方法の歴史的分析

*8*　ナチス民法学の方法的分析

*9*　利益法学における評価と構成

*10*　自由法運動における評価と構成

# 8 ナチス民法学の方法的分析
## —民法学における市民的方法の展開と変質—

## 第一章　序論――問題の所在

一九三三年のナチスの政権掌握とともに、ドイツ民法学においては、自らの新しい「課題」として、「法革新(Rechtserneuerung)」「新形成(Neugestaltung)」ということがこぞって掲げられた。[1]この下で試みられる作業のすべてが掲げた課題の通りであったというわけではないにせよ、現実においても少なからずこれらの「課題」が「法革新」であったのは、それがナチス政治権力の明示的・黙示的要請に応えて裁判規準の変更を行うということに、そして、この変更がそれまでの民法学の展開とは異なった性格をもつということにあった。この「変更」は、なお廃棄されることなく存続するＢＧＢの解釈及び立法的改革の提案によって行われた。これらの作業に携わる実用法学としてのナチス時代の民法学の方法的特色は、反市民的方法の存在ということに見出される。そのことによって、ナチス民法学の存在を指摘しうるのである。つまり、実用法学における規準の構成は、それぞれの論者による社会関係の法的評価、その実現のための概念・論理の構成からなるが、ナチス民法学は、この評価及び構成の方法において、それ以前の民法学の市民的方法（後述(二)）とは異なるそれを示すのである。

ナチス時代に存在した民法学――すべてがナチス民法学と呼びうるというわけではない――は、既にいく人かの論者が指摘するように、一方においてナチス政治権力の政策的要請（例えばユダヤ人に対する法的保護の拒否といった）、他方において資本制生産及びその展開に伴う様々な利益対立の民事法領域での処理という要請の下にあった。[2]そして、それぞれの論者による作業は反概念法学的方法という流れのなかで行われるが、そこには、特殊ナチス的方法と非特殊ナチス的方法が存在した。このうちの前者は上述の両方の要請に応えようとする本来的ナチス学派と呼びうるキール学派によって主張された方法である。後者の方法の論者には、ナチス適合的学派と非ナチス学派と呼びうる二つのグループがある。ナチス適合的学派とは、非特殊ナチス的方法を通して上述の両方の要請に対応しようとするものであり、非ナチス学派とは、非特殊ナチス的方法を通して資本制生産一般に伴う問題を扱い、特殊ナチス的要請には立入らなかった論者達である。そして、ナチス民法学は、本来的ナチス学派と市民的方法の反市民的方法への変質を示すナチス適合的学派という二つの部分から成る。即ち、評価方法においては、民法学における具体的秩序思考による利益法学の「規範獲得」方法への批判が「法革新」を推進する役割を果たし、これに対して、利益法学の影響下にあった論者による、具体的秩序思考への批判を行いつつの、反市民的評価の方法の主張が「法革新」の確定に寄与する。構成方法においては、評価方法と並行して、一方で具体的一般的概念構成が主張され、他方でそれに対する批判という形をとっての一般条項の操作方法の主張を通して、反市民的構成方法が確立していくのである。

本稿は、この展開過程におけるそれぞれの論者の方法的主張――それは論者自らの評価・選択に基づく――の果たした役割を、反市民的方法の展開・確定という観点から示そうとするものであるが、本論にさきだって、分析のいくつかの前提に若干の説明を加えておく。

㈠　評価方法・構成方法　本稿では、評価方法として法の解釈における論者の評価の側面を捉え、それを評価の基準の性格ということから分析する。そして、構成方法として各論者の概念・論理の構成方法、位置付け方――基本的には評価方法に規定されているそれら――を検討する。

民法学は、国家によって裁判という形で発動される私人対私人の関係におけるサンクション決定の規準を構成することを主要な作業とする。この作業は、それが「学」という名の下で行われ、「実定法」の「意味の解明」であるとして、また、「理論」として示されるにせよ、現実には実践的、実用的性格を有する。(3) この評価・選択の契機は、とりわけ反概念法学的方法の展開とともに前面に出てくる。そして、そこでは、個別解釈論の機能とは別に、論者がどのような基準に沿って「解釈」を行うかということ自体が、論者にとっても裁判の方向付けにとっても重要なものになってくる。厳密にいうと、評価基準には個別評価基準（例えば、ナチス時代の家族法領域での種族の純粋性の維持、現代民法学でいえば、土地利用権の優位といった）と、それらの一般的定式化・総括的表現といいうる一般的評価基準（例えば具体的秩序としての民族協同体、現代民法学でいえば、近代法の原則）がある。

ところで、以下の分析にとっては、評価基準の内容的側面と並んで、それらの根拠付け・導出の過程そのもの（過程的側面とでも呼ぶべきもの）を考えることが有用である。というのは、評価方法に関して、具体的秩序思考に対して行われる批判（のすべてではないが）の一つの特色として、一般的及び個別的評価基準の内容そのものを論ずるのでなく、その二つを結ぶもの或いはその二つの根拠付け方だけを直接的対象とするということが観察されうるからである。念のためにいえば、一般的には内容と「過程」は一体として論者の評価方法（究極的には、彼の哲学）をなしているものである。従って、この枠組は差し当たっては法律学作業の分析一般に関してのものではなく、ナチス民法学とりわけナチス適合的学派摘出のためのものである。

なお、ナチス時代に存在した民法学を提示される評価基準から分析するにおいては、そこでは、論者による選択に一定の幅の余地は存したものの、ナチス政治権力の諸要求に反する評価基準の明示には、極度の困難が存したということを常に念頭に置かなければならない(4)。

次に、法解釈学においては、自らの評価に基づく主張に対して法的構成が施される。これは法命題を作り出すことである。この解釈による法命題の提示には二つの種類がある。一つは制定法規を前提として、それを現実に適用可能な規準に再編成するもの（通常「解釈」という言葉で考えられるもの）である。もう一つは前提となる法規がない場合（それには、本来的にない場合と、「解釈上」排除する場合がある）に、前提となる法原則をも含めて個別規準を構成するというもの（近時の例では、代物弁済予約における清算義務に関する規準）がある。いずれの場合においても、解釈によって構成される法命題は、論理的に整合性をもち他の法命題・法原則と論理的に矛盾しないものであることを示しうるものであることが要求される。法命題構成の方法は時代及び国によって異なるが、法命題＝規準のこの論理的整合性は、近代国家成立以後における「法の解釈」の特徴的なことである。この法的構成は論者の評価を明確にしまた個々的適用可能性を与える。そしてこのことを通して、予め規準を存在させることによって、裁判所の判断に政策的方向付けを与えるという機能を持ちうる。[5] 従って、構成方法は評価実現の道具という位置にあるのであるが、それらの評価との適合性判断は、論者の主観的意図とは別に行われなければならない。

(二) 市民的方法　本稿ではナチス民法学における評価方法と構成方法を、反市民的方法という角度からみていく。評価及び構成の方法における市民的方法とは、完結した形態として現実に存在するものを指すのではなく、それぞれの法的主張の方法において多く或いは少なくみられる特色を示すものであり、市民社会の現実からの要請の下にある実用法学の作業の共通の志向のなかに存在するものである。

即ち、評価方法においては、市民社会で自律的に形成される権利規範の裁判レベルでの実現ということに適合的な評価の方法である。これはその時代における市民社会の展開の態様に応じて様々に現れうる。しかし基本的には、この評価は近代市民法の存在基盤が資本制生産様式――そこでは商品交換が生産過程を媒介する――であることに規定される。商品交換は、財貨が当事者に排他的に帰属することを出発点として、それら帰属当事者の「自由な意思」を通して行われる。従って、市民社会はすべての法主体及び財貨が諸々の共同体的規制から自由であることを前提とする。共同体的規制からの自由は、また政治権力による規制からの自由に関してもいいうる。「自由な意思」を媒介とした商品交換は、政治権力による媒介を必要とせずに、経済的強制によって規定された過程である。市民的評価は、このような「自然的」過程を通して生成する市民間の権利義務関係の国家による外的保障を内容とする。[6]

そして、市民的構成方法とは、この市民的評価を適用可能なものとすることに適合的な法命題構成の方法である。近代国家においては、裁判は行政から分離され、「法律に拘束」されたものであることが要求される。[7] そこでは、既存のものとされる規準――それは「解釈」を通して構成されるのであるが――を、問題となっている事実関係に適用することによって判断が導き出されるということが制度的に――それは判決理由を付すことの強制として現れる――要請されている。これによって、裁判官の判断が、（立法者を含む）規準提示者の批判にさらされ、裁判官は、予め提示された規準によって正当化しうると考える範囲内で評価を行うということになる。このことから、市民的構成は、国家・裁判権力に一義性の高い規準を予め提示することによって、それをコントロールすることを通して市民的評価の実現を計算可能な形で確保するという機能をもつ。少なくとも大陸法系では、市民的評価の実現に奉仕する規準は、評価の上述の内容に規定されて、多くの場合形式的性格を有し、それとして一義性は高くなる。しかしながら、また、市民的評価それ自体が既に含む実質的側面に規定されて、実質的概念をも不可避的に伴うことによって、一義性確保を志向する必要に迫られる。更には、市民的評価内在的要請の他に、実質化を求める諸々の利益主張―それらは、市民的評価の「修正」である場合も、「否定」である場合もある―が存在することによって、法的構成の、その必要性の有無をも含めた、方法の相違が客観的に様々な役割を果たすことになる。

㈢「法の解釈」の観察ということ　本稿は民法解釈学（裁判官の主張も、論説として行われる場合には含む）を観察の対象にするのであって、それに対する評価を下すことは直接的な目的とはしていない[8]。そして、このような「観察」こそが、民法解釈学が過去（というにはあまりに近いが）に果たした役割を、その作業の性格に着目しつつ分析することによって、現代民法学の示す諸現象を評価・批判し、実践的方向を探るうえでの前提となりうるものである。現代民法学は不可避的に反概念法学たらざるを得なく、その限りでは、ナチス民法学をも含む大きな流れのなかにある。そして、利益衡量論を巡っての論争を通して評価基準のあり方が問われ始め、また、法的構成の意義ないし位置付けについても必ずしも共通の認識が存在しない日本民法学の状況を前にするとき[9]、ナチス民法学を評価方法、構成方法という側面から観察することがとりわけ必要となるように思われる。

取扱う素材に関して付言しておくと、本稿の対象には立法的諸提案も含む。まず、一般的にいって、立法論として提示されるか、解釈論として提示されるかということの間には相互に流動性がある[10]。そして、特にナチス時代の立法的提案―とりわけ、一九三八年以後の民法学の作業の多くはこれに向けられていた[11]―は、各論者が、自らの主張を、BGBの「解釈」として通用し難いと判断した結果そのような姿をとるという性格のものではなかった。

(1) このことは、以下での論述で参照される著書・論文の標題においても既に示されている。勿論、その下で論じられる内容が第一次的に重要であるが、標題におけるスローガンの統一的傾向自体も、精神的土壌作りの一要因たりうるものである。Rüthers, B, Die unbegrenzte Auslegung, 1968, S. 135. に、それら標題の例示が行なわれている。
(2) 広渡清吾「ナチスと利益法学(一)」法学論叢九一巻三号(一九七二)二頁以下参照。
(3) 法の解釈における主体的判断・選択の契機の存在ということについては、「法解釈論争」の所産として、共通の認識の下にあると思われる。
(4) 具体的には、用いられた言葉を捉えて単純には判断しないのであって、それらが、ナチス的意味をもって現実的に解釈基準であったのかが検討されなければならない(例えばヘックが協同体という言葉を用いるとき、ヘック自身において既にその意味は処々で異なっている)。法解釈学の果たした役割をみるには、そのような言葉を用いたということ自体をも含めて考えらるべきことは勿論であるが、〃用いる〃ということのなかに大きな相違が存するということが重要である。
(5) 法的構成のコントロール機能については、川島武宣「『法的推論』共同研究のための基礎理論」ジュリスト五五四号(一九七四)一六頁以下参照。
(6) 家族法は、その対象が商品交換関係ではないという点では確かに財産法とは異なる。しかし、市民社会における個人の主体性を契機とする市民的道徳の国家による外的保障という点では全く同じ性格をもつ。
(7) 同時に行政の領域でも「法による行政」という現象がみられる。この両者の接近と、それにも拘わらず存する相違について、Weber, M, Wirtschaft und Gesellschaft, 5. Aufl., 1972, S. 389. 世良訳『法社会学』(一九七四)七二頁以下参照。
(8) これに対しては、とりわけ特殊ナチス的問題において、政治権力の要請に適合的な「解釈」を、諸立法とともに、「法」ではなく、「不法」の問題であるとする立場がある(第二次大戦後の一種の自然法論)。その実践的意義を否定するものではないが、本稿ではこの法・不法問題には立入らない。また、この考え方の存在が、「観察」の必要性を減ずるものでもない。

次に、ナチス民法学を「解釈」の観察の対象にすることへの、それらは「解釈」とはよびえないとする批判もありうる〔広中俊雄「法の解釈とワク」法学セミナー二一九（一九七四）→法社会学論集（一九七六）三三二頁以下で批判的に紹介されているような考え方〕。この考え方は、その基礎には、自然法的な考え方と同一の問題意識の存在を推測しうるが、解釈という操作の性格に着目している点で若干異なる。しかし観察の必要性を強調することの他に、更にこの考え方に対しては論者自身が「解釈」の明確な境界を示すことが要求されうる。そして、現実には実践的主張としてしかそのような境界は引きえないであろう。

なお、ナチス時代の裁判・学説に関して、わが国でも参照されることの多いリュッテルスの前掲書も、自らの実践的主張に基づく狭い「解釈」概念を用いている。詳細には立入れないが、観察の道具としては、彼の枠組においては、彼のいう解釈（Auslegung）と、解釈の外におく解釈的（interpretativ）な法源の増加（同書四三一頁以下のまとめの章を参照）とに共通するもの、つまり、適用者自身の評価・選択の契機が、そしてとりわけ彼によって「方法的には問題がない（methodisch einwendfrei）」とされるナチス適合的な判決・解釈論の多くにも、論者自身の選択・操作の存在するものではないのかということが、視野の外に置かれることになる。一般にわが国でリュッテルスに言及するに際して、彼の枠組そのものの検討が欠けているように思われる（なお、広中・前掲はリュッテルスの考え方を批判しているようにも読めるが、必ずしも明らかではない）。

（9）　この点については、川島・前掲が注目さるべきである。

（10）　広中「現代の法意識」岩波講座現代法Ⅰ（一九六五）→法社会学論集一六三頁以下。具体的に現われたものとして、例えば、座談会「私法における法の解釈」ジュリスト増刊『法の解釈』・基礎法学シリーズⅣ（一九七二）七三頁の、利谷―北川間の議論参照。

（11）　なお、リュッテルスは、ナチスが、「法適用者の解釈的技術（Interpretationskunst）を信頼」していたとする（a. a. O., S. 99.）。広中「裁判における形式的規準と実質的規準」法社会学講座5（一九七二）→法社会学論集六七頁も同様。しかしこれは疑問である。ナチスにとっては、適合的解釈と立法的改革はともに有用な道具であった。そして、適合的解釈はたとえ立法が行われても有用であり、立法的改革と矛盾するものではない。しかし、その間でも、ナチスの選択は立法的改革にあった。結果的にはＲＧＢは廃棄されなかったが、これには外的要因――戦争――の影響が大きい。民法学が立法的提案として作業を行ったのもこのナチスの選択に沿ったものと思われる。なお、リュッテルスは説明を加えることなく、立法的提案を彼のいう「解釈」として分析対象に含めているが、彼の分析枠組との関係からすれば問題があろう。

## 第二章　市民的方法の展開とナチス民法学前史

民法学はナチス前に既に様々な方法的変化を示してきた。そこにおける評価・構成方法の特色をみておくことは二つの理由から必要と思われる。第一に、ナチス民法学は反概念法学という大きな流れのなかにあり、この流れは自由法運動及び利益法学に発するものである。ナチス前の反概念法学的主張が何を目指し何を守ろうとしたのかということが、ナチス民法学分析の前提として見られなければならない。第二に、ナチス民法学はナチス前の民法学の方法を激しく批判した。その批判の対象は第一次的には概念法学であるが、更に自由法運動及び利益法学にも向けられた。とりわけ利益法学は、実質的には批判の中心的対象となった。従って、ナチス前の民法学の方法を概観することは、同じく反概念法学に属すナチス民法学が先に存在した方法のどこに批判を向けたのかをみるための予備作業という意味をもつ[12]。

概念法学とのちに批判者によって呼ばれるそれは、論理・概念という構成物そのものを正当性根拠として、制定法或いは自ら構成した大前提から適用可能な個別規準を導出するというものである。この方法においては、現実には存在する論者の評価・選択は表面には出てこない。従って評価方法をそれとして明示することはないのであるが、この形式的操作で実現されうる評価の一般性及び導出される規準の高い程度の一義性によって、この方法は一定の時期[13]における市民的評価の保護の形態たりえた。

しかし、基本的には法的保護を求める新たな利益主張を背景として、そのような形式的操作方法に対する批判が自由法運動、利益法学という形で現われてくる。そして、多くの自由法学の主張者（カントロヴィチ、エールリッヒ）・利益法学（とりわけヘック）の評価・構成方法には市民的性格が存在するが、自由法運動の一部にみられた徹底した反形式的主張（とりわけイザイのそれ）においては、裁判に対してあらかじめ規準を提供するという作業、及び、論理・概念に代わる、実質的に方向付けの意味をもちうる構成方法ということの後退がみられる。勿論、この動きが、ただちに、ナチス民法学と結び付くというわけではない。しかし、市民的コントロールの放棄ということは、状況によっては、政治権力によるコントロールに通じうるものである。

(12) ただし、ナチス前の反概念法学の展開については、紙幅の都合によりここでは結論だけをのべ、近く弘前大学文経論叢に再論を掲載する［本書二三三頁以下、二五五頁以下］。

(13) 資本主義的自由競争と形式合理性の関連について、Neumann, F, Der Funktionswandel des Gesetzes im Recht der bürgerlichen Gesellschaft, Zeitschrift für Sozialforschung, 1937, S. 563参照。

# 第三章　ナチス民法学における評価方法

## 第一節　ナチスの要請とナチス初期の民法学におけるナチス的評価方法の基本的方向の形成

一　民法学は、ナチスによる権力掌握直後から民法典そのもの或いは現行民法の運用の改革を主張し、その方向付けの基礎をナチス世界観に求めた。そして、法的評価基準として民族協同体という概念を掲げた。これは、ナチス政治権力の明示的・黙示的要請に応えて、裁判の場でのその実現のために裁判規準形成及び運用の基本的方向を示そうとするものである。

政権掌握後のナチスの要請は、明示的なものにおいても、民事的なものと限って行われるわけではない。しかし、既に一九二〇年のナチス党綱領は種族思考を掲げ（四条・五条）、更に、「吾人は唯物的世界秩序に奉仕するローマ法に代えて、ドイツ一般法（ein deutsches Gemeinrecht）を制定せんことを期す」[14]（一九条）、「公益は私益に先立つ」（二四条）など、容易に民事法レベルでの要請となりうるものを含んでいた。確かに、綱領それ自体は、政治的効果を目指したものであって、直接的に法的操作の指針たることを目指したものではなかった。しかし、その存在は、ナチスによる政権掌握によって、党・フューラーがあらゆるものに優先するとされる体制が成立するとともに、民法学に対しても大きな影響を及ぼすことになった。

そして更に、党幹部の言明が加わる。党の幹部法律家フランクは次のように演説した。「……党綱領は、第三帝国の法思考・法的現実にとって拘束力をもつ。形式的な法律としてではなく、フューラーの創造的意思によって。党綱領は形式的な法律としての力はない。しかし、それは、ドイツ民族のあらゆる社会的問題における判決にとって、また、歴史的諸課題の解決にとっての基本線（Leitlinie）である。党綱領において国民社会主義ドイツ労働党の最終的目標が認識可能なのであるから、それは、法律学……実務におけるドイツ的法守護者（Rechtswahrer）の常なる補助手段である」[15]と。

この、党の方針を最上位におくことのより具体的内容は、種族思考と公益優先の要求であった。「ナチス革命は、法・法律学、そして判決に対して、一義的な明確な出発点を与えた。つまり、司法の任務とは民族の維持である……（ヒットラー）」ということに続けて、フランクは、「種族が、法生活全体の基礎であり、出発点・目標である。ナチス的種族理論という土台の上にのみ、法は民族にとっての有用性と従ってまたその唯一可能な正当性をもつ」[16]とする。

また、「あらゆるドイツ人は、彼の一切の行動に際して、第一に、民族協同体にとっての有用性を考えるという義務の枠内で、国民社会主義に従って彼の生活領域で自らの運命に従って自由に……生きるべきである」[17]と、公益優先が唱えられる。

そして、このようなナチス政治権力による要請は、単なるスローガンに留まらなかった。現実に民事法においても、とりわけ種族政策に関して、いくつかの立法・命令措置が採られるに至ったのである。[18]

二　民法学によってナチス初期に既に評価基準の位置に掲げられた「民族協同体」[19]は、公益優先、種族思考と結び付けられていた。「……（行き過ぎた個人主義・物質主義である）この自由主義に対して、義務・協同体思考が対立する。〝公益は私益に優先する〟」（ランゲ）。[20]「ナチス世界観は、ドイツ民族という統一的基礎に還元されるいくつかの……統一的思考に基づく。……個人は、彼の生活内容全体を民族協同体から受け取る。……従って、協同体思考は、民族の中に存在し活動するすべての諸力にとっての、あらゆるものを支配しあらゆるものに貫徹する生存及び形成の根本原理（Lebens = und Gestaltungsgrundsatz）であ」り、「民族協同体という思考の民事法における奏効（Auswirkung）は、ナチス世界観・法観の確証（Bestätigung）に他ならない」（ジーベルト）。[21]「ナチス党綱領の最高の根本命題、≪公益は私益に優先する≫は、立法者に対する指示を、そしてそれのみならず、民族仲間に対する私的権利の行使に関する命令を含んでおり、また、とりわけ法規の解釈、創造的法発見のための基準となる評価（eine maßgebende Wertung）を含んでいる（シュトル）。[22]等々、枚挙にいとまがない。[23]この、協同体・公益の優先は、種族思考とも結び付いていた。「ドイツの血とドイツの土の内的結合が、自然的民族的統一性を示す」（ランゲ）と。[24]
方法論的には、この「協同体思考」は、概念法学批判を通して主張される。そこでは、概念法学は、方向付け・正当性根拠を論理におくことが、法の、生活・民族との隔離（Fremdheit）に導くとされ、[25]そのことによってこの方法は自由主義・個人主義的世界観に奉仕するものであったと批判される。[26]従って、ナチス前に概念法学に対して行われた、現実との連関を失っているとする、或いは、評価を隠蔽するということを中心とした批判とは異なり、ナチス時代に入ってからは、その論理一貫性が実質的に奉仕するとされる評価・価値観そのものが批判された。そして、論理に根拠を置くことに代えて、生活接近の内容として明示的に行うことを求められる評価は、協同体思考＝ナチス世界観に沿った衡量である。

このナチス初期において一般的な形で示された評価の方向は、反市民的評価方法と特色付けうる。市民的評価は、共同体的関係が役割を果たさない社会関係を保護の対象とする。民法学におけるナチス的民族協同体思考は、確かに、前近代的共同体関係そのものの存在を前提としてそれを保護しようとするものではない。そこで目指されるのは、ナチス政治権力の要請への適合である。民法学によるナチス政治権力の政策意思の私人間における貫徹は、例えば、契約相手方の人種をもち出したりする一方私人による経済外的諸主張に、法的保護を与えるということである。そして、「協同体思考」は、個人の存在からその自立性を奪い民族協同体の分肢とすることによって、個人の市民的関係を基礎とする主張を退けて、民族協同体の意思＝政治権力の意思を貫徹させる。(27) このことは、個人の自立性を前提とし、その相互の利益主張を通しての権利の実現を外から保障することを重要なこととする市民的評価と対立するものである。

かくして、「協同体思考」に沿っての評価を求めるという方法の提示は、そのものとして個別規準とは別に、ナチス政治権力の要請に適合的な方向付けであった。そして、民法学のなかで、ナチス権力掌握後の、新しい方向への転回を強調するということに続くその後の展開において、新しい方法の積極的提示の過程で論者の間に不一致が生じてくる。しかし、初期に示された「協同体思考」という方向は、様相を変えながらも基本的にはその後の民法学の方法的議論を一貫して通じるものとなった。

(14) 訳は、我妻栄「ナチスの民法理論」民法研究Ⅰ（一九六六）二四七頁による。なお、末尾補注（1）・（2）参照。

(15) Frank, H. Rede auf der Schlußkundgebung des DJT. Leipzig, 1936, Deutsche Justiz (DJ) 1936, S. 797. フランクが、このなかで、「法律」ではないということを繰り返し述べているのは、確かに、党綱領に法的にも現実的意義を与えるという主張がそれに続くのではあるが、他面、党綱領を法的操作を加えることなく裁判規準とするのではなく、ナチス的操作を要求しているものという意味を持ちうる。法的操作を要求するという点では、フライスラーも同様である。Freisler, Recht, Richter und Gesetz, DJ 1933, S. 694ff. Recht und Gesetzgeber, DJ 1936, S. 156. また、Adami, F. W. Das Programm der NSDAP. und die Rechtsprechung, Deutsches Recht（DR）1939, S. 486参照。この点に関する、ヒットラーをはじめとする非法律家幹部の考え方は、民事法領域に関しては明らかではない。

（16）Frank, Rasse als Grundlage und Gegenstand des Rechts, Juristische Wochenschrift（JW）1937, S. 1141.

（17）Frank, Das Recht als Substanz des Nationalsozialismus, JW 1936, S. 564. なお、その他の党法律家の言明は、Weinkauff, H., Die deutsche Justiz und der Nationalsozialismus, Bd. I. 1968, S. 60ff. 参照。

（18）確かに、刑事的サンクションを伴った立法・命令が圧倒的であったが、民事法上も、いくつかのものが明示的にユダヤ人であることを法的に重要な要件事実としていた。帝国世襲農場法（一九三三）一三～一七条（RGBl. I, 685）、ドイツ経済生活からのユダヤ人の排除のための命令（Verordnung zur Ausschaltung der Juden aus dem deutschen Wirtschaftsleben, 12. Nov. 1938, RGBl. I, 1580）、ユダヤ人との使用賃貸関係に関する法律（一九三九）一～二条（RGBl. I, 864）及び同法律の変更と補足のための命令（一九四〇、RGBl. I, 1235）、更には、契約救助令（一九三九）三三条（RGBl. I, 2309）など。また、明示的規定でユダヤ人から法的保護を奪うもの以外にも、例えば、婚姻法（一九三八）三七条二項（RGBl. I, 807）、遺言法（das Gesetz über die Errichtung von Testamenten und Erbverträgen, 1938, RGBl. I, 973）四八条二項のように、重要な法生活にかかわるものが、一般条項の運用に大きな余地を残している。更に、ユダヤ人立法以外のものにおいても序文の形でナチス的要請が掲げられる。民事法に限ってではないが、フライスラーは、「序文、綱領的命令は、まさに、法律に方向を与える。それらは、法律が、その運用・遂行において、そこにおかれた政治的意思に忠実でなくなることを防ぐ」（Nationalsozialistisches Recht und Rechtsdenken, 1938, S. 62）とその意義を強調した。民事法以外の諸立法の傾向も、民法学に影響を及ぼすことは勿論である。

（19）念のためにいっておけば、本稿はこの時代における個々の民法学者の思想史を対象とするものではない。民法学の方法の法運用にとっての客観的役割が対象である。なお、法学関係の出版物に対する検閲に関しては、Patutschnick, H., Die rechtliche Stellung der Parteiamtlichen Prüfungskommission zum Schutze des NS- Schriftums, DR 1935. S.

444ff. Gauweiler, O., Rechtseinrichtungen und Rechtsaufgaben der Bewegung, 1939, S. 207ff.

（20） Lange, H., Liberalismus, Nationalsozialismus und bürgerliches Recht, 1933, derselbe, Vorwort. Vom Gesetzesstaat zum Rechtsstaat. 1934, S. 20. derselbe, Vom alten zum neuen Schuldrecht, 1934, S. 34.

（21） Siebert, W., Die Volksgemeinschaft im bürgerlichen Recht, in NS-Handbuch hrsg. Frank 2 Aufl. 1935, S. 955. derselbe, Verwirkung und Unzulässigkeit, 1934, S. 119f. 155ff. など。

（22） Stoll, H., Die nationale Revolution und das bürgerliche Recht. Deutsche Juristische Zeitung（DJZ）1933. S. 1231. derselbe, Das bürgerliche Recht in der Zeiten Wende, 1933, S. 24. derselbe, Juristische Methode, in Richter, Leben in der Justiz, 1934, S. 131.

（23） 他に例えば、Dölle, H. Das bürgerliche Recht im nationalsozialistischen deutschen Staat, Schmoller's Jahrbuch, 1933, S. 649. Bilfinger, Der Gemeinschaftsgedanke im geltenden Recht, JW 1933, S. 2251. Hildebrandt, H. Formalismus im bürgerlichen Recht, DR 1934, S. 353. など。

（24） Lange, Liberalismus., S. 35. derselbe, Vom Gesetzesstaat, S. 40. 他に、〝種族―協同体思考〟という概念は、Stoll, DJZ 1933, S. 1233. シュトルは他に、Zeiten Wende., S. 24f. ジーベルトは、Die Volksgemeinschaft im bürgerlichen Recht, S. 960. 他に、Hildebrandt. a. a. O., S. 354. など。

（25） Lange, Vom alten zum neuen Schuldrecht. S. 9, S. 37.

（26） Lange, Liberalismus., S. 1ff. 概念法学という言葉は用いていないが、法・法運営の個人主義・自由主義批判は、Siebert. a. a. O. S. 956ff. Hildebrandt, a. a. O., S. 353f. なお、概念法学の方法的批判を展開するシュトル Juristische Methode においては、それを、個人主義・自由主義と結びつけて批判することはしていない。これは、「現実適合性」の観点だけを問題とするという利益法学の自己規定の故であると思われる。

（27） なお、ナチス下における、「権利」論については、Thoss, P. Das subjektive Recht in der gliedschaftlichen Bindung, 1968. が整理を行っている。また、広渡「キッツェベルグ会議における若き法律家たち」法学論叢八二巻四～六合併号（一九七二）二九四頁以下。

## 第二節　具体的秩序思考によるナチス的評価方法の展開

一　政治権力の政策意思の貫徹に奉仕するための「協同体思考」にとっては、諸個人の利益主張を通してなりたつ社会関係を重要なものとする思考方法は「否定」の対象となる。この「否定」という方向を最も明確にするのが具体的秩序思考である。この思考は、方法論的には、反概念法学そしてまた反利益法学の主張を内容とする。まず前者からみていこう(後者については次節)。

概念法学的方法は、その個人主義的評価の故に批判の対象となった。[28] 自らの評価態度を表面に出すことなく形式論理を方向・根拠付けに置く概念法学に対し、具体的秩序思考は、〃現実〃のなかにあるべき規準を見出すという実質的な評価の要請を前面に出す。そして、この〃現実〃を〃具体的秩序〃という枠組を通してみる。この〃具体的秩序〃は、協同体形成という視点と不可分なものとされる。[29]

この思考は、市民的評価の、明示的・全面的「否定」を表す。これは、ナチス初期の傾向の展開である。[30] しかし、ナチス体制が、「資本主義否定」イデオロギーを掲げるに拘わらず、それ自体が資本主義防衛の体制であるということに規定されて、具体的秩序思考も、資本制的生産様式を前提とした私的所有を出発点とする評価方法である。従って、この方法も、個別的具体化である個々的規準において、それまでの民法学の産物をすべてにわたって「否定」することはできない。[31] しかし、その基本的な枠の内で、民法レベルでのナチス的諸政策の実現のために、従来の方法を否定する形での新しい方法が主張されるのである。

民法学における具体的秩序思考は、カール・シュミットが示した具体的秩序思考という型を原形としている。それらの民法学者にとって、シュミットの提示した思考型が重要であったのは、第一に、具体的秩序思考とされる型は反規範主義であること、第二に、内容的に決定的なこととして、この思考の存在基盤として、非市民社会的構造、国家との関係では、非二元的構造が示されていることである。[32] 民法学にとっての課題とされたナチス的法革新には、民法典という尚存続している法典がもつ多くの形式的な規準そのものの拘束及びその形式的な運用からの離反が重要であった。そして、この操作方法への批判は、その前提する評価そのものに対する批判でもあることが、ナチス政治権力の明示的・黙示的要請への適合ということから求められた。従って、「市民的取引社会」領域に対して、協同体的生活秩序を計算可能性の支配から解き放ち、「我々の協同生活に固有の秩序」そのものに着目しようとするシュミットのいう具体的秩序思考が、その反市民的評価にとっての適合性の故に民法学の一部によって受け入れられたのである。ラレンツは、法実証主義を個人主義と、具体的秩序思考を協同体思考と結び付けることによって、このことを明らかに示している。[33]

二　シュミットによって示された具体的秩序思考が民法学に受け入れられるに際しての、ラレンツの二つの点での新たな主張が注目さるべきである。[34] 第一には、民族協同体をも具体的秩序とすること、第二には、諸秩序に内在する意味が民族的法的理念の具体的であるとされること、である。このことによって、具体的秩序思考は、その反個人主義的性格を完全なものとすることになるのである。

(一)　民族協同体論　シュミットにおいては、具体的秩序は、市民的取引社会＝計算可能性の支配する領域の外のものであるとされていた。これに対してラレンツは、民族協同体という考え方の導入によって反市民的評価方法を全領域に押し広げた。

ラレンツにおいては、「法とは……民族の現実的生活秩序」[35]を意味する。確かにこの表現自体は、この時期に多くの論者によって使われたいわば標準的な定式である。しかし、この「生活秩序」をどう捉えるかがそれぞれの論者の評価方法を性格付ける。具体的秩序思考は、「生きた協同体は、自らの秩序を、自らに固有な行動の尺度・法則として、あらゆる明示的規準以前に、一定程度まで自らのなかにもっているという認識から出発」[36]する。そして、ラレンツによれば、「民族協同体は、始源的協同体・生活統一体としてのその本来的本質・核によって、〔その内部のより狭い協同体（engere Gemeinschaft）と〕同様に、民族的特質（Eigenart）の表現として、自らの定在の根本法則（Grundgesetze）を、自らの中にもっている」[37]。そこでは、シュミットにおいて考えられていた「具体的秩序」に相当するものは、狭い協同体として民族協同体の分肢としての位置に置かれる（gegliederte Gemeinschaft）[38]。このように、民族協同体がすべての領域を覆うことによって既に、そしてまたそのなかで分肢協同体とされることになる生活関係においてとりわけ、個人は主体的存在としては位置付けられなくなる。そして、すべてにわたって規定的なものであることを予定される「民族協同体の最高の法的価値」の内容は、最終的には「フューラーの意思」に求められる[39]。

更に、民族協同体の秩序という考え方には種族思考が貫徹される。民族協同体の構成員は「民族仲間」であり、その人格はドイツ的種族及び協同体によって条件付けられたもの（art- und gemeinschaftsbedingt）であることが予定される[40]。従って、種族仲間だけが本来的に協同体構成員であって[41]、異種族は外国人（der Fremde）として民族仲間に対置される[42]。

㈡　法的理念論[43]　ラレンツによって具体的秩序思考に導入される第二点である法的理念論が、民族協同体に内在するとされる秩序の、また、そこでフューラーの意思が規定的であるということの根拠付けとされる。これは、第一点への論理のうえでの補強というには留まらない機能を果たす。具体的秩序＝法的に第一次的に重要であるとされるもののこのような神秘的な言語による表現は、現実に存在する利益対立を隠蔽し、また、裁判によって実現される評価の正当性についての合理的検討を困難にする。この思考は、このことによってもナチス政治権力の政策意思実現に適合的であったのである。そして更に、この法的理念論は、法解釈方法論においては利益法学批判の根拠として力を発揮するのである。

このような内容の民法学における具体的秩序思考は、次に述べるように、論者自身の個別規準構成を通しての反市民的評価内容の実現を根拠付けるが、また、裁判を反市民的評価に沿って方向付け、更には、法律学内部におけるこの方向への環境造りの役割を果たした。

三　民族協同体思考に基づく具体的秩序思考は、反市民法的評価方法を一般的に提示するのみでなく、個々の領域においても個別評価基準及び裁判規準を展開することによって、一層の現実的影響力をもった。即ち、取引分野でも反市民的評価の実現を可能にし、そして、従来個人の又は集団的な利益主張を背景として、そこでの利益状況に着目して一回的契約とは異なった類型として構成されてきた諸継続的関係を、従来とは異なる視点（民族協同体―分肢協同体という）に基づいて、「人法的関係」と構成するのである。[44]

(一) 取引（Rechtsverkehr）法領域では、例えば、「法律行為による形成可能性を濫用すること」という法律行為・契約の無効に関する新しい規準が、ＢＧＢの有効要件に関する規定と並ぶものとして導入される[45]。この規準運用の方向付け・根拠付けは次のように行なわれる。ラレンツは、「法律〔ＢＧＢのこと（筆者注）〕に挙げられた、不能、法律違反、良俗違反という制限は、我々の今日の法思考からは充分なものとはいえない[46]」とする。なぜなら、それらは消極的な条件であって、個人の意思をそのものとして法的効果の妥当根拠とし、例外的に法律によってそれに一定の制限を加えるという考え方に基づいているから[47]、と。これに対し、ラレンツにとっては、「法は、民族的生活秩序の一部であって、この生活秩序に積極的に適合するもののみが法的存在たりうる[48]」。このことから、取引も、「民族秩序全体の枠内での個々的給付・財貨の交換」であり、「民族協同体が、……その具体的秩序によって、その成員に、契約を締結し法律関係を形成することを可能ならしめる[49]」。このような契約に関する一種の個別評価基準に沿って、民族仲間に委ねられた契約による形成の可能性は、契約の有効要件に関して法律によって限界が画されるだけでなく、それを超えた「生きた生活秩序としての法から、一般的・原理的に限界付けられる[50]」として、上記の裁判規準が構成されるのである。

この規準の現実の内容についてみると、ラレンツが個別化した類型の一つは、「ドイツ民族協同体を直接的に害する行為[51]」ということである。その例として、偉大なドイツ人の遺産をその相続人が外国人（Ausländer）に売却する行為は無効である、とされる[52]。これは、私人間の関係において、政治的配慮を一方当事者の合理的予測をも排して貫徹しようとする評価の現実化である。たしかに、この種の措置は、「民族及び国家の指導（Volks-und Staatsführung）」

の第一次的な担い手とされる立法・行政によることが考えられている。しかし、「問題となっている行為が明らかに民族にとって有害であり、法律が介入の手掛かりを提示しないとき」、裁判官は、「最後の手段」として、法律行為による形成可能性の濫用という（解釈によって導き出された）規準によって、立法・行政措置に代行して、ナチス的評価を実現することが期待されるのである。[53]

また、このような新たな規準の導入ばかりでなく、勿論、BGBの規定の解釈も民族協同体＝具体的秩序の思考が方向付ける。例えば、ラレンツは、BGB一一九条二項（「取引において、本質的とされる人或いは物の性質に関する錯誤もまた、表示の内容に関する錯誤とみなし」、同条一項による意思表示の取消と同じ扱いをするという規定）を、次のように解釈する。ここでの「性質」に関して、「錯誤の本質性は、法律目的を顧慮して決定される」としたうえで、「人の性質には、その肉体的・精神的諸能力が含まれる。しかしまた、種族・民族性・国籍・家族のなかの身分のような、人格全体の判断にとって重要な意義をもつ事実的・法的事情も含まれる」とする。[54]これは、それ以前の解釈論の展開—そこにおいては、「人的性質」の「事実的・法的事情」としては、支払能力・財産能力といったものが、特にそれらが内容的に重視された場合において、考えられていたに留まる[55]—とは異なって、「全人格（Gesamtpersönlichkeit）」を重要なものとするものである。民族仲間—その血の中に民族協同体の本質があるとされる—の「人格」は、ドイツ的特性・協同体に規定されたものであることが要求されていた。[56]種族が、「人の性質」の一つの類型としてとりだされるのは、この反市民的評価方法に沿うことによってである。[57]

(二)　具体的秩序思考が個別規準の導出・根拠付けにおいて強調したことは、取引とは異った領域としての「人法的法関係」である。この人法的法関係＝分肢的協同体としてとくに強調されたものに、使用賃貸借関係、労働関係、婚姻関係がある。簡単にみていこう。

(a)　ラレンツは、「家屋協同体（Hausgemeinschaft）も、自らの秩序を……既に自らのなかに持っている生活関係である」とする。[58]このような位置付けから、例えば、告知の規準に関して次のようにいわれる。人的（persönlich）な信頼関係を前提とする継続的関係の本質から、法律が明示的に規定していない処でも、〝重大な事由〟に基づく告知は常に承認される。何が重大な事由かは、そのような法関係の本質を顧慮してのみ言いうる[59]、と。

不動産賃貸借の告知に関して、通常取引とは異なった規準を構成するということ自体は、具体的秩序思考にだけまたナチス時代にだけみられるということではない。問題は、（構成方法を別にして）それらの規準がどのような評価基準に基づいているかということであり、それが、重大な事由或いは「耐えられない事情」というような一般条項の運用、内容確定にとって重要な意義をもつ。市民的評価にとって前提とされる社会関係は、社会的需要・供給関係の均衡を背景として、賃貸人・賃借人それぞれの利益が相互的に承認されることによって現れる社会関係である。この評価方法にとっては、需要供給の均衡が崩れた場合の立法及びその運用も、生存のためのそれも含めた諸利益主張の存在を背景として、国家の手によって市民的関係を維持するためのものであることが求められる。これに対して、具体的秩序思考にとっては、民族協同体内部での「一定の秩序・協同体の意味・社会的機能[60]」が重要である。このことを、ロケッテは、住居賃貸借契約において、その「契約目的」が「契約当事者の人的結合を特に強くする[61]」と述べる。その「目的」とは、居住生活即ち「労働する民族仲間にとって一日の労働任務の後に休息を求める場所」の安定である[62]。従って、具体的秩序思考にとって重要と考えられるものは、諸利益主張を基礎にした社会関係ではなくそれを「克服」したものとしての、「家屋協同体の調和的形成……平和」であった。「利己的利益主張の時代に展開された・賃借人の賃貸人に対する戦線設定（Frontstellung）は克服された。新しい法は、かつての賃借人の主張に基づいて法律によっても規定されたような対立を認めない[63]」と。

このような「協同体思考」――それはまた種族思考と結び付けられる[64]――を根拠としての規準の提示は、論者の挙げる具体例を超えた役割を果たす。そのような方向の強調の下で、ロケッテ自身が挙げる諸判決例は、現実には、経済的利益主張に市民的評価に沿う形での保護を与えるものであった（なお、ラレンツは具体例にまでは言及していない）。ロケッテの著作の叙述の段階においては、判決とくにライヒスゲリヒトのそれには、まだ特殊ナチス的政策――とりわけ種族的な―の視点は現れていなかった。[65] しかしながら、「民族仲間」のハイムの安定という個別化された評価基準を伴った「人法的基礎」論を根拠とした告知に関する規準は、ナチス政治権力の政策意思の民事法領域における実現を用意するということに適合的であった。[66] 下級審のそれではあるが、その後の判決においてこの評価方法の現実化が行われるに至るのである。そして、最後には立法措置も登場することになる。[67]

(b)　個人の利益主張に基づく社会関係ではなく、民族協同体の中に位置付けられた分肢的存在としての協同体の役割ということを基礎におくことは、とりわけ、そこにおける利害対立が体制にとって決定的意味をもつ労働関係領域において強調された。

確かに、一般的に、賃労働関係の法的規制は、資本主義の展開と共に通常取引法とは異なった領域をつくる。しかし、その内容・運用にとって規定的なことは、ここでも、この分離・一種の類型形成が、何を重要なものとして行なわれるかということである。そして、作られる規準及びその運用が反市民的であるか非市民的であるかは、資本制社会における集団的利益主張を通して生成する権利義務関係を、従ってその主張を支える運動を重要なものとしての処理を目指すか、それを否定する形での処理を目指すかということによる。

具体的秩序思考においては、労働関係は、経営協同体という観点から把握される。経営協同体という概念を用いるのも具体的秩序思考に限られるというわけではない。具体的秩序思考においては、経営協同体自体が内にもつ「秩序」が法的関係を基礎付けるとされる。[68] そして、この「秩序」を民族協同体のなかでのそれと捉えるこの思考は、「ナチス労働観」というこの法領域での評価基準の一種の総括的表現と呼びうるものを提示する。この「ナチス労働観」は、利益闘争・階級闘争の否定を核とする。即ち、ジーベルトによれば、労働契約を労働と賃金に関する企業家と労働者個人の債務法的契約と考える「個人主義的労働法」及びその展開としての経済的に弱い立場にある労働者が団結することによる集団的労働法は、それぞれ階級闘争を基礎としている。そして、ジーベルトは、このような展開に対してナチスの立場を次のように強調する。個人主義・集団主義の対立による混沌に対して、「真の労働秩序」を対置させたのがナチスである。真の労働秩序とは、「民族協同体における労働の本質の明確な実現」であり、労働とは、「(民族) 協同体のための、協同体における、人格の諸力の自然的展開であ」り、民族仲間は、労働によって、自然的生活任務（natürliche Lebensaufgaben）を実現しているのであり、この労働によって、民族仲間は、民族協同体への帰属を根拠付け、自らの名誉を獲得するのである。「協同体、人格、名誉、労働は決して分離され得ない」[69]と。このような労働観からは、「真の労働秩序」＝経営協同体は、利益対立とは全く別の平面にあるということが重要であった[70]。ジーベルトにおいては、現実には存在する利益対立は「緊張（Spannungen）」と表現され、それらは、「真の・具体的・生きた（経営）協同体という土台の上でのみ」法的に顧慮されるものとされる[71]。

このような内容をもつ「ナチス的労働観」から導き出される個別的評価基準は、労働力の維持ということである。次のようにいわれる。創造的人格の表現・協同体への奉仕としての民族仲間の労働は、民族全体の力・業績のための基礎である。従って、労働は高い協同体的価値をもっている。民族仲間の労働力の獲得・維持・促進は、民族協同体にとって不可欠である、と[72]。この評価基準の下では、「維持・促進」ということには労働者の権利は対応しない。使用者＝経営指導者と従業員＝従士（Gefolgschaft）が「協同体」を構成するとされ、その狭い協同体内部でそれぞれの役割を果たすことが「民族仲間としての労働義務」を充たすことになる、とされるのである[73]。

ジーベルトが、「ナチス的労働観」の下で直接的に目的としたのは、債務法上の形式的規準を排して、新しい規準を導入することであるが、その具体的結果として示されるものは、無効・取消しにおける遡及的効果を否定すること、忠実義務概念の導入によってさまざまな付随義務を根拠付ける、というようなことが中心である[74]。一般論としての民族仲間の強調以外には、例えばユダヤ人であることが告知理由となるというような、ナチス的政策を明示した個々的規準が提出されるわけではない。しかしながら、既にみたような評価の方法は論者が示す個別例を超えて機能する。民族協同体と経営協同体の秩序という考え方に基づいた労働力の維持という個別的評価基準は、個々の規準の運用において、常に「民族協同体にとっての労働の意義」から出発することを裁判所に要求することになる。このことは、ナチスによる様々な統制の下におかれた裁判所に対して、更に、個々的判断において、種族政策をはじめとするナチス的諸政策を、私人間の紛争の処理にも貫徹するという方向を一層促進させる力となる[75]。そしてまた、法律学による、労働関係についてのこのような評価方法の提示は、ナチス的諸立法の正当化、更には新たな立法のための基礎作りということにも寄与した[76]。

(c)　前の二つの領域と同様、婚姻──更には家族法一般──をめぐる紛争の法的処理のための規準構成において財産法上の規準の適用を排除するということもナチス下だけの現象ではない。しかし、この取扱いの根拠付けがそれらの現象の性格を規定する。

具体的秩序思考は、婚姻関係を民族協同体の分肢である狭い協同体と位置付ける。このことによって、個人の主体性を前提とした市民的道徳に沿った評価でなく、ナチス的政治指導が評価基準となるのである。即ち、まず家族・婚姻は、「それ自体固有の秩序をもつ」「具体的協同体[77]」、「民族仲間の間の最も緊密な人法的協同体[78]」であるとされる。そしてこのような位置付けから、婚姻は「民族の種族的・文化的維持への奉仕」を任務とするという個別評価基準が導き出される[79]。この基準は、その反市民的性格を二つの点で明らかにする。第一に、この「任務」ということによって、婚姻は、「もはや、決して、当事者（Partner）の私的問題（Privatangelegenheit）ではない[80]」とされる。第二に、婚姻関係が協同体として把握されることから、そのような「任務」とされたものの方向に沿っての法的評価を当事者＝構成員の全人格に及ぼすということが要求される。真の人法的関係の内部には、「全体関係（Gasambeziehung）」が存在する[81]、と。かくして、婚姻法──更には家族法──領域での具体的秩序思考は、個人の主体性を前提とした市民的道徳を排して、政治権力が、自らの倫理的・道徳的要請を貫徹させるための評価方法という意味をもった。

ところで、具体的秩序思考は、婚姻法領域で、このような評価基準を提示することによって、裁判の方向付け、立法の正当化及び準備という機能を果しただけではない。論者の個々的解釈論においても明示的にナチス的政策的視点が現れるのである[82]。

ドイツ的血及び名誉保護法（Gesetz zum Schutze des deutschen Blutes und der deutschen Ehre）[83]は、刑事的サンクションによって、アーリア人とユダヤ人の婚姻〔いわゆる混合婚（Mischehe）〕の締結を禁止した。そして更に、それにも拘わらず行なわれた婚姻の検察官による無効化訴訟を規定している（同一条、二条）。ラレンツは、そのような婚姻の民事法的な解消について次のような解釈論を提示する。この法律前には、たとえドイツ民族の道義的世界観がこのような婚姻を非難し、それに相応する禁止がないことを法律欠缺とみなすにしても、無効・取消原因を限定的に列挙するＢＧＢへの拘束の故に、裁判官は無効にはなしえない[84]のに対し、今日、この法律及びその施行令[85]によって、ユダヤ的血が婚姻の障害であることは明示的に規定されている。従って、このことを無視することは、民族的組織の根本的命題即ちフューラーの決断の無条件的優先という根本的命題と矛盾すると[86]。

規定にはない、私人による婚姻無効の主張に、とりわけそのような立法以前からの婚姻関係を解消しようとする主張に法的保護を与えるということは、ラレンツ自身の評価に基づくものである。現にライヒスゲリヒトはこれを否定的に解していたのである[87]。従って、法律拘束という形式的理由（これだけでは逆の結論にもなりうる）ではなくて、婚姻をめぐる紛争の民事法的処理における評価方法という実質的理由がここでは規定的であった[88]。

このラレンツの講演（公刊は一九三九年）はそのまま実質的評価及び法律論的理由付けの両面において、新婚姻法の解釈にとっての提言ともなり得た。婚姻法三七条二項の解釈として、はじめはいくつかの下級審判決において、そして最後にライヒスゲリヒト判決によって、混合婚の解消の主張に確定的に承認が与えられたのである[89][90]。

(28) Larenz. K., Deutsche Rechtserneuerung und Rechtsphilosophie, 1934, S. 13ff.

(29) ラレンツは、エールリッヒが、法を、法命題の堆積ではなく、人間団体の内的秩序（innere Ordnung der menschlichen Verbände）と捉えることによって、「規範主義の見ようとしなかった法の現実性」を承認した、としている。しかし、勿論、この評価には、エールリッヒに対する、「実証主義」であるとする、ラレンツのいう「法的理念」（これは民族協同体概念と不可分であった）をみないという批判が前提となっている。Larenz, Rechts-und Staatsphilosophie der Gegenwart, 2 Aufl, 1935, S. 21. 大西・伊藤訳『現代ドイツ法哲学』（一九四二）三一頁以下。

（30）　例えば、ラレンツの、ランゲの論述に対する評価（「ランゲ Vom alten. は、契約関係を、客観的秩序と見ようとする傾向を示す」という）は、論者の意図においても、初期の方向の展開が考えられていることを示す。Larenz, a. a. O., S. 166. 大西・伊藤訳二四二頁。

（31）　ヴィアッカーは、キール学派による「体系的ないしドグマ批判的な諸所論――たとえば、総則、所有権の無因的移転ないし無因的法律行為一般、……ＢＧＢの物についての狭い概念ないし法人の無制限的権利能力に関する所論――は、ナチス的イデオロギーの所産ではなく」、それ以前のドイツ民法学の産物、或いは、外国法の影響であるとしている。Wieacker, F., Privatrechtsgeschichte der Neuzeit, 2 Aufl., 1967, S. 515. 鈴木訳（第一版）六三〇頁。このことは、本文で述べたことによって説明されうる。しかしまた、以下でみるように、提出される個別規準も必ずしもそのような市民的展開にあるといいうるものだけではないということが重要である。

（32）　Schmitt, C. Uber die drei Arten des rechtswissenschaftlichen Denkens, 1934, S. 19f, 64ff. 加藤・田中訳（一九七三『危機の政治理論』所収）二五四頁以下、二九三頁以下。

（33）　Larenz, Notizen zu C. Schmitt, Über die drei Arten des rechtswissenschaftlichen Denkens, Zeitschrift für Deutsche Kulturphilosophie, Bd. 1, 1935, S. 116.

（34）　加藤新平「具体的秩序思考をめぐる若干の問題（一）」法学論叢四九巻二号（一九四三）二四六頁は、「民族精神の哲学との結合」を「余り全面的に強調して考えない事にすれば」としつつではあるが、「シュミットの主張がラレンツによって、多くの理論的統一性を与えられた」とする。

（35）　Larenz, Über Gegenstand und Methode des völkischen Rechtsdenkens, 1938, S. 27.

（36）　Larenz, ebenda,

（37）　Larenz, ebenda,

（38）　Larenz, a. a. O., S. 31.

(39) Larenz, Deutsche Rechtserneuerung und Rechtsphilosophie, S. 43f.「無責任な多数ではなく、……一人の人格＝フューラーが、決定的な位置で全体の意思を体現する」。「彼は、彼に対して向けられた規範に従うのではなく、彼において血と肉を獲得する協同体の生命法則に従うのである。彼の意思は協同体の意思と一つである。なぜなら、彼においては、私的人間は完全に消えており、協同体の欲するものが彼の欲するものである」。

(40) Larenz, Gemeinschaft und Rechtsstellung, Deutsche Rechtswissenschaft,（DRW）I, 1936, S. 32.

(41) Larenz, Über Gegenstand., S. 52.

(42) Larenz, Vertrag und Unrecht, Teil I, 1936, S. 15.

(43) 法的理念論については、Larenz, Über Gegenstand. S. 11. のほか、Rechts-und Staatsphilosophie der Gegenwart, 163ff. 大西・伊藤訳二三六頁以下、derselbe, Volksgeist und Recht, Zeitschrift für Deutsche Kurtulphilosophie Bd. 1,（1935）, S. 40ff.

(44) ここで個別的規準に触れるのは、評価方法の内容的検討というためである。そこでの個別類型化の法的構成方法からみた意味、とりわけ一般条項であることについては次章で検討する。

(45) この規準に関しては、ラレンツ自ら、民事法において、「新しい法思考が、法律行為の有効要件論におけるほどに徹底的（einschneidend）な帰結に導く処はほとんどないであろう」と述べている。Larenz, Vertrag und Unrecht I, S. 87.

(46) Larenz, a. a. O., S. 85.

(47) Larenz, a. a. O., S. 78.

(48) Larenz, a. a. O., S. 85.

(49) Larenz, Rechts-und Staatsphilosophie der Gegenwart. S. 166. 大西・伊藤訳三四頁。また、Larenz, Die Wandlung des Vertragsbegriffs. DR 1935, S. 490. なお、このような、ラレンツの、そしてまた、ジーベルトの契約論の紹介と解釈論的批判を、我妻栄「ナチスの契約理論」杉山教授還暦祝賀論文集（一九四二）→民法研究Ⅰ三九四頁以下が行っている。

(50) Larenz, Vertrag und Unrecht I, S. 85.
(51) Larenz, a. a. O., S. 87. なお、この類型と良俗違反との関係については、構成方法の側面から第三章でふれる。
(52) 詳しくは述べられていないが、この無効は、誰によって主張されるかを問わないものと思われる。なお、氏取得のための養子契約の無効の取扱いについて、Larenz, a. a. O., S. 85.
(53) Larenz, a. a. O., S. 87. なお、ラレンツの戦後の著作、Lehrbuch des Schuldrecht I Bd. Allgemeiner Teil 8 Aufl., 1967, S. 52ff. の有効要件論にはこの規準はない。
(54) Larenz, Vertrag und Unrecht I. S. 52.
(55) ここでは、この点に関する判例の検討には立入れない。例えば、Palandt, Bürgerliches Gesetzbuch 10 Aufl., 1952, S. 82. 及び、そこに挙げられている諸判決例を参照。
(56) Larenz, DRW I, S. 32.
(57) なお、戦後の Larenz, Allgemeiner Teil des deutschen Bürgerlichen Rechts, 1967, S. 384ff. においては、この「性質」は、経済的状況にとってレレバントなものと解釈されている。勿論、〝種族〟は挙げられていない。
(58) Larenz Über Gegenstand, S. 28. 同様に、Siebert, Die allgemeine Entwicklung des Vertragsbegriffs. Deutsche Landesreferate zum II. Internationalen Kongreß für Rechtsvergleichung in Haag. 1937, Sonderheft. Zeitschrift für ausl. und intern. Privatrecht 11. S. 214. また、Roquette, H. Rechtsgrundlagen der Wohnungsmiete, 1936, S. 26ff. ただし、ロケッテの人法的関係概念は、家族法に関しては他の具体的秩序思考論者と異なる。
(59) Larenz, Über Gegenstand. S. 30. また、Roquette, a. a. O., S. 28f.
(60) Larenz, a. a. O., S. 31.
(61) Roquette, a. a. O., S. 28.
(62) Roquette, a. a. O., S. 12. derselbe, Das Mietrecht im Lichte des Gedanken der Volksgemeinschaft, JW 1935, S. 1670ff.

(63) Roquette, Rechtsgrundlagen der Wohnungsmiete, S. 20. 傍点は筆者。また、S. 25.
(64) 「民族仲間の血に従った共属 (blutmäßige Zusammengehörigkeit)」、「血に従った協同体 (blutmäßige Gemeinschaft)」。Roquette, JW 1936, S. 1673.
(65) ロケッテ自身の個々的問題の叙述にもまだ前注の定式の実現とされうるものは現れない。
(66) Rüthers, Die unbegrenzte Auslegung, S. 167, 256. 参照。
(67) 前注 (18) のなかの使用賃貸借に関する立法参照。
(68) Siebert, Die allgemeine Entwicklung des Vertragsbegriffs, S. 210f. ジーベルトの人法的法関係論・労働関係論については、我妻栄「ナチスの契約理論」三九九頁以下の詳しい紹介を参照。我妻は批判をも同時に行っている。同四五三頁、四五五頁。
(69) 以上のナチス的労働観について、Siebert, Arbeit und Gemeinschaft, DR 1936, S. 234. また、derselbe, BGB-System und völkische Ordnung. DRWI. 1936, S. 220f も参照。
(70) Siebert, Das Arbeitsverhältnis in der Ordnung der nationalen Arbeit, 1935, S. 13. では、「利益思考」的な経営協同体のとらえ方であるとして、〝経営協同体は、労働者と企業家の間の架橋できない利益対立の存在を前提として、その調和及び全体の利益のために個人利益を排斥するもの〟と考えることを批判する。ジーベルトのこのような、「利益思考批判」は、いうまでもなく利益法学を念頭に置いたものである。利益法学に対する具体的秩序思考による批判については節を改めて述べる。
(71) Siebert, a. a. O., S. 14. そして、「この緊張は協同体を害さず、むしろ力の展開・業績の淵源として、協同体はそれらを前提とする」という。また、ジーベルトは、労働関係の規制を一般的契約規制からはずすという傾向は他の法体系でも現れるとしてイタリアとフランスを例に挙げつつ、「(他の法体系では) 諸団体——企業家団体、労働団体、シンジケート——が、(法規制の変化に) 決定的役割を果たしており、そこにドイツの労働制度との本質的差違が存する」という。Siebert, Die allgemeine Entwicklung des Vertragsbegriffs, S. 212. この「本質的差違」とは、評価方法の違いである。
(72) Siebert, DR 1936, S. 234.

(73) Siebert, Die allgemeine Entwicklung des Vertragsbegriffs. S. 211f. derselbe, DRW. I., S. 220.
(74) Siebert, DRW I, S. 222ff.
(75) 特に、告知に関する判例法について、Rüthers, a. a. O., S. 238ff. 参照。
(76) ナチス労働関係立法の概観は、Schorn, H., Die Gesetzgebung des Nationalsozialismus als Mittel der Machtpolitik, 1963. S. 146ff. Ramm, T., Nationalsozialismus und Arbeitsrecht. Kritische Justiz（KJ）1968, S. 109ff.
(77) Larenz, Über Gegenstand, S. 29f. Vertrag und Unrecht I, S. 19.
(78) Siebert, Die Entwicklung des Vertragsbegriffs, S. 214.
(79) Siebert, DRW I, S. 215.
(80) Siebert, a. a. O., S. 216.「個々人の理念的諸利益の満足をもはるかに超えた、超個人的（überpersönlich）な婚姻目的」という表現は、Wieacker, Der Stand der Rechtserneuerung auf dem Gebiete des bürgerlichen Rechts. DRW II, 1937, S. 18. 婚姻法の司法省説明、Amtliche Erläuterung, DJ 1938. S. 1107. 参照。
(81) Siebert, Die allgemeine Entwicklung des Vertragsbegriffs, S. 213.
(82) ヴィアッカーは、家族法領域は、その「世界観的・種族的問題との緊密な連関の故に」、「政治的根本的要請」が貫徹されうるとしていた。Wieacker, a. a. O., S. 17f. なお、個別規準・その運用の一般的概観は、Rüthers, a. a. O., S. 400ff. Kirchheimer, O., The Legal Order of National Socialism. Studies in Philosophy and Social Science, 11, 1941, → KJ 1971, S. 362. など。
(83) 15. Sep. 1935, RGBl. I., 1146.
(84) この解釈論は、裁判官の法律拘束ということに裁判官による欠缺補充の限界の一つをみる、ということの例として述べられるものである。しかし、ラレンツがこのように述べる時点では、既に立法によって婚姻無効が根拠付けられたと考えたから、このような形での〝欠缺補充の限界〟の議論の対象としたのだと思われる。つまり、立法が行なわれる前の論述だとしたら、同じく補充不可能としたかは分らない。
(85) Erste Verordnung zur Ausführung des Gesetzes zum Schutze des deutschen Blutes und der deutschen Ehre

vom 14. Nov. 1935, RGB I, 1334. ユダヤ人とすることの範囲を定めている。
(86) Larenz, Über Gegenstand., 24f. なお、これは、婚姻法制定より前の講演である。
(87) RG. 30. Jan. 1936, RGZ 150, 125. RG. 13. Feb. 1936, RGZ 150, 254.
(88) ラレンツの方法論的立場からすれば、そのような立法をまつことなく、BGBの解釈によって同じ結論を導き出し得る。
(89) RG. 14. Nov. 1940.(判例集には見当らず、Frantz, Richtung und Grundgedanken der reichsgerichtlichen Rechtsprechung zum Ehegesetz, DR 1941, S. 1030. による)。裁判所による婚姻法運用の変化については、Rüthers, a. a. O., S. 405ff. 参照。
(90) なお、婚姻関係以外の家族法領域の個別解釈論で、具体的秩序思考によるナチス的政策が顕著に現れるものに、例えば、嫡出否認の訴えの期間制限の取扱いがある。Larenz, a. a. O., S. 25f. 裁判所の取扱いについては、Rüthers, a. a. O., S. 162ff.

## 第三節　具体的秩序思考による利益法学批判

一　具体的秩序思考による利益法学への一定の評価と批判は、反概念法学という共通の性格とそのなかにおける評価の方法の違いの存在を示している。

法哲学者ビンダーによる、利益法学を法的意味(Sinn)を知らない実証主義であるとする批判[91]によって、利益法学批判の一つの枠組みが提示された。また、シュミットによって、利益法学は規範主義修正の試みであるとされる[92]。このような、観念論哲学に基づく批判と具体的秩序思考からの指摘は、ラレンツにおいて結び付けられた。そこでは、本来的に民法学の方法であった利益法学に対して、民法学者であるラレンツが自らの解釈方法の主張を行うなかで、利益法学をその拠って立つ評価が個人主義であることによってナチス的要請に非適合的であると批判することになるのである[93]。

ラレンツによれば、ナチス的民族的法思考の利益法学に対する反対は、利益法学が生活関係を利益状況という視点からのみ理解しようとし、利益探求及び利益衡量という方法を普遍妥当なものとするところから始まる[94]。確かに、ラレンツは、利益法学が概念法学的方法を批判し、そして、自らの積極的主張として目的のモメントを強調しているとして、また法的尺度を生活適合的なものとするために生活関係を顧慮しているとして一定の賛意を示す[95]。しかし、利益法学はこの目的・生活関係を〝利益〟という視点からのみ理解しようとしているとして、利益法学の中核部分である〝利益〟という視点を批判するのである。

ところで、この批判の検討に入る前に、ラレンツが賛成できるとする二つの点、即ち、目的及び社会関係の顧慮について説明しておくことが有用である。というのは、この「賛成」自体が既に利益法学の評価方法に対しての「批判」をも含んでいるからである。

まず、二つの点での「賛成」は、それらを、ヘック自らがいう「形式的」以上に更に形式的に、方法道具としてとらえることによって行われている[96]。つまり、第一点については、目的を要素として強調するということ自体を指すのであって、ヘックの（ヘックにとっては自明のものであった）利益に着目した目的探求・確定方法に賛成するのではない。ラレンツは、利益法学の目的モメントの強調ということを、法律及び当事者の意思は、立法者或いは当事者によって追求された目的に最もよく対応するように解釈されるべきであり場合によっては補足されるべきである、ということと理解する[97]。これは、反概念法学としての共通性を承認し賛成しているというだけであって、法律によって追求された目的、法律の中に含まれている評価の把握の方法には及んでいない。従って、ラレンツによれば、目的論的解釈は、利益法学によってのみ主張されるのではなく、利益法学の法源論には全く依拠するものではない[98]、ということになる。第二点についても、生活関係の顧慮を要求するということ自体への賛成であって、顧慮の方法・視点には及んでいない。ここで、生活連関の認識が法的規準の形成・選択に一要因となるべしと利益法学が主張していると賛成しつつ、生活連関を〝いわゆる利益状況〟と表現していることも、ラレンツが生活連関を利益状況と捉えることに賛成していることを示すものではない。[99]

更に、「賛成」ということが限定的なものに留まるということは、そのように形式化された「方法」に、その妥当領域の限界付けが行われるということにも現れる。つまり、さきの第一点について、ラレンツは、まさに決定的な法的根本思考、道義的価値尺度はもはや合目的性衡量からのみでは理解され得ず、それ故、あらゆる目的論的法律解釈は必然的に限界に行き当たらざるを得ない、[100]という。ここには、ラレンツの考え方が実質的にはヘックのいう目的的解釈（それは利益探求と不可分である）の方法的な全面的拒否に通ずるものであることが既に示されている。そしてまた、法律学は、法的現実をその法的秩序において捉えることが必要であるという利益法学のもつ（とラレンツがいう）認識が、利益法学を、〝具体的秩序思考〟と結び付けるとラレンツがいうとき、[101]この「認識」は、現実には、利益法学のそれではなくラレンツの立場に引き寄せられた「認識」である。[102]

二　具体的秩序思考による利益法学批判は、利益法学の中核をなす評価方法に対して向けられた。「生活関係を利益状況からのみみる」という批判である。具体的には、ラレンツは、利益概念を実証主義・個人主義批判という二つの角度から批判する。後者がより重要な批判であることはいうまでもない。

(a)　実証主義批判とは、「哲学的実証主義」の立場に拠っては、「意味（Sinn）」の把握はできないということから、ヘックの利益概念があらゆる内在的価値及びその序列による差違に対して中立的であり、本来ここでいう利益でない（とラレンツが考える）ものまでも同一に並べることになる、とする批判である。ラレンツは次のようにいう。ヘックは、倫理的・宗教的・国民的・物質的諸利益、また、個人の利益・全体の利益を繰り返し同列に置き、立法者或いは裁判官による衡量の対象とする。しかし、真の序列は、単に立法者の個人的（persönlich）な決断に基づくのではなく、生活の内的意味性（die innere Sinnhaftigkeit des Lebens）に基づいているのであって、同一平面に置かれたものを立法者・裁判官が衡量するということによっては認識できない、[103]と。

しかしながら、ヘックの利益概念は、裁判官・立法者の個人的な衡量の対象とされるものではない[104]。そこでは、ヘックのいう「法的共同体」の評価（＝自律の結果）の現実化されたもの（＝立法者の評価）、及び、直接的には立法化された評価・間接的には「法的共同体」の評価に拘束されたものとしての裁判官の衡量が考えられているのである。ヘックのいう〝方法的中立性〟は、「法的共同体」概念（それは利益と不可分）を挿入することによって、ヘック自身の評価方法の一側面であったのである。従って、ラレンツによる利益法学への実証主義・中立性批判も、実質的には、ヘックの「方法的中立性」が前提とする社会・国家の認識、それに基づく評価方法そのものの批判に導くものであった。

(b)　ラレンツはいう。「法を利益の抗争の一種の均衡状態として観念することは個人主義的な考え方である」[105]。なぜなら、あらゆる利益はその本質上個人的利益であり、それには常に他者の利益が対立していると[106]。ラレンツは、利益の視点から社会関係を顧慮するということは、必然的に利益紛争という表象・相争う利益の衡量という考え方を出発点とすることになり、そして確かにこの表象は債務法領域においては、過去において（従って市民的方法としてという意味になる）正当性をもった[107]、という。ラレンツによれば、しかしながら、協同体思考は、協同体・全体・民族生活の内的全体性から出発し現実化しようとする。かくて、協同体（という考え方）は、単なる利益調整（Interessenausgleich）とは根本的に異なるものである、とされる[108]。

ラレンツにとっては、「忠誠・責任感情・義務意識……協同体的心情[109]」といった、市民的評価方法においては法的問題の対象としての顧慮を払われないものを要素とする協同体思考のために、市民的評価以外の視点の導入が「法革新」に不可欠であったのである。「利益」の共通性によって成り立つ社会を前提とし、その共通性を巡っての対立・個々的紛争を、絶えず確保される過程にある共通性＝自律という視点から処理を行うという志向をもつ方法は、まさに「克服」さるべきものであった。ラレンツは、確かに彼のいう「協同体」においても利益対立や紛争の起こることは認める。しかし、それらは最終的には全体の諸要請に従って解決されなければならない[110]、とされる。従って、彼は、取引法領域を中心に「利益探求」に一定の有用性を承認するものの、そこでもこの承認は「補助手段」[111]としてのそれでしかなく、法的処理にとって規定的であるとされるものは、常に、全体的秩序が個々的領域に与える「意味」なのである。

かくして、利益法学の前提する社会認識、評価への批判をラレンツは次のように纏める。「法理論としては、利益法学の理論は、それが今日とは全く別の政治的・社会的現実即ち一九世紀の〝市民社会〟を前提としているが故に、今日最早支持することは出来ない[112]」と。利益法学においては「法理論」はその規範獲得方法と不可分であって、従って、「法理論としての拒否」ということは、実質的には、利益法学の規範獲得方法＝評価方法を全面的に拒否することであった。

(91) Binder, J., Bemerkungen zum Methodenstreit in der Privatrechtswissenschaft, Zeitschrift für das gesamte Handelsrecht und Konkursrecht (ZHR) Bd. 100, 1934, S. 64f. ビンダーによる利益法学批判については、広渡「ナチスと利益法学(一)」一一頁以下参照。

(92) Schmitt, Nationalsozialistisches Rechtsdenken, DR 1934, S. 228. また、〝秩序〟と〝利益〟とが全く平面を異にするとするもの、Forsthoff, E. Besprechung zu Heck, Rechtserneuerung und juristische Methodenlehre, Zeitschrift für die gesamte Staatswissenschaft (Zg StW) Bd. 97, 1937, S. 371.

(93) 他には、Siebert, Das Arbeitsverhältnis in der Ordnung der nationalen Arbeit, S. 13ff. derselbe, Schutz der Ehre als Interessenschutz, DRW I, S. 81f. Franzen H., Gesetz und Richter, 1935, S. 60. Dikow J., Die Neugestaltung des Deutschen Bürgerlichen Rechts, 1937, S. 16f. また、利益法学と名指しするのではないが、利益に沿った法把握を批判するもの、Wieacker, DRW II, S. 10. ただし、Wieacker, Besprechung zu Heck, Das abstrakte dingliche Rechtsgeschäfte, DR 1938, S. 68. は、「テュービンゲン学派の方法的主張には必ずしも全面的には従わない者も、（ヘックの本

書には）賛成するであろう」として、同じ問題での、Larenz, Besprechung zu Brandt, Eigentumserwerb und Austauschgeschäft, DR 1940, S. 1266. の全面的な利益法学批判とは異なる姿勢を示す。
(94) Larenz, Über Gegenstand., S. 36.
(95) Larenz, a. a. O., S. 35.
(96) このことは、ヘックが形式的な方法であるとするものが実質的側面をもつということ、その内容がラレンツによって批判の対象とされた、ということでもある。
(97) Larenz, a. a. O., S. 35.
(98) Larenz, ebenda.
(99) Larenz, ebenda. なお、広渡「ナチスと利益法学(二)」法学論叢九一巻五号（一九七二）三頁は、「ラレンツは……同意しうる点として……②生活諸関係の顧慮（生活諸関係＝利益状況が法的基準の選択と形成に関与するというもの）をあげる」としているが、疑問である。ラレンツは、利益状況ということに、「いわゆる（sogenannte）」と形容詞をつけ、更に、引用符〝〟をつけている。これは、方法的に、生活連関――それを利益法学は利益状況と捉えるが――の顧慮ということ自体は賛成できる、ということを示すものである。ラレンツは、生活諸関係＝利益状況と捉えてはいない。
(100) Larenz, a. a. O., S. 35. 更には、derselbe, Vertrag und Unrecht II, 1937, S. 142.
(101) Larenz, Über Gegenstand., S. 36.
(102) なお、広渡前掲三二頁においては、ラレンツの、「法の理論として利益法学がたちあらわれるかぎりでは、それは拒否されなければならない」（a. a. O., S. 40）とするのを、「利益法学の法の適用・規範獲得の方法は、それ自体としては、ナチスの法律実務の中でも有用性をもちえたであろうこと」の一つの推定根拠としている。利益法学の評価方法そのもののナチス的政策要求との適合性如何については次節でみるので、ここでは、ラレンツの利益法学に対する態度ということだけについて一言しておきたい。広渡氏は、ラレンツが、「法の理論」とは切り離された「利益法学の法の適用・規範獲得の方法」に賛成しているという。既にみたように、ラレンツが、「広い一致」が存するという「法律解釈の問題」というのは、「目的」「生活連関」の顧慮ということであり、形式化されたそれである。従って、「法理論」ということの対概念はこの形式化されたものである。そしてまた、利益法学にとっては、この「目的」・「生活連関」を利益の視点からとらえることは切り離せないものである。従って、この二つの意味で、ラレンツが一致しているとするのは、「利益法学の法の適用・規範獲得方法」についてではなかった。すぐのちにみるように、「利益探求」には、「法律解釈の問題」での「広い一致」とは異なって、一定領域での、補助手段としての役割が承認されるだけである。

(103) Larenz, Rechtswissenschaft und Rechtsphilosophie. Archiv für civilistische Praxis (AcP) 143, 1937, S. 274ff. derselbe, Über Gegenstand., S. 37. 実証主義批判ということに関しては、とくに、Binder, a. a. O., S. 64ff. 参照。

(104) ヘックの歴史的解釈が立法者意思説に拠るものではないこと、従って、ヘックのいう「立法者」＝命令者が抽象化されたカテゴリーであることについては、磯村哲「利益法学をめぐって」法政研究四〇巻二～四合併号（一九七四）一六二頁以下参照。

(105) Larenz, Rechts-und Staatsphilosophie der Gegenwart, 2. Aufl., S. 24. 大西・伊藤訳三四頁。

(106) Larenz, Über Gegenstand., S. 38.

(107) Larenz, Rechts-und Staatsphilosophie der Gegenwart, S. 24. 大西・伊藤訳三五頁、derselbe, Über Gegenstand., S. 40f.

(108) Larenz, Über Gegenstand., S. 39. また、このことを強調するものとして、Siebert, Das Arbeitsverhältnis in der Ordnung der nationalen Arbeit, S. 13f.

(109) Larenz, Über Gegenstand., S. 39.

(110) Larenz, ebenda.

(111) Larenz, a. a. O., S. 40.

(112) ラレンツ「一九三五年以後のドイツ法、国家哲学」（一九四〇）大西・伊藤訳『現代ドイツ法・国家哲学』所収・二七七頁。なお、ここでの「法理論としては」という意味は、derselbe, Über Gegenstand., S. 40. と同じである。本章注（102）参照。

## 第四節　利益法学の対応とその方法的影響力の後退

一　ラレンツを中心として行われた利益法学に対する批判はヘックに集中的に向けられていた[113]。これに対してヘックは、法獲得方法における利益法学と具体的秩序思考の一致を主張する[114]。そして、ヘックは、自らの法解釈・規範獲得方法を既にある評価・命令実現のための形式的方法と規定することによって、利益法学のナチス適合性を証明しようとした。これは、利益法学を没哲学的（philosophiefrei）なものと性格付けていたヘックにとっては、論理的には一貫した主張であった。しかし、ヘックに向けられた批判は、ヘックによる自己の方法の形式的規定にも拘わらず、利益法学の方法が実質的側面を持っていたということから生じていたのであり、従って、ヘックの反論（というより弁明に近いが[115]）に対しては、再び批判が繰り返されることになる。従って、ヘックが、ナチス法革新の要請を、方法的には、生活接近（Lebensnähe）という形でだけ受けとめ、「方法的中立性」に基づいての従来からの自らの方法道具の適合性を強調することで、内容的側面に向けられた批判に対して答えようとすることは、既に利益法学の孤立を示すものである。そして、内容的側面に関する（ヘック自身は内容的な評価の問題とはしていないが）彼の論述は、利益法学の変質・利益法学に代表された市民的方法を内容とする民法学のその後の方向を示すものとなった。

ヘックにとっては、ナチスは「我々が法学方法と呼ぶところの思考方法（Denkrichtung）の変更」を要求するのか、ということが問題であった。彼はこれを次のように否定する。利益法学は、「ナチスのプログラムの一部である法の生活接近という要求を既に主張し、この要求を、裁判官のより自由な地位ということ、及び、概念濫用（Begriffsmißbrauch）に対する闘いによって達成しようとしていた[116]」と。彼によれば、ナチス的法革新は第一次的に立法によって行われる。確かに、法律解釈にとって規定的意味をもつ規範獲得の基礎たる生活関係、「協同体」の価値理想が変化する。しかし、このことによっては、法律学は、内容的変化を受けることにはなるが、思考方法には変化を受けるものではない、とされる[117]。この内容と方法の分離、方法である利益法学の維持ということが、利益法学批判に対する防禦方法であった。かくして、ヘックは、ナチス前に既に「長い作業期間を通して繰り返し確証された」方法＝利益法学の方法が、「現代の法革新にとっても、使用可能、必要なもの」[118]であるという。

二　そこで問題は、ヘックが目指す「生活に接近した判決」ということの、この「生活接近」ということを自らどのように考えたのかということに、そして更に、その「接近」方法が、「自立的」であることを可能にすると彼が考える根拠そのものに既に、彼の評価方法が前提されているということにある。つまり、利益法学は、内容的側面と不可分であったのである。

彼は、とりわけ世界観の問題に対しての、利益法学の方法の自立性を主張するのであるが、そこでの根拠—唯一のものといってよいそれ—は、利益法学を「直接的生活知識に基づく」ものであるとすることである。「我々は、裁判官が法的理想に相応した法的規範を獲得するに際して従うべき諸原則を、生活において得られた経験から取り出している[119]」と。そこで、彼のいう「社会における経験」の内容が問題となる。

ヘックは、この時期、自らの「方法」の基本的見解を、(i)裁判官の協同体奉仕、(ii)協同体によってつくられた命令秩序の不充分性（欠缺性）、(iii)委託された利益を維持する際における日常の体験、という三つに纏める[120]。この三つの定式のうちの(iii)が方法的自立性の根拠、(i)(ii)が、(iii)を前提として、ナチス法革新にも適合的たりうることの根拠とされたのである。ヘックは次のようにいう[121]。委託された諸利益を、命令の尺度に従って（nach Maßgabe von Geboten）守らなければならないのは裁判官だけではない。我々は、服従しながらの利益保持ということに極めて様々な関係において出会う。この日常的な場合においても、命令の遂行を託された従者の服従と命令の欠缺という二つの現象がみられる。このような場合に、従者が命令に厳格に服従することが正しいということは例外的にしかなく、多くは、そのような服従は杓子定規（Schematismus）と非難される。日常的生活経験はこのことを教えてくれる。つまり通常、生活（Leben）は、一定の自由、従って、〃思慮ある服従（denkender Gehorsam）〃即ち利益にかなった行動を要求するのである。従者は、命令者の考え方を我が身になって考え[122]（sich hineinversetzen）、命令者にとって重要である目的そして利益を探求しなければならない。この作業に基づいて、従者は命令を理解し必要な場合には補充しなければならない。更には、事情によっては、命令に反さなければならないことさえある。命令者──従者のこのような命令と服従の一般的関係から得られる生活体験こそが、裁判官の法律・命令遂行の方法を示しているのである。利益法学の中核的思考は、まさにこの生活経験を意識的に利用することである、と。

現実はしかしながら、ヘックにとっては日常的体験に基づくが故に自明であると考えられた評価方法が、激しい批判にさらされたのである。このことは、「ヘックの方法が、法的秩序の評価変更にとっての有効な道具であった」[123]のに批判された、というのではない。ヘックによる上述のような根拠付けそのものが、利益法学に対する、その市民社会的基礎への批判が生ずることの一つの説明となりうる。つまり、ヘックの日常体験論は、利益法学が、市民社会を前提とし、そこでの合理的取引の遂行・計算可能性の保護を図るものとしてあったということを示す。まず、日常生活での命令遂行を利益という視点から理解し実現するということは、あらゆる個人の利益の追求に導びかれた行動が規定的である社会、「利益が承認を求めて争う」社会＝市民社会を前提とするものである。また、法律適用をそれとの類比の下におくということは、法律・命令に市民社会的評価を貫ぬくということである。彼においては、遂行さるべき「命令」は、そのような社会の「自律」の結果とされていたのである。

反市民的評価方法の展開・確立を目指す具体的秩序思考にとっては、裁判官の拠るべき評価方法の転換が第一の関心事であった。社会における相対立する利益その自律という表象から出発するということが揚棄されない限り、さまざまな方法道具（とりわけ欠缺・継続形成論）の提供──それとして重要ではあるが──にも拘わらず、また、「協同体」「ナチス的世界観」ということを処々で言うにも拘わらず、利益法学そのものに対する批判はナチス下では存在し続けることになった。

三　ところで、本来的に、相争う利益・その対立の主体としての個人を予定していた利益法学は、基本的にはその評価基準を維持しつつも、ナチス下においては全く以前のままの形で存続したというわけではない。ここにも、自立性を主張しながらも、内容と切り離され得ない方法の実践性が示される。

ヘックは次のようにいう。歴史的利益探求が、新しい（ナチス権力掌握後のということ）法律において、二つの理由から有用である。第一に、ナチス下においては、諸目的の統一性・立法上の思考の纏まり（Geschlossenheit）が、政党の争いの時代におけるより明確に存在することによって、第二に、法律生成のモチーフを前よりも明確に知らせる補助手段がフューラーや党の説明によって与えられるということによって、と。[124]

「新しい法律」の目的表象の明確性ということは、ヘックにとって、自らの方法の有利な素材であると考えられたのであるが、しかしながら、この考え方を、「承認を求めて争う諸利益」という利益法学の法律解釈の視点となる社会認識と対比した場合、〝歴史的利益探求〟の意味の変質が窺われる。つまり、なお一方において述べられる従者（裁判官）は「紛争にかかわる利益の総体を問題」とするという考え方、また、勝利した利益とともに、それによって退けられた利益をも明確にし、その例外的・制限的機能を承認するという（変わっていない、〝自律〟に基づく）考え方は、「目的の統一性」「フューラー・党の説明」（ヘックはこれを政党間の争いと対置させる）ということとは一致し難いのである。

また、利益法学の変化の兆は、有用性を強調するための第二の点である欠缺の取り扱いを示すところにも窺える。欠缺補充・命令訂正に関して、ヘックはナチス前に次のように述べたことがある。「共同体の諸関係・理想の変化」は、ただちには、古くなったとされる法律の「新しい理想」への適合化を正当化するというものではない。裁判官は生活関係として存在する諸観念を素材として利用しなければならないが、この社会的諸観念から無批判に自らの評価を引き出すということが要求されるのではない。「愚鈍（Dummheit）と下等（Schlechtigkeit）は、それらが大量現象として現れたからといって、尊敬すべきもの・無害なものになるわけではない」[125]と。少なくともここにおいては、社会状況・思想の変化に対する、ヘック自身の評価が、「方法」に現れているということが示されている。と同時に、ナチス下における欠缺補充・命令訂正の無限定的強調は、それが彼の評価に基づくものである、ということも示される。

　更にまた、裁判官の活動を「協同体奉仕」と表現すること自体はナチスの権力掌握前と変わらないが[126]、次のような論述が行われるようになる。「国家法は協同体の利益を守る。個々人の利益を守るのは、単に、それらが協同体利益でもあるが故である[127]」と。この「協同体利益」ということは、かつての、「法的共同体の諸利益は、（私的諸利益と同様の役割を演ずる。私法以外の領域では主役を演ずる[128]」とすることと比すると、明らかに、「協同体」にアクセントを移している。この「協同体利益」の位置付け方は、この時代における市民的評価方法の孤立化を、また、変化の方向を示すものであった。

　しかし、この「協同体の利益」ということも、利益法学のナチス適合性のための証明としては成功しなかった。「協同体」ということが内容的にもナチス適合的であるためには、利益法学の評価の前提を放棄しなければならない。しかし、例えば、ヘックは、利益法学が以前から、「協同体利益を、私的利益と並べてではなく、私的利益の上に置いていた」とするのであるが、そこで指示される「協同体利益」とは、内容には関わらない決断利益（Entscheidungs-interesse）＝規整ということであり[129]、それは、市民社会の外的保障の一型態であった。具体的秩序の考えるナチス政治権力・フューラーの意思を内容的に捉えた「協同体秩序」との違いは大きかった。

　ヘックが示し、利益法学の影響下にあった多くの論者が示すようになる、「協同体の利益」の新たな位置付けに関しては、ラレンツの次のような指摘が問題の所在を示している。「所謂協同体の利益を強調することによって、この理論（利益法学）を現実の変化に適応せしめんとすることは、……突き詰めて考えれば、この理論の前提を止揚するものでなければならない。蓋し、協同体の利益としているものは、本当は、相互に均衡を保っている色々の個別的利益の中の一つのものであるのではなくて、個々の利益が自己の限定せられた権利を受け取るところの、それらを覆う（übergreifend）全体であるからである」と[130]。そして、ヘック以外の一般的傾向がこの指摘を確証していく。裁判・立法レベルにおけるナチス政治権力の要請に奉仕する評価方法を提示することを課題とする民事法革新の動きの中で、利益法学は、その前提とする社会関係の評価の方法の故に、かつての影響力を大きく失ったのである。[131]

四　さて、利益法学の問題として検討しておきたい点がもう一つある。それは、ヘックの、個別規準に関しての具体的秩序思考に対する反論である。ヘックは繰り返し、「私への敵対者達は、だれも、私の方法の欠陥であると主張されたものを、その方法の具体的結果によって証明するということを」行わない[132]、と反論していた。個別規準への批判がないという指摘自体は、利益法学批判が激しく行なわれた時期に関して当たっている。この個別解釈論に関する議論は、一方では利益法学の性格を、他方では批判者を通して利益法学のナチス下での位置を示している。

(一)　まずヘックは、ナチス権力掌握前の（市民的評価内容をもつ）自己の著作が個別具体的に批判されないということを、そのまま自らの方法のナチス適合性の根拠として挙げる。彼は、方法議論において「生活接近」の要請が既に実現されつつあったと主張する。従って、この個別規準の妥当性の主張及びそのことに基づく方法の擁護は、この「生活」の内容そのものの検討がナチス法革新の問題であるとは考えていなかったということを示す。

更に、個別規準の意義を強調する彼自身のナチス下の具体的著作においても、反市民的評価の実現が図られているものではない。これもまた、方法論において断片的に言及される「協同体の利益」（そこにおいても既に、内容的にナチス的要請に一致するというものではなかったが）が、実質的内容をもって個別規準を導くという機能をもつものでないことを示すものであった。

ナチス下における、個別規準構成作業を行っているヘックの著作は、二つだけのようである。そのうちのひとつ無因的物権的行為論は[133]、彼の利益概念が個人的利益を指すものであること、評価基準が非ナチス的であることを明確に示す。ここではその詳細な内容にまで立ち入れないが[134]、方法的特色をみてみよう。

ヘックは、この立法論作業の最初に特に「方法」という節を掲げて、次のように述べる。立法作業も、利益法学の方法に従って、事物判断・規範獲得ということ、そして編集（Redaktion）・叙述という二つの任務を解決しなければならない。そしてこのうちの前者即ち規範獲得の目的のために、立法者は、現実生活と計画された規範の生活への効果（Lebenswirkung）を把握し、その規則によって触れられるあらゆる利益対立を思い浮かべなければならない。そのために、関係する諸利益を正確に確定しなければならず、そして、それらが互いに対立するかぎりにおいて、民族協同体の価値理想・根本に存する諸利益に従って、相互に衡量しなければならないとする。そして彼は、このことを立法者の果たすべき重要任務であるとして、利益検討（Interessenprüfung）と名付け、「この利益検討によって、生活に即した（lebensgemäß）規範が明らかになる」という。(135) そこで、彼によって重要と考えられる利益とは何か、「民族協同体の価値理想」とは何を指すのか、が問題となる。

この物権的行為の問題でヘックが「利益検討」の対象となるとするものは、(i)取引上の利益（Verkehrsinteresse）、(ii)明確性利益（Klarheitsinteresse）、(iii)挙証上の利益（Beweisinteresse）であり、とくに(i)を最も重要な検討対象とする。それは、原因行為が無効の場合の、(イ)譲渡人と譲受人の債権者間、(ロ)譲渡人と転得者間の利益の衡量の問題である。そして、ここでは(ロ)がとくに重要であるとする。それも、（公信制度、不法行為制度などとの関連から、……詳細は略すが……）有因的構成・無因的構成選択に最終的に問題となるのは、動産取引での転得者の重過失ある不知の場合だけであるとする。有因的構成においては転得者は所有権取得から排除され、無因的構成によれば重過失ある不知には良俗違反→八二六・八二三条の不法行為責任を適用され得ないとされているから、転得者の取得を認めることになるという。従って、転得者に前主の取得の法的原因を調査する義務を負わせることが、動産取引にとって耐え難い困難を惹き起こすか、という問題となる。ヘックは有因的構成を選択し、それを次のように根拠付ける。「過失をより重く顧慮することによっても、法律は、決して新しい義務を課することにはならず、単に、社会生活によって既に根拠付けられた命令、即ち、生活規範を尊重し、それに法的効力を賦与するというだけである(136)」と。

かくて、ヘックの無因行為（否定）論における評価方法は、譲渡人・譲受人（及びその債権者）・転得者の間で生ずる物支配をめぐる取引上の利益の対立を明確にし、社会において生成する「生活規範」を尺度として衡量・判断するということである。従って、そこでの衡量の対象とされる利益は、個人の利益であって、ナチス的「協同体」の利益ではない[137]。また、衡量の尺度となっている「生活規範」は、多様な利益対立からなる社会のなかで「既に根拠付けられた」ものとされていて、そこでは、フューラーを頂点としその指導の下に秩序付けられる「協同体」とは異なった「生活」が前提とされている[138]。この生活規範が具体化されたものとして現れてくるのは、一方で取引保護の、他方で私的所有の保護の要請である。そして、前者に公信原則、後者に有因的構成が、保護の形態として用意されるのである。

かくて、ヘックにおいて、「民族協同体の価値理想」、また、「個人の利益は、それが同時に協同体の利益であることによってのみ」保護に価する[139]という表現は、ナチス的内容をもって個別規準形成を導くということはなかった。

(二) 他方、具体的秩序思考による批判が個別規準にまで及ばないということは、批判者と利益法学の次のような関係を間接的に示す。

まず第一に、利益法学への方法的批判は、個別規準批判とは別にそれとして、主として裁判同時に立法過程にも一定の機能を果たす。従って、具体的秩序思考にとっては、評価方法そのものの批判が重要であったのであり、個別規準に亘る批判は不可欠なものではなかった。

第二に、ナチスは資本主義体制そのものの基礎には変革を加えない。従って、現実に生ずる私人間の紛争の多くの部分は、ナチスの政権掌握前とその性質を異にしない。従って、ナチス的政策が重要なものとして現れるというのではない領域では、以前からの個別規準の有用性は全く失われるということはない。利益法学批判者が利益法学のナチス前からの個別規準を批判しない、ということの現実的基礎はここにある。そこでは、評価方法の全面的批判は行っても、個々的規準をすべて覆えすということは必要とはされなかった。

第三に、利益法学批判は、個別規準の批判を伴わなくても、第一としてのべた評価方法としての機能の他に、更に、ナチスイデオロギーに沿った、個人の利益主張及びその相互的承認ということに阻止的な政治的プロパガンダという意味をもった。

要するに、個別規準に関しては、具体的秩序思考にとっては、利益法学の提出してきた個別規準の内容を否定することではなく、ある一つのものを付け加えることが重要であった。それはいうまでもなく、ナチス政治権力の政策意思である。従って、利益法学が具体的に示している判断そのものではなく、利益法学が法的評価に入れていない事実を法的評価の対象とするということが具体的秩序思考にとっては重要であった。このことは量的には一部に留まるようにみえるが、その実現のためには、評価方法における質的な全き転回が必要であったのである。

(113) ラレンツは、シュトルに対しては、シュトルが利益の因果性を強調せず、「法文が特定の利益を評価することを強調するに過ぎない」としているとして、ヘックに対する批判はシュトルには「そのまま妥当するとはいえない」という(Lerenz, Rechts-und Staatsphilosophie der Gegenwart, S. 24f. 大西・伊藤訳三六頁。Dikow, a. a. O., S. 17. も同旨)。このことに対してのヘックの反論は、Heck, Die Interessenjurisprudenz und ihre neue Gegner AcP 142. 1936, S. 309. シュトルはこのことについては何も論評していない。たしかにシュトルは、キール学派の評価方法に対して、ヘックとは異なって、明示的な批判的態度をとる。しかしまた、シュトルにおいては同時に、これもヘックとは異なって、利益法学の変化が顕著になってくる。ミューラー・エルツバッハは、利益法学の中心的位置にいたのではないということから、具体的秩序思考による直接的批判の対象とはならなかった。なお、ミューラー・エルツバッハは、一九三九年に、シュミット批判を行っている。Müller-Erzbach, Die Hinwendung der Rechtswissenschaft zum Leben und was sie hemmt, 1939, S. 22ff.

(114) Heck, Rechtserneuerung und juristische Methodenlehre, 1936, S. 35. なお、ナチス下の利益法学を「順応と不適応」という視点から紹介したもの、小林直樹「利益法学」法哲学講座四(一九五七)二九五頁以下。比較的早い時期にこの点に着目したことは注目される。

(115) 個人的政治的弁明そのものについて、小林・前掲三〇〇頁以下。

(116) Heck, a. a. O., S. 6.

(117) Heck, a. a. O., S. 5.
(118) Heck, a. a. O., S. 7.
(119) Heck, Rechtsphilosophie und Interessenjurisprudenz, AcP 143, 1937, S. 148.「自立性」の根拠付けについて、広渡・前掲一九頁以下参照。なお、Heck, Gesetzesauslegung und Interessenjurisprudenz, AcP 112, 1914, S. 16ff. derselbe, Begriffsbildung und Interessenjurisprudenz, 1932, S. 27. に既に、この考え方は示されている。
(120) Heck, Rechtserneuerung, S. 9. derselbe, Rechtsphilosophie., S. 147. なお、広渡・前掲一九頁が、このうちの三番目を、「諸利益の主張が、日常的に行なわれている」（という見解）としているのは誤りである。ここでは、与えられている命令（——一定の利益実現という——）の遂行の「方法」に関しての日常的経験ということであって、従者は日常正しい遂行をどのように行っているかということと、裁判官（＝従者）による・命令＝法律実現が比較・類推的に論じられるという、Gesetzesauslegung 論文以来の、ヘックの利益法学の方法的論拠が挙げられているのである。「諸利益が日常的に主張されている」ということはそれ自体重要ではあるが、この三つの定式化とは別の実質的基礎付けにかかわる問題である。
(121) 以下の叙述は、Heck, Rechtserneuerung, S. 11f.
(122) なお、Rechtserneuerung, S. 12. には、die Gedanken des Gebietes となっているが、これは、die Gedanken des Gebieters の誤りだと思われる。
(123) Rüthers, a. a. O., S. 275. また、広渡・前掲三四頁注(6)。
(124) Heck, a. a. O., S. 17.
(125) Heck, Gesetzesauslegung, S. 239.
(126) Heck, Interessenjurisprudenz, 1932, S. 19. 末尾（補注２）参照。
(127) Heck, Rechtserneuerung, S. 9.
(128) Heck, Begriffsbildung, S. 39. そこにおいて、「法的共同体の利益」の、私法領域における関与の態様が類型化されている。一言だけしておけば、それは、市民社会の外的保障の態様の類型であって、「法的共同体の利益」は、「公的利益」とは異なった概念である。

(129) Heck, neue Gegner., Acp 142. S. 307. 及び、derselbe, Grundriß des Sachenrechts, 1930, S. 180.

(130) ラレンツ「一九三五年以後のドイツ法・国家哲学」大西・伊藤訳二七七頁以下（ただし訳文は一部修正）。

(131) リュッテルスが、「ヘックの方法は、法的秩序変更の完璧な道具を提示した」（Rüthers, a. a. O., S. 275）とするのは、「ヘックの方法」ということで、道具のみが考えられている。それは、「ヘックの方法」＝利益法学の分析とはいい難い。広渡・前掲三二頁が、「利益法学の法の適用・規範獲得の方法は……ナチスの法律実務の中でも有用性をもちえたであろう」として、リュッテルスの前記個所を指示する（同三四頁注(6)）ことには疑問がある。なお、ここでは法実務についての検討には立入れないが、少なくとも法律学内部では、ナチス的法革新の運動において利益法学は決定的に力を失った。具体的秩序思考に反対する論者のなかにおいてもである。念のためにいえば、ナチス下の法実務、個別法解釈すべてに亘ってのことをここで考えているわけではない。

(132) Heck, neue Gegner., AcP 142. S. 137. 他に、S. 325. Rechtserneuerung., S. 21. Rechtsphilosophie., AcP 143. S. 180 Anm 72-a. また、Stoll, Gemeinschaftsgedanke und Schuldvertrag, DJZ 1936, S. 419 Anm. 2におけるジーベルト批判も参照。

(133) Heck, Das abstrakte dingliche Rechtsgeschäft, 1937. もうひとつは、Die Schuldbelastung des Vermögenslosen, AcP 148, 1943, S. 306f.

(134) 内容については、我妻栄「ヘック著・無因的物権行為論」法学協会雑誌五六巻（一九三八）五五四頁以下↓民法研究Ⅲ（一九六六）七九以下頁参照。また、於保不二雄「紹介（ヘック・同書）」法学論叢三八巻三号六一五頁以下。更に、ナチス下における物権的行為制度をめぐっての議論の概観は、吾妻光俊「ナチスに於ける物権契約概念の否認」『ナチス民法学の精神』（一九四三）二六一頁以下。ドイツ民法典における無因的構成、及びそれに対する諸批判の歴史的意義については、川島武宜『所有権法の理論』（一九四九）二二四頁以下。

(135) Heck, Das abstrakte dingliche Rechtsgeschäft, S. 7f.

(136) Heck, a. a. O., S. 24.

(137) ヘックが、この論文のなかで「協同体利益」を語るのはただひとつ、良俗違反の物権行為を保護することは「国家が第一に守らなければならない」協同体利益の侵害となる、とする箇所だけである。a. a. O., S. 41. また、ナチス立法者の要求と有因的構成の一致という表現も、叙述のなかで実質的意味をもたされてはいない。なお、我妻・前掲五七三頁もこのことを指摘する。

(138) なお、ヘックは、Grundriß des Schuldrecht, 1929. の参照をしばしば求めている。

(139) Heck, Rechtserneuerung., S. 9.

## 第五節　具体的秩序思考批判を通してのナチス的評価方法の確立

一　具体的秩序思考は、ラレンツ、ジーベルトによる方法的著作が相次いで発表される一九三五年以後、その賛否を巡って民法学方法論の中心的問題となった。具体的秩序思考が中心的問題となったのは、ナチス的＝反市民的評価実現の方法として、従来の評価方法をラディカルに出発点から覆そうとするものであったからである(140)。

しかしながら、議論の中心にあったということは、数の上でも多数を占めるに至ったということを意味するものではない。その登場の当初から多くの論者による批判に遭い、とりわけ一九四〇年以降、民族法典（Volksgesetzbuch）草案作成段階においては、民法学内部での現実的直接的影響力は却って後退する。にも拘わらず方法的に具体的秩序思考が重要であるのは、その評価の視点が、秩序＝協同体とされることによって、反市民的評価方法を最も明確に内在的に表したものであったからである。この存在によって、反具体的秩序思考論者においても、ナチス政治権力の政策意思が民事法領域において問題となるかぎり必然的に生ずる反市民的評価の実現との取り組みが、現実的な任務として課されることになる。つまり、ラディカルな転回が示されることによって、市民的評価方法から離れるための一般的土壌が作り上げられ、他の論者にとってもナチス適合的評価の実現の方向に向かうことが容易になる。また、具体的秩序思考がナチス適合的な規準の導出の可能なことを示した以上、批判する論者においても、自らの方法のナチス適合性を積極的に示さざるを得ない立場に置かれるということになる。かくて、既にナチス初期に「協同体思考」をこぞって強調した民法学は、その内容実現の方途において、大きく分けて、具体的秩序思考、反具体的秩序思考に分かれることになる。そして、後者において、全面的に反市民的方法である具体的秩序思考への批判を通して、方法的に確かに一面具体的秩序思考に対しての市民的契機の回復がある、と同時に、実質的にはその一定の回復をも否定することになる反市民的評価部分が確固とした位置を獲得していくのである。それによって、具体的秩序思考は現実的に機能を果たしたことになる。

具体的秩序思考は、既にみたように評価という点で、方法論的に反概念法学であると同時に、その反概念法学の内容が反利益法学でもあることに特色があった。反利益法学ということによって批判の矢面に立たされたヘックが、方法論レベルでわずかに現れる変化にも拘わらず、基本的には利益法学者であり続けたことを前節でみた。そして、具体的秩序思考批判をみるにおいては、もともと利益法学には属さなかったもののそれと、直接・間接にかつての利益法学の影響下にあったもののそれにわけて観察することが有用である。というのは、この二つにおいて、具体的秩序思考に対する批判の仕方が異なると同時に、具体的秩序思考からの反批判の仕方も全く異なるからである。

二　ナチスによる政権掌握まで学説、実務において圧倒的影響力をもっていた利益法学に対して、マニークは一定の距離を置いていた。そして彼はまた、ナチス下においては、具体的秩序思考に対して最も距離をおく一人であった。そして、マニークとラレンツの間での批判・反批判は、それによって、市民的評価方法がヘックに続いて批判され、市民的性格をもった評価基準の明示は決定的に少数となった、ということを示す。

具体的秩序思考は、利益法学批判を重要な内容として持っていたが、当初はマニークに対する明示的批判は全くなかった。或いは、それは抽象的思考一般に対する批判のなかに含まれると考えられたにしても、少なくとも利益法学批判に比して、重点に置かれていなかった。

マニークが利益法学に対し批判的であったのは、その解釈・規範獲得と概念構成という利益法学の方法的特色の両面に対してであるが、まず、規範獲得方法への批判からみていこう。そこでの批判は、一言でいえば、ヘックの「方法的中立性」に対して、評価基準の明示を主張する立場からのそれという意味のものであった。

マニークは、「……問題となっている利益の状況によって判断」することによって「生活の現実的諸要求」に応えようとする、と利益法学の有用性を評価する。[141] しかし、マニークによれば、利益法学は、まさに決定的な意義をもつ「一つのファクター」を看過している。それは、「法的理念から流れ出る原理[142]」である、と。マニークにとっては、この原理が法適用に決定的意味をもち、法は単に利益法（Interessenrecht）なのではない。利益紛争の解決のための指針を与えるという、法のより高次の任務（の内容）は、「道義性の命令（Mandat）」からはじめて獲得されうる、と。マニークによると、このような理念・尺度の探求ということは、「以前には、立法・司法において、無意識的に行われていたこと」であり、それが、「二十世紀においては、意識的な方法とされなければならない」。そして、マニークは、この原理＝道義性の命令を個人主義に求めた。それは、「あらゆる人間的進歩（alle menschliche Fortschritte）にとって決定的意義」をもつ[143]とされた。

この「個人主義」は、勿論、ナチスに対置して言われたものではなく、彼のいう、「集団主義（Kollektivismus）」に対置されたものである。即ち、階級的対立のなかの集団的権利主張に敵対する立場のそれである。「経済的弱者の利益も、個人主義的世界観の土台の上で、それに相応しい保護を見出」すことができるとする。[144]

かくして、マニークにおいて、自らの評価基準を前面に出して利益法学に対する批判が行われ、そしてまさにこのことによって、彼は、ヘックと異なって、ナチス下において明示的に評価を巡って具体的秩序思考とも対立することになる。即ち、「個人主義」を法的理念・原理としていたマニークは、ラレンツ及びジーベルトの具体的秩序思考とりわけそれが狭い協同体ということを法的評価の不可欠な視点とすることに対して、激しい批判をくわえた。ナチスの立場から（の批判であると称して）、自立的形成（Selbstgestaltung）を否定しようとする若干のドイツ法律学の傾向がみられる[145]、と。

確かに、マニークがラレンツを批判するにおいても、以前主張したような「個人主義」がナチス下においてそのまの形で主張されたというわけではない。かつての「個人主義」ということは、「自立的形成」の強調という姿をとり、それがナチス的要請と一致するものとして提示された。「個々の利益の闘争は民族生活の要素であって、その利益闘争から民族協同体にとって大いなる有益さ（Nutzen）が生じるのであって、それは決して抑止されるべきものではない」[146]と。しかし、ここでは「協同体思考」の表現を用いながらも—そして用いるということ自体、「協同体思考」の土壌の一つとなるという役割を果たすものの—、内容的には、ナチス政治権力の要請の実現とは異なった方向が目指されている。評価に関してのラレンツ批判という意味をもつのもこの故であった。

マニークにとっては、自立的形成＝私的自治の意義の承認が、「私法の再構築」＝規準形成にとって第一次的に重要なものであった。従って、具体的秩序思考を次のように批判する。若干の法律家は、自由主義からの離反を押し進めて、権利主体としての個人（Einzelperson）をもはや承認しない。彼らは、個々人のあらゆる法的地位を否定或いはせいぜい民族協同体に整序することによって、自由主義の基礎となっている個人性（Individuum）を克服できると考えている。しかしながら、ナチスは集団主義に途を用意しようとするものではない。「ドイツ的社会主義の課題は、単に個人のみをみて、諸協同体・国家を個人からのみ形造ろうとする自由主義という前門の虎と、単に協同体のみを知っていて、個人をその分肢とする集団主義という後門の狼との間に、途を見出すことにある」。個人は、民族から家族に至る諸協同体の分肢であるというだけではなく、法的意味での独立した人格として捉えるべきである[147]、と。マニークによれば、ここでいう後門の狼＝具体的秩序思考は、狭い協同体をあたかもそのものとして高いランクの法的存在であるかのように考えている[148]、ということになる。

評価方法そのものに対するこのような批判はラレンツによる反論を呼んだ。ラレンツは、ヘックに対する以外には、具体的秩序思考に対する批判・疑問の提示に対してとりたてては反論を行わなかった。しかし、マニークに対しては、ただちにマニークの著書と同名の「私法の新構築」と題する反論を発表した。反論はマニークによる批判に応じて様々な方面に亘っているが、その中心は、全体秩序の枠内での個人による形成の意義を否定したりそれを取引の領域に制限したりすることを、ラレンツもジーベルトも主張してはいないとすることである。そして、マニークの批判は対象に対する誤解に基づいた・建設的意義を持たない消極的なものであり、法革新のための努力において法律学を更に押し進めるということには全く適さないものである、と批判する。[149]

ラレンツが、マニークに対して、他の論者に対してとは異なって、すばやい反論を行ったのは、市民的評価方法からの全き転回という自らの評価方法そのものが批判されたからである。この批判を行うマニークには、ラレンツのいうような「誤解」には留まらず、市民的評価の方向がなお残されていた。[150] つまり、評価の方法ということで、両者の方向は全く異なっていたのである。ラレンツのいう「全体秩序の枠内での個人による形成」ということの基礎に存する評価方法は、民族協同体を出発点とすることである。そこでは、「個人による形成」に対しては、民族協同体（それは個別規準構成及び運用の方向付けとして現実に機能することを期待される）との、（ラレンツ流にいえば）「積極的」な一致が要求される。そのことによって、民族協同体が、「個人による形成」に対して内容的コントロールを及ぼす位置に置かれる。これに対し、マニークにおいては、民族協同体という概念は私的自治の根拠付けとして用いられる。そこでは、規準構成は「私的自治」を出発点とし、民族協同体には内容的要求を行うものとしての位置は与えられていない。かくて、マニークによる批判は、個人の位置付け方という評価方法に関するものであったのであり、[151][152] そしてまた、ラレンツの反批判も、「誤解」を解くということに留まらず、法革新にとっての阻害性を指摘するということになったのである。

かくて、マニークの具体的秩序思考批判は、一面において、他の論者による批判と共に、具体的秩序思考・特殊ナチス的方法が少数に留まったということに寄与した。しかしまた、他の論者は、マニークによる具体的秩序思考批判をいくつかの点で自らの具体的秩序思考批判の一つの補強として用いるものの、評価基準そのものの明示的批判ということには賛成を表わすことはなかった。ここには、市民的評価方法の一層の後退――回復の契機をも現実には否定することになるそれ――が示される。

三　具体的秩序思考に対して、マニークによる批判とは異なり、ナチス権力掌握まで民法学の中心的位置にあった利益法学の一定の影響の下にあった論者による批判は、評価方法に関しては、その評価基準の内容的側面に対してよりもむしろ、その導出ないし根拠付けに対してのそれという性格が強かった。それは、それらの具体的秩序思考批判者において、既にナチス初期に民族協同体概念が現実的・ナチス的内容をもって提示されていたことによる。従って、その具体的秩序思考批判は、一面において、従来の市民的評価方法の展開を明示的全面的に転回させるということへの批判であるが、他面において、それを通して評価基準に関しては民族協同体思考の位置が確固たるものになっていく、という意味をもった。

㈠　それら論者による、評価方法に関する具体的秩序思考批判は評価基準・民族協同体の導出方法に向かう。第一は、特にラレンツに対して向けられることになるのだが、その形而上学的思考に対する方法的批判である。ランゲは次のようにいう。法律学が法的生活を導こうとするならば、それは純粋理念の世界に住んではならない。日常生活に下りてきて、そこで思考の価値・有用性を証明しなければならない。判例があまりに地面に着き過ぎるのに対して、一部の若手法学者はあまりに空高く浮んでいる[153]、と。これは、「実際的法生活に奉仕すべき法律学[154]」を求めるという意味では、ヘックの没哲学性＝方法的自立性の主張と同一の志向をもつ。しかし、そこには、ヘックの主張の基礎にあった、「自律」による「因果的利益」を重要であるとする視点はない[155]。ランゲにおいては、民族協同体思考が、ナチス政治権力意思を法的に重要なものとするとされるからである。

批判の第二点は、具体的秩序思考が狭い協同体の固有の秩序ということを重要なものとすることへの批判である。これは、それぞれの〝秩序〟を孤立化させ、民族仲間としての共通の背景をみないとする批判である。ボェーマーは次のように具体的秩序思考を批判する。私的法生活を一連の独立した生活圏・部分協同体へ解消する方法は、不明瞭であり欠陥をもつ（unklar und fehlerhaft）。一般的私法秩序を打ち壊して、人的或いは物的に境界付けられた特別領域という独立・並列された〝ブロック〟の集合とすることによって、従来の抽象的・規範的なるものの過大な尊重(Übersteigerung)が克服されうるかは疑問である、と。[156] ランゲは、このことを、「王侯、ラントの分権制(Fürsten-und Länderpartikularismus)が崩壊したあと、今日、個々の協同体、秩序の独立化(原語はカプセル化 Abkapselung)、全体性要求(Totalitätsanspruch)の危険が存する」という。[157] この第二点での批判においては、確かに、具体的秩序思考に対して、狭い協同体＝秩序という把握が示す従来の民法学との方法的な断絶への批判がある。そして、「私的生活の統一性」の主張は、市民的評価の回復・継続ともなりうるものであった。しかし、この視点の貫徹は行われない。「私的生活の統一性」ということは、本来、政治権力とは分離された市民社会の成立がそれを可能とした。これに対し、具体的秩序思考批判者の「協同体思考」は、ナチス政治権力の要請と結び付いていたのである。従って、類似の表現をもつマニークの具体的秩序思考批判が、狭い協同体ということへの批判を通して、法的評価における個人の位置付けそのものについての、従って、評価基準への批判(それは、実質的には、民族協同体思考への批判にもつながる)に向かったのに対し、ここでは、個人の位置付けの問題は出てこない。そこでは、「民族仲間」法の統一性、統一的「民族秩序」[158]が、狭い協同体＝具体的秩序に対置される。そして、批判は、〝ブロック化〟〝垂直的分類〟(ランゲ)ということ自体には行なわれても、その基礎にある評価視点には明示的には向けられない。従って、ヴィアッカーによる、「分権化」の存在を承認しつつ、ナチス下においては私的法生活の統一性に代って「政治的指導の統一性」が存在するのであるという主張[159]には、批判が向けられないことになる。

(二) ラレンツ、ジーベルトが、上述の様々な批判に対してとりたてて反論を行わなかったのは、具体的秩序思考が自らの立論において批判対象としたのは、ナチス前の概念法学・利益法学の評価方法であったこと、そして、ナチス権力掌握後の諸方法的主張に対しては、マニークやヘックに対してと異なり、批判の必要を感じなかった故である。このことは、具体的秩序思考を受け入れなかったそれらの民法学者においても、反市民的評価の実現を可能とする方途が用意されていたことによる。

ヘックが批判に答えるなかで示した利益法学のわずかな変質は、他の論者の方向の所在をも示すものであった。ヘックにおいては、対立する利益からの因果的な規範生成（「生活規範」という一般的評価基準の提示）という基本的評価方法を自明の前提とすることは変わらずに、「法的協同体」とされるものの「情況、理想の変化」ということを通して、「協同体利益」実現の方途が端緒的に提示された。それは、いわば利益法学に付加的に継ぎ足す――そのことは、「突き詰めれば」[160]利益法学の前提を、そして全構造を変化させるものであるが――というものであった。ナチス民法学の重要な部分をなす方法の特色は、ヘックにおいては評価方法の変化へ導くことなく、個別規準においても実現されることのなかったこの継ぎ足し部分の実現である。それは、方法的には、利益法学の前提であった相争う利益からの規範生成という思考をその位置から外すことであった。具体的秩序思考におけるような、ナチス的政策意思実現を中心に置き、そのイデオロギー表現を隅隅まで貫徹させた形での反市民的評価方法の提示とは異なるものの、既に初期において一般的な形で示された協同体思考は、個人・集団の利益主張・対立に対して、政治権力の政策的視点を規定的であるとする評価方法として、反具体的秩序思考においても現実化される。

(a)　反具体的秩序思考論者において、まず、ナチス政治権力による諸要請を社会における利益対立から切り離して評価の出発点とすることに、反市民的評価方法確立の第一歩が始まる。「従来の分裂した価値観に代わって、ナチスという統一的法的理念が現れた」[161]とする考え方である。シュトルのこの主張は、ランゲにおいて更に明確な姿をとる。彼は、概念法学自由法学においては勿論利益法学においても、法発見に対して、確固とした価値尺度が用立てられるということはなされなかった、という。そして次のように続ける。なぜなら、ナチス前の国家の世界観的無関心さは、あらゆる者をして自らの流儀で自らを最上のものとすることを許す。各個人・団体・政党・階級は、それぞれに固有の自立的価値体系をもつものとされる。このような状況の下では、学説が、裁判官に対して確固とした価値尺度を提示すること、それらを裁判官が持つことはほとんど不可能である。これに対し、「ナチスは、根本的統一化（wesentliche Vereinheitlichung）をもたらした」。かつての価値中立的国家に対して、ナチスは、明確なそして確固とした根本的価値を承認することによって、根本的諸評価を与えかつ可能とした。「民族、種族、協同体、忠誠と名誉、そして、公益は私益に先立つという法の根本的要請が、明確な価値序列を与える」[162]、と。

この統一的世界観の存在の強調が、反市民的評価方法の出発点である。ランゲにおいては、政治権力（民族協同体というイデオロギー的構成をまとって現れる）の政策意思が、民事法領域における「確固たる尺度」を提示するものとされた。この尺度が果たす役割が、市民社会の「生活規範」の外的保障ということではないこと、また更には、国家の介入によって市場関係を維持するというに留まるものではないということは、ランゲの挙げる評価内容――「民族、種族、……名誉」――が既に示している。

(b)　そのような〝統一的法的理念〟〝根本的統一化〟の主張は、評価基準として、現実に評価方法の根本的変化を方向付けるに至る。

ヘックにおいて提示された「協同体利益」ということが、シュトルによって、現実に個別規準の構成・運用を方向付け・根拠付ける位置に置かれた。ヘックにおける利益概念に対して、既に評価・価値判断という概念を用いることによって、その変化の可能性を方法論上もっていたシュトルにおいて反市民的評価方法が現実化されたということは、市民的方法の変化の一つの過程を示す。

シュトルのナチス下での作業の中心は契約法である。彼はいう。法が契約によって当事者によって求められた利益の実現・利益対立の解決ということ以外の任務を持たないと考えるのは、個人主義的思考方法である。従来の考え方も、確かに〝公共（Allgemeinheit）〟の利益が関与することを否認はしないが、しかし、単に例外的にのみ良俗違反、法律違反として顧慮しようとしている[163]、と。

シュトルが批判的に述べているような一般条項の位置・運用は、市民的評価の即ち経済的法則の外的保障に機能することの一つの現れである。従って、そこで顧慮される良俗違反・法律違反にとっては、市場的倫理が規定的尺度である。シュトルにおいて、この例外的規制は、〝公共の利益〟と表現されることによって、以前と異なった評価の方法が示され、例外的位置から最上位に移される。「ナチス・法的世界観は、協同体思考が支配的となることを要求しなければならない」、と。

この協同体思考ということは、シュトルにおいて、単に契約機能の叙述及び解釈論の形式的根拠付けというに留まらず、内容的に方向付けを要求するものとして置かれる。即ち、彼は次のようにいう。ナチス的法把握は、債務関係を、協同体に対しての任務という視点の下で考察する。債務関係は、当事者にとっては自らの利益の追求・満足のための手段であるとしても、それが法的に承認され効力をもつのは、債務法的契約が協同体のより高次の諸目的に奉仕するに適した道具として承認されるが故である。個々人の利己的利益・目標設定が債務法上の行為への原動力ではあるが、その野心・利潤追求が、協同体奉仕ということにおいて、有意義な財貨交換のための手段となるのである、と。[164]

このような契約の基本的評価の方法の提示自体、高度に実践的機能を果たしうるものである。シュトルは、給付障害論の草案の序言において、この方向が解釈にとっての指針たることを要求している。[165]

かくして、協同体思考は一般的評価基準の提示として機能することになるが、更に、シュトルにおいてそれに適合的な個別規準も存在する。それによって評価基準の提示は一層現実的意味をもつことになる。即ち、シュトルは、協同体思考が契約法領域で特定的に現れるものとして、「犠牲限界（Opfergrenz）」「忠実義務」「債務契約の社会主義的形成（sozialistische Gestaltung des schuldrechtlichen Vertrages）」の三つを挙げる。[166] 前二者に関して説く具体的内容は、ナチス前の展開のなかでのそれと同じである（勿論、根拠付けの相違がもたらしうる機能も重要であるが）。しかし、「…社会主義的形成」――「生活上重要な事柄における弱者の保護」を、裁判官による形成作業によって、私人対私人の関係で果たすことを求めるそれ[167]――は、それ自体としては、反ではないが、非市民的評価内容である。しかし、このような「形成」の提出は、「統一的価値理念」「ナチス世界観」――シュトル自身が掲げるものであるそれら――と結び付いて、容易に反市民的内容（例えば、ナチス的政策に応じて、個々的に形成内容が変化したり、契約救助令で現れたように、ユダヤ人にはこの保護を与えないというような）に転化し機能しうるものである。

シュトルにおいて、ヘックに比して、「協同体思考」は現実的意味をもったものになっているが、確かに、なお利益法学的要素は残っていた。例えば、前の第三点の裁判官の介入に対して、他方で、「慎重な衡量」を要求し、「活動的人格（tatkräftige Persönlichkeit）」の個別的活動の手段としての「契約の自由」を優先させる。[168] また、犠牲限界論に経済的視点を規定的であるとすることもヘックと同様であり、のちには批判されるに至る点である。[169] しかし、シュトルの、根拠付け及び解釈の方法として掲げられる「協同体思考」は、上述のように、一般的評価基準として機能しうるものであった。更に、既にナチス初期にナチス的内容をもった「協同体思考」を掲げていたということ、また、家族法領域で、たしかに個別規準において明示的に種族思考を表すことはないにしても、[170] 個別評価基準となりうる形で種族思考の強調を行うということによっても、[171] シュトルの「協同体思考」の利益法学からの変化は強められた。

反具体的秩序思考の内部における反市民的評価の実現は、シュトルからランゲに至ってより明確な姿をとる。既にみたように、ランゲによって、中立的国家からナチス国家による「統一化」への変化が強調された。このナチス的「統一化」の法的評価方法にとっての意義を、ランゲは次のように述べる。民法典が由来するのは市民社会（die bürgerliche Gesellschaft）であり、従って、この法律の基本的態度は強度に自由主義的である。それは、個々人と国家を同等に対置し敵対させる。真の協同体の形成・促進には、市民社会とその国家という世界（Welt）は適していない、[172] と。国家・市民社会の位置付けのこの転換は、ランゲにおいて、規準形成に協同体という姿の下で国家の視点が常に入る、ということに導く。彼によれば、法律学・立法は、事実的生起を写生することを任務とするのではなく、[173] そこでは〝正義決断（Gerechtigkeitsentscheidung）〟が規定的である、とされる。ランゲは、これを、「当事者、第三者、民族協同体の利益を衡量」することによって得られる、[174] とする。ランゲにおいては、一方において、この様々な方面からの利益・目的衡量ということは、事実的過程を法とする或いはそのことを衡量を欠いた形而上学的「理念」から正当化する（とランゲは考えた）[175] 具体的秩序思考に対する批判であった。そして他方においては、ここに「民族協同体の利益」が不可欠の要素として入り込むということが、彼のいう個人主義的・自由主義的法把握に対する批判の結果であった。この両面の批判は、ランゲにおいて常に相伴っていた。前者は主として学説内部の問題であって、規準の根拠付け・運用の方向付けとして現実的な意味をもつのは後者である。

ランゲにおいては、ナチスの政権掌握直後に激しく行われたＢＧＢ批判に対し、また、キール学派やシュレーゲルベルガーの民法典改革論に対して、ＢＧＢそのもの及びその運用における技術性を再評価するという姿勢が後になるにつれて明確になってくる。しかしながらそこにおいても、「自由主義」と対置された〝義務・協同体思考〟が、常に法的判断を規定するものとして強調される。即ち、ランゲによれば、義務・協同体思考は、「個々人を協同体の下に整序する（ein-unterordnen）」[176]。この主張は、様々な形での利益主張を通して形造られる社会関係のなかに法的規準形成の尺度を見出そうとする考え方と対立する。ランゲによれば、（新しい）法感情は「個々人より上位にある価値尺度」を要求する、とされる[177]。従って、彼においては、自由主義にとっては、「合理的評価とは、計算可能性、自己の利益の保護」を意味するが、新しい評価は「協同体の利益」の観点を基礎付ける、ということになる。このように、既にランゲにおいては、ヘックの利益法学にとって規定的であった利益主張・対立ということは、その存在自体は否定されないものの[178]、規準形成にとって直接的に規定的なものとはされないで、「正義決断」の一対象という位置に置かれるのである。

このことからも示されるとおり、ランゲにおいても、「協同体思考」「協同体利益」は、形式的根拠付けである以上の現実的・内容的顧慮を要求するものとされる。既に初期に示されたと同様に、ナチス世界観に、根拠付けとともに内容が求められ（「種族……名誉、公益は私益に先立つ……」）[179]、「我々の正義尺度は、（従来のものとは）根本的に異なる」[180]とされるのである。そして、「協同体思考」の一般的及び個別的評価基準として果たす機能は、更に、ランゲにおいて個別規準にも反市民的評価内容が明示されることによって強化される。例えば、「民族協同体の利益」が、錯誤に関して、取消しの主張に対する阻止的要因として一般条項の形で組みこまれ[181]、また、「処罰さるべき異種族」との間の関係によって生じた私生子は、母の血族に対しての、民法上私生子に認められていた嫡出子と同様の地位

（BGB一七〇五条）を否定される。[182]

かくて、ヘックから、シュトル、ランゲと、ナチス政策意思の実現可能性は明確な姿をとってくる。具体的秩序思考のような鮮明な全面的転回運動ではないが、これによって、反市民的評価方法は民法学の一部に留まるというものではなくなる。即ち、そこでは、具体的秩序思考＝本来的ナチス学派の評価方法に対し、本来内容と不可分である導出過程や根拠付け方法を批判し、評価基準には自らナチス的内容をもったものを示すということによって、ナチス適合的であった。このナチス適合的学派の生成によって、それを重要部分として、ナチス民法学がより現実的意味をもった存在となった。

このように、ナチス政治権力の要求（それは、種族思考の実現ということだけでなく、一般的に個人の利益を政策目的に従属させることを求める）の民事法領域での実現という方向付けを与える反市民的評価方法の提示は、二つの部分からなっていた。具体的秩序思考のそれと反具体的秩序思考によるそれである。勿論、ナチス時代に存在した民法学の個別規準構成作業がすべてこの評価方法に貫かれていたというわけではない（非ナチス学派の存在）。そしてまた、反市民的評価方法を示す論者による個別規準がすべてそれ以前の民法学との断絶を示すというわけではない。このことは、ナチスが資本制社会の枠組の中の存在であることから説明されうる。しかしながら、とりわけ政治権力の政策意思が直接にかかわる場合には、それらの個別規準は、提示される一般的及び個別的評価基準によって大幅にその機能を制限される。このナチス奉仕の役割を果たす評価方法の存在が、一定の民法学をナチス民法学と呼ぶことを可能にする。

そして、そのなかでは、具体的秩序思考が、市民的評価方法からのラディカルな転回を提示することによって、裁判・立法に対し、また他の民法学者に対し、ナチス的方向実現に途を開き更にそれを要求するという機能を果たした。そして、反具体的秩序思考論者は、一面、具体的秩序思考の評価方法に、直接的に内容的側面でなくその導出・根拠付け方法に関して、従来の展開との断絶ということ、即ち、「現実的衡量」の欠如、「民族仲間の私的生活の統一性」

の無視であるという批判を行うとともに、他面、自らが評価基準設定によって、ナチス的要請の実現という方向を定着させていくという役割を果たした。

(140) この点と並んで、具体的秩序思考と不可分な形で主張された具体的一般的概念が、概念構成の点で形式的一般的概念へのラディカルな対立物として登場したことも、具体的秩序思考を方法議論の中心におくことの要因であった。具体的秩序思考論者においてもこれに批判を行う者においても、具体的秩序思考と具体的一般的概念構成は不可分に結び付いていた。

(141) Manigk. A., Interessenjurisprudenz, Handwörterbuch der Rechtswissenschaft III Bd., 1928, S. 313. もっとも、この「利益状況」分析が第二次的意義に留まるものであるということを強調する。a. a. O., S. 317.

(142) Manigk, a. a. O., S. 314.

(143) Manigk, ebenda.

(144) Manigk, a. a. O., S. 315.

(145) Manigk, Rechtsfindung im neuen deutschen Staat（Besprechung zu Hildebrandt）, Archiv für Rechts-und Sozialphilosophie（ARSP）30, 1936, S. 119.

(146) Manigk, Neubau des Privatrechts, 1938, S. 22.

(147) Manigk, a. a. O., S. 14f.

(148) Manigk, a. a. O., S. 53. なお、マニークのラレンツ批判は、広渡「キッツェベルグ会議における若き法律家たち」三一三頁以下に要約されている。

(149) Larenz, Neubau des Privatrechts, AcP 145, 1939, S. 94., 107.

(150) この点での、直接的なマニーク批判は、Seydel, Wiedersehen mit dem BGB, DRW I, S. 276.

(151) なお、ボエーマーは、マニークの、構成方法に関するラレンツ批判に賛成しつつ、評価問題に関しては、マニークとラレンツの間に相違はなく、マニークによる批判は、「革新志向の中に、我々の私法秩序の政策的基礎の危殆をみるかぎりで、その目標を見誤って」おり、「自分が考え出した敵と闘っている」とする（Boehmer, G. Das Schriftum zur Erneuerung des bürgerlichen Rechts, DRW IV, 1939, S. 84）。これは、一面において、ラレンツ、マニークともに資本制社会という大枠の中にあるもの、という意味で正しい指摘を含むが、他面において、その中における、規準形成の基礎となる評価方法のもつ、政治権力と個人の位置付けという点での両者の――純粋な形では現れないにせよ――相違を過小評価するものである。このことによって、ボェーマーの叙述は、ラレンツの評価基準の内容を批判するということを回避しつつ、ラレンツをその反市民的評価から自らに引き寄せようとするものということができる。しかしながら逆に、この回避は、マニークの論旨を批判するということになって、具体的秩序思考の評価方法に対する批判を、具体的秩序思考批判者内部で封じるという作用も果すものでもあった。

(152) マニークの個別規準においてナチス的評価が目指されているものは見当らない。なお、直接的に法的主張の内容と関連してではないが、彼においても反ユダヤ主義が表明されていたという事実は指摘しておかなければならないだろう。Manigk, Besprechung zu Hippel, Das Problem der rechtsgeschäftlichen Privatautonomie, Kritische Vierteljahresschrift für Gesetzgebung und Rechtswissenschaft（KrVJSchr）66, 1938/39, S. 90.

(153) Lange, Lage und Aufgabe der deutschen Privatrechtswissenschaft, 1937, S. 25f. また、シュトルの行う、秩序という概念が不明確であるという批判（Stoll, Besprechung zu Busse, Der Erbhof im Aufbau der Volksordnung, AcP 144, 1938, S. 116）、規範獲得に関して、具体的秩序思考には、「なお、確固とした方法的基礎が欠けている」という批判（Stoll, Besprechung zu Heck, Rechtserneuerung und juristische Methodenlehre, Deutsches Gemein-und Wirtschaftsrecht（DGWR）, 1937, S. 63）も同旨だと思われる。また、逆の方向からではあるが、「現実的」法的衡量の必要性を強調するということにおいて結果的に同じ批判となるのは、具体的秩序思考が、ザインとゾレンを同一視するという批判である。Lange, Rechtswirklichkeit und Abstraktion, zu Hans Brandt Eigetumserwerb und Austauschgeschäft, AcP 148. 1943, S. 221f. Würdinger, Gesellschaften. I. Teil, 1937, S. 24.

(154) Lange, Rechtswirklichkeit und Abstraktion, AcP 148, S. 233.

(155) 従って、これらの論者からは、具体的秩序思考論者によるヘック批判に対しての、ヘック擁護の主張は行われない。シュトルは、シュミットの利益法学批判にはただちに反論を行っているが（Juristische Methode, S. 110f.）、その後のラレンツとヘックの間の議論に関しては、ヘックに同調するということはない。それはラレンツに賛成というのではなく、逆に、その評価方法を導出・根拠付けについて批判するためである。ヘックにおいては、生活接近への志向ということで相違がないとされた（ヘックにとっては、生活接近と利益探求は切り離すことは考えられなかったから）のであるが、シュトルにおいては、生活接近の現実化の方法ということでの批判が考えられていた。しかしそこでのシュトルの評価の視点は、民族協同体思考が現実に意味をもたされることによって、利益法学のそれとは異ったものとなる。

(156) Boehmer, a. a. O., S. 81. また、シュレーゲルベルガーの民法改革案（「民法典からの袂別（Abschied vom BGB）」）に対するヘーデマンの批判も同旨。Hedemann, Der Anstrum auf das bürgerliche Recht, Jahrbuch der Akademie für deutsches Recht（JAkDR）1937, S. 5.

(157) Lange, Lage und Aufgabe, S. 22. 他に、Mallmann, Die Erneuerung des bürgerlichen Rechts, Geistige Arbeit, Nr. 20. 1938, S. 5.

(158) Hedemann, a. a. O., S. 6. Boehmer, a. a. O., S. 32. Lange, a. a. O., S. 34.

(159) Wieacker, Der Stand., DRW. II, S. 9.

(160) ラレンツ「一九三五年以後のドイツ法・国家哲学」大西・伊藤訳二七七頁。

(161) Stoll, Besprechung zu Heck., DGWR., 1937, S. 63.

(162) Lange, Mittel und Ziel der Rechtsfindung im Zivilrecht, ZAkDR 1936, S. 924.

(163) Stoll, Die Lehre von den Leistungsstörungen, 1936, S. 6f.

(164) シュトルのこのような考え方（個人の利益追求と協同体によるその承認という）と、ラレンツの考え方（民族協同体秩序の具体的形成手段としての契約という）とのニュアンスについて、我妻栄「ナチスの契約理論」四一三頁以下。ここでは、シュトルにおいて尚存在する利益法学的側面と同時にまた利益法学の基本的な立場との相違をみるべきである。前者は具体的秩序思考に対して機能における相違をもたらしうる（論者によってもそれが意識されていると思われる）、ということで意味があるが、後者の存在はそれを大幅に無意味なものとする。シュトル自身の他の論述がそのことを促進する。

(165) Stoll, a. a. O., S. 58. derselbe, Vertrag und Unrecht, 1936, S. 83.
(166) Stoll, Lehre von den Leistungsstörungen, S. 8ff. derselbe, Vertrag und Unrecht, S. 123f.
(167) Stoll, Lehre von den Leistungsstörungen, S. 2.
(168) Stoll, a. a. O., S. 11f.
(169) Stoll, a. a. O., S. 9. この考え方に対する批判、Staudinger-Weber, Kommentar zum Bürgerlichen Gesetzbuch, II, Bd., Recht der Schuldverhältnisse, I, Teil, §§241-245, 10 Aufl., 1940, Anm. 332ff. zu §242. なお、この点は一般条項の内容確定作業との関係で次章でふれる。
(170) Stoll, Die Auflösung einer Mischehe, DJZ 1934, S. 568. 参照。
(171) Stoll, Besprechung zu Das Bürgerliche Gesetzbuch mit besonderer Berücksichtigung der Rechtsprechung des Reichsgerichts（RGR-Kommentar）, 8 Aufl., Bd. IV, V, AcP 142, 1936, S. 361.
(172) Lange, Rasse und Erbe, Deutscher Juristentag（DJT）1936, S. 109.
(173) これは具体的秩序思考批判を意図しているものである。Lange, Rechtswirklichkeit und Abstraktion, AcP 148, S. 222.
(174) Lange, a. a. O., S. 223.
(175) Lange, Lage und Aufgabe der deutschen Privatre chtswissenschaft, S. 22ff.
(176) Lange, Die Vertragstreue, DR 1934, S. 533. derselbe, Wesen und Gestalt des Volksgesetzbuches, ZgStW 103, 1943, S. 224f.
(177) Lange, Die Vertragstreue, DR 1934 S. 533.
(178) Lange, Wesen und Gestalt, ZgStW 103, S. 229.

(179) 注(162)該当本文。
(180) Lange, Wesen und Gestalt., ZgStW 103, S. 231.
(181) Lange, Die Neugestaltung der Anfechtung und das Vertragsverhältnis Jhering, s Jahrbuch, 89 1941, S. 322, 343f.
(182) Lange, Die Ordnung der gesetzlichen Erbfolge, 2 Denkschrift des Erbrechtsausschusses der Akademie für Deutsches Recht, 1938, S. 169ff.〔ただし、本書は直接参照し得ず、山田晟「ランゲ『法定相続制度』」(紹介)法協五七巻八号(一九三九)一五一九頁に拠る〕。これは相続法委員会(ランゲが委員長)の報告書である。しかし、既にランゲ自身も、相続法改正の方向として種族保護、種族促進ということを強調していた。Lange, Erb und Rasse, DJT 1936, S. 113.

# 第四章　ナチス民法学における構成方法

## 第一節　ナチス政治権力の要請とナチス初期民法学におけるナチス的構成方法の基本的方向の形成

一　総説。前章で述べた評価方法の変化に規定されつつ、ナチス時代の民法学において、構成方法にもナチス前のそれに対する変化が現れる。この変化を特徴付けるのは一般条項の使用の方法である。

法的構成とは、裁判規準の構成及びその法的根拠付けによって、評価を裁判上適用可能なものにするという作業である。それはまた、法的保護の範囲を明確にして適用者の判断をコントロールするという機能をもちうる。一般条項がこの法的構成の問題において重要な意味をもつのは、第一に、裁判規準である一般条項がそのものとして機能を観察されなければならないということによるが、第二に、一般条項が、法的構成による規準の一義性の確保という作業にとって、その機能を大幅に後退させることになりかねない性格をもつからである。従って、論者が一般条項を自らの作業のなかでどのように位置付けるのか、また、どのように再構成することによって内容的一義性を志向するのかということが、法的構成作業の存在意義そのものにとって決定的な重要性をもってくるのである。

一般条項の提唱・運用を観察するにおいては、一般条項を二つの種類に分けて考えることが有用である。即ち、一定の評価を明示的に表現するもの＝実質的性格をもつ一般条項（例えば、労働者の権利の保障、ナチス的民族協同体の福祉といった）と、すべての法主体を市民として等しく把握することに基づいて、それ自体としては一定の評価を表現するものではないもの＝抽象的性格をもつ一般条項（無色・透明といってもよい。例えば、権利の濫用、信義誠実など）とを。というのは次のことによる。第一に、一般条項は、それとして内容的一義性が低いものであり、解釈者の（最終的には裁判官の）判断が現実の運用において重要な役割を果たす。その判断を方向付けるために、なんらかの形で一般条項という規準の拘束力を高めようとする試みがなされるという現象がみられることになる。その拘束力はさまざまな形でありうるが、この場面で市民的評価に適合的な構成は、類型化作業によって拘束力を確保しようとする志向を伴うものとなる。それは、抽象的一般条項に対して特に当てはまる。他方、一定の評価を明示的に表現する実質的一般条項も、内容的方向が示されているという点では抽象的なそれよりも明確性をもつとはいえるが、個別規準に比べれば一義性の程度ははるかに低い。にも拘わらず（類型化作業の他に）ありうる拘束力は、規準の一義性に依ってでなく、それが表現する評価そのものが貫徹されることにもっぱら依るという場合がある。

次に、抽象的一般条項の抽象性は、それ自体は自らの評価を呈示していないのであり、解釈者がこの条項を本来予定されてはいなかった実質的評価に沿って運用することを容易にする。[183] 解釈の機能ということから一般条項を考えるに際しては、運用によるこの点の変化が見落されてはならない。

この二つのこと──一般条項の決定規準としての拘束力の程度と質、及び、抽象的一般条項の解釈による実質化ということ──が、ナチス民法学の構成方法を観察するに際して重要である。[184]

予めナチス民法学における構成方法の展開過程の概観を述べておこう。本来的ナチス学派の構成方法である具体的一般的概念構成の主張が、形式的概念構成からの全き転回を示す。これは一般条項の一種の類型化であり同時にナチス的実質的一般条項の全面化であった。具体的一般的概念構成への反対論者達において、そのような実質的一般条項に対して、抽象的一般条項、形式的概念構成の一定の擁護が図られるが、他方それらの論者の一般条項の運用においても、反市民的評価が指示されることによって、全体として構成を通しての規準の内容的確定化ということは後退していく。ここにナチス適合的学派における構成方法の果たした機能がある。

このようなナチス民法学内部で行われた構成方法をめぐっての諸主張は、ナチス初期の一般条項論の方向の展開・確定過程であるとみることができる。そして、この過程はナチス政治権力の要請に対応していた。そこでまず、この要請からみていこう。

二　ナチス政治権力の構成方法に関係する要請。既にみたように、ナチス権力掌握後の諸立法的改革において一般条項が重要な意味をもって存在していたが、更に将来の方向に関しても一般条項の大きな役割が党法律家によって表明されていた。「来たるべき普通法（Gemeinrecht）は、……将来もまた、〝法務官〟法（prätorisches Recht）的性格をもたなくてはならない。つまり、それは、高度に道義的な一般条項の下になければならない。一般条項は、法律変更なしにも、判決によって法の継続的改造（Umgestaltung）・展開を可能とする」（フライスラー）と。[185] この表明は、種族思考・公益優先といった内容に関する要請とは異なって、ヒットラーの意思に直接に還元されうるものではない。しかし、党の幹部法律家によって、既に存在する一般的傾向の一層の促進が要求されたということの現実的意味は大きかった。

一般条項についてのこのような要請は、更に政策的衡量を求めての裁判官の作業に関する次のような要請と結び付いた。即ち、フライスラーは、裁判官の作業と行政官の作業との間に何ら相違があるべきではないということを強調したのである。彼はいう。裁判官は判決し（entscheiden）行政官は形成する（gestalten）という考え方、判決と形成を対立物とみる考え方は生活からかけ離れ（lebensabgewandt）ている。判決・形成はともに「正義」への奉仕、つまり、「協同体の生活が、全体においても協同体構成員においても、最高の調和のなかで、最高に到達可能な力に生成することへの協同」である。それ故、裁判官の判決は、協同体の秩序付け意思・精神から方向・内容を受け取ることによって、形成的に生活に関与（eingreifen）する、と。[186]

近代国家においては、司法と行政は、現実における相互的接近（合目的々裁判と法による行政）にも拘わらず、それぞれの作業の最終的基準とされるものが、一方は裁判規準たる法律他方は政策的合目的性であることによってなお異なっている。ナチス政治権力者は、これに対して、「ナチス国家においては、法は常に種族的・民族的協同体の維持・確保・促進のための[187]」、従って、政治的指導の手段でのみありうるとする。そして、フライスラーにおいては、秩序付け精神・協同体の生長と表現された実質的目的が同時に、司法・行政の最終的目標たることが求められる。これは、裁判での、市民的評価に対してのナチス的政策的評価の優位ということの実現方法の提示である。

さて、そこでの裁判官の作業は、明確な形をとった規準にではなく、政策的衡量、即ち、「政治的指導が、全体としての民族、或いは、その中の個々の集団に……目標として据えた一般的な方向に拘束されている[188]」。従って、それは、利害関係者及び社会一般からのコントロール・批判に服するものではなく、もっぱら指導（Führung）にのみ服するものであるとされることになる。「最高の裁判主（Gerichtsherr）、我々の民族・帝国における最高の裁判官によって初めて、そして、すべての権力を彼の手に統一することによって初めて裁判官の作業の安定性（die Geborgenheit und Sicherheit）が獲得されえた。この安定性が、ドイツの裁判官をして、外的秩序の保護者たることを超えて、道義的協同体秩序の告知者（Künder）・守護者・創造者・形成者たることを可能にした[189]」とされるのであるから。

裁判についてのこのような要請は、明示的に民法学に向けられることがなくても、民法学の構成方法の変化を促すものとなる。即ち、一定の政治的公準――ここではナチスのそれ――に沿っての政策的衡量を求めるという要請には、近代国家の予定する裁判制度の仕組みは適合的ではない。しかし現実には制度的改革が行なわれる場合もありまた行われない場合もある。ナチス下において制度的改革として非訟化が押し進められたのは、一連の債務整理立法の領域である[190]。その他の領域は従来通りの裁判手続の下にあった。従って、実体法的規準の構成方法が、裁判官の判決という行動にとってなお重要な意味をもちえた。そこで、政治的要請に沿う裁判をより容易にするために、規準を「行政」的・「形成」的裁判に適合的なものにすることが求められることになる。かくて、適用者の具体的判断に大きな余地を与える一般条項が、非訟化への要請の存在を背景としつつ、ナチス的政策的衡量の要請に適合的な道具となったのである。

三　ナチス初期の一般条項論。ナチス初期において、一般条項はまず第一に、従来の構成が実現のための適合性をもたないような評価＝反市民的評価を既存の規準（ＢＧＢ）を通して実現するための進入口として強調された。新しい社会的事実を法的に重要であると評価する際における、一般条項を要素とする構成ということ自体は、ナチス下に限られない一般的現象である。しかしながら、ナチス民法学における一般条項の使用方法は、新しい法的保護のための過渡的現象であるには留まらず、規準構成にとっての本質的な性格をもっていた。既に初期において、進入口としての強調と並んで、本質的な性格――勿論、この二つのことは明確に分離されて現れてくるのではないが――の端緒もみられたのである。

まず、ナチスによる権力掌握とともに多くの論者によって一般条項の積極的使用が強調されたのは、第一に、それを通して、「協同体思考」によって方向付けられた評価の実現を可能とするためである[191]。従って、それ自体は一定の実質的評価を表現してはいない民法典の一般条項とくに信義誠実条項の運用――それを、本来予定されたとは異なった実質的評価の実現のための道具とするという運用――が中心的問題となる。「……一般条項は、今日まさに新しい見解の法適用への進入口（Einbruchsstelle）であることが確証されている。……それらは少なくとも過渡期の間は、法律条文の変更なしでも、新しい精神を尊重するという重要な任務を果たす[192]」（ラレンツ）と。このことは、比喩的に、「自由主義的法体系における郭公の卵である[193]」（ランゲ）と表現され、「信義誠実は、それによって判決が個人主義的債務法をひっくり返して、協同体思考に影響力を賦与する梃子である[194]」とされたのである。

そして更に、一般条項――従来の構成方法においては例外的作用が期待されたものであったそれ――を構成方法の中心に置くことが要求された。このことは既に、「進入口」としての機能を超えて使用される方向を示すものであった。ランゲは次のようにいう。「信義誠実の命題が協同体生活の根本命題であって、個々の諸規範はそれを鋳造しているだけである[195]」と。これによって、市場倫理に沿っての内容的確定の志向の下にあった信義誠実概念が、こんどはナチス的政治的評価の下に置かれることになった。構成の中心に位置することになったこの概念は、政治的意思によって内容が決められるが故に、概念構成を通じての予めの内容的確定がより困難なものになっていた[196]。

そして、一般条項を進入口更には構成の中心に置こうとするこの考え方は、実際に、構成を通しての規準の内容的一義性の確保を志向する方向とは対立する主張を伴っていた。そのことは、ヘーデマンの述べた法的安定性への危険[197]ということに対する各論者の対応のなかに現れる。ヘーデマンのいう〝安定性〟とは、（彼はこのような言葉を用いるのではないが）市民的評価に沿った内容を持った判決が計算可能な形で行われるということであり、彼によって、一般条項のもつ規準としての内容的一義性の低さがこの要請に対して阻止的に機能する可能性が指摘されたのである。ナチス的評価にとっては、このような内容を予定された法的安定性は重要ではなかった。「（自由主義的思考の下では）正義ではなく、計算可能性が支配してきた。……活動自由と計算可能性（の要請）が、一般条項を排除してきた[198]」（ランゲ）とされ、そして、「法的安定性についての心配はもはや緊急事ではない。……それは、……まさに一般条項が奉仕すべき、判決が民族に結び付けられているということ（Volksgebundenheit）、正義という価値の背後に退くものであるから[199]」（ラレンツ）とされるのである。従って、この「正義」は、規準の再構成による一義性回復の試みを通してではなく、ナチス的世界観の貫徹＝全面的均質化が押し進められることによって、その実現が確保されると考えられたのである。ジーベルトはいう。「一般条項による法的不安定性は、ドイツ的・ナチス的法把握が、より強くより確実に作用する（sich auswirken）につれて、ますます消え去る[200]」と。このようにして「消え去」っていくものとされる「法的不安定性」とは、市民的評価を内容とする「安定性」の問題ではない。政策的衡量の「安定化」、ナチス世界観の「安定」的貫徹がここでの「安定」である。

ラレンツの具体的一般的概念構成の方向が既に示されるということもまた、初期の一般条項論が進入口の強調に留まるものでない、ということを表す。ラレンツは次のように述べた。「今や、新しい法的秩序の道義的基礎・中心思考を、単に一般条項の形で個々的規定という無数の素材に付け添える（anhängen）のではなく、この素材そのものの中に組み込む（hineinarbeiten）ことが重要である。あらゆる個々の法的概念が新しい具体的内容で充たされることによって、個々の構成要件そのものの硬直性（Starrheit）が克服されなければならない[201]」と。この要請は、ナチス的世界観をすべての概念に内在化させることを求めるものである。このことによってあらゆる概念が実質化され、そのような概念を要素として構成される規準は、既に内在的にナチス的評価を体現したものにされる。そこでは、概念の形式性・抽象性はすべて否定され（「構成要件そのものの硬直性の克服」）、いわば新たな一般条項が全面化されることになる。

**四**　補足。初期ナチス民法学の構成方法に関する補足として、この時期に行われた自由法運動批判について簡単に一言しておこう[202]。

自由法運動は、一九三三年に至るまでに既に多くの批判にあって小さなものになっており、ナチス下では批判対象としての現実的存在ではなかった。従って批判は、第一に新たな意味をもってきた裁判官の法律拘束論の前提のためのもの、第二に自由法運動と自らの相違を強調するためのものという性格をもった。批判の内容は、自由法運動においては裁判官の法律拘束が否定された、とするものである[203][204]。そこで批判の対象となった自由法運動像は、エールリッヒ、カントロヴィチのそれではなく、フックス、イザイのそれである。そして、法律拘束という点での批判は二つの内容をもつ。第一に一九三三年以後の法律またそれより前から存続している法律についても、それらがナチス政治権力・フューラーの意思に基づくものであるが故に拘束力をもつべきであるとされる[205]。これはナチス的立法・行政の優位という視点のものである。第二に法律学の伝統的思考としての拘束論がある。これはナチス前からの法律に関しては、第一と同様の論理を用いつつも、市民的評価を予定した法律の拘束力を維持するという意味を持ちえた。そして、ナチス前からの法律に関して、「現実的」政策的衡量の必要に直面して、第二の種類の考え方の貫徹が行われないという現象もあった。もっとも、政策的衡量ということは法律拘束の否定という形をとるとは限らない（法律適用で可能）が、それでもこのことから批判対象である自由法運動への一定の積極的評価も現れる。それが自らと自由法運動の違いを強調するという性格をもった批判となる。ランゲは次のように述べた。「空虚な実証主義に対する闘いということにおいて、ナチスと自由法学派は同じ目標を追求した。しかし、法律と法、計算可能性と正義の評価において、この両者は鋭く対立する。つまり、ナチスは、法への拘束をより深く形成するため、そして皮相化された法律運営を内面化された法運営に変えるために、硬直した法律忠実からの解放を求める。これに対し、自由法学が個人を法律の下に服せしめることに反対するのは、無制限な自由のためである……[206]」と。

かくて、命題構成における「硬直性」を批判し、「緩和（Lockerung）」を共通に唱えるナチス民法学にとっては、自由法運動批判の現実的必要性は大きくなかったといえる（その自由法運動理解そのものの問題はここでは立入らない）。

(183) 広中「裁判における形式的規準と実質的規準」『法社会学論集』六七頁の叙述を参照。

(184) 確かにナチス的評価の実現は、一般条項以外の道具によっても行われた。例えばナチス政治権力は、既に触れたように、民事法領域でもユダヤ人排除のための個別立法を行っている。また、学説の作業――とくに立法準備的作業――においても、個別的規準によるナチス的評価の実現が図られる。例えば、ユダヤ人との間に生まれた非嫡出子の相続分の否定に関するランゲによる規準、また、混合婚の解消に関するラレンツによる規準など。しかし、それ自体内容的一義性が高く裁判官への拘束力を多くもつこれらの個別的規準は、ナチス的評価実現のための中心的な民事法上の道具ではなかった。これは、それら個別規準によって全民事法領域をカバーすることは不可能であったということ、また、ナチス的政策的衡量は、この種の規準によって予め明確に提示しきるということが不可能なものであったということによる。勿論、これらの規準が、ナチス的評価の現実的具体的現れとして、中心的な問題である一般条項の運用にとって大きな意味をもってくるということは見逃されてはならない。

(185) Freisler R., Einige Gedanken zur Erneuerung des deutschen Gemeinrechts, Deutsches Gemein = und Wirtschaftsrecht（DGWR）1937, S. 92.

(186) derselbe, Richterarbeit—Lebensgestaltung, in Festschrift für Erwin Bumke zum 65. Geburtstag, 1939, S. 31ff.

(187) Frank, Nationalsozialismus im Recht, ZAkDR 1934, S. 1.

(188) Freisler, Nationalsozialisches Recht und Rechtsdenken, S. 97.

(189) derselbe, Richterarbeit, S. 34.

(190) Gesetz über die Hypothekenzinsen vom 2. Juli 1936, RGBl. I. 523. Gesetz über eine Bereinigung alter Schulden vom 17 Aug. 1938, RGBl. I, 1033. を経て Verordnung über die Vertragshilfe des Richters aus Anlaß des Krieges vom 30 Nov. 1939, RGBl. I, 2329. なお、立法史的概観については、佐上善和「訴訟事件の非訟化に関する一考察——増額評価法から契約救助令へ、ドイツ法における展開を中心として——」民事訴訟法雑誌二二号〔一九七六〕一頁以下参照。

(191) ナチス初期における一般条項論の新しい評価の導入のための役割を分析するもの。Neumann, Funktionswandel, S. 585f. Thoss P., Das subjektive Recht in der gliedschaftlichen Bindung. 1968, S. 27ff. Rüthers, Die unbegrenzte Auslegung, S. 214ff. 五十嵐清「ナチス私法判例における一般条項の機能」於保不二雄先生還暦記念・民法学の基礎的課題中（一九七四）四一頁以下。また、広渡「キッツェベルク会議における若き法律家たち」法学論叢九二巻四〜六号二八二頁。

(192) Larenz, Besprechung zu Hedemann, Die Flucht in die Generalklauseln, ZHR 100, 1934, S. 381. なお、ラレンツのいう過渡期という言葉は、その後の操作による確定ということを予定したものである。のちにみるように、ラレンツにおいては、それは彼の概念構成論、新しい一般条項論となるのである。

(193) Lange, Liberalismus Nationalsozialismus und Bürgerliches Recht, 1933, S. 5.

(194) derselbe, a. a. O., S. 16. 他に例えば、Stoll, Juristische Methode, S. 96f., Dölle, Das bürgerhche Recht im nationalsozialistischen deutschen Staat, Schmoller's Jahrbuch 1933, S. 657. 等々。Rüthers, a. a. O., S. 214 Anm. (6)に挙げられている文献のほとんどがこの点での一般条項利用に触れている。

(195) Lange, a. a. O., S. 7. また、Dölle, a. a. O., S. 659. など。

(196) 一般条項によって、「権威主義的国家」においては、「議会制民主制が不充分ではあれ独占の要求の裸の貫徹に対して据えた抑制がなくなる」とするノイマンの叙述もこのことを指摘するものである。Neumann, a. a. O., S. 585.

(197) Hedemann, Die Flucht in die Generalklauseln: eine Gefahr für Recht und Staat, 1933, S. 67f.

(198) Lange, Generalklauseln und neues Recht, JW 1933, S. 2583.

(199) Larenz, a. a. O., S. 381.

(200) Siebert, Verwirkung und Unzulässigkeit der Rechtsausübung, 1934, S. 154.

(201) Larenz, a. a. O., S. 382.

(202) なお、この時期における主張も、方法論的には概念法学批判が第一次的な問題である。既にみた一般条項論そのものが概念法学批判である。また、〝論理〟に根拠を求めることに関して、その基礎にあるとされた評価そのものが批判される。この批判はその論理によって成り立つ構成方法に対する批判と結び付いていた。次の批判を紹介しておく。「個々人の権利の安定性（Rechtssicherheit des Einzelnen）のために、法的秩序の硬直性を創り維持しようとするとしたら、それは行き過ぎである。この硬直性は容易に個々の事件における不衡平、明白な不正義に導びくことになる」Siebert, a. a. O., S. 155. 同旨、Lange, Liberalismus, S. 17. Stoll, Das Bürgerliche Recht in der Zeitenwende, S. 24ff. また、「実証主義者の理想は、完全な法的安定性の状態である。……（そこでは、経済的諸力の自由な活動が行なわれるということであって）経済的自由主義との連関は全く明らかである。そのような見解に現れる心情は、極端に個人主義的である」。Larenz, Deutsche Rechtserneuerung und Rechtsphilosophie, S. 13f. 他に Lange, a. a. O., S. 5. など。

(203) ただし、ビンダーのみは、自由法運動を法律拘束否定論とはみていない。Binder. ZHR 100, S. 37.

(204) 学問外的なものであるが、自由法運動の主張者達がユダヤ的出自である、という批判があった。例えば、Franzen,

Gesetz und Richter, S. 58. Jung, Positivismus, Freiechtsschule, neue Rechtsquellenlehre, AcP 143, 1937, S. 28ff. もっとも、かつて自ら自由法学的主張を行っていたユングは、他方で、「否定的精神は、……その意思に反してさえ、善をなす場合がある」として、自由法運動も有益であったとしている。a. a. O., S. 44. ユダヤ的出自を挙げるものとして、他には、Lange, Vom alten zum neuen Schuldrecht. 1934, S. 40. Heck, AcP 142, 1936, S. 151. など。この批判は現実的には大きな力を持ったが、いわばダメ押しといった位置付けをすべきであって、第一次的に重要なものとみるべきではあるまい。

(205) 法律拘束ということをめぐる議論の概観は、Gernhuber, Das völkisches Recht, Tübingen Festschrift für Kern, 1968, S. 190f. を参照。

(206) Lange, a. a. O., S. 40.

## 第二節　具体的一般的概念構成によるナチス的構成方法の展開

一　ラレンツによって、「ドイツ法律学の将来の課題」であるとされた「新しい法的中心思考の……素材への組み込み」ということは、ただちに彼の具体的概念の主張となって現れた。ラレンツにとっては、「民族的法思考が、更に、それに適した諸概念によって表現されるということが非常に重要であっ(207)」たのである。

概念に関するこの基本的態度に導かれての彼の作業の特色は三つに纏めることができる。第一に、具体的一般的概念構成とは、ナチス的評価を表現する新たな一般条項の導入という意味をもったということ。第二には、この概念を基礎とした体系の下に置かれることによって、あらゆる従来からの形式的概念が実質化＝ナチス化されることになったということ。これによって、ラレンツのいう「理念の素材への組み込み」が、形式的概念の一種の一般条項化という機能を果たした。そして、第三には、具体的一般的概念ではないが、やはりナチス的評価を明示する新しい概念が導入されたということである。

このような内容をもつ構成作業を通じて、既存の市民法的構成物はその内容的一義性を失った。そして、それに代わっての上述の特色をもつ構成は、ナチス的方向付けの表現という意味をもつものであり、それは構成を通しての規準の内容的一義性の確保の試みという方向とは異なったものであった。それは本来的ナチス学派の構成方法と呼びうるものであった。

二　具体的一般的概念構成による従来の形式的概念のナチス化ということ。まず所有権概念についてみてみよう[208]。ラレンツによれば、所有とは、「協同体の内部で何物かを所有（eigen haben）すること」である。従って、この「所有」ということは、抽象的な支配権を意味するのではなく、「社会的機能・任務」を意味するとされた[209]。この概念構成は、ナチス的評価にとって重要である差違を捨象しない（このことが、「根本的思考」＝理念の展開である）ということによって「具体的」であるとされ、また、そこでのモメント、内容が、個別的なものを対象とするのでなく、全体性（Totalität）を要求するということによって「一般的」であるとされた[210]。

従来の形式的な所有権概念は、このことによって、「民族的秩序の根本的思考の展開[211]」を表すものに変えられる。これが、根本思考―それは法適用にとって、具体化を必要とする尺度（konkretisierungsbedürftiger Maßstab）という意味をもつとされる[212]―の「組み込み」の結果である。そこでは、「所有する」ということは、自己の裁量と固有の人的責任の下でその対象を取扱うことを民族協同体によって委託されたことなのであるとされ、このような「所有」は、常にその「所有者」に関して人的に規定され（persönlichkeitsbestimmt）、協同体によって拘束されるものとされたのである[213]。かくして、具体的一般的概念としての「所有（権）」は、内容的には、その対象・人の「協同体」内における「機能・職務」によって規定されることを表すというものになり、それ自体一般条項的存在となる[214]。そして、この具体的一般的概念は、「協同体」からの評価に沿った類型化に服するものとされるが、この「所有（権）」概念が常に要素とされることによって、個別類型・規準も―あとから一般条項による規制を受けるのではなく既に―一般条項の性格をもつものになった。

同様なことは、民族協同体秩序の形成の一類型（具体的類型的概念 konkret-typischer Begriff）とされる契約概念についてもいえる。前章でみたように、民族協同体内部での「狭い協同体関係」設定ということを基準としての類型化が行われ、そこから外された部分が契約法領域とされる。そこでは、次のような概念規定が行われた。「民族協同体秩序の枠内での、取引における法的関係・義務の、表示された意思の合致によって媒介された設定・変更[215]」と。ここでは、「民族協同体秩序」の要請が常に規定的意味をもちうる形での実質化が表現されている。

このような方法によって、「技術的概念」――取消し、無効といったそれ[216]――を除いて、主要な形式的概念がすべてナチス化され、更にそれらは具体的一般的概念或いは具体的類型的概念として一般条項的性格をもつことになる。

三　新しいナチス的概念の導入。前に第三の特色としたナチス的評価を表現した概念の導入ということのなかには、具体的類型的概念であるものと、既存の一般条項の操作との関連で現れるものとがあった。ここでは、前者――人法的法的関係、その要素である合意（Einung）といったそれ――については、人的結合を直接的に表現するためのもの、その結合をナチス的評価を視点としてみるということを表現するためのもの、ということを指摘するに留め、以下では後者について述べる。

前章で、ラレンツによって契約の有効要件に関して「法律行為による形成可能性を濫用すること」という類型（構成された規準）が導入されたと述べた。この類型は、形成可能性の民族協同体による承認という考え方を内在しているという点でナチス的であった。そして、合目的的・政策的衡量を表現する規準であった。この類型は、ラレンツによって、反良俗性という既存の一般条項の外にあるものとして提示された[217]。ここから、一般条項操作・個別的内容確定に関するラレンツの姿勢を窺うことができる。というのは、次に述べるように、この新しい類型の導入が、一面既存の類型からの規定を受けつつ、他方、事実上それらを覆すという意味をもつものであったからである。

ラレンツにおいては、契約の有効要件に関するＢＧＢの規定も、彼の解釈方法論（目的的客観的解釈）に従って、「現代的（gegenwärtsbezogen）」に理解される。そこでは、一三八条の「良俗違反」の解釈は、「ドイツ民族の本質にかなった道義的世界観、とくに、ナチス世界観及び協同体理念の立場[218]から行うべしとされる。そこでは、「生きた良心（Gewissen）」が決定的であって、それは、「……民族仲間の良心として、個人的かつ超個人的（persönlich=überpersönlich）である」とされ、また、「民族的特性（Art）の内部で模範的と感じられる」それ、と表現される[219]。そしてまた、ラレンツは、具体化を必要とする尺度＝一般条項の具体化においては、そこで行なわれる「評価」を、裁判官から「いかなる一般的（genenell）指示によっても奪」ってはならない、と述べた[220]。

従って、論理的には、彼が導入した類型は、彼の一三八条の解釈によって可能なものであった。また、既に存在する類型も、「評価を奪う」傾向の下にあるものとして斥けることも可能であった。しかし彼は異なった構成を選択した。このことは勿論、第一には、ナチス民法学にとって、従来の類型の具体的結果をすべて否定するということまでは、ナチス前の個別的規準一般に対すると同様、必要ではなかった（a＋a´が重要であって、a→āではない）ということによる[221]。しかしまたその限りで既存の類型の存在の現実の拘束的意義を一面においては承認するということでもあった。従って、従来からの一三八条に関する類型は、その限りでラレンツによる一三八条の類型化にも現実的な拘束性をもったといえる。

しかし、一三八条の外での政策的衡量を求める新しい類型（a´）は、既存の類型の意義を大幅に低下させるものであった。従って、このことはラレンツが、個々的類型構成の現実的意義を認識しつつ、事実上それを全面的に覆す可能性を存在させることを選択したということを意味した。

**四**　かくして、ラレンツによる具体的概念構成を通しての一般条項論は二つの内容をもった。一つは、根本的思考の組み込み即ち、あらゆる形式的概念の実質化＝ナチス化。もう一つは、既存の一般条項解釈との関連での、新しいナチス的類型の導入ということであった。前者による具体的一般的概念・具体的類型的概念は、後者における類型運用の前提ともなるのである。

このような構成方法は、様々な操作に拘わらず、「民族協同体」思考を不可欠な要素とすることによって、概念による再構成を通しての内容的一義性を確保しようとする試みとは対立する。このことは次のことによる。まず第一に、論者による評価・選択が、内容そのもの（勿論それへの承認はあるのだが）に関してよりも、ナチス的政策の実現の方途を開くということ自体により多く向けられているということによる。そこでは、内容的確定の前提をなす個別的政策判断は、論者によってなされるのではなく、指導＝行政的判断に委ねられているのである。従って、この構成方法では、常に「民族協同体」＝ナチス的政策意思へ立ち返ることを要求するということを表現することが第一次的問題であった。そして、第二に、単に政策意思実現ということによるだけでなく、規準を通して個別的内容確定を志向することに対しては、ナチス的政策自体に由来する困難さがある。ナチス政治権力の政策意思が、様々な要因に規定されているとはいえ、フューラーの意思に依る部分をもつからである。

しかし、この構成方法の中心に位置する一般条項は、規準としての内容的一義性の低さにも拘わらず、拘束力は抽象的一般条項に比べて高い。それは、一般的な形ではあれ、また、適用可能な形への再構成はなされていなくても、一定の実質的評価＝ナチス的評価が表現されているからである。従って、既にジーベルトが明言していたように、個別適用場面でのこの種の一般条項の拘束力は、規準構成そのものによりも、より多くその表現する評価の貫徹に依っていたのである。

そして、また、この構成方法自体が、ナチス的合目的的衡量の全般化・ナチス的評価の貫徹を促進するものであった。即ち、フライスラーのいう「裁判官の行政官的作業」を促進させる環境を作るものであり、また、学説内部においても、具体的秩序思考に対応した構成方法として、ナチス性をラディカルに示すことによって、反市民的構成への全体としての傾斜をより容易にしまた要求するものであった。

(207) Larenz, Über Gegenstand und Methode des völkischen Rechtsdenkens, S. 45. なお、ラレンツは、ヘックの整序概念論を批判して、概念の思考方向付け機能を重視する。a. a. O., S. 44. 従って、この方向＝民族的法思考を表示した概念の構成が要求されることになる。

(208) なお、権利概念については、主として、ナチスイデオロギーの浸透という角度から、広渡「キッツェベルク会議における若き法律家たち」法学論叢九二巻四〜六号二九四頁以下で扱われている。また、Thoss, Das subjective Recht in der gliedschaftlichen Bindung. 参照。

(209) Larenz, a. a. O., S. 50.

(210) Larenz, Zur Logik des konkreten Begriffes, DRW V 1940, S. 285. また、derselbe, Über Gegenstand, S. 47.

(211) Larenz, Über Gegenstand, S. 51.

(212) ebenda

(213) Larenz, a. a. O., S. 50.

(214) ラレンツは、具体化を必要とする尺度（一般条項のこと、Über Gegenstand, S. 21. derselbe, Vertrag und Unrecht II, S. 142f. 参照）、具体的一般的概念、具体的秩序思考は一体をなす（zusammengehören）とする、Über Gegenstand, S. 53. なお、ジーベルトにおいては、具体的一般的概念＝根本的原理（名誉、忠誠、民族仲間、所有）とされる。Siebert, DRW I, S. 246. 逆にヴィアッカーにおいては、「抽象的一般条項」と対置して、具体的一般的概念という表現ではなく、「具体的に規定可能な一般条項」が論じられる。Wieacker, DRW II, S. 23.

(215) Larenz, Über Gegenstand, S. 46.

(216) Larenz, a. a. O., S. 53.

(217) 「行為は、その一般的性質上は全く法的に許されるものであっても、なお、その特別な形、その特別な目的等々の故に、個々的な場合に、民族的秩序の基本的思考に矛盾することがある。つまり、その行為は、それ故必ずしも一三八条の意味で非道義的である必要はない」と。Larenz, Vertrag und Unrecht I, S. 85.

(218) Larenz, a. a. O., S. 81. また、derselbe, Vertrag und Unrecht II, S. 142ff. 参照。

(219) Larenz, Vertrag und Unrecht I, S. 81. II, S. 244.

(220) Larenz, Über Gegenstand, S. 19.

(221) Larenz, Vertrag und Unrecht I, S. 82 ff. で示される類型は、法律行為の総合判断を、内容・動機・目的に再び分解し直すというものである。これは従来からの類型化の軌道上にある。

## 第三節　具体的一般的概念構成への批判を通してのナチス的構成方法の確定

初期の一般条項論で示されたナチス的構成の方向は、このように具体的一般的概念構成によって一つの展開をみたのであるが、しかしこの構成方法は、その基礎をなす評価方法＝具体的秩序思考がそうであったことと並行して、そのまま民法学全体によって受け入れられたというわけではなかった。以下では、まず、具体的一般的概念構成に対しての、学説内部での市民的傾向の継続或いは回復という意味をもちえた批判を検討し、次いで、そのような批判の存在を一つの前提としての、なお具体的一般的概念構成とは異なった形での、本来的ナチス学派を批判するナチス適合的学派による初期の方向の確定の過程をみていく。

### 一　具体的一般的概念構成に対する、市民的構成の主張という意味をもちえた批判

㈠　まず、マニークによる具体的一般的概念批判と形式的概念の擁護について。マニークは、具体的一般的概念構成を、「現代における、概念及び体系への敵対的傾向[222]」の現れであるとする。これは、彼が具体的一般的概念構成をいわば反概念法学の流れの一つとして捉えていることを意味する。そして、「ことに……一般的契約概念に対する今日の闘争は、（昔のドイツ法の既に克服された方法〔近代前のそれのこと――筆者〕への）方法的後戻り（Rückfall）である[223]」とする。彼においては、法の一般的性格が歴史的文化的発展の結果として積極的に評価され、「新しい傾向」はこれに対する法分散性への方法的後戻りであり、法カズイスティークな方法への傾斜であると批判されるのである。つまり、マニークにとっては、概念法学的方法は批判されるべきもの[224]であって、「概念法学の危険を防ぐために、今なお現れるカズイスティークな方法への傾斜[225]」もまた批判されるべきものであった。彼は、カズイスティークな命題

構成を、法の安定性に対立的なものであると考える。彼によれば、「裁判官は、規範の具体性によっては、単に明示的に規整された事例に関してのみ現実的に拘束される」ことになり、裁判官の規範への目的論的拘束ということの存在にも拘わらず、法の不確実性は大きくなる。そして実際的妥当性の見地からも、適切な鳥瞰（Überblick）の欠如の故に、等しくないものを等しく扱うことによる不正義に陥る危険が大きくなる、と。[226]

これに対して、マニークは法理論・法実務による概念構成の必要を次のように強調する。法的概念は法定的拘束道具（legales Bindungsmittel）である。そして、規範によって概念上不可抗的に（begrifflich zwingend）即ち論理的に確固として表現された法的実体（Rechtssubstanz）、適用のために直接的に概念的に対象把握が可能な法的実体のみが、判断上の安定性を伴った効力を獲得する、と。[227] 彼によれば、「概念によって保障された法の安定性ということが、高度の法文化をして法の定立を志向せしめたものなのである」。[228] そのような規範は、「正しく一般化する規範」[229] であることが前提とされている。

マニークによれば、法規定の展開・形成を可能とし、「一般的法把握の根本的変更に拘わらず、新しいドイツ国家において……有用であり続けることを可能」にするのは、ＢＧＢが、形式的固定的概念と展開可能性をもつ概念のうちの後者をより多く用いているからである。[230] この法解釈による展開において、明確性及び鳥瞰を確保することが不可欠なものとされる。その際の、法律学の専門性に基づく概念・体系形成の意義が強調される。従って彼は、民衆性（Volkstümlichkeit）を根拠としてなされる規範の具体化・一般的概念の崩壊（Aufspaltung）への要請に反対するのである。[231]

このように、確かにマニークによる具体的一般的概念構成批判は、この構成のもつ一般条項化的性格に直接に向けられたものではない。しかし彼のカズイスティーク批判の背景にあるこのような概念構成論は、事実上、具体的一般的概念のもつ一般条項としての一面に対する批判となりうるものであった。更にまた、マニーク自身、一般条項の進出に懐疑的であったであろうことは、彼が、裁判官の形成作業に関して、それを強調する「新しい思考」に対して否定的態度をとっていることからも間接的に窺うことができる。マニークのこのような主張の立脚点は、客観的には、政治権力と区別された「私的自治」を基礎とする社会であり、その観点から一般的概念を道具として規準の一義性を確保することによって、判断の安定性を獲得しようとするものであった。[232]

マニークの具体的一般的概念構成批判は、形式的一般的概念の強調に基づくが故に、ラレンツによって反批判され、また、その他の論者によっても、具体的一般的概念構成批判ということ自体は賛成されても、それ以上の積極的な支持を受けなかった。

ラレンツにとっては、構成問題は、「理念の具体化」・「民族的思考」の表現ということであった。そこでは、「民族協同体」の視点から重要であるとされる社会的事実の意義の差違を表現することがなされるべきものであった。従って、マニークのいう一般的概念内部での類型化は、ラレンツにとっては、「新しい法感情」をより適確に表現することには不充分なものとされた。[233]

また、マニークによる批判は、他の具体的一般的概念批判者のなかに、とりわけ総則・権利概念を巡って、批判という点での賛成を見出す。そのことによって、マニークの批判は、それらの論者の具体的一般的概念構成に対しての形式的概念の部分的擁護への一つの支えを提供した。しかしながら二つの点から、マニーク自身の主張の内容は一般的な支持を受けるには至らなかった。第一に、既にナチス前からの「生活接近」への方向、即ち、概念・論理によるコントロールでなく評価することを広く求める方向が継続していたということ。第二に、「法革新」を唱える者にとって、この「生活接近」の一部をなすことになる内容をもった「協同体の利益」は、概念によって了め明確なものとすることになじまないものであった、ということによって。

㈡　次に、ヘックによる具体的一般的概念構成批判と形式的概念の擁護について。ヘックによる批判は、キール学派が意味変更を行うことによって一般的概念を規範獲得に用いるとするものである。そして、自らは形式的概念を整序概念として維持することを主張するのである。まず批判からみていこう。

ヘックは、具体的秩序思考における評価方法（ヘック流にいえば規範獲得方法）に関しては自らとの一致を主張していたが、構成方法に関しては当初から激しい批判を行った[234]。これは、ヘックが、具体的一般的概念構成は規範獲得と整序問題を混同するもの、彼の最大の任務とする概念法学克服の方向に逆行するものと考えたからである。従って、構成方法批判のこの角度は、マニークとは逆に、「古い概念法学的方法の再生」・「第二の概念法学」の危険ということであった[235][236]。ヘックにとって、一般的概念は規範獲得には関係せず、整序道具であった。従って、「規範の革新」は、一般的概念とは差し当たって無関係に、具体的生活状況における協同体目標の実現ということによって行われるべきであるとされ、その後で、あるべき規範構造にとっての整序道具の適合性が検討されるべきものとされた[237]。このことから「古い方法を維持したまま、従来の根本概念を新しい根本概念（義務・法的地位）によって置き換えようとしても、（古い方法と）同様に不都合な結果が生ずるであろう[238]」という批判になる。

次に彼は、規範獲得後の作業であるとする整序道具の適合性の検討に関して、従来の形式的一般概念の維持を主張する。そこでは、一般的概念の従来の使用方法には反対するが、利益法学によってそれらの概念の正しい使用方法が提示されることによって、それらが有害でなくなるばかりか、鳥瞰（Übersicht）を提示するという有用性をもつようになるとされる[239]。彼はいう。一般的概念の伝統的な取扱いを擁護しようとするものではない。とりわけ、権利という中心概念から不毛な構成上の争いを惹き起こしたりすることに対して。これらの不都合は、この概念を整序付け機能に制限することによって自ずから消滅する、と[240]。そして、「権利」概念が、民族仲間の日常用語での使用方法・民衆の意識に合致するということ及び体系形成における有用性ということによって、整序道具として維持されるべきであるとするのである。そこでの「有用性」とは次のことである。裁判所に問題を持ち込むのは請求する者であり、裁判所がその存在・根拠を問わなければならないのはその請求（Ansprüche）である。従って、裁判所は請求の根拠付けのカタログを必要とする。そこに権利概念の体系的役割が存する、と[241]。

このような、形式的一般的概念及びその下の様々な命令概念によって鳥瞰を確保するという方向の提示は、自らのナチス前の整序方法及び道具に変化がないということの宣言である。そしてそれは、形式的概念を中心とすることを可能とする評価――請求の根拠付けカタログを必要とする裁判及びそれを求める社会を前提とする評価――に適合的なもの＝市民的構成方法という意味をもちえた。

しかしながら、ヘックの主張のなかでは、概念構成によって規準の内容的一義性を志向するということは、方法的にはなんらの位置ももっていなかった。彼にとっては、ナチス前と同様、規範獲得特にそこで評価を行うことを求めることが中心的問題であった。このことから、一般条項に関する次のような彼の姿勢が現れる。即ち、ヘーデマンによる一般条項がもたらす法的不安定性の危険の指摘に対して、ヘックは、法律上の価値判断の遠隔作用（Fern-wirkung）ということで予見可能性を確保しうる、と述べた[242]。このことからは、彼において、「鳥瞰」を不可能とするような「法律上の価値判断」は予定されていなかったということが窺われる。つまり、彼のいう「鳥瞰」が形式的概念を中心として行われ、それがまた「安定性」・規準の一義性確保の機能を果たしうるのは、彼の評価方法を前提とする限りにおいてであった。そしてまた、ヘックのヘーデマンの警告への対応は、評価することを求めるがヘックの評価方法とは異なった出発点をとるに至る他の論者において、具体的一般的概念批判は行われても、全体として反市民的構成方法に傾くということを示唆するものであった。

二　具体的一般的概念構成批判とナチス的構成方法の確定。ナチス的評価方法ということに規定されての構成方法の変化を示すのは、具体的一般的概念構成だけには限られなかった。具体的一般的概念構成において明示的特徴的に現れるナチス的評価に適合的な構成への方向と共通するものは、一般的具体的概念構成批判者においても異なった形で現れてくる。このことは、それら批判者達が、具体的一般的概念構成を批判するとともに、自らがナチス的「現実適合的」構成方法を提示するということである。それは初期の方向の確定と呼びうるものであった。従って、具体的一般的概念構成は、具体的秩序思考が一般的支持を受けえなかったということと並行してそれ自体としては一般的支持を受けたわけではなかったが、反市民的構成方法の確定ということにとって一つの環境造りとしての機能を果たしたといえる。

(一) まず、具体的一般的概念構成批判による形式的概念の一定の擁護とその内容について。それら批判者達は、より「現実的」視点から、形式的一般概念の維持を主張する。しかしながら、この維持の主張には、マニーク、ヘックによる批判におけるいわば概念の形式性を自明なものとしてのそれとは異なって、批判者の構成に対する基本的な考え方に規定されて、常に批判者自身において限定が付されることになる。

シュトルは、ヴィアッカーの所有（権）概念に対して、それを「正しい帰属（gerechte Zuordnung）」であるとする概念規定は、民衆において支配的な法的考え方が指示されているだけで、実務には何も役立たない[243]、と批判する。そして、一般的概念の意義を次のように強調する。ヴィアッカーは、抽象的[244]一般的概念の意義を看過し、それの法的理念との関係について考慮しなかった。つまり、法的現実に正しく応えるために必要なのは、生活現象の多様性を記述的に追い求めることではない。共通のメルクマールの強調或いは対比・区別によって、多様性を統御（meistern）しなければならない。そのために我々は一般的概念を構成するのである[245]、と。

同様にランゲも、ラレンツによる権利・権利能力概念の否定に対して、「取引法の領域においては、……統一的に規律された権利能力は取引安全の強化を意味」し、「特別なるもののいかなる強調にも拘わらず、あらゆる人間の権利能力の承認は将来において有意義であろう」と批判する[246][247]。

法的構成におけるこのような「抽象的」一般的概念の擁護の主張は、また〝現実的評価・衡量〟＝実用性の強調によって根拠付けられた。しかし、他方、この〝現実的〟思考が、これらの論者においてはそれとは異なった方向の根拠付けともなった。このことが、これら批判者達の主張をヘック、マニークのそれと異なるものとし、自らの市民的構成の一定の回復としての意義を低下させたのである。

まず、彼らにおいて、具体的一般的概念構成は、「哲学的」に基礎付けられた「ドグマ実証主義」という形の「概念法学」であると批判された[248]。これは、個々的構成における根本概念の操作・変更の問題に終始しない現実的実用的視点の重要性を主張するものである。「新しい体系及びドグマ的根本原理の案出（Ersinnen）は、……来たるべき法の個々の規則を伴わなくては、実際的価値は少ない[249]」という考え方である。このような、日常生活に即した実用性ということの強調が、具体的一般的概念構成批判のそしてまた「共通な重要なもの、本質的なものを認める[250]」ための「抽象的」一般的概念擁護の根拠になりえたのは、概念構成における「生活接近」ということの内容の、具体的一般的概念構成論者との相違による。つまり、具体的一般的概念構成論者においては、「民族的生活」の把握・評価にナチス的世界観が内在化されており、そのナチス的法的理念を「具体的」に表現することが概念構成の任務であるとされる。これに対し、批判者が彼らのいう日常生活に向かう態度には、そのようなナチス的視点は内在化されてはいない。そこでは、継続している資本制的現実からの要請への適合的対応ということが第一次的なものであった。そして、その「生活現実」には一定の形式化への要請もなお存在したのである。また、評価方法そのものが直接関係する具体的秩序思考を正面から批判するよりも、その表現としての具体的一般的概念構成に対しての批判のほうが、現実性・実用性といういわば無色なものを根拠として、より明示的に行われえたということもあった。

しかしながら他方、「実用性」を求める視点である生活接近ということは、これら論者において、形式的概念の擁護が具体的一般的概念構成に対して持ちえた市民的構成の一定の回復という契機を後退させることを求めるものとしてもあったのである。このことは、一つには、「衡平」ということを掲げるナチス前からの方法的傾向の構成場面におけるより一層の展開である。しかし、なによりもこれら論者の構成方法にとって規定的であったのは、「現実」ということの内容的変化である。具体的一般的概念構成論者におけるナチス的要請の内在化とは異なるにせよ、その批判者達においても「協同体思考」が評価方法において掲げられ、そこではナチス的合目的的政策衡量の要請がなされる。このことは、必然的に法的構成の形式性と対立する。ナチス前からの衡平志向とナチス的政策的衡量という二つのことが結び付くことによって、これら論者による具体的一般的概念構成批判は、そのもちえた市民的構成の一定の回復としての意義を大幅に低下させた。

即ち、論者が形式的概念を中心に置いたドグマ的構成の存在意義を承認する際に既に、その意義を限定することが伴っていた。例えば一般論として次のように述べられる。現実の素材の洪水（Anschwelle）に直面して、法的技術的問題の著しい縮小（starke Schrumpfung）が存在する。法律学は自己目的ではなく、民族への奉仕者であり、構成がではなくその結果のみが存在意義の尺度である、と。[251] たしかに、およそ法的構成の存在意義を否定するかのような自由法運動の一部の論者を除いて、法的構成をその結果によって判断するということ自体は、反概念法学的方法の共通の主張である。しかし、そこで問題なのは、自己目的でないことを明らかにしたうえで、法的構成にどのような意義を与えるかということであり、また、構成が、手段として奉仕すべき内容・評価に規定されて、どのような性格・構造をもったものとなるかということである。ランゲにおいて構成に予定される「民族への奉仕」の内容は、「外的法的安定性」の保障ということである。つまり、「共通な本質的メルクマールを引き出すことは、決して概念遊戯ではなく、総括（Zusammenfassung）と明確化」を表し、それによって、「外的法的安定性（äußere Rechtssicherheit）に奉仕する」[252]とされるのである。「外的」というこの表現は、勿論、「内的」に対して第二次的なものという意味で用いられている。彼においては、「外的」安定性には、「衡平」が「真の正義」[253]として対置される。彼は、従来のドグマティークに関して、それが「内的法的安定性」＝衡平の要請への適合技術（諸解釈技術）をも提示したとして、それと合せて初めて、「外的」安定性奉仕機能の意義を承認するのである。[254]

この時期における「衡平」の強調は、ナチス的政策的衡量の実現の一つの途であった。[255][256] そして、ランゲの主張に示されるような、衡平要求に対置させての構成の機能の限定は、このように明示的・詳細に論ずるものではないにせよ、他の具体的一般的概念構成批判者達にも共通の傾向として存在していた。それが、この時期の一般条項論の性格を表している。

㈡　具体的一般的概念構成批判者の一般条項論と初期の方向の確定。確かに、上述の形式的概念の一定の回復の主張と並んで一般条項に関しても、ナチス初期におけるような強調及びその展開と呼びうる具体的一般的概念構成による一般条項操作に対して、一定の留保が現れる。[257][258] しかし、一方での形式的概念の擁護と同時に、それと並行して、それらの修正道具として一般条項が不可欠とされ、その運用において、内容的一義性の回復を志向するのではなく、もっぱら衡平への奉仕が期待される。また、それらの論者の評価方法における現実的機能を予定された「協同体思考」が一般条項の内容を明確にする作業を困難にする。従って、このような連関の下での一般条項の存在は、形式的概念との並列にも拘わらず、市民的構成方法からの事実上の全面的転回に通じるものであった。これら論者の主張は、一般条項が「中心的位置」に存することを求めた初期の方向の一つの確定といえるものであった。このような展開は次のように行われた。

まず一般条項の位置付けについて。ランゲは、多くの法律家が、ナチス権力掌握後の法展開のなかで、キール学派に対立する立場に立ち、次のような作業を行ったという。彼らは、民事法の新形成のなかに実際的・技術的問題をみた。即ち、柔軟な衡平条項によって、あらゆる厳格な規則を溶解する（auflösen）という作業を。そして、それらのうちの少なからぬ者達は、新しい法律の理想を、「個々の事件において、信義誠実が別段のことを要請しないときは……」という条項が付加された規則にみている、と。[259] これは、キール学派に対してとはいわば逆方向に対しての批判として述べられている。現実の法運営において、量的には、従来からと同種の問題が多く扱われるのであるから、ランゲのいう、法律学の多くが、中心作業としては従来の学説・伝統（bewährte Lehre und Überlieferung）に依るということには不思議はない。[260] しかし、ランゲが述べるのとは異なって、一般条項をめぐるこの現象は、継続する「衡平」の要請のナチス前からの実現形式というだけでなく、「協同体思考」を評価方法のなかで現実に内容をもったものとして掲げ、かつ具体的一般的概念構成には批判的な論者——従ってランゲも含め——による構成方法でもあった。[261] それは、基本的体系を維持しながらの、不可欠なものとされるナチス的政策的衡量の要請の実現を可能とする構成方法として現れたのである。このことは既に、既存の（抽象的）一般条項をナチス的に運用するということへの選択の存在を示している。

次に、この構成の内容をみてみよう。具体的一般的概念構成批判者においては、形式的概念を維持するということが批判の眼目であって、一定の留保は現れるとしても、自らがナチス初期に示した方向を変更するということは問題とならない。初期の文献は、自らが既に、「法革新」「現実適合」的方法を提示しているということによって、具体的一般的概念構成批判における重要なひとつの足場ともなるものだった。従って、確かに、一般条項の積極的利用を一般論として論ずることは少なくなったとはいえるがなお、一般条項に関して行なわれる作業はナチス初期の方向の継続を示していた。

既にみたように、ナチス初期の構成方法論においては、ヘーデマンの行った一般条項の内容的一義性の低さということに基づく「法的安定性」への危険の存在の指摘に対して、ナチス世界観の貫徹ということに、(ヘーデマンが考えたとは意味の異なった)「法的安定性」の確保を求めるという方向が示されていた。それは、一般条項の適用の問題となる社会関係に関して、論者の評価の方向に沿って、法的に重要であるとされた社会的事実に対応する個別命題に再構成するという方向、即ち、それによって、規準の一義性を回復することを通して、「法的安定性」の回復・維持を図るという方向ではなかった。

そして、具体的一般的概念構成批判者においても、ナチス世界観の貫徹に、一般条項の適用の「安定性」が求められた。そこでは、裁判官による「(一般条項の内容を規定する)世界観・法観(Rechtsanschauung)の把握」[262]、そして、それを可能とする「世界観の完結性」[263]が、「法的安定性」を保障するものであるとされた。規準構成の方途を抜きにしてナチス世界観のみを指示することは、「叙述問題」＝構成の意義を全く否定する立場をとるヒルデブラントの一般条項についての主張、即ち、「良俗違反」は、(その内容を)「ドイツ的血協同体の安全と維持」に沿って決められる、[264]とする主張に通じるものである。そこには、従来の抽象的一般条項に関して、その内容的再構成作業を放棄したうえで、ナチス的評価に沿った運用をするという方法が示されている。

従来の一般条項運用に関して、評価することのみを求めるという傾向は、そのような形では明示しない論者においても、彼らの概念操作への姿勢から現れてくる。例えばシュトルは次のようにいう。「〝信義誠実〟（或いは〝善良の風俗〟）についての概念叙述（Begriffsbeschreibung）は、ほとんど価値をもたない。それらが我々に何を述べようとするかは概念においては把握されえないのであって、それは、協同体感情・生活体験の問題である[265]」と。

そして、このような傾向は、具体的には次のような現象となる。第一に、各一般条項の適用範囲の相互的画定を無意味なものであるとする考え方である。例えば、ウェーバーは、信義誠実と衡平、信義誠実と善良の風俗の間に内容的な差違はないとする[266]。第二に、このような姿勢は、それらの一般条項を、個々的に適用範囲を定め概念によって表現するという作業自体の機能の低下を意味する。ナチス時代に入ってからも、ナチス前の様々な類型化作業の産物（双務契約における犠牲限界、継続的関係の告知における重大な事由等々）は基本的に引き継がれた。しかし、それらの類型の外に内容的確定が放棄された一般条項が存在することによって、それら類型は常に合目的性衡量によって優先される可能性の下にあることになる。第三に、この姿勢は、引き継がれた類型内部での再構成においても現れ、それによって再構成のもちうる一義性回復機能に阻止的に作用する。例えば、期待可能性（Zumutbarkeit）というナチス前からの一般条項（信義誠実の一類型とされるもの）に関して、かつての「経済的視点」に対して、「民族協同体の利益」・「人的結合」の顧慮を要求すること[267]は、類型化作業のもちうる機能を失わしめる。

ところで更に、これらの具体的一般的概念構成批判論者においても、従来の一般条項の運用の変更ということだけでなく、ナチス的協同体思考を表現する一般条項の使用も現れる。例えば、「民族協同体の利益」（ランゲ[268]）、「民族的協同生活の原則に対する重大な侵害」（ラインハルト[269]）等々である。これらの論者によるナチス的色彩を帯びた一般条項の導入は、ザイデルが信義誠実条項に対して非ナチス的であると批判した[270]ような既存の一般条項の価値理念に対する明確な批判、その排除の主張に導びかれたものではない。それら論者においては、信義誠実等は、既に操作によって「現実接近」を果たされており、新しい一般条項はそれとの断絶のない新しい表現としての登場であった。従って、それらは、これら論者にあっては、なお中心におかれた抽象的一般条項の運用における、内容的に不可欠な部分を表すものという意味をもった。

かくして、ナチス民法学の構成方法ということでは、明示的な反市民的構成たる具体的一般的概念構成と、それに対する批判者達の、市民的構成への一定の回復の契機をもつものの、事実上反市民的構成を確定的なものとすることになる主張によって、ナチス的評価の実現の道具が提供されたのである。この過程は、一般条項の機能という点からは、次のように纏めることができる。具体的一般的概念構成という方法は、ナチス的実質的評価を表現する一般条項（及び一般条項化された概念）を前面に押し出しまた全領域に推し及ぼす。従来のＢＧＢの一般条項は、それら実質的一般条項に従属するものとなり、実質的ナチス的評価を表すものとされるようになる。この構成方法による一般条項は、たしかに要求される評価の方向は明確であっても、個別規準への再構成は重要なこととはされない。従って、この一般条項がもちえた拘束力・機能は、規準そのものの一義性によってではなく、周囲の政治的状況と結び付いて存在したのである。これに対し、具体的一般的概念構成批判者においては、従来からの一般条項の一義性をより低めることによって、ナチス的運用が可能とされた。そこでは、ナチス的実質的概念は構成方法の中心には存在しない。しかし、この構成方法においては、一般条項の内容的一義性が低く決定規準としての拘束力が弱いということがまさに、周囲の政治的状況と結び付いて、これら批判者達の主張をして、既存の一般条項を中心としつつナチス的評価の実現に適合的な構成たらしめたのである。

(222) Manigk, Neubau des Privatrechts, S. 114.
(223) Manigk, a. a. O., S. 121.
(224) マニークにとっては、概念法学的方法とは、一般的見解のようには、自由主義的時代の方法的欠陥とみるべきものではなく、「あらゆる時代の、法の形式的側面に芽をもっている法律家病（Juristenkrankheit）とみなされるべき」ものであった。Manigk, Rechtsfindung im neuen Deutschen Staate, ARSP 30, 1936/37, S. 118.（これは、ヒルデブラント同名書への書評）。そして、それは、法適用・事件解決においてはじめて生じるものとされる（Neubau, S. 113）。つまり、理念によって個々の概念・法規定を「有機的」に組織立て役に立つものとする体系を抜きにして、個々的事実関係に概念を適用することから生じる、とマニークは考えるのである。従って、彼にとっては、体系との連関の欠如が批判されるべきであって、体系及び一般的形式的概念構成そのものの問題ではなかったのである。

(225)　Manigk, Neubau, S. 113.

(226)　Manigk, a. a. O., S. 117.

(227)　Manigk, a. a. O., S. 111. この法律規範における概念的明確性の要求は、法律学の作業にも当てはまることを当然の前提とされていた。

(228)　Manigk, a. a. O., S. 112.

(229)　Manigk, a. a. O., S. 117.

(230)　Manigk, a. a. O., S. 111. なお、彼のいう「形式的固定的」ということは、本稿で用いている「形式的」ということよりはるかに狭いことばである。例として、ＢＧＢ二条の「満二一歳 Vollendung des 21. Lebensjahres」という概念が挙げられている。また、「展開可能」な概念も一般条項のようなものが考えられているのではない。例として、同二条の「出生の完了（Vollendug des Geburt）」、同七条の「定住（ständig niederläßt）」を挙げている。

(231)　Manigk, a. a. O., S. 120

(232)　Manigk, a. a. O., S. 130参照。

(233)　Larenz, Neubau des Privatrechts, AcP 145, S. 96f.

(234)　「概念形成についての差違は決定的に大きい（wesentlich stärker）」と。Heck, Rechtserneuerung, S. 35.

(235)　Heck, Neue Gegner, AcP 142, S. 301. derselbe, Rechtsphilosophie, AcP 143, S. 182.

(236)　同じく具体的一般的概念構成を批判しながらもマニークとは角度が異なるということを、ヘックは、「（マニークの批判は）私の側（meinerseits）からとは異なった側から（von anderer Seite）の批判である」と表現している。Heck,

Der Allgemeine Teil des Privatrechts, AcP 146, 1941, S. 4.

(237) Heck, Rechtserneuerung, S. 36.

(238) Heck, a. a. O., S. 36. また、derselbe, Der Allgemeine Teil, S. 23.

(239) Heck, Der Allgemeine Teil, S. 8. なお、ナチス前の例えば、derselbe, Grundriß des Schuldrechts, 1929, S. 472, 474も同様である。

(240) Heck, Rechtserneuerung, S. 36. 総則の擁護も同様の根拠付けによって行われる。derselbe, Der Allgemeine Teil, S. 11.

(241) Heck, Rechtserneuerung, S. 37f.

(242) Heck, Besprechung zu Hedemann Die Flucht in die Generalklauseln, JW 1933, S. 1449.

(243) Stoll, Besprechung zu Wieacker Wandlung der Eigentumsverfassung, DJZ 1935, S. 1164.

(244) シュトルのこの言葉は、本稿でいう「形式的」に近く、筆者が一般条項の分析枠組で述べた「抽象的」とは異なる。念のため。

(245) Stoll, a. a. O., S. 1165. なお彼がここで述べている、概念を法的評価＝「法的理念」と結び付けるということは、また、ヘックの整序概念論を批判したうえで、統一的理念＝ナチス的価値観を強調して、「旧い概念を取り換え」る可能性の存在をも示すものである。derselbe, Besprechung zu Heck, Rechtserneuerung, DGWR 1937, S. 63.

(246) Lange, Besprechung zu Larenz Rechtsperson und subjektives Recht, AcP 143, 1937, S. 106f. なお、そこで、ランゲは〝権利概念〟の検討は後日に譲るとしている。しかし、現実にはそれは行なわれない。具体的一般的概念構成をめぐる議論が、その後の時期においては、民法学の中心的問題ではなくなるということもあるが。

(247) その他には、例えば、Würdinger, Besprechung zu Siebert Vom Wesen des Rechtsmißbrauch, AcP 143, S. 274ff. Boehmer, Das Schriftum zur Erneuerung des bürgerlichen Rechts, DRW IV, 1939, S. 79, 87. Weber, Staudinger-Kommentar, II Bd. Recht der Schuldverhältnisse, I Teil, §§241-245, 10. Aufl. Anm. 248ff. zu Einleitung. など。

(248) Lange, Lage und Aufgabe bei deutschen Privatrechtswissenschaft, S. 26. また、Stoll, Besprechung zu Wieacker

前注（243）、DJZ 1935, S. 1165.

（249）Lange, Wesen und Gestalt des Volksgesetzbuchs, ZgStW 103, S. 242. また、ボェーマーは、具体的一般的概念構成を、それは、〝事実即応性（Sachlichkeit）〟という覚めた基調が、不明瞭な激情（Pathetik）に道を譲った表現形式である、と批判する。Boehmer, Das Schrifttum. DRW IV, S. 78.

（250）Lange, Wesen und Gestalt, ZgStW 103, S. 244.

（251）Lange, Lage und Aufgabe, S. 17. また、derselbe, Wesen und Gestalt, ZgStW 103, S. 242.

（252）Lange, Lage und Aufgabe, S. 21.

（253）Lange, Vom alten zum neuen Schuldrecht, S. 38f.

（254）Lange, Lage und Aufgabe, S. 21.

（255）キール学派に対して、それが「概念法学を尊重（Ehre geben）」するものであるとして批判するヒルデブラントは、ランゲの立場を「補足」するとして、衡平要求の強調に基づき、「法的構成は、法生活にとっては、常に無益なもの（unfruchtbar）である」と主張する。Hildebrandt, Besprechung zu Lange Lage und Aufgabe, ARSP 32, 1938/39, S. 106.

（256）たしかに、初期に比べると、ランゲの主張のなかで、「衡平」の強調が部分的に後退する。しかし、これもまたナチス適合的意味をもった。即ち、彼は、これを衡平と判決の厳格さ・明確さ（Härte, Klarheit）の対立（Gegenpole）の緩和であるとする（derselbe, Wesen und Gestalt, ZgStW 103, S. 223. なお、また、Stoll, Vertrag und Unrecht. S. 162）。彼は、この問題を裁判官の法律拘束ということと関連させ、この拘束は領域によって異なるとして、家族法領域での強い拘束を、従って、衡平思考の後退を述べる（Lange, Lage und Aufgabe, S. 20.）。このような考え方は次のような背景をもっていた。家族法領域においては、ナチス政治権力の特徴的な政策意思である種族及び人口政策が直接的に表面に出る可能性が多く、立法・学説（ランゲを含めて）において、一般条項によるに留まらず、ナチス的評価内容をもった「一義的」な規準が提示されるようになった。従って、ランゲによるこの領域での衡平に対しての「法律拘束」の要求は、ナチス的評価にとって適合的な道具の提唱という意味をもったのである。

(257) 例えば、 Lange, Wesen und Gestalt, ZgStW 103, S. 255. Rheinhardt, Die Erneuerung des Privatrechts, 1941, S. 46. Weber, a. a. O., Anm. 289 zu Einleitung. など。

(258) また更には、方法的な議論としての具体的一般的概念構成批判には加わらず、また「法革新」の強調を行うこともない論者による一般条項の内容的一義性回復への志向が存在した。例えば、 Hippel F. v., Richtlinie und Kasuistik im Aufbau von Rechtsordnungen, 1942. Mügel, Die Bedeutung der Aufwertung für die deutsche Rechtsentwicklung, DRW V, 1940, S. 59. Molitor, Zum Begriff des wichtigen Grundes, ZAkDR 1944, S. 105. など。これらは、いわば、ナチス民法学の外の市民的構成の方向の存在を表わす。このことは、方法的には、ナチス民法学が行った選択の所在を示すものである。また、このような方向は資本制的計算可能性の回復という現実的要求が社会的に存在する限り、それへの対応として生じるものであり、現実にも一定の領域ではなお機能を果たしたと思われる。しかし、政策的衡量が重要性をもつ場面では、裁判への現実的影響力は後退させられる。

(259) Lange, Wesen und Gestalt, ZgStW 103, S. 220. この叙述は、それらの法律家を批判し、彼らは、現行法（ＢＧＢ）の基本的考え方を前提し、単に改良のみを認めているとするものである。そして、それらは、方法的には、第一次大戦前に始まり、増額評価問題で最高に達した展開を継続するものである、と述べる。

このランゲの把握は、一面においては正しく、もう一面においては正しくない。それらはナチス前の一般条項運用の方法の継続展開の側面をもつと同時に、（ナチス前の一般条項論では予定されていなかった）ナチス的政策的衡量のための道具という性格をもち、また、そのことによって、ナチス前の「展開」の中になお存在の可能性のあった、規律構成を通じての計算可能性回復の志向を持たないものとなっていたのであり、ランゲのように完全に同一視することはできない。ランゲ自身、現実には自らが批判した立場に近かったのであり、従って、ランゲによるナチス前との同一視は、自らはそれとは異なるものであることを示し、それによって自己の「革新性」を強調するという機能をもつものであった。

(260) Lange, Die Entwicklung der Wissenschaft vom Bürgerlichen Recht seit 1933, 1941, S. 15.

(261) Stoll, Vertrag und Unrecht, S. 162. Rheinhardt, a. a. O., S. 47f. Boehmer, a. a. O., S. 88. など。また、ランゲは、

Lage und Aufgabe, S. 14f. で、「ドグマ的構成」との対比で、ナチス前の一般条項の使用方法を積極的に評価し、更に、Die Neugestaltung der Anfechtung und das Vertragsverhältnis, Jhering's Jahrbuch Bd. 89, 1941, S. 343. においては、自ら一般条項の「付加的」な使用を行っている。

(262)　Weber, a. a. O., Anm. 295 zu Einleitung.

(263)　Weber, a. a. O., Anm. 49 zu § 242. この時期において世界観ということがナチス的世界観を意味するものであるということは一般的なこととしていえるが、更に、ウェバーがそこで Seyel, Treu und Glauben, DR 35, 454ff. を引用していることからもいえる。

(264)　Hildebrandt, Rechtsfindung in neuen deutschen Staate, 1935, S. 79.

(265)　Stoll, a. a. O., S. 162.

(266)　Weber, a. a. O., Anm. 59, 61 zu §242. 但し、このような主張のみが存在したという意味ではない。ナチス的構成としても異なった主張も存在する。Siebert, Verwirkung und Unzulässigkeit der Rechtsausübung, S. 129f.

(267)　Weber, a. a. O., Anm. 311 zu §242. なお、シュトルの犠牲限界論の構成は、自らが明示するようにヘックのそれの継続である（Stoll, Leistungsstörungen. S. 9f.）。そして、これに対しては批判が加えられた。Weber., a. a. O., Anm. 324 zu §. 242. そこでは、危険領域論（Sphärentheorie）に、協同体・契約目的の顧慮ということが、信義誠実による要請として、付け加えられる。

(268)　Lange, Die Neugestaltung der Anfechtung und des Vertragsverhältnis, Jhering's Jahrbuch, Bd. 89. S. 343.

(269)　Rheinhardt, a. a. O., S. 85. これは、「良俗違反」概念が色褪せていて（farblos verwaschen）民衆的でないとして、それに代わるものとしての主張である。他に、序文の形ではあるが、「協同の福祉（Gemeinwohl）」（Stoll, Leistungsstörungen, S. 58）、また、具体的内容はともかく、忠実義務（Treupflicht）概念も、「協同体思考」に根拠付けられて、規準の中に持ち込まれている（derselbe, a. a. O., S. 61.）。また、ヘーデマンは、「裁判官実務を支え、指導する」点において、民族法典の根本規則と一般条項の共通性を述べている。Hedemann, Das Volksgesetzbuch der Deutschen: Ein Bericht, 1941, S. 29.

(270) Seydel, Treu und Glauben, DR 35, 454ff. この批判は一般的支持を得なかっただけでなく、同じ具体的秩序思考論者によっても支持されなかった。Siebert, Vom Wesen des Rechtsmißbrauch, Grundfragen der neuen Rechtswissenschaft, 1935, S. 200. Larenz, Vertrag und Unrecht I, S. 81 ff. II, S. 242ff.

## むすび

反概念法学という流れのなかにあるナチス時代の民法学を、評価方法のまたそれに伴う構成方法の変化とその機能という関心から観察すると、そこには、規準構成(法解釈・立法提案)における反市民的評価及び構成方法を示すナチス民法学が、多くの有力な学者を含むことによって、顕著な存在としてあった。そこでは、具体的秩序思考・具体的一般的概念構成のみがナチス的であったのではなかった。具体的秩序思考・具体的一般的概念構成は、ナチス世界観を出発点とし、それに沿っての規準構成を要求し、また、ナチス世界観を直接に表現した概念の構成を要求し、自ら提示した。そのことによって、この方法は、市民的方法を正面から否定するものとして現れた。従って、この方法は、資本主義「否定」のスローガンを掲げるナチス世界観に対応した本来的にナチス的方法であった。この正面からの反市民的方法は、その存在が民法学を動かす大きな力を発揮することになるのであるが、しかし、それ自体が一般的な方法となったというわけではない。この方法に対する批判者達においては、一方において従来の民法学の展開の蓄積を維持しつつ、他方においてナチス的「現実」への対応の道具を用意するという方途が採られる。ナチス体制が、現実には資本主義体制の維持・防衛の政治形態であったということが、このことの現実的基盤である。しかし、ナチス的政治的要請への対応と、市民社会を前提とした従来の民法学の産物の維持という二つのものの並列は、それが対立する場面においては、前者の後者に対する優越となる。この政治的要請への適合性の存在(反市民的部分)の故に、それらの論者は、反具体的秩序思考・反具体的一般的概念構成であり続けえたのであり、また同時に、ナチス適合的学派として、ナチス民法学を形造る重要部分となったのである。即ち、裁判所に対する政治権力の諸々のコントロールの存在[271]を背景として、この二つの方法は、一方はラディカルな主張を通しての環境造り、他方は従来からの蓄積を維持しつつ適合を可能とする方途を示し、それによってナチス的要請の実現の途を確定的なものとする、という異なった役割を果たした[272]。この二つの方法は、市民的方法を正面から否定するそれと、市民的方法の変質を示すそれとみることができる。

ところで、他方、ナチス適合性＝方法的変質を示すことのなかった論者（非ナチス学派）も存在した。例えば、マニーク、ヘックが（異なった意味・程度で）それであり、また、その他にも方法的議論に立入らないでなお存在する市民社会的要請に応える解釈作業に携わる論者があった（例えば一般条項運用に関する、ヒッペル、モリトゥール、ミューゲルの作業[273]）。そのような論者の存在は次のように説明できるであろう。ナチス政治権力にとって、そのような非ナチス学派の存在を絶やすという必要はなかった。なぜなら、第一に市民社会的要請に沿った処理を必要とする多くの紛争がなお存在しており、ナチスにとってその場面で有用な存在を失うには及ばなかった。第二に政治的要請がかかわる場面においては、他の二つの方法とりわけ適合学派によって、有用な法的道具が提示されており、またその道具に関して、適合学派が学説内部で優位を保ち得ていたのであるから。これらのことは、市民的方法の展開が、キール学派がいかに激しく批判しようとも、根強く存在しえたということを示すものであった。

このような論者の存在は更に、方法的には次のようなことを示す。即ち、それぞれの論者の方法的な選択が、そしてとりわけ本稿の関心からいえば、市民的方法の維持という意味をもちうる方法とその変質を示す方法との間の選択が、論者自らの判断に依るものであることを示す。そしてまた、方法が単に「法律上の価値判断」を実現するためのものに留まるものではないこと、方法上の変化が政治的圧力（それは勿論重要であるが）だけで説明されうるものではないということも。

かくて、反概念法学的方法の経た歴史の一コマとして、また、論者によって（非ではなく、反ナチスの存在は極度に困難であったという枠の中ではあるが）選択された方法によるものとして、ナチス時代に民法解釈学が果たしたそれぞれの機能を観察することが可能であり、またそのことが、現代社会における民法解釈学の機能を検討するための一つの前提作業たりうると思われる。そして更に、この歴史は、不可避的に反概念法学たる現代民法学において、評価の基準をどこにおくのか、法的構成をどのように位置付けるかということに関して、実践作業が方法的自覚の下で行なわれなければならないということを教えているといえる。

現代の民法学の方法的分析ということに関して更に一言すれば、民法学の作業の様々な方法を、市民社会的要請に法的保護を与えることにとっての適合性の有無・程度如何という視点から観察することが有用であろう。この意味で、市民的方法という概念は、ナチス時代の民法学の分析のためだけに有用というものではない。私人間の紛争を国家が法的に処理するという制度が存在するかぎり、「市民的」方法ということは、民法学の機能の分析のための有用な基本的視角たり続けるであろう。これらのことを前提として、法系・国による現れ方の相違を視野に入れつつ、現代民法学の機能をその方法という側面から観察するという筆者の今後の作業にとって、本稿は予備的作業という位置を持つものであるということを自らに確認することで、ひとまず筆を擱こう。

(271) 本稿では立入れなかったが、裁判所に対するナチスの様々なコントロールについては、民法学・民事裁判の研究に比すれば、その研究は量的にも多い。Schorn, Die Richter im Dritten Reich, 1959, Johe W., Die Gleichgeschaltete Justiz, 1967, Weinkauff H., Die deutsche Justiz und der Nationalsozialismus Bd. I, 1968, Hartung F., Jurist unter vier Reichen, 1971, S. 95 ff. を挙げておく。なお、研究書ではないが、その当時の統制組織に関しては、Gauweiler O., Rechtseinrichtungen und Rechtsaufgaben der Bewegung, 1939. が概観を与えてくれる。

(272) 本稿では民法学の方法を対象としたため、判決にはほとんど触れなかった。民事判決については、Rüthers, Die unbegrenzte Auslegung. Grunsky W., Gesetzesauslegung durch die Zivilgerichte im Dritten Reich, KJ 1969, S. 146ff. な

お、この両者によって紹介されている諸判決の必ずしも一律でない動きは、著者達の法実証主義的方法把握に基いての分析意図とは逆に、裁判過程において法適用者の評価が規定的役割をもち、それが、「法律忠実か抵抗か」という問題としてでなく、「法解釈」の問題として政治権力との様々な対応の仕方を示すということ、従って評価の分析が必要であることを示している。他には、Kaul F. K., Geschichte des Reichsgerichts Bd. IV (1933-1945), 1971, S. 63 ff.

(273) 注(258)。

(補注1) 本稿における規準と基準の区別について。裁判規準として機能すること(判決理由において大命題とされること)を目的として構成された命題を「規準」とする。それに対して一般的に判断や行動のための尺度、方向付けとして提唱されたものを「基準」とする。例えば、政治的スローガンを法的にも意味のあるものとするように法律家に呼び掛けるとするとそれは「基準」としての提案であり、更にそれが法源との整合性を施されて主張されると裁判「規準」としてのそれになる。

(補注2) 本稿における共同体と協同体の区別について。どちらもGemeinschaftの訳語であるが、ナチス時代前に社会学的に一定の性格をもつ団体や集団を表すために用いられた場合は「共同体」、ナチス時代に積極的にせよ消極的にせよナチスイデオロギーと関連を持ちつつ用いられた場合は「協同体」とした。

# 9 利益法学における評価と構成
## ——民法学における反概念法学の系譜的研究、その一——



### 第一章　序論——問題の所在

現在、わが国の民法学の個別解釈作業において顕著な方法的現象は、形式的規準の分解ということである。この傾向は勿論、反概念法学的方法という大きな歴史的流れのなかにあるものである。現在におけるこの方向も、過去における反概念法学的諸方法と同じく、裁判規準の現実適合性を目指して登場している。そしてまた、過去における諸主張と共通した問題をかかえている。それは、第一に、法解釈者が、自らの評価の基準を何に求め、どのように提示するかという問題であり、第二に、法的概念・論理構成の意義・機能をどのように考えるかという問題である。従って、この二つの点からの反概念法学の歴史的分析は、現代の反概念法学——それ自体は不可避的存在である——のなかでの様々な方法的主張の意味・役割の分析のための一つの必要な前提作業となるであろう。

反概念法学的諸主張は、これまで様々な形をとり、またそのときどきに様々な役割を果たしてきた。本稿は、それらのうちから利益法学特にその中心であるヘックを採り上げ、その方法的特色を要約し、反概念法学の歴史における位置付けを試みるものである。そこで反概念法学がもつ評価と構成に関する共通の方法的問題がどのように現れたかということ、更には、そのことがナチス時代の利益法学を巡る状況とどのように結び付くのかということが問題となる(1)。

概念法学的方法とのちに否定的評価を伴って呼ばれる方法の像は、裁判規準を既存の規準の論理的演繹操作によって導き出すとされるものである。そこでは、規準の正当性根拠が構成の論理的整合性そのものに置かれているために、実用法学の規準提出作業における法的評価と法的構成は分離したものとしては現れない(2)。しかし、社会生活の変化、紛争形態及びそれに対する評価の多様化に伴って、形式的論理操作による規準が妥当性をもたないと考えられるような状態が、また、妥当と考える裁判が規準の論理的操作によっては理由付けが困難であると考えられるような状態が生じ、このことが規定的要因となって、民法学が行う解釈作業に変化が生ずる。その結果、反概念法学的方法においては、法的評価と構成が別のものであるということが前面に出てくる。もっとも、これは、必ずしも常に二つの作業として分離して現れるということではなく、規準構成・提出作業が二つの面をもつということが次第に明らかになってくるということである。そして、解釈学は、個別解釈論の内容評価の議論とは別に、その一般的な方法的提言及び個別解釈論の中の方法的側面が、この二つの面で(3)、民事紛争の国家による法的処理の規準のための主張として、どのようなことに適合性をもつかという点から、分析の対象となる。このうちでは、評価方法が主、構成方法は評価実現のための道具的位置にある。

ヘックは、この二つの面を、規範獲得、叙述と名付けて分け(4)、それぞれについて概念法学批判を行い、また自らの主張を展開している。以下では次のことが検討される。ヘックは、「思慮ある服従（denkender Gehorsam）」という評価方法上の主張を行い、そこには、方法上概念法学批判とまた自由法運動批判があった。前者に対して、「思慮ある」＝利益探求ということが、後者に対して、「服従」＝法律拘束ということが。[5] そして、第一に、そのような彼の評価方法はどのように特色付けられるかということ、第二に、機能として、市民社会の展開及び一種の崩壊のなかで、意図した「生活適合性」を保ちえたかということが以下での関心の中心となる。前者に関しては、彼の評価方法のもつ形式的側面と実質的側面を指摘することを、後者に関しては、（ナチス時代の利益法学については本稿は立ち入らないから）ヘックの増額評価判決批判と評価方法の性格との関連をみることを試みる。

また、構成方法に関しても、ヘックの反概念法学的主張のもった問題点を指摘しようと思う。

（1） 反概念法学的方法は、ドイツにおいて、ナチス民法学と呼びうる反市民的方法を生み出した。これについては、そこでの利益法学の位置をも含めて、拙稿「ナチス民法学の方法的分析（上）・（下）」法学四一巻四号・四二巻一号（ともに一九七八［本書一三一頁以下］）で論じた。本稿は、ナチス民法学の方法的前史を扱うものとして、前稿の一部をなす予定であったものを補筆したものである（前掲(上)七六頁注（一）［本書一四〇頁注(12)］）。従って、本稿では、ナチス時代に入ってからの利益法学は、直接には対象とせずに、関連をもつ点を指摘するに留める。なお、前稿で述べているように、自由法運動も扱う予定であったが、自由法運動については、現代との関係で利益法学とは異なった位置付けが必要であるので、続稿［本書二五五頁以下］で改めて論じることとした。

（2） いうまでもなく、このように述べるのは、方法的特色を抽象化して表現してのことである。概念法学として挙げられる個々の法学者の著作を通して、「概念法学」そのものを歴史的に分析することは別の問題としてある。しかし本稿では、この点は一般的に述べられていることを前提として通過しなければならない。

（3） 評価方法、構成方法というこの枠組については、拙稿・前掲(上)七一頁［本書一三三頁］以下参照。

（4） 「我々の法教義学（dogmatische Rechtswissenschaft）は、……実用学（praktische Wissenschaft）である」。それは、法生活とりわけ裁判所及び行政機関の法適用に奉仕するという目的をもつ。この目的のための、「第一の課題は規範獲得に存し」……「第二の課題は整序（Ordnung）に存する」。Heck, Grundriß des Schuldrechts, 1929, S. 471.

（5）「服従」の部分は、たしかに、概念法学的論理構成によって立法上の判断と異なった判断を実現することに対してという点では、概念法学批判でもあるが、主としては（利益法学批判に対する反論においては特に）、自由法運動批判の意味であった。

## 第二章　利益法学における評価方法

一　ヘックは、裁判官の活動を包摂による既存の規準の適用に留めようとすることに反対し[(6)]、歴史的利益探求及び欠缺補充を通して、生活に適した（lebensrichtig）規範を獲得することを目指した[(7)]。ヘックは、裁判官は法律に拘束されるということと、法律は多くの生活問題に関して不充分（mangelhaft）なものであるという二つの基本的立場から出発する。そして、裁判官に、立法者の補助者（Gehilfe）として、法律上の価値判断に従って、それに沿って法創造的に作業する（rechtsschöpferisch tätig）ことを求めることで、この二つの基本的考え方を充たそうとする[(8)]。彼は、この作業の性格を「思慮ある服従」と名付ける。そして、立法上の価値判断を利益という観点からみることを主張して、その遂行のための具体的方法を提唱するのである。

ヘックによれば、実用法学は、裁判官に先んじて仕事をするものであり、裁判官に、基準となる諸衡量（maßgebende Erwägungen）を提示しなければならない[(9)]。ヘックは、この基準を、立法者の価値判断の探求によって見出されるものであるとする。しかしながら、これは、立法者の単なる主観的判断の探求を求めるものではない[(10)]。周知のとおり、利益法学にとっては、法律は、「あらゆる法的共同体において、互いに対立し、承認を求めて争う物質的・国民的・宗教的・倫理的傾向をもった諸利益の産物[(11)]」である。従って、立法者の価値判断の探求とは、「法的共同体の価値判断[(12)]」を表現するものである法律にとって因果的である利益を解明することであるとされる。かくして彼においては、概念の論理的整合性に代わって、規準命題獲得にとっての方向付け・最終的基礎付けとして、生活適合性ということが挙げられるが、それは同時に、思慮ある服従と定式化され、更により具体的作業方法として、「因果的利益」の探求（＝歴史的利益探求）ということが提唱されるのである[13]。

その方法においては、一方、問題となっている事件の中に存する利益紛争を具体的に明らかにし、他方、適用が問題となる規準について、その因果的利益—価値判断を探求し、適用領域の確定を行う。そこに対応が存在する場合にその規準が適用されることになる。この場合は包摂が問題を生じないとされるケースとなるが、このような手順自体既に論理による規準操作に比し、「生活適合的」な規範獲得を可能にする〝柔軟性〟をもつ。しかし、利益法学の「生活適合」への方法道具としてより大きな意味を持つのが、欠缺確定、欠缺補充の方法である。ここでは彼の欠缺論の詳細には立入らないで[14]、評価基準という点からだけ、簡単に欠缺補充の方法をみてみよう。

彼は、欠缺補充に際しても、利益区分（Interessengliederung）という格律即ち紛争理論（Konfliktstheorie）が適用さるべきであるとして次のようにいう。

裁判官は、法律に構成要件が存在しないとき、まず第一に、紛争事件に存する利益紛争を明確にすべきである。次にそれと同じ利益紛争が法律によって他の構成要件の形で解決されていないかを検討しなければならない。それが肯定される場合には、その法律上の価値判断をもってきて、同様な利益紛争を同様に解決しなければならない[15]。しかし、他方、裁判官が生活上の利益を自ら評価して紛争を解決しなければならないこともある。第一に、法律が明示的授権によって或いは不確定的な言葉の使用によって、裁判官に自ら評価することを指示している場合がそれである[16]。しかし更に、法の全体構造によって解決が要求されているが、法律上の価値判断が相互に矛盾していたり、役に立たない（versagen）場合にまで、自ら評価することは広がらざるをえない。そのような場合には、裁判官は、自らが立法者であったら提案するであろう解決を行わなければならない[17]。

ヘックによる、このような欠缺補充のなかで、例えば増額評価の場合に現実に問題となるのは、そこでいう法律上の評価が「役に立たない」ということの判断基準、その場合にありうる命令訂正（Gebotsberichtigung）の範囲及び内容ということである。この点に関するGesetzesauslegung論文の叙述は、部分的に矛盾もありまた留保もあって、明確な理解は困難であるが、そこでは、一応、安定性・継続性利益という実質的考慮と、立法上の判断の中心部分には従わなければならないというヘックの基本的立場の両面の要請から、例外の存在を示唆しつつ、命令の縁的部分の訂正（Randberichtigung）のみを認めている、ということができよう。[18] 従って、命令の全くない場合、相互に矛盾のある場合、訂正しなければならない場合（そのときは縁部分のみ）、〝立法者であったらするであろう判断〟が裁判官に求められることになる。

二　このように、ヘックの利益法学の評価方法においては、その根拠として生活適合性ということが掲げられ、規準操作（法律解釈、欠缺補充）では、法律上の価値判断・因果的利益がなんらかの形で規定的役割をもつという構造であった。ヘックのこの評価方法は、反概念法学としての反形式的従って実質的性格を持ち、しかし同時にまた、形式的性格をも持っている。そして更にこの両面をもっているということだけでなく、この両面の利益法学的な存在の仕方が、利益法学の評価方法を特色付け、またこの後の展開の意味を解くものとなる。まず、反形式的側面からみていこう。

(一)　生活適合・因果的利益というヘックの評価基準は、二つの意味で反形式的＝実質的性格をもつ。第一に、概念法学の特色である「論理整合性」のもつ形式性に対するもので、〝歴史的利益探求〟においては、適用される法律の制定当時の社会関係、利益紛争及びそれに対する議会・政府の評価という実質的なるものが探求の対象となり更に規準の根拠となる。従って、そこでは、概念法学的方法において法適用者の存在が論理の背後に隠れるのに対して、適用者による利益探求及び対照＝生活適合性判断作業が前面に出てくる。ヘックにおいて、それらの作業はあくまで〝従者〟のそれである。[19] しかしその限りにおいても、ヘックが裁判官の自由とそれに伴う責任を説いていることは、反概念法学的・実質的性格に対応して生じてきたことがらである。

第二に、〝利益〟という概念がそのものとしてもつ実質的意味である。さきの第一として述べたことがいわば作業の性格に関するものであるとすれば、第二とするものは方向付けの内容に関するものである。即ち、「生活適合」が利益評価ということを通して可能になるという主張、「法的共同体の価値判断・自律」を利益という点から捉えるべしという主張は、それらが利益として表現されるものであることを当然の前提としている。つまり、法的評価の対象たる社会関係を、〝利益〟という観点から捉え、分類することが重要なこととされるが、そこには、社会関係が相争う利益対立からなること、「法律」は利益が相争うなかでの社会の「自律」の結果である（「因果的」）という、国家・社会の見方があった[20]。そのような前提での「生活適合」的な規範を導き出すことを可能にすることによって、利益法学は一定の時期において市民的評価方法[21]を提示するものという意味をもちえた。そして、「利益」を軸にした定式化は、当時のドイツの社会を前提としてのヘックの選択によるものであった。

(二) しかしながら他方、ヘックにおいては、利益法学のもった実質的性格（とくに第二の）はそのようなものとして捉えられ提示されるということはなく、強く形式的な性格をもった基準の定式化がなされた。この形式的性格も二つの意味においていえる。まず第一に、利益概念は客観的には上述の第二のような実質的意味を内在したものであっても、自らそれを直接表現するものではない。彼のいう〝利益〟ということは、市民的評価が本来的にもつ、市民社会の規定的社会関係である商品交換関係の性格に起因する抽象性・価値中立性をもつものであった。このことは、例えば労働者の利益或いは民族協同体の利益といった実質的利益及びその判断序列の提示と対比すれば明らかである。この意味の抽象性は、論理的合理性のもつ形式性とは程度において異なるが、やはり基準に形式的性格をもたせる。そしてまたこの性格はその限りで上述の第二の意味での実質的性格と矛盾せず、表裏の関係に立つ。しかしながらヘックにおいては、方法論上、この抽象性・価値中立性は、規律対象である市民社会に内在的な評価の性格からではなく、次に述べる法実証主義的立場によって基礎付けられる。このことによって、この抽象性はそれを要請した現実的基盤から切り離されて、抽象性を否定する評価にも開かれる可能性をもつものとなった。

形式的性格の第二の面は、ヘックの法実証主義によって与えられるものである。そしてこの形式性がヘックの評価方法の大きな特色をなす。ヘックの法実証主義の内容には、法律と裁判官の関係についての主張と法律学の任務・性格についての主張がある。勿論この二つは密接に結び付いており、前者が後者にとって規定的である。

ヘックにおいて、利益・生活適合ということが実質的内容をもったものとして表現されないのは、彼において、利益法学は実現さるべき評価の方向を自ら設定するのではなく、歴史的所与を発見・確定するものであるとされることによる。利益法学の方法は、いかなる世界観・哲学的体系・学問的範型にも基づくものではなく、法学的独立性（Juristische Selbständigkeit）をもった専門的業務（Fachangelegenheit）である、と。[22] 従って、利益法学は（価値）序列を与えないという批判に対しても、そのようなことを目標としてはいない、[23] と応えるのである。このことは直接には、裁判官の作業を「新しい法的秩序を自由に創り出すことは許されず、……認められた理想の実現に共働する」[24] ものとみることから、裁判官の作業を準備する（vorbereiten）法律学も同様の性格をもつとされるのである。ヘックが裁判官の作業をそのように考えるのは、第一に、さきに述べた裁判官は奉仕者（Diener）であって法的共同体の自律の結果に従わなければならない、という基本的な立場による。第二に、実質的考慮として、「主観的判断の危険を防ぐ」ために裁判官の法律拘束が必要であるとする[25] ことによる。

かくして、利益法学の評価基準――生活適合・因果的利益ということは、市民社会の利益対立に対する適合的規準の導出を可能にするという機能をもちえたが、ヘックにおいては、この機能はヘックが選択したものとはされず、既に法律のなかに存在する評価の確定及び必要な場合に行なわれる継続的展開の結果であるとされた。そこでは、因果的利益（＝法的共同体の自律）と生活適合との原則的一致が前提されていた。そのために、生活適合及び利益ということの内容確定・方向付けはなされず、解釈基準は形式的・抽象的であり続ける。

時間の経過・社会状況の変化によって生活適合を巡る予定調和が失なわれた場合、利益法学は次のような問題を示すことになる。第一に、評価基準の形式的定式化は、それが自らの選択と結び付けられていないので、自らにとってもその方法の妥当領域が画されない結果、そのなかの形式的側面の果たす機能が変化し、当初予定された「生活適合」と阻齬をきたす可能性があった。第二に、確かにヘックにおいて欠缺確定・補充という道具は提供されているが、それが用いられるうち、遠隔作用ということが援用できないとされる諸場合及び一般条項の運用において、「自らが立法者であったら……」という基準と共に、裁判官に自らによる評価が求められた[26]。このことは、法律学は価値序列・自らの評価を与えるものではないとする自己規定からくることである。そして、この場合には、実際には、裁判に対する事前の方向付けのための、また事後の批判のための基準が存しないことになる。第三に、「生活適合」に実質的方向付けが行われず依然高い抽象性をもつということによって、利益法学は更に、操作上の実質的性格をもつこと及び定式上あらゆる価値に対して開かれている法実証主義的価値中立性をもつということと結び付いて、本来予定していない評価、更には本来予定したものを否定する評価にも「適合」的になる可能性をもっていた。

評価方法に関するこれらの諸点は、増額評価問題及びナチス時代におけるヘックの対応を説明するものである。以下、ヘックの増額評価論をこの角度からみよう[27]。

三　周知の通り、一九二三年一一月二八日、ライヒスゲリヒト（RG）は、いわゆる増額評価判決を下した[28]。第一次大戦の敗戦とともに、ドイツは大インフレーションに襲われた。一九一四年のベルリンにおける対ドル為替相場でのマルクの価値を一とした場合、その指数は二一年末には四五・七、二二年末には一八〇七・八、二三年一〇月一七三億、そして同年一一月二〇日には一兆となった。紙幣マルクの価値がこのように暴落した場合に、債務者が債務額をマルク紙幣で支払うことによって弁済したことになるかということが、債権者の犠牲が大きくまたその間に立法上の措置が行われなかったことから、激しく議論されることになった。RGは、この判決において、増額評価の抗弁を認め、第一審及び第二審判決──抵当権設定者の名目価値での支払を有効とし、抵当証券の返還、抹消の同意の請求を認めていた──を破棄したのである。ヘックによる批判との関連から、方法的な点に絞ってみてみると、RGは名目価値での支払いを根拠付ける当時の通貨諸法令[29]の適用を排し、BGB二四二条によって増額評価を根拠付けた。通貨法諸規定は、「制定当時のドイツ経済の健全な状態」に基づいていたのであり、紙幣マルクのこのような暴落の可能性は考えられていなかった。そして今や、これらの通貨規定と「法的生活を支配するBGB二四二条」の矛盾が生ずるに至ったのであり、このような場合には、二四二条が優先されるべきである、と。[30][31]

ヘックはこの判決に対してただちに批判を行った。ヘックのこの論文は、わが国においても、ヘックの著作のなかで、ヘックの方法の「試金石」[32]或いは、「適用例」[33]と位置付けられ注目されている。しかし、むしろ増額評価問題は、ヘックの方法論の性格を超えた問題ではなかったろうか。にも拘わらず、ヘックをして、自らの方法論に固執させ、RGに対立する立場をとらせたのは、ヘック自身この限界に自覚的でなかったということ、及び、方法・評価基準の定式化において、実質的枠付けが行なわれない結果、そのもつ形式的性格が本来的妥当領域を超えて機能する可能性をもっていたということによると思われる。以下このことを述べてみよう。

まずヘックは、増額評価問題に関して、RGとは異なった解釈を行う。ヘックは、通貨法の制定時において因果的であった利益状況において、RGが考えるのとは違って、そもそも通貨制度の維持のために債権者に一定の犠牲が予定されていた（Opfergedanke）と考える。そして、この犠牲を要求していた利益状況が二つの意味で変化したのだという。第一は、マルク価値下落の進行が、債権者の利益を絶望的に害し、ついには決定的に否定するまでに至ったということ。第二に、ヘックはこれが決定的に重要なことだと考えるのだが、一九二二・二三年の状況下では、名目額での支払を可能にするということは通貨制度の命運にとって意味を失い、従って、債権者に犠牲を要求した通貨制度維持という利益が消滅したのである、と。このことから、ヘックは、増額評価の問題は、方法的には、古くなった法律の新たな時代への適合という問題の一特殊事例である、とする。[34]そして、この場合の裁判官による適合には二つの制限があり、その存在の故に増額評価を認めるべきでないという。それは、法的安定性の要請ということと法的共同体の自律の顧慮ということである。そして、ヘックは第二のものが、「完全に決定的な障害（vollentscheidendes Hindernis）」であるとする。即ち、裁判官に対する法律の優位は、現在の法的秩序の根本原則である。裁判官は、立法機関が当該事件に直面したら法律を変更するであろうことが疑いの余地がないときのみ、法律から離れることができる。それは、立法に際して看過されていた部分だけである。増額評価の場合はまさに、なお立法上争われている対象であったのである、と。[35]

このことから、ヘックは、ＲＧ判決を方法上法律拒絶・変更を行ったものとはみていない。むしろ、方法上、形式的には制定法に反してはいないと考えた。彼は次のようにいう。通貨法令の立法者が、ＲＧのいうように、貨幣価値の下落を考えず、また、不可避的な債権者の損害を信義誠実に反しても欲するということはなかったとすれば、法律文言から離れることは許され、ＢＧＢ二四二条に従った増額評価に対して何の障害もない。従って、ＲＧの考え方は方法論的には、歴史的解釈（――この歴史的解釈は正しくないとヘックは考えたが――）に基づいた制限的解釈である、と。[36]ヘックによれば、ＲＧは、通貨法令が貨幣価値の下落を予定していないと考えたが故にそれを適用せず、ヘックは、それが本来貨幣価値の下落を予定し、債権者の犠牲を要求していたと考えたが故に、その予定・目的の消滅によって、古くなった法律の適合（不真正第二次欠缺）の問題が生じたと考えたのである。かくして、ヘックは、この判決に対して、直接的に方法上の法律不服従を非難したのではない。[37]

ヘックがこのような詳細な批判を行ったのは次のことによると思われる。第一に、増額評価はＲＧ判決の判決理由のようには根拠付けられ得ず、裁判官による法律変更の問題であると考えたが故に、結果的に法律変更をしたことになるこの判決に反対した。第二に、この判決をとりまく事情が、方法上裁判官による法律変更を是認し押し進める傾向として現れたことである。一九二三年夏のＲＧ裁判官協会の法律案の提示、また、この判決後の、立法府の計画に反対する請願書の提出という裁判官の一連の動き、[38]及び、この判決に賛成する論評――とくにエルトマンの――が出されていたこと、がそれである。ヘックは、このような傾向に強く反対しようとしたのである。

さて、ヘックのこの判決批判は一般的な支持を見出し得なかった。[39]また、ヘックも、実質的評価の問題としては増額評価の必要性を認めていた。「勿論、一定の範囲の増額評価は倫理の命じるところであり、法的感情の緊急の要請である」と。しかし、「その解決は、立法によってのみなされうるのであって、判決では行いえない」としたのである。[40] 従ってヘックにおいては、確かに法的安定性、継続的利益ということも反対理由に挙げられているが、裁判官と法律という方法論上の根拠が、彼自身いうように「決定的」であった。[41] 彼の方法自体が、自らが妥当と考える結果の導出を阻げ、また自らの主張を一般的支持を見出しえないものにしたのである。

かくして、このＲＧ批判論文は、利益法学の方法を忠実に展開しようとしたヘックの意図にも拘わらず、その方法の限界を示すものとなった。一九二二〜二三年段階での増額評価問題は、ドイツ市民社会、その基礎をなすドイツ資本主義経済の一種の崩壊状況から生じたものであった。そこでは、利益法学が（とくにその法実証主義的側面において）予定していた、法律上の価値判断の実現と「生活適合」との原則的一致が（たしかに部分的修正道具は用意されていたがそれをも超えて）失われていた。このことを評価方法に即していえば、利益法学は本来一定の社会状況を前提とした実質的評価を含んでいたのに、評価方法においてこのことは表現されずにもっぱら形式的な定式化が行われていた。その結果、増額評価論においては、二つの意味の実質的側面がともに機能せず、形式的側面のうちの法実証主義だけが働くことになった、[42] といえよう。

この増額評価論が、結果的に「生活適合」的でない対応であったということは、のちに、ヘックの――方法論文における裁判官と法律の叙述に変化は現れないが――この問題についての叙述に若干の変化を惹き起こした。即ち、一八二九年の『債務法綱要』において次のように述べる。増額評価の動きは、理由付けは誤っていたが他の内的正当性をもっていた。法律が古くなったこのような場合、立法者が対処すべきである。しかし、変化した状況への適合が裁判の作業で可能な場合には裁判官も対処できる。私の考えによれば、紙幣強制通用（Zwangskurs）の諸効果が存し、インフレが法的生活の非常に広汎な領域に及んでいることから、裁判官の作業による対応は可能ではなかった。立法の遅れ（Zögern）のみがＲＧの対処を正当化しうる、[43] と。ここでは、方法上の主張の貫徹によるＲＧ批判が姿を変えている。まず、さきには「決定的」であるとした法律と裁判官についての原則からの拒否ではなく、実際的効果・困

難さによる反対だけになっている。更には、増額評価判決を是認する視点も提出されている。(44)

(6) ヘックは、概念法学的方法は、「裁判官を、所与の事実状態の法的概念への形式論理的包摂による法の適用に制限した」とする。Heck, Begriffsbildung und Interessenjurisprudenz, 1932, S. 91.
(7) ヘックは、概念法学的規範獲得を、「認識論的に正当化され得ず、また、生活に適した規範を提供するに適していない」と批判する。Heck, a. a. O., S. 95ff. ヘックが、ここで「認識論的……」というのは、概念法学が整序という本来の目的を超えて概念を使用し、構成によって法的規範を獲得するには、そこに、概念が法律の生成にとって因果的であるという誤った考え方がある、という批判である。Heck, a. a. O., S. 96.
(8) Heck, Interessenjurisprudenz, 1933, S. 19 ff.
(9) Heck, Das Problem der Rechtsgewinnung, 1912, S. 35（引用ページ数は一九三二年の第二版）. ただし、そこで「基準……」というのは、本稿でいう評価基準とは異なる。本稿では、解釈という作業の一般的指針という意味（一般的評価基準）で使っており、引用文中にあるのは、立法上与えられた各領域・問題において基準となる評価（個別的評価基準）ということである。
(10) 磯村哲「利益法学をめぐって」法政研究四〇巻二―四合併号（一九七四）一六三頁。
(11) Heck, Gesetzesauslegung und Interessenjurisprudenz, Archiv für zivilistische Praxis（AcP）112, 1914, S. 17.
(12) Heck, a. a. O., S. 13.
(13) ヘックの方法の中でのこの因果性の意味について、広渡清吾「利益衡量論の問題性格」季刊現代法九号（一九七六）一三頁の指摘を参照。なお、また、Dombeck, B., Das Verhältnis der Tübinger Schule zur deutschen Rechtssoziologie, 1969, S. 19. 参照。
(14) 欠缺類型については、Heck, Auslegung, S. 168ff. 大河純夫「フィリップ・ヘックの増額評価請求権論(一)」法学論叢九三巻三号（一九七三）三八頁以下、磯村・前掲一六五頁以下。

（15）Heck, Interessenjurisprudenz, S. 20. ヘックは、同じ或いは他の法律のこのような作用を、遠隔作用（Fernwirkung）と呼んでいる。Heck, Gesetzesauslegung, S. 230.
（16）ヘックは、これらの一般条項の問題も欠缺論の中に入れている。大河・前掲四二頁。
（17）Heck, Interessenjurisprudenz, S. 21. そこでのヘックの説明は、講演であるためか或いは比較的後期のものであるためか、簡単なものである。しかし、のちに述べるような基本的特色においては変化はない。
（18）Heck, Gesetzesauslegung, S. 206f., S. 238f. また、大河・前掲四四頁以下。
（19）Heck, Interessenjurisprudenz, S. 21.
（20）広渡・前掲一四頁以下参照。
（21）拙稿・前掲(上)七二頁［本書一三五頁］以下参照。
（22）Heck, Begriffsbildung, S. 25.
（23）Heck, Interessenjurisprudenz, S. 7. ヘックの〝没哲学（philosophiefrei）〟のより細かな展開・基礎付けは、のちの、Rechtsphilosophie und Interessenjurisprudenz, 1937, で行われている。その論旨については、小林直樹「利益法学」法哲学講座4（一九五七）二八九頁以下。また、拙稿・前掲(上)九七頁［本書一六九頁］以下参照。
（24）Heck, Interessenjurisprudenz, S. 8.
（25）Heck, Gesetzestreue, DJZ 1905, S. 1142. なお、大河・前掲三七頁註15参照。
（26）Kallfass, W., Die Tübinger Schule der Interessenjurisprudenz, 1972, S. 104. は、この点を「利益法学理論内部における最も決定的な弱い個所」である、という。カルファスによれば、このことは、「重要な作業領域において、裁判官を、自分だけを頼りの状態におく（auf sich selbst stellen läßt）」ことになるから。また、ヴィアッカー・鈴木訳『近世私法史』（一九六一―原著は一九五二）六八七頁参照。しかし実際には、裁判官が孤立無援の状態におかれるということよりも、おそらく、本文にのべる問題の方がより注意さるべきであろう。なお、カルファスは、ヘックの欠缺領域での自己限定（Selbstbeschränkung）を不充分なものであるとし、「現在においては、まさに、利益法学によって外におかれていた諸問題が、方法論の側から、正当に、注目されてきている」とする。しかしながら、利益法学の〝自己限定〃は、欠缺領域だけでなく全領域に、従ってカルファスが利益法学に賛意を示している領域にも及ぶ基本的性格の問題である。

(27) ナチス時代における、ヘックの適応の試みとそれが必ずしも成功しなかったこと、及びヘックとシュトルの適応の違いについて、拙稿・前掲(上)九六頁〔本書一六八頁〕以下、一一一頁〔本書一八七頁〕以下参照。

(28) この判決の詳しい内容及びその前後の増額評価問題の展開については、大河「フィリップ・ヘックの増額評価請求権論(二)」法学論叢九三巻六号(一九七三)二二頁以下。また、広渡「大インフレーションとライヒスゲリヒトのクーデター」法学セミナー一九七三年一二月号八六頁以下。

(29) 通貨諸法令について、大河・前掲二二頁以下、広渡・前掲八八頁。

(30) RGZ 107 87. 大河・前掲二八頁参照。

(31) この判決は、しばしば、「法律に対するライヒスゲリヒトの反逆」と評される。リュッテルスは、そのような見方から、この判決をナチス時代におけるナチス適合的判決と結びつけている。Rüthers, B. Die unbegrenzte Auslegung, 1968, S. 64ff.(五十嵐清「ナチス私法判例における一般条項の機能」於保不二雄先生還暦記念・民法学の基礎的課題中(一九七四)四一頁以下にこのことが紹介されている)。広渡・前掲九五頁以下も同旨か。これに対しては、「ナチ体制下の裁判は何よりもまずそれ自体として分析されるべきである」とする広中俊雄「立法部の怠慢と民事裁判のあり方」法学セミナー一九七四年三月号→法社会学論集(一九七六)三三七頁の批判を支持したい。また、私は、このことを、リュッテルスの分析枠組の欠点の一つであると考える。拙稿・前掲(上)七五頁注(八)〔本書一三七頁注(8)〕参照。

(32) 大河・前掲四〇頁。

(33) 広渡・季刊現代法九号一八頁注(14)。

(34) Heck, Das Urteil des Reichsgerichts vom 28. November 1923 über die Aufwertung von Hypotheken und die Grenzen der Richtermacht, AcP 122, 1924, S. 210ff. 216f. 大河・前掲四一頁以下。なお、「特殊事例(Sonderfall)」という意味については、Heck, a. a. O., S. 217. 大河・前掲四三頁以下参照。ただし、ヘックのいう「継続性利益」は、「一般的問題」にもあるように思われ、ヘックの説く処はあまりはっきりしないと思う。

(35) Heck, AcP 122, S. 211 f. 大河・前掲四四頁以下。なお、ヘックは、立法上の解決が行われるまでの、抵当権抹消の延期がありえた解釈論であるとしている（S. 222）。
(36) Heck, a. a. O., S. 209.
(37) 「RGは、私の考えでは、なお、明示的に法律変更の権限を要求してはいない」。Heck, a. a. O., S. 219. また、S. 222.
(38) Heck, a. a. O., S. 223.
(39) 大河・前掲五一頁、また、好美清光「西ドイツ民法における理論と実際の一動向」一橋論叢五四巻三号（一九六五）一五三頁。
(40) Heck, a. a. O., S. 204.
(41) 事実、立法によっても、客観的尺度の不存在という異議はともかく、継続性利益ということは解決されるわけではない。
(42) 更に、方法外在的なこととして、既に確定的な形で方法論を提示していたヘックは、このような大きな問題に対して、自らの方法の適用を示すことを必要と感じたということもあったのかもしれない。
(43) Heck, 前注（4）S. 63.
(44) 他に、Heck, a. a. O., S. 13. そこでは、信義誠実条項の基本的な意義を述べる文脈で、増額評価判決が無留保に挙げられている。また、a. a. O., S. 15.

## 第三章　利益法学における構成方法

一　ヘックの構成論――概念構成・論理構成・体系形成――の最大の特色は、これらの作業を規範獲得作業から完全に分離し、「整序」に限定したことである。このことは、ヘックにおいて概念法学批判の重要な主張とされたものの一つである。[45] そして、そこでは、法解釈作業・規準提出作業が二つの側面を有する或いは二つの作業部分からなりたつという意味での作業の性格の相違がいわれているのではなく、概念構成・法的構成は、裁判過程・法発見とは直接的には関係を持たないという意味で異なった作業であるとされているのである。

彼は、法的概念・構成論を次のような順序で展開する。まず第一に、体系構成の要素となる概念に関して、その概念の性格を命令的概念（Gebotsbegriffe）であるとすること。第二に、それらの要素からなる体系＝学説による体系（wissenschaftliches System）の性格と意義。第三に、彼が整序的構成（ordnende Konstruktion）と呼ぶものの性格と意義という順序で。まず彼の主張を要約してみよう。

ヘックは、法律学の任務は規範獲得の他に整序（Ordnung）ということにもある、とする。整序とは、単純化（Vereinfachung）、叙述（Darstellung）ということであり、それは、「生活・法の広汎な多様性についての鳥瞰（Übersicht）を作りだす」[46]。この整序は、整序概念・体系形成・整序的構成によって行われる。ヘックによれば、法律学は、法的規範の生活上の意義を考察する利益探求・機能的考察、規範であること＝命令の構造的側面を考察する構造的考察を行う。前者は利益状況、利益紛争、価値判断、価値的理念を明らかにし、後者は構成要件、法的内容、法的効果を明らかにする。前者において利益的概念、後者において命令的概念が現れ用いられる。「通常の用語法によれば、命令的概念のみが、法的概念と呼ばれる」[47]。

命令的概念・整序的概念——例としてヘックは、債務・損害賠償・不当利得返還請求権・物権・地役権・物上負担といった概念を挙げている[48]——は、体系形成の要素という位置にある。この整序的概念の構成においては、法律学は、立法者が既に始めた作業を継続（fortsetzen）するのである。即ち、立法者は、鳥瞰を容易にするために、計画された命令を、要素への分解・グループ化によって造り変える（umformen）。法律学は、多くなった素材を、立法者と同じ道具・目的をもって、もう一度形を直す（nochmalige Umformung）。立法者の諸概念は学説によって再生産され補充される。

整序的概念を組み立てることによって学説による体系が作り上げられる。ここでも叙述ということ即ち明確化及び簡素化という鳥瞰への志向が決定的である[49]。

次に、そのような学説による体系―それは常に修正を必要とする一時的性格（provisorischer Charakter）をもつ―に個々的現象を整序すること＝体系的・整序的構成も、利益法学にとって必要であるとされる[50]。これは、上位概念への包摂である。ヘックにおいて、この整序的構成は、直接的に規範獲得・欠缺補充に役立つものではないが、学説の体系を確証しまたは修正・補充することに役立つとされる[51]。しかし、この構成に、発見的意義（heuristischer Wert）を認めることには否定的態度を示す[52]。

二　ヘックのこのような構成方法論の特色は、さきにも述べたように、構成に規範獲得にとっての意義を全く否定することである。この点でのヘックの主張は、概念法学的方法とされるものへの全き反対であったといえる。そこには、二つの意味での概念法学批判があった。第一に、彼のいう「認識論的[53]」批判で、法的概念の構成作業には常に生活・利益紛争への（立法上の）評価が先行しているのであって、構成作業そのものには法形成・展開作用があるのではない、という認識に関するものである。第二に、評価方法特にその実証主義的形式性と関連した実践的意味をもつ批判である。即ち、学説は自らの価値序列をもたず立法上の評価の実現を行うべきものであるとしていたことと対応して、学説の構成方法についての上述の主張は、本来予定されていない紛争に対する判断及び立法とは異なった評価を、概念・論理の操作によって実現することに対する批判という意味をもった。

しかしながら、概念法学的構成方法批判ということを超えては、ヘックの構成方法の内容自体がその後の民法学の展開に影響を及ぼすことはなかった[54]。彼の構成方法のなかでは、裁判官に対して一義性の確保が志向された規準を予め提出することによって、法適用における判断に影響を及ぼすということは考えられていない。ヘックにおいては、評価方法において法律学による評価・選択の存在が考えられておらず、そして構成は評価にとっての道具という位置にあるものであるから、法律学にとって、構成作業の取り組むべき意義は大幅に低下することになる。このことの実際的意味に関しては、次のようにいえるであろう。立法上の価値判断と論者が妥当と考える判断とが一致している限りは、「整序」「鳥瞰」の提示が同時に拘束的規準の提示として働く可能性をもち、この構成方法も、裁判官に対して、既存の概念・論理による理由付けを求めるということと常に対立するというわけではない。しかしながら、法適用者（この場合は裁判官）の評価が規定的役割を果たす場合（現代においてはほとんどがそうであるといえるが、それとは別にヘックにおいても）とりわけ立法上の評価の時間的不適合の場合と一般条項の場合に、[55]構成作業の低い位置付けは、市民的評価の安定的実現に阻止的に働く可能性をもつものであった。そこでは、裁判官は何らかの形で再構成された既存の規準によって理由付けを行うことを強いられるということがなくなるのである。

かくして、当然のことながら、このようなヘックの構成方法は、様々な意味で評価方法の性格に規定されていたといえる。まず第一に、評価方法と構成方法の分離は、論理的組立てから一旦離れた利益評価に沿った実質的（「生活適合的」）な規準導出を容易にする。これは、評価方法の第一の意味として挙げた実質的性格に対応する。第二に、ヘックによって実際に提示される概念・体系は従来使用されてきたものと変わらないが、[56]これは立法上の評価の、より基本的には市民法原理の抽象性・形式性によるものである。このことは、彼の評価方法の第一の意味の抽象性・形式性に対応すると同時に、そのことによって、形式的体系・規準が市民的評価適合性をもちうる範囲においては、評価方法の第二の意味の実質的性格にも対応する。そして第三に、前述のように、評価上の法実証主義は、法律学における評価実現の道具への取組みの実際的意義を極めて低いものとすることに導いた。

以上のようなヘックの構成方法の主張は、利益法学内部においても多くの支持を受けることはできなかった。この主張は、法律学の行う構成作業の実際的意義の否定に近いことから、他の論者において支持をためらうことになったのだと思われる。[57][58]

(45) 概念を因果的であると考えて、構成によって規範を獲得すること——とくに「整序概念を構成することによる欠缺補充」——を、ヘックは逆立ちした方法（Inversionsmethode）と呼んで批判している。Heck, Begriffsbildung, S. 92 f.

(46) Heck, Schuldrecht., S 471.
(47) Heck, a. a. O., S. 472.
(48) Heck, a. a. O., S. 473.
(49) Heck, Begriffsbildung., S. 173 ff. Schuldrecht., S. 473.
(50) Heck, Begriffsbildung., S. 184.
(51) ebenda.
(52) Heck, a. a. O., S. 185.
(53) Heck, a. a. O., S. 96. 前注(7)参照。
(54) なお、確かに、ナチス時代に、ヘックが、例えばシュトルと異なって、具体的一般的概念構成の主張に対して終始明確な反対を貫きえたのは、評価方法と構成方法のこの分離の故である。その意味では、ヘックの構成方法は、民法学全体において、キール学派の批判に拘らず、市民的構成物が維持されたということに寄与した。しかし、これもいわば概念法学批判ということの対象を代えての現れであって、構成方法の内容それ自体の機能というわけではなかった。なお、構成方法に関しての、ヘックのキール学派批判については、拙稿・前掲(下)法学四二巻一号七三頁［本書二一四頁］以下参照。
(55) ヘックの、評価と構成の分離の主張が、一般条項に関しては、前注とは違って、ナチス的「生活適合性」をもつ評価の実現に役立つことになることについて、拙稿・前掲(下)七四頁［本書二一六頁］。
(56) Heck, a. a. O., S. 165. 参照。
(57) 例えば、シュトルによる、概念構成の安定化機能、法的構成の仮説的発見的機能の主張（Stoll, Begriff und Konstruktion in der Lehre der Interessenjurisprudenz, AcP 133, 1931, S. 88f. S. 115）は、ヘックのラディカルな主張に対する修正・復元の試みと位置付けられうる。もっとも、シュトルの構成論は、彼の法実証主義的評価基準と結びついて、ナチス適合的な一つの形を示すことになる（拙稿・前掲(下)七八頁［本書二二二頁］以下）。また、リュメリンもヘックと異なる。Rümelin, M., Zur Lehre von der juristischen Konstruktion, Archiv für Rechts-und Sozialphilosophie 16,

1923, S. 354.

(58) なお、磯村・前掲一九九頁のヘックの構成論に対する否定的態度を参照。

## 第四章　むすび

以上のような観察から、利益法学の方法的主張の歴史的位置付け及び機能として、次のように纏めることができる。評価方法（これが規定的意義をもつ）の主張において、利益法学は、確かにその実質的性格・形式的性格の両面において市民的方法の展開という意味をもちうるものであった。まず、歴史的利益探求を内容とする反概念法学的方法の主張によって、法解釈を通しての現実適合的規準の獲得を可能としたことによって。そしてまた、自由法運動批判の部分である法律忠実の主張も、当初の現実適合的機能を損なわない限りにおいて市民的方法の展開としての意義を強固にするものであった。しかしながら、「生活適合」に実質的規準による方向付けを伴わないことが、市民社会の一種の崩壊更には政治権力によるイデオロギー的統制という社会状況の変化のなかでのヘックの対応を異なった意味で説明するものであった。

他方、ヘックの、構成方法における概念法学批判、規範獲得と構成の完全な切断の主張は、民法解釈学が、自らの評価を適用可能な形にして、法適用者にあらかじめ提出し、判断に影響を与えるという可能性を求めることに対して阻止的な意味をもった。

さて、反概念法学の歴史を振り返ったのは、また、現代の反概念法学的方法の分析に、更にはそれを通しての実践的提言にも繋がることを期してのことである。そのためには、歴史的分析の他に、例えば現代民法学の方法的特色の現われを個別領域においてみていくという作業が必要となるであろう。しかし、それに本格的に立ち入る前に、なお、歴史的に現代民法学の方法的出発点に存するものとして、ナチス法学・利益法学の他に自由法運動があり、その分析が必要と思われる。稿を改めて論じよう。

（付記）校正段階において、Ellscheid, G., u. Hassemer, W.,（hrsg.）Interessenjurisprudenz, 1974. に接したが、検討・利用はできなかった。

# *10* 自由法運動における評価と構成
## ──民法学における反概念法学の系譜的研究、その二──



### 第一章　序論──問題の所在

個々的な反概念法学的主張はそれ以前から存するが、自由法運動は、反概念法学的潮流の定着という観点からは、反概念法学的法解釈方法の開始者といえる[1]。そして、その後の民法学の展開にとって方法的に大きな意味をもった。確かに、必ずしも当時自由法運動が広い支持を受けたというわけではないし、また、現在高い評価を与えられているというわけでもない。にも拘わらずそれが歴史的に重要な位置を占めるのは、自由法運動以後、ファシズム期も含めて、社会的利害対立の状況に規定されて、民法解釈学は不可避的に反概念法学的方法による作業が中心となり、このことは現代においてますます当てはまるからである。このことから、現代という時点に立つ我々にとって自由法運動をみる視点はどのようなものであるべきかという問題も生じてくる。

この点については、まず、自由法運動を反概念法学の方法上での歴史的なるものとして位置付けることが必要である。その場合次の二つの視点が有用であろう。第一に、現代民法学が方法上抱えている問題に関して、反概念法学の歴史のなかで、自由法運動の位置はどのようなものとして説明されうるかということである。この問題とは、評価方法及び構成方法という二つの側面において現れるものである。[2]まず、法解釈の評価方法上の側面に関しては、個別解釈論をどのように実質的に根拠付けるかということ、そこで実現を目指される評価はどのような性質をもつものか、ということである。とりわけ、解釈による規準命題の構成作業が、社会的要請への適合を図るために、立法上予定された評価に反しても行われるという領域が広汎に亘っている現在、狭い意味の「法律解釈」のもつ形式的根拠（「議会によって制定された法律の評価内容の実現である」ということを根拠にすること）を超えた、論者の実質的評価の内容及び評価基準の提示の方法[3]が、それに伴う責任ということと伴に重要な問題になってくる。次に、法解釈の構成方法上の問題として、現代民法学にとっては、論理構成・概念構成作業はどのような意味をもつのか、ということがある。これは、反概念法学的方法が評価と論理を切り離す主張である以上理論上必然的に生じる問題であるが、現実にも重要性をもってくるのは、（確かに、資本制社会においては、なお形式的性格をもつ規準は基本的な重要性を失なわないにせよ）特に法律上及び解釈上の一般条項の広汎な進出が、論理構成及び概念構成作業の意義を大幅に低下させるということによる。そこでは、法律論的理由付けの要否、評価適合的な概念構成による規準命題の一義性への志向の存否が問題となってくる。

このような方法上の二つの側面の問題を考えるうえで、反概念法学の歴史のなかに存在するナチス民法学[4]の評価方法・構成方法を視野に入れることが有用であろうと思われる。これが第二の視点である。自由法運動もまた現代民法学も、評価内容上ナチス民法学と直接結び付くものではないが、なお、ナチス民法学において顕著に現れる反概念法学的方法の問題性に対して自由法運動はどのような関係に立つのか、という問題がそこに現れてくる。このことが、自由法運動のナチス民法学の方法的前史としての意味[5]を考えるということである。

いわば方法的なそれと歴史的なそれとでもいうべき上述の二つの視点を合わせた場合、問題の所在は更に次のようになろう。評価方法に関しては、ナチス民法学の存在を無視しないで考えるべきだという見地からは、民法が歴史的に基礎をおいた市民社会そのものが変化していくなかで、民法学による解釈作業において、市民社会のもつ価値原理との関連性をどのように保つことが志向されるかということが重要である。それによって、現代民法学が要請されることのある法律上予定された評価の実現を拒否すること（ナチス民法学にとっては、BGBの予定した評価は「否定」すべきものであった！）をも含めて、実質的論拠を常に問題としつつ、ナチス民法学の評価方法を法解釈論を考える枠組のなかに入るものであることを認識したうえで、それを方法的に批判することが可能となろう。以下で、自由法運動を現代の反概念法学の端緒として、また、ナチス民法学の方法的前史として位置付けることを試みるのは、評価方法に関しては、この実質的論拠の問題性への自由法運動の態度設定の故である。

次に構成方法に関して。既に別稿で指摘したように[6]、一般条項の存在は、特にナチス時代において、ナチス的評価実現の道具として重要な役割を果たしたが[7]、また、構成上の側面においても、論理構成による理由付け、概念構成による規準の明確性確保の機能を大幅に低下させた。この構成上の問題は現代にも繋がっている。法解釈学の裁判への働きかけ機能、批判機能を重視する考え方からは、（上述の評価内容上の実質的議論が第一次的重要性をもつものと考えるべきであるが、なお）このことの問題性は次の点にある。まず論理構成について。とくに現代、評価方法がいわゆる欠缺及び法律上の評価に対立する場合に広がることに規定されて、規準構成上、論理構成による理由付けに困難が生ずる場合がある。そのような場合、自らの実践的方向を望む解釈論者が、その評価に論理的説明を与えうる場合、そのような説明を提示しえない「解釈論」に対して、事実上優位に立ちうる点となる。そこでは論理構成が評価実現のための道具として機能しているのであり、このことは、判決理由の制度上の要請を伴って、裁判上の法解釈に対する働きかけ機能に繋がるものである。ここには、（評価の内容ではなく）論理の平面において、「法の適用」という原則――大陸法系では制定法主義という表現をとり、また、近代国家において議会制民主々義の一つの表現でもあるそれ――がもちうる実際的意味をみることができよう。従って、この意味での「法の適用」の放棄（事実上のそれを含めて）には、裁判への働きかけの一つの道具を失うという点で問題があると考える。[8]次に概念構成に関して。解釈者によって構成される規準命題の要素となる概念に関しても、その一義性如何の問題は、解釈論のもちうる方向付け機能にとって重要性をもつ。また、個別評価との関連をいかに保つかは、法的な議論のなかでの、実質的評価に関しての批判可能性の維持ということに結び付くものである。以下では、自由法運動が論理構成・概念構成に対してとった態度設定を、ナチス民法学の構成方法への認識を視野に入れつつ、その後の反概念法学の歴史のなかでの位置という点からみる。

本稿は、以上のような関心から、エールリッヒによる概念法学批判・自由法発見の主張を対象として、自由法運動の特色を考えてみようとするものである。[9]対象としてエールリッヒを採り上げることは、彼の論文の果たした綱領的意義を考えた場合、許されることであろう。[10]

（1）　自由法運動は、法解釈方法の主張に尽きるものではない。周知の通り、この運動は、特にエールリッヒにおいて明らかなように、法社会学研究の可能性と方法を示し、また、司法改革の主張を通しての司法の「民衆化」の運動でもあった。そして、この二つの面はそれぞれ、様々な角度から分析されるべき対象としてある。しかし、本稿では、解釈方法ということに問題を限定し、他は必要な限りで言及するに留める。このことは、本稿が、民法領域での反概念法学的解釈方法のもつ意味を検討するという筆者の一連の作業の一環であることによる。そして、この扱いは、自由法運動についても、三つのこと、即ち、自由法発見・法社会学・司法改革は相互に関連をもったものであるが、出発点をなしているのは、法解釈方法にあるといってよいと思われることからも可能であろう。

（2）　以下については、また、拙稿「ナチス民法学の方法的分析（上）」法学四一巻四号（一九七八）七一頁［本書一三三頁］以下。

(3) 評価基準は、実現を目指す評価をどのような形での個別的或いは一般的定式化によって主張するかということであるから、広い意味では構成の一部をなすが、第三章で述べる法的構成の方法ということとは異なり、法解釈作業のもつ評価上の側面とどのように取り組むかということと直接に結び付いているので、評価問題の一環として扱う。

(4) ナチス民法学という概念の意味については、拙稿・前掲(上)七〇頁〔本書一三二頁〕。

(5) 拙稿「利益法学における評価と構成」弘前大学人文学部文経論叢一四巻一号(一九七九)三頁注(一)〔本書二三五頁注(1)〕参照。

(6) 拙稿「ナチス民法学の方法的分析(下)」法学四二巻一号(一九七八)五九頁〔本書一九六頁〕以下。

(7) ナチス時代の一般条項の機能に関しては、なお、それが表現する評価との関連で論じられるべきであるが、このことについては、拙稿・前掲(下)六〇頁〔本書一九七頁〕。

(8) 更に間接的には、「法の適用」という議会制民主々義の制度上の要請を、いわば最後のものである論理のレベルでも放棄することの政治的意味も問題としてある。しかし、これは重要ではあるが、民法解釈論を考える場合には、あくまで間接的なものとして位置付けられるべき問題と思われる。

(9) 近時、自由法運動に関しては、個々の論者に即した研究の必要性が唱かれている。とくに、磯村哲『社会法学の展開と構造』(一九七五)三〇〇頁注(1)。本稿では他の論者については立ち入らなかったが、ただ、以下で述べるようなエールリッヒにおいてみられる特色は彼に孤立してあったというものではないということは(のちに簡単にみるように)いえると思われる。

(10) 確かに、エールリッヒは、地域的文化的にいわば辺境の地にいたわけだし、そのこと自体が彼の法社会学理論及び法解釈論にとってもつ個性化的意義は小さくないと思われる。しかし、本稿はエールリッヒの法思想を対象にしようとするものではない。彼の論稿は、彼のもつ地域的文化的な問題を超えて、自由法運動の領綱論文的な位置をもつことになったのであり、本稿にとってはそのような歴史的客観的意味が重要であって、差し当たっては彼の主張がその下にあった諸条件は捨象して考えることができると思われる。なお、エールリッヒの法思想の新しい位置付けを行う近時の論文として、西村稔「ドイツ法社会学成立論序説」法制史研究二八(一九七八)三五頁以下がある。西村論文による自由法論の把え方については、後注(30)参照。

## 第二章　自由法運動における評価方法

一　周知のとおり、自由法運動は、概念法学的方法とされるものに対して、その形式論理操作による法獲得及び根拠付けという方法、その理論的前提となる無欠缺性理論を批判した。この方法上の批判の基礎にあるものとして更に次の二つの批判的見地が指摘できる。第一は、概念法学的方法が、社会との連関性を欠くことによって、実際的結果の妥当性のうえで問題を生じるという批判である。即ち「立法者は、彼の諸規範を常に既存の社会的諸制度、利益対立に結び付けている」のであって、概念法学は、概念の源が社会的事実にあることをみないで、誤った処にそれを求めている(11)。そこでは、「あらゆる法律論的概念」(juristischer Begriff) の本質的構成部分が、充分には正当な権利を得ていない。その構成部分とは、法的諸関係の法的規制が連関している利益である(12)」と。裁判のこの社会適合性の回復ということが(13)、自由法運動の共通した最も重要な目標となる。第二に、エールリッヒが仮象理由付け (Scheinbegründung) と呼ぶものへの批判である。「予め利益衡量によって見出された判決のために、法規のなかに仮象理由付けを求める(14)」と。この批判は、第一の批判が結果の妥当性に直接に結び付いたそれであるのに対し、より方法論的である。この批判からは、法適用における明示的 (offen) な利益評価を求めるということ(15)、それによって法適用に伴う責任の所在を明らかにするという自由法運動のもう一つの中心的主張が出てくる(16)。これらの点において、自由法運動の評価方法は、現代にまで繋がる反概念法学的方法の端緒として位置付けられるものであるが、また他方、歴史的意味の解明が必要となる問題もここから始まる。それは、実用法学としての法解釈学が裁判官に対して現実に即した明示的利益衡量を求めることによって、そこでは法解釈学がどのような形のものにならなければならないかという点についての自由法運動のもつ意味である。

二　エールリッヒは、自らの基本的思考を次のように纏める。「法は、抽象的規則の完結した体系ではなく、個別判決（Einzelentscheidungen）から成っている」。「裁判官は、確定的（festgelegt）法的規則が彼を見捨てるときには、自由な法発見によって、法を時代の要求に適合させるべきである」[17]。この二つのテーゼは、欠缺概念で結び付けられて、彼の法解釈方法論を作り上げる。まず、評価方法という側面から、自由法発見が現れるとされる範囲＝欠缺領域及びそこでの評価内容・基準をみてみよう。

(一)　彼は、「自由な法発見は、まさに、明確な規則（Regel）が妥当している法に含まれていないときにのみ現れるべきである」とする。ここでは、「ときにのみ（nur dann）」という言葉は用いられているが、逆に、自由法発見が問題として現れないのは、「明確な規則」がある場合とされて、それは、「明確で確定的な法が存在し、およそ法発見ということが問題になりえない僅少な場合（wenige Fälle）」であると述べられている[18]。ここでは、自由な法発見が原則的な姿であるとされている。この主張は、彼の後期の論文である「法規に基づく裁判官の法発見」[19]に引き継がれ、より明確な姿をとるに至っている。彼によれば、実用法学と区別された意味での科学（Wissenschaft）の作業としての歴史的「解釈」によって、法規の定立者（Urheber）による意味がまず探求されるべきとされる。「『解釈』は、法的保護を、その定立者が実際に決定しようとするものに限らなければならない」[20]。司法に奉仕する実用法学はこの歴史的解釈だけでは済まされないが、「司法が歴史的解釈で間に合う限りではそれに従わなければならない。科学的根拠ではなく、実際的根拠から」[21]。しかし、彼においては、この「歴史的解釈」が明確な判決を与えるのは、「非常に限られた範囲」[22]においてのみであるとされる。即ちそれは、「法的紛争において、法規における全く同じ種類の法的関係・利益衡量が問題となっている限りにおいて」であって、非常に単純な事件（法律家の日常作業が関係する多くの法的紛争がそうであるにせよ）のみである。法規は、なんらか込み入った場合には、うんざりするほどしばしば（oft genug）役に立たない。その場合には、決定を任された法律家による自前の（eigen）利益衡量・保護賦与が現れざるを得ない[23]、と。

㈡　次に、このように広い範囲で現れるものとされる自由法発見の内容に関する彼の考え方をみてみよう。まず彼は、時代の要請に適合するための裁判官に対する要求を、初期の論文で「……社会的経過の本質に関する鋭い眼と現代の要求に関する強い感覚と並んで、法において歴史的に生成したものとの常なる接触[24]」と述べている。そして、「正義は、……法学的伝統（Überlieferung）に含まれた諸前提に結び付いている。あらゆる自由な法発見は、伝統から出発する……」。従って、「自由な法発見は、あらゆる自由と同様保守的（konservativ）である[25]」。具体的には、「普通法学が、まさにすぐれて、自由法発見に際して、ここで伝統と名付けてきた構成部分を形造らなければならない[26]」とする。他方、後期の「法規に基づく……」論文においては、正義・伝統の強調はなく、法曹の自前の利益衡量を強調し、それに対する社会的力関係・潮流の規定的意味を指摘するという論述になる。「どのような手段によっても法規から取出せない判決を、彼（実務法律家）は、利益対立の法的（juristisch）な決断一般が行なわれる方法で判決を獲得しなければならない。即ち、対立している利益を自分で（selbständig）衡量し、彼自身がより高次であるとみなす利益に裁判所の保護を賦与するということによって[27]」。そして、「社会的力関係および諸潮流が必然的に裁判官のあらゆる利益衡量・保護賦与を規定する[28]」と。

これらの叙述の共通点と若干の相違の存在を考えた場合、エールリッヒの自由法論の特色を次の点にみることができよう。即ち、その一つは、従来からいわれているように、法適用の社会適合を可能にし、そこでの「社会」ということが市民社会の展開に沿った形での評価方法でありえたという側面、もう一つは、彼の評価方法がそのような実質的論拠を貫徹していないという側面であり、自由法運動の位置付けに関する点である。まず前者から（ただし、こちらについては簡単に）みていこう。

三　概念法学への批判ということを超えた積極的方向付けに関しては、まず、彼においては、国家的政策に対する意味での、社会的関係から生ずる自律的規則〔社会的諸団体の内的秩序（innere Ordnungen）〕が、評価・利益衡量上重要なものになってくる。彼が法的概念を社会的利益対立と結び付いたものとして考えるべきであることを強調したことは前にみたが、彼は、社会的諸制度、諸関係のもつ基本的意味を法的平面で現実化させるものとして法曹の役割を決定的に重視する。(29) 彼が法創造・利益衡量を求める法曹は、社会的関係を法的平面に持ち込む媒介者であり、彼の表現を用いれば、「社会的正義の機関としての法律家」(30) である。エールリッヒの実質的評価の主張は、法曹・法曹法概念を通じて、形式的規準を不充分なものとし始めた市民社会の内的変化を前提としつつ、その自律的展開に新しい規準の実質的な正当性根拠を求めるという意味をもった。また、彼の自由法発見の主張が、彼の「生ける法」概念に存在する地域的文化的意味を超えた歴史的な意味をもつに至るのもこのことの故である。以上のことは、エールリッヒによる評価基準の「定式化」からもいいうる。即ち、とくに初期に顕著にみられる、よるべき「正義」に関しての、伝統との結びつき、歴史的産物であること、歴史のなかで変化することの主張、(31) 普通法学の蓄積の高い位置付けは、評価の内容という面からみた場合、従来の法律学による法的保護の発展の継続を予定しているといえる。このことはまた、全時期を通して、エールリッヒによる概念法学批判も、その（構成方法と結び付いての）評価方法のうちの、構成が現実に対する利益衡量に優先するといういわば評価の手順及びそれが妥当でない結果をもたらすことに導くということに向けられていて、概念法学的方法の論理的形式性が拠って立つ評価そのもの——その形式性は、市民社会を基礎付ける商品交換の性格に由来する——には、直接には向けられていないということにも現れる。(32) エールリッヒの概念法学批判において現れる「国家的法把握（staatliche Rechtsauffassung）」「高度の国家的法把握」(33) という批判の仕方も、評価内容をそのものとして批判するのではなく、法体系の完結性、無欠缺性の表象、国家法からのあらゆるものの演繹という概念法学（的法実証主義）の方法的前提を批判するものであった。このように、エールリッヒにおいては、評価内容上は、概念法学的方法によって生ずる妥当でない結果を除き、従来からの展開の否定ではなく、継続が目指されていたといえる。

なお、さきに触れた相違——後の著作では、伝統・正義の強調がみられなくなり、もっぱら社会的潮流の規定的意味について述べるということ——は、次のように考えればよいであろう。ここには評価方法の内容にまで及ぶ相違は存在しないと思われる。既述のような論文の内容からそのように考えられる他に、彼自身この相違については全く述べていないということもある。彼が自らの前の著作を修正する場合には、そのことを明示しているからである。[34]従って、彼自身実質的な相違とは考えていなかったといえる。にも拘わらずそのような叙述上の変化がみられるのは、エールリッヒにおいて、その間に法曹法の存在の歴史的根拠付けが行われたことによって、[35]法曹の利益衡量という面をより前面に出すようになったためではないかと思われる。

**四**　歴史的位置付けという観点からは、さきに述べたもう一面を検討しなければならない。即ち、エールリッヒの自由法論においては、制定法との論理的整合性（形式的根拠付け）に代わるものとしての、実質的根拠付けは貫徹されていないということであり、[36]以下まずこのことを説明し、その理由を考え更に反概念法学の歴史の中でのこの側面の存在の意味を考える。

㈠　まず第一に、正義・伝統更には社会的潮流ということは、事実上前述のような意味をもったとしても、それ自体としては積極的に内容を指し示すものではなく、また、エールリッヒにおいても、そのようなものであることを目指されてはいなかったということである。即ち、それらは、裁判・個別解釈論の、論理にかかわる実質的根拠を表現するという機能をもたない。「正義」はあらゆるものを説明しうるといえるが、逆にいえば実は何も説明していないということである。また、彼によるそのような「一般的評価基準」の提示は、個別解釈論・個別（領域の）評価基準からの帰納・抽象という過程によるものではなく、また、個別的正義の叙述はある（Soziologie des Rechts. S. 173 ff.）[37]がそれらとの間に関連が存するわけではない。確かに、科学・法社会学に、「生活関係」「内的法則性」[38]を示すことを課題とすることが求められる。しかし、これらのことによっても、正義・潮流が、エールリッヒ自身があるべきと考える実質的内容をもった方向を解釈方法上構成するということの表現ではないということには変わりがない（また、後期においては、法社会学上の課題への言及に比して、実務法律家の「自前の利益衡量」が前面に出る）。エールリッヒの法解釈方法論が、実質的内容を積極的に示さないということは、その結果として、常に法適用者の「人格」[39]に最終的な根拠・保障を求めざるを得ないということに導いた。

次に、実質的論拠へのエールリッヒの姿勢には、いまだ一貫したものは欠けていたということは、彼による法律上の評価の扱いにも現れる。まず、彼においては、科学の行う歴史的「解釈」によって明らかにされた立法上の明確な判断（klare Entscheidungen）は、それらで足りる（auslangen）場合には、実用的な目的から、実用法学においても従うべきものとされる[40]。確かに、その立法上の評価も、広義では法曹法の一種として社会的力関係・潮流に還元されうるから、その限りでは、歴史的「解釈」以外の領域での、法曹の自前の利益衡量の規定要因とされるものとの間に論理的には矛盾はない。しかし、彼においては、立法上の明確な判断の実現の領域では、法定立者の合目的性衡量によって、法適用者による自前の利益衡量が排除される[41]。従って、立法上の評価が明確な判断を提供する限り、法適用者がそれを彼の評価からは正しい判断（gerechte Entscheidung）と考えるのでない場合にも、それが適用されることになる。

次に、彼は、法規は、定立者の考えにおいて妥当するとされる関係・利益対立に関連付けられれば、容易には「耐えがたい（unerträglich）」結果には導かない[42]、と述べる。また、エールリッヒは、「適用不可能（unanwendbar）な法規」の扱いとして、廃棄的慣習法（aufhebendes Gewohnheitsrecht）のルートを述べている[43]。従って、彼による、法定立者の評価に対する態度は次の三つになる。適用不可能＝耐え難いもの、法適用者の適当性判断とは一致しないがなお「耐え難くはない」もの、法適用者の評価によっても現実適合的な判断。そして、後二者が「実際的目的のために有用[44]」であるとされるのである。この「有用性」判断にも、法適用者の評価が存することはエールリッヒにおいても考えられているが、そこでの基準——自前の利益衡量における「適合性」ということとは異なったそれ——は、「実際的根拠」「有用性」「耐えがたくはない」ということ以外には、用意されていない。これは、法律解釈に基づく法適用と利益衡量を通ずる統一的な評価基準は考えられていないということを示す。勿論、法律上の評価が明確である場合、そのこと自体が法適用者に対してもつ実現への事実上の力の存在はおそらく否定できないであろうが、法律が本来予定した評価であるということを前提として、そのことを一つの（重要な）要素としつつ、統一的実質的論拠から判断することは可能である。従って、エールリッヒにおいては、法規の「解釈」及び適用には、その外の領域＝法創造と連関をもった形で、実質的論拠が常に問われるということはまだ現れてはいない。

また、前に一言したように、法律上の評価の拒否に関して、廃棄的慣習法という構成が提示されているが、これも拒否を是とする場合の内容的・実質的論拠を表現したものではない。このことも、立法上の評価の扱いと評価基準に関しての上述の結論の一資料となりうる。これらのことは、また、正義・潮流ということには、方法的に、利益衡量・個別評価基準と連関をもった実質的内容上の評価の方向付けが考えられているわけではないということの傍証たりうる。

(二)　エールリッヒの自由法論のこの第二の側面には、次のようなそれぞれ密接な関連をもった三つの原因が考えられる。即ち、①時代的問題状況、②認識と実践の問題、③裁判における規準及び法解釈論の位置付けということが。以下このことを述べてみよう。

①　この点は特に上述の立法上の評価の扱いに関するものである。法解釈学は、そしてその方法的主張も、特にその実用的性格上、それらが存在する時代・社会の現実的要請に応えるものとしてあるので、そこでの立法による対応の仕方、社会的要請の程度に強く規定される。エールリッヒの時代においては、確かに、法律上の評価が予定していない問題が現実的重要性を帯びたものとして存在し始めていたと考えられる。従って、「欠缺」──利益衡量による補充を行うことの正当性を示すことがまず方法論上の課題となってくる。エールリッヒの自由法論はここに位置付けられる。そこでは、後に広い領域で重要な問題となってくる評価変更は論じられてはいるが完全に周辺の存在である。勿論、欠缺の扱い方によっては、事実上評価変更であるものを欠缺構成を通して実現するということも可能であるが、エールリッヒにおいては欠缺は評価変更と明確に区別されている。論者の実質的評価基準の存在及び内容が特に重要なものになってくるのは、評価変更の領域が不可避的な存在としてそれも単に例外的なものとしてではなく、立ち現

れることによってである（これはナチス時代及びその後に異なった意味で決定的となる）。実際的にも欠缺問題である限りでは、論者の評価は勿論存在するとしても、なお多くは、議論としては、法律上の評価の類推の問題として行なわれうるのであるが、評価変更が広く現れることによって問題状況が変わってくる。従って、エールリッヒにおいて未だ法律上の評価の実現と利益衡量を統一的に説明するものがないのも、彼においてその外側に置かれた（そしてまたそれも統一的説明のない）評価変更の問題が、論者の実質的評価の所在を常に問うという形での現実的切実さをもっては存在しなかったということからくるのだと思われる。

② エールリッヒにおいて、法解釈学及びその方法論上の作業の実践性が必ずしも鮮明ではないということである。これにはレベルを異にする次のような問題がある。㋑彼の自由法発見に関する論文は、現実に行なわれていることの説明という側面と、彼の実践的主張という二つの面をもっている。まず、エールリッヒ自身、自己の論述を、現実の裁判活動の実際を問題としているものであると述べているように[45]、エールリッヒの自由法論は、実際には行なわれている裁判官による法創造という現実を明らかなものにするという側面を強くもつ。しかし同時に、彼のそのような言にも拘わらず、技術的法発見を非難し、法創造―法曹法の生成をあるべき方向として是認し主張するという実践的性格をもつ[46]。それは、エールリッヒの主張が、概念法学批判から、概念法学に代わるものを主張しようとするものであること、裁判官に対しての要請を行っていること、科学と区別された彼の実用法学の基本的発想である「諸要求に適合させるべきである」ということからもいえることである。そして、エールリッヒの自由法の諸論文が客観的にもった意味もこの実践的側面の故であり、更には、自由法運動という一つの動きができ上ることによって彼の論文は一層実践的意味をもつことになった（本稿の、彼の自由法論を対象にする視点もここでの実践的意味である）。しかし、彼の主張のもつこの両面が、彼の論述において必ずしも明確に区別されず、このことが、彼の自由法論における評価基準を不明確なものとする一つの因になっている。

㋺ 次に、確かに、彼においては、科学（Wissenschaft＝歴史的解釈）と実用法学の区別は強調（「峻別（磯村）」）されてさえいる。しかし、ここでエールリッヒが科学概念を用いるのは、歴史的解釈の領域と自由法発見・利益衡量の領域の区別、後者の広い範囲での承認ということのためであった。従って、実用法学であることの主張は、認識活動と区別されたものとしての法解釈主体の実践性への取組みのための出発点とされるものではなかった。更にそこで科学から区別される実用法学の〝praktisch〟は、「実用」性に重点を置かれた概念であって、裁判上の及び裁判に対しての働きかけの主体の存在に着目した「実践性」ということに関心が向けられているのではない。このことは、法社会学と実用法学の関係を、鉄の科学・科学的植物学と、鉄筋建築の技師のための実用的技術・薬剤師のための薬草知識（彼においては、後者では目的そのものは所与のものであることが前提とされている）の関係になぞらえていること[47]が間接的に示すことである。

③　次に、法曹法概念における裁判像に由来する法解釈論の位置付けの低さということである（この点は、次章で述べる彼の構成方法に深い関連をもつ）。それには裁判の場面での国家の位置付けの低さということが根底にある[48]。このことから、彼の主張は、民事裁判も国家・政治権力の一機能であるという側面を視野に入れた実践的主張という性格をもたなくなる。高度の国家的法把握批判を基礎にしての、社会の現実的利害対立からの法曹法の形成という考え方は、彼のいう〝生ける法〟・非国家法の裁判レベルでの実現を求めるものとしてあったが、それは、法解釈学によって構成された新しい評価方法の提示によってよりも、司法改革に実現が求められた[49]。しかし自由法論という実践的主張は、そのような裁判組織の改革の実現可能性の存否とは別に行われたのであり、現実に行われる裁判への法解釈方法の提示という客観的意味をもった。そしてまた、司法改革はなくても自由法運動の存在したということ自体がその後の反概念法学の歴史にもった意味が考えられなければならない。

**五**　エールリッヒの自由法論のもった評価方法上の上述の二つの側面――即ち、一方、法曹の利益衡量を通じて現実適合的な規準の形成を可能にするということ、その適合性ということは、経済的市民社会の展開とのそれという機能をもちえていたということ、他方、そのような評価内容は、立法上の評価に対する判断をも含んだ解釈上の基準として提示するという志向はみられないということ――は、エールリッヒにのみ孤立してみられるというわけではない。前者の側面についてては示すまでもないであろう。後者については、例えばシュタンペにおいても、（エールリッヒと欠缺の構成は異なるが）法律適用と利益衡量の、また、それらと彼のいう大きな災厄（Massenkalamität）との間には実質的論拠のうえでの統一性（又はその志向）はみられない。(50) また、カントロヴィチにおける法律適用の扱いにも彼のいう自由法との実質的論拠のうえでの連関がみられない叙述が存する。(51)

このような二つの面をもつ自由法運動における評価方法の存在は、ナチス民法学にとってどのような位置にあるのか。既に別稿で論じたように、(52) ナチス時代には、ナチス政治権力の明示的・黙示的要請に応える方向の（「現実適合的」）民法学が存在した。(53) ナチス的価値の実現は、それまで裁判上保護を与えられていた価値とは異なったものの実現であった。そこでは、量的には一部分であろうと、方法上は、立法上予定された評価の変更の問題が全面化してくる。(54) 民法学において、ナチス的現実への適合を可能とする評価方法として、具体的秩序思考と反具体的秩序思考のそれがあった。前者は、ナチス世界観を出発点としそれを貫徹した形での規準の構成を求めた。これに対し、具体的秩序思考を批判する論者において、一方において従来の民法学の展開の蓄積を維持しつつ、他方においてナチス的現実への適合が図られる。それは、ナチス的評価基準をいわば修正の方向として掲げることによって、従来の展開の産物と並行した形での解釈（及び立法）によるナチス的価値の実現を可能とする方法である。このそれぞれの学派は、一方はラディカルな主張を通しての環境造り、他方はナチス的要請の実現の途を確定的なものにするという役割を果した。これらの評価方法は、市民的価値・評価を正面から否定する方法と市民的評価方法の変質を示すそれということができる。(55) このようなナチス時代の現象も、反概念法学的民法学の歴史の中に位置付けて観察されるべきである。そうした場合、とりわけ反具体的秩序思考によるナチス適合的方法の存在は、市民社会の現実及びその基本的価値との連関を保った評価基準（それを明示するか否かは、その状況下での戦術的なことである）のない反概念法学的評価方法のもつ、状況によっては変質するという可能性の存在を示している。

勿論、自由法運動における評価方法は、この反具体的秩序思考における評価方法と直ちに結び付くものではない。自由法運動における評価方法の位置は次のように考えられよう。部分的には既にナチス前から、しかし全面的な問題としてはナチス期及びその後、既存の規準の予定した評価とは異なった評価内容（欠缺とされるものであれ、反制定法とされるものであれ）の実現が民法学に対して要請されるという現象が起こる。そこでは、裁判上の法解釈・適用においての評価上の争いが、解釈者の実質的評価を問うものとなり、法解釈論による裁判への働きかけには、法律が予定した評価の実現・非実現への態度設定をも含めた実質的評価の根拠を提示するという現象がみられるようになる。ナチス的評価基準（とくに具体的秩序思考のそれに明らか）はその一例である（勿論それを是認するかは別の問題）。自由法運動における評価方法は上述した二つの面をもつことによって、現代民法学の方法にとって端緒としての存在である。それは法適用者への現実的利益衡量の要求の第一歩という意味で、そして同時に、そこでは実質的評価の全面的な問題化への用意はなされていないということによって。そしてまた、この後者の側面によって、自由法運動の存在は、反概念法学的方法が様々な価値に奉仕することになりうるということを極限的な場面で現実に示した反具体的秩序思考を重要な部分とするナチス民法学に対して、その方法的な前史としての位置を結果的にはもたされた。評価内容において繋がりがなく、また、ナチス民法学のなかで既に過去のものとして批判され、運動としての存在は消滅していたにせよである。

(11) Ehrlich, E., Die juristische Logik 2 Aufl., 1925（初版は一九一八）, S. 133.
(12) Ehrlich, a. a. O., S. 197.
(13) Ehrlich, a. a. O., S. 296, 309. など。
(14) Ehrlich, a. a. O., S. 299ff.
(15) Ehrlich, a. a. O., S. 303f.
(16) Ehrlich, Die richterliche Rechtsfindung auf Grund des Rechtssatzes, Jhering's Jahrbuch 67, 1917, S. 67.

(17) これは、基本的思考をジェニーと同じくするというコンテクストでのテーゼである。Ehrlich, Freie Rechtsfindung und freie Rechtswissenschaft, 1903→ Recht und Leben, Gesammelte Schriften zur Rechtstatsachenforschung und zur Freirechtslehre, 1967, S. 170f.

(18) Ehrlich, a. a. O., S. 187. 磯村・前掲二九八頁以下参照。なお、Rehbinder, M., Die Begründung der Rechtssoziologie durch Eugen Ehrlich, 1967, S. 83は、自由な法発見は、「エールリッヒにとって、比較的稀な場合に考察に入ってくる」としているが疑問である。

(19) 注(16)文献。なお、Rechtssatz を法規と訳すことは一般的には正確を欠くが、エールリッヒのこの論文においては、法曹法に対置された法律に規定されている法命題という意味で用いられているので、法規と訳しておく。なお、磯村・前掲も法規と訳している。以下のエールリッヒの考え方の要約については、また、同三一二頁以下参照。

(20) Ehrlich, Die richterliche Rechtsfindung., S. 23.

(21) Ehrlich, a. a. O., S. 29.

(22) Ehrlich, a. a. O., S. 54. また、S. 61.

(23) Ehrlich, a. a. O., S. 54, 70. 磯村・前掲三〇六頁は、「後期にいたって……法規の『歴史的解釈』の立場を採用することによって、その法学方法論は、大きな転回を示すことになった」と述べている。たしかに、磯村氏のいうように、歴史的解釈という考え方によって、欠缺の範囲に関していえば、「明確な規則」ということの意味が明らかにされ、エールリッヒのいう「解釈」と法創造・利益衡量の「峻別」が行われるようになる。しかし、この論文の第一次的な関心は、利益衡量・法創造の存在の正当性を根拠付けるということにあり、「峻別」はこの根拠付けのための前提であって第一次的な目標ではない。そして実際にも「歴史的解釈」は、きわめて狭い範囲で妥当するものと考えられていた。ヘックにおいてそれが原則的位置に置かれているのとは違って、欠缺確定の前提作業としての役割しか与えられないことになる（この点でのヘックのエールリッヒに対する態度は、ヘック自身の問題として考えらるべきであろう）。この意味では、この論文の題名そのものが戦術的意味をもつものではないかとさえ思われる。従って、後期に至って、「明確化」とはいえても、「大きな転回」と理解すべきかには疑問がある。なお、磯村・前掲三〇五頁注⒅参照。

(24)　Ehrlich, Freie Rechtsfindung, S. 196.

(25)　Ehrlich, a. a. O., S. 193. また、数百年の伝統化された英知をマスターする者のみが正義の先駆者（Pfadfinder）たりうるとする。a. a. O., S. 196. Grundlegung der Soziologie des Rechts, 1913, S. 145 f.

(26)　Ehrlich, Freie Rechtsfindung, S. 195. エールリッヒが伝統の中にみる正義の個別的内容に関しては、Soziologie des Rechts, S. 173 ff. 本稿は、彼の法社会学の検討には立ち入らない。

(27)　Ehrlich, Die richterliche Rechtsfindung, S. 33. また、S. 58, S. 67.

(28)　Ehrlich, a. a. O., S. 62. なお、Die juristische Logik においても、「現実的利益衡量に基づく正しい（gerecht）判決」（S. 296）を求めるという表現はあるが、伝統・正義ということの強調は行われていない。

(29)　エールリッヒの法曹法の考え方については、磯村・前掲二一二頁以下。

(30)　Ehrlich, Soziologie des Rechts, S. 161. なお、西村・前掲六五頁以下は、エールリッヒの法曹法概念を、民主主義・議会主義への対抗という政治思想の平面で捉える。しかし、エールリッヒが主として視野に入れている民事法領域での法適用という平面では、独立した法創造と反民主制・反議会主義とは直接的には繋がらないと思われる（役割として場合によっては無関係というのではない——第一章注(8)参照。なお、エールリッヒは、刑法領域も同一平面において論じているが、この意味は別に分析されるべきである）。これと同様なことは、（西村論文とは関係しないが）例えば、増額評価判決をワイマール期の裁判官の反共和制的姿勢と直接に結び付け、更に、ナチス適合的判決の先行形態とみることについてもいえる。拙稿・文経論叢一四巻一号一五頁注(26)［本書二四七頁注(31)］参照。

(31)　Ehrlich, Freie Rechtsfindung, S. 193.

(32)　この点は、ナチス時代に行なわれた概念法学批判との大きな相違である。拙稿「ナチス民法学の方法的分析（上）」七八頁［本書四二四頁］。

(33)　Ehrlich, Die juristische Logik, S. 81 ff. 磯村・前掲二五九頁以下参照。

(34)　例えば、欠缺確定について、Die juristische Logik, S. 215. 欠缺充塡について、Die richterliche Rechtsfindung, S. 34.

(35) Soziologie des Rechts., S. 161f. では、法曹による正義の現実化が説かれている。
(36) 念のために一言しておくと、本文のようにいうことは、例えば、現在の時点に立ってエールリッヒの主張が不充分であると批判するためではない。あくまで、彼の主張のもった歴史的意味を説明することが本稿の目的である。
(37) Ehrlich, Freie Rechtsfindung., S. 198.
(38) Ehrlich, Soziologie des Rechts., S. 195f. 磯村・前掲二一六頁以下。
(39) Ehrlich, Freie Rechtsfindung., S. 188.
(40) Ehrlich, Die richterliche Rechtsfindung., S. 29. なお、この「明確」ということは、法律文言上のことではなく、評価内容の明確さという意味で用いられている。
(41) Ehrlich, a. a. O., S. 38. また同頁は、「裁判官の自前の利益衡量及び保護賦与は、彼が解釈することを放棄したとき初めて定立者のそれに代わって現れる。そして、裁判官は、このことを、解釈では決してうまくいかないと分かったときにのみ、なしうる」と述べる。
(42) Ehrlich, a. a. O., S. 27.
(43) Ehrlich, a. a. O., S. 52ff.
(44) Ehrlich, a. a. O., S. 29.
(45) Ehrlich, a. a. O., S. 79f. において、ビューローのエールリッヒ批判に対する反批判を行っているが、その論拠の一つが、ビューローがエールリッヒの論文から引用している箇所（Stellen）においては、ビューローが主張するのとは異なって、何が司法において行なわるべきかということではなくて、何が実際に行なわれているかが自分にとっての問題であると述べている。ビューローの論文を未入手なので推測になるが、ここでは、ビューローの Über das Verhältnis der Rechtsprechung zum Gesetzesrecht, Recht, 1906, S. 769–780. が考えられているのだと思われる。従って、発行年からみても綱領的位置からみても、ビューローが引用したエールリッヒの論文は、「Freie Rechtsfindung……」であろう。なお、Riebschläger, K., Die Freirechtsbewegung, 1968, S. 47参照。
(46) また、彼の法社会学の側の問題として、それが、自由法論の理論的根拠付けを与えるという位置にあることについて、世良晃志郎「マックス・ウェーバー（世良訳）『法社会学』あとがき」（一九七四）五四二頁。
(47) Ehrlich, Soziologie des Rechts., S. 3f. 磯村・前掲一六四頁。
(48) エールリッヒの国家把握について、笹倉秀夫『近代ドイツの国家と法学』（一九七九）三九二頁註(65)の指摘が興味深い。
(49) エールリッヒは、社会的現実に適した利益衡量を、官僚制的裁判組織においては実現可能とはみていない。Freie Rechtsfindung. S.195. また、Die Neuordnung der Gerichtsverfassung, DRiZ 1912, S. 439.
(50) Stampe, E., Die Freirechtsbewegung, 1911, S. 26 ff. また、シュタンペ・田村五郎他訳「利益考量による法発見（一九〇三）」法学新報八三巻四～六号（一九七七）八五頁以下参照。
(51) Gnaeus Flavius（Kantrowicz, H.）Der Kampf um die Rechtswissenschaft, 1906, → Rechtswissenschaft und Soziologie; Ausgewählte Schriften zur Wissenschaftslehre; herausgegeben von T. Würtenberger, 1962. S. 34（田村五郎訳『概念法学への挑戦』（一九五八）一二二頁以下）。また、フックスについては、Fuchs, Was will die Freirechtsschule? 1929 → Gerechtigkeitwissenschaft; Ausgewählte Schriften zur Freirechtslehre, herausgegeben von A. Kaufmann und A. S. Foulkes, 1965, S. 46f. ただし、フックスの論述は、他の論者よりも一層論旨を把握しにくい。a. a. O., S. 44. も参照。
(52) 拙稿・法学四一巻四号、四二巻一号［本書一三一頁、一九六頁］。
(53) 念のために付言すると、ナチス時代の民法学がすべてナチス的であったわけではなく、また、ナチス的価値の実現を可能にし促進した民法学においてさえ、必ずしもナチス的でない主張を行う問題も多い。従って、ナチス民法学を含めて、ナチス時代の民法学のなかに、それ以前からの継続更には現代の問題にとっての有益な素材を見出すことは勿論可能である。これはその時代の民法学に現実社会から要請されたものに現代と共通するものがある以上自然なことである。しかし他面、そのような側面での対応の仕方そのものが同時にナチス適合的になりうるものであったり、また、量的に一部であろうと、民法学が法解釈及び立法論を通じて、個別具体的にナチス的実践を行ったことも事実であり、この側面を方法的に突き詰めて考えることが重要であると考える。
(54) 法律上の評価の変更は、必ずしも常にその法律適用の拒絶・反制定法判決と結び付くわけではない。ある法律を適用するという形で、その法律が予定したとは異なる評価を実現することは可能である（現在の日本の民法学の作業を考えてみれば明らかであろう）。評価の側面の問題はどのような法的保護が目指されるかということであって、その主張が既存の規準にどのように関係付けられるか（目的論的解釈、類推、一般条項の導入、欠缺、法律拒絶等々）は、その評価適合性という点から判断がなされるべき法的構成にかかわる問題である。

(55) 拙稿・法学四二巻一号八三頁［本書二二九頁］以下参照。

## 第三章　自由法運動における構成方法

一　エールリッヒは、法的構成によって新たな規準を導き出すということ、また、法的論理によって仮象理由付けを行うということについて、概念法学的構成方法を批判する。[56] それでは、エールリッヒは法解釈学・実用法学がどのように法的構成に取り組むべきと考えたのであろうか。彼にとっては、概念法学批判とそれに代わっての新しい方法での法的保護の賦与が関心であって、そのあるべき法的保護がどのような構造をもつ規準によって行われるべきかについては関心が向けられていない。しかし、間接的には彼の考え方が窺えるのであり、また、その考え方はエールリッヒにだけ孤立してみられるというものではなかった。

(一)　まず論理構成について、彼の欠缺概念の構成方法上の側面をみてみよう。エールリッヒの欠缺の定義は、自ら述べている通り[57]、初期と後期では異なるが、いずれにおいても広い範囲で考えられた欠缺領域において自由な法発見が求められる。そして、彼においては、欠缺問題とされることによって、この自由な法発見には（欠缺であるということ以上には）既存の規準との論理的結び付きの説明を求めることはなされない。従って、彼の欠缺概念は、法的構成という側面からみた場合、体系・法律からの論理的説明を外すといういわば消極的な意味での論理構成の一種であるといえる。彼の欠缺の主張は、その評価方法に規定されて、広い範囲にわたって法曹の利益衡量を通しての現実適合的な法的保護を可能とするためのものであるが、そのような法的評価の実現のための道具には、欠缺概念の他に様々なものがありうる。エールリッヒは、体系概念の概念法学的使用を拒否する他、既存の規準の目的論的解釈、一般条項の導入による既存の規準の補充及び意味変更という方途を拒んだ。これらの方途に対しては、概念法学的論理構成批判の一つである仮象理由付け、法適用者による概念の濫用に通ずるということが同様に当てはまると考えられたからだと思われる。仮象理由付けに対しては、みせかけを排して現実の衡量を示すことが求められた。そこでは、形式論理的法思考が目指した（とされている）論理構成による法解釈者の判断に対するコントロール機能が認識レベルで否定されているのである。そしてまた彼は、自らの利益衡量を隠蔽することによる仮象理由付けの実際的弊害を強調する。彼の欠缺への選択は、法律論的根拠付けに代えての、実質的・社会学的根拠付けへの選択でもあったのである。制定法を出発点とした論理的説明は制定法主義の一つの現れであるが、エールリッヒにとっては、イギリスの先例法主義が目指すべき途とされた。ここでも確かに、自由な法発見・法創造の主張には裁判制度の改革の主張が伴っていた。しかし、彼の主張は、司法改革が現実に行われることを前提にしてのそれではなく、当時の状況に対しての働きかけという意味ももっていた。そして、司法改革の有無とは別に、方法的主張がその後の歴史のなかでもつことになった意味が考えられなければならない。

(二)　次に概念構成に対する態度をみてみよう。エールリッヒは、不確定的概念（例として、事物の本性、良俗、黙示の意思表示、信義誠実、契約関係における誠実性（der gute Glaube）を挙げている）[58]について、次のように述べた。社会が必要とする法を論理的推論によって獲得しようという目的に、法律学は更に次のことによって近付こうとする。即ち、法律学が、この目的のために適した法的概念を予め作っておくことによって。一連の不確定的概念はこの種の概念である。（法規に規定されている場合には）この種の法規の定立者は、この法規が妥当すべきとされる法的関係・利益対立について明確な表象を作り出さなかった。彼は、それを不確定的概念によって輪郭だけを示すことで満足し、その徹底した利用を、教育・文献・司法における実用法学の展開に委ねた[59]。概念の不明確さがまさに、裁判官をして、それにとってある法規が具合がいい諸事件をその法規の下に整序することを可能にする、と。[60] エールリッヒは、不確定的概念のこのような機能に対して、その前提である仮象理由付けを批判するのであるから、勿論積極的に肯定するわけではないが、なお次のような態度を表明する。立法の最も重要な任務を裁判官を縛り付けて法律に引き渡すことだと考える者は、この種の（不確定的）概念構成を断固非難しなければならないだろう。しかしながら、ＢＧＢの内容のうちで、信義誠実・良俗といった不確定的概念を用いていて、裁判官を全く縛り付けようとはしない規定が最も賛同され、また最も実りのあるものであるということは考慮の値打ちのある（erwägenswert）ことである。[61] この不確定なるものは、裁判官の法発見のための入り口であり、それを通して常に新しい法曹法が現行法（geltendes Recht）の中へ入り込むのである、と。[62]

さて、自由法発見にとって事実上有用な道具として働くという機能の存在を指摘したうえでのエールリッヒ自身の一般条項への取り組みは、他の法規と同様、歴史的解釈の主張である。[63] 従ってここでも、法適用者による利益衡量の広い領域が考えられるわけであるが、そこにおける概念構成上の問題についての指摘・対応は存在しない。このことは、この時期の問題が、法律上の一般条項にせよ解釈によって導入されるそれにせよ、ナチス時代及び現代のように民事法領域での重要な位置を占めて利益対立の錯綜の状況に対しての不可避的な存在であるという程の重い現実的なものではなかったことによると考えられる。エールリッヒにとっては、解釈上構成される規準命題の要素たる概念の構成方法如何より以前の、法的保護の賦与、利益衡量の存在の正当性、及び利益衡量が明示的に行われることが方法上の関心事であった。

法的概念構成・論理構成に対するこのような態度設定は、評価方法上の評価基準への取り組みの低さと同様の理由によって説明され得ると思われる。

二　論理構成・概念構成に関しての積極的取り組みの方向はないというこのエールリッヒの姿勢は、彼にだけ孤立してみられるというわけではない。むしろ他の自由法論者においてより明らかにこの点での消極的立場がみられる。

例えば、論理構成に関して、カントロヴィチは、判決理由挙示の公準を次のように批判する。「あらゆる判決が、その理由を挙示されていなければならない！」われわれはこの公準の大きな価値を決して否認するものではない。しかしわれわれは、裁判がこの公準を知らなかった長い歴史をもっている。この公準は常に、一面においては〔裁判に対する〕信頼の不充分さを、他面においては〔裁判の〕権威の不充分さを示すひとつの印である。債権者が最後の審判日に対して求めるものは〔裁決の結論であって〕裁決の理由などではない！。また、我々は、我々の至宝をも、陪審裁判所にすなわちその評決に理由を付す必要のない、まさにそうした種類の裁判所に委ねているではないか、と[64]。また、シュタンペの次のような叙述も構成方法への消極的姿勢が自由法運動にみられたということを示している。「それ（自由法運動のプログラム）は概念法学に対する戦いを法形成の領域でのみ意図している。完全な勝利が戦い取られるべきなら、我々は、概念構成においても攻撃に進まなければならない[65]」。また、概念構成に関して、フックスの一般条項についての叙述が同様の姿勢を示す。ＢＧＢはただ一カ条だけで充分（gut）である。つまり、ＢＧＢが、その抽象的カズイスティックを停止し、もっぱら道標のみを立てた処でだけ。その道標には〝取引上の諸要求の自由な法的大海（Rechtsmeer）への入り口〟という銘が書かれている。二四二条がそれである[66]」と。

自由法運動における構成方法は、概念法学批判による規準の現実適合性への第一歩であったことは否定できない。また、法的論理のコントロール機能（制定法主義の下での「法の適用」であることの論理的平面での要請の実際的意味）の否定、及び、実質的評価を表現する法的概念構成（このことは仮象理由付け批判と矛盾しない）への新しい志向が未だないということとは、反概念法学運動の出発点においてある程度自然なことといえよう。しかしこのこと自体の歴史的な意味は別に考えなければならない。自由法運動における構成方法のこの側面は、評価方法における実質的論理の論者による内容的方向付けがないということ、法適用に明示的な利益衡量を求めるということに規定されている。そしてまた特に、構成方法は、制定法主義の批判でもある司法制度改革の主張と連関している。しかしこの構成方法の主張も、法解釈論及び裁判のあり方の主張として、そのような司法改革は行なわれない現実のなかで、法的構成の位置が低くなるということを推進する力となるという機能をもったのである。また、この側面の存在によって、その後の民法学の展開にとっての意味は次のようにいえよう。

法的構成の面でも、法解釈論の位置の決定的低下はナチス民法学にみられる一つの側面である。ナチス時代における、ナチス適合的機能を果たした民法学においては、法的構成特に概念構成への取り組みは、一面強く他面弱かった。つまり、具体的一般的概念構成論者は、ナチス的概念の構成及びナチス的一般条項の導入を積極的に主張し、これに対し、反具体的一般的概念構成論者は、第一次的には、ナチス的価値を表現するのではない一般条項のナチス的操作によって、ナチス的価値実現に構成道具を与えることを可能にした。従って、どちらについてもいえることは、一般条項運用の重要性ということである。これによって、論理構成は、（たしかに、一般条項を介したそれは存するものの）事実上すべて構成可能なものになることによって無意味なものにされる。また、概念構成は、一般条項の活用によって、規準内容の明確性の確保という機能は大幅に低下する[67]。このうちで、反具体的一般的概念構成の主張は、目指された評価を表現しているのではない概念の構成が様々な実現のために働きうるということを示す。

自由法運動における構成方法は、その目的においてナチス民法学とは全く異なる。しかし、自由法運動における構成方法は、そこに評価に即した概念構成・論理構成への取り組みの方向が存在しないという点で、歴史的存在の意味のうえでは、反具体的一般的概念構成を重要な部分とするナチス民法学の方法的な前史の位置に置かれうるものである。また、現代民法学にとっても、概念法学的論理・概念の使用に対する批判の開始という点で、しかしまた、一般条項への高い評価という点でも端緒であると位置付けられる。

(56) とくに後者の実質的論拠について、Ehrlich, Die juristische Logik, S. 299ff. 磯村・前掲二八六頁以下。
(57) Ehrlich, a. a. O., S. 215.
(58) Ehrlich, a. a. O., S. 231.

（59）Ehrlich, a. a. O., S. 230.
（60）Ehrlich, a. a. O., S. 231.
（61）Ehrlich, a. a. O., S. 232.
（62）Ehrlich, a. a. O., S. 233.
（63）Ehrlich, a. a. O., S. 233.
（64）Kantrowicz, a. a. O., S. 35（本文には、田村訳一二四頁以下を利用した）。
（65）Stampe, a. a. O., S. 32. なお、シュタンペの概念形式という言葉は、本稿でいう論理構成も含んだものである。S. 32 ff. 及び S. 7 f. 参照。
（66）Fuchs, Verhältnis der Freirechtslehre zum deutschen und ausländischen Rechtsdenken, Die Justiz I. 1925/26, S. 349. また、Was will die Freirechtsschule ? S. 29.
（67）これらのことについては、拙稿・前掲(下)法学四二巻一号五九頁［本書一九六頁］以下。

## 第四章　むすび

以上、エールリッヒを対象として、自由法運動について、その時代のなかでの意味を考えることとは別のその後の、自由法運動の時代の要請を超えた（従って自由法運動には対処する用意はない）問題状況のなかで、その前に自由法運動が存在したことの意味を考えた。この視角から、評価方法及び構成方法においてそれぞれ、その後の民法学において様々な機能を果たすものとして現れることになる方法上の問題の萌芽といいうる側面をも含んでいたということを示した。

さて、本稿は、かつて試みたナチス民法学の方法的分析を前提にして、その方法的前史を考えるという順序をとったものであり、確かにナチス民法学との関係を介することによって、反概念法学の流れのなかでの現代民法学の方法上の問題の明確化に資することを意図しているが、なおこの点は不充分である。現代民法学が、現代社会の諸要請に応えるなかで、この評価・構成の両面でどのような特色を示しているのか、その実際的意味は何かということについては、民法学各領域それぞれにおける解釈論の位置付けが必要となる。この作業は、個別解釈論についての、方法上の問題をも含めた実践的態度設定の前提ともなるであろう。

# Ⅳ　民法上の法形成の現状分析

*11* 憲法の視点からの民法?

*12* 民法上の法形成と民主主義的国家形態

*13* 政教分離原則と民法

# *11* 憲法の視点からの民法？
## ――基本権保護義務論の中の民法をめぐって――



### 第一章　問題の所在

民法二条は「この法律は、個人の尊厳と両性の本質的平等を旨として、解釈しなければならない」と定めている。この規定は、狭義の解釈だけでなく欠缺補充を含めた広義の解釈においても、そこに掲げられた価値への適合性を求めている(1)。さらにこの規定の前提として、そこに掲げられている民法と特に強い関連をもつ憲法上の価値に関してだけでなく、広く民法の憲法適合性を求める考え方をみることができる。

民法の解釈における憲法適合性という問題は、これまで基本権の私人間効力論としてわが国の憲法学において議論の蓄積を見てきた問題と連なる。私人間効力論の母国であるドイツにおいては、連邦憲法裁判所（以下、BVerfG）及び学説において基本権保護義務論と呼ばれるより広い射程をもつ考え方が支配的な位置を占めるようになり[2]、私人間効力問題もこの理論との関連で論じられるようになった[3]。

私人間効力論は、一九世紀のドイツ社会の産物であるBGBを基本法（以下、GG）に表現されている戦後のドイツ社会において有力となった価値意識に即して運用するという、民法上の法形成の過程の一環であった[4]。基本権保護義務論はこの方向の上でそれまでの私人間効力論に対して新たな憲法解釈上の判断基準及び論理構成を提供するという役割を果たしている[5]。この学説の展開には有力な民法学者が加わることで、憲法と民法の関係についての議論の進展をみることになった[6]。この基本権保護義務論を巡っても既にわが国の憲法学で議論が行われている。民法との関係についても、この理論を参考とした論稿が出ることによって、議論が始まっている[7]。民法学はこれまで私人間効力論をいわば対岸の出来事としてきた感があったが、いまや自らの作業の土台に関わるこの問題への対応が問われることになってきた。

本稿は、ドイツ法上のこの基本権保護義務論という憲法解釈論の中の民法の扱いを検討することを通して、民法上の法形成及び体系と憲法適合性の関連を考えようとするものである。具体的には、基本権保護義務論の中で示されている考え方、即ち、「各法領域は基本権の保護命令機能の実現と理解することができ、このことはとりわけ不法行為法、危険責任、差止請求権に当てはまる」、それらの制度は「憲法の視点からは基本権保護義務の私法の平面における置き換え（umsetzen）である」[8]という考え方（以下、「憲法の視点からの民法」とする）の意義を検討するという方法で行う。その際の視点は、「憲法の視点からの民法」論の検討には「民法の視点からの国家」の位置付けが必要であるということにある。それは、GGでは人間の尊厳、日本国憲法及び日本民法典では個人の尊厳という価値の社会的浸透に即した民法上の法形成の要因と主体を把握するにおいては国家と社会の関係をいかに考えるかという問題が不可欠であるとするものである。

以下では、まず基本権保護義務論における私人間効力問題の扱いの検討の素材となるようなBVerfGの判決・決定（以下、まとめていうときには判決とだけいう）の幾つかを紹介し（第二章）、次いで、基本権保護義務論の提示する要保護性の判断基準をそれと民法との関係という角度から検討し（第三章）、更に、基本権保護義務論の論理構成の中での民法の位置付けが表現するものを民法上の法形成要因・主体の把握の方法さらにその民法の体系的把握との関係という角度から検討する（第四章）。最後にむすびとして、そのような基本権保護義務論との対比で、わが国における憲法適合的な民法上の法形成の方向を考える（第五章）。これらの章を通して、民法の位置付けに関しては、基本権保護義務論における評価基準は憲法独自のものとはいえず実質的には民法上のそれに近付くこと、この理論における論理構成は「迂回路」[9]であってドイツ法特有のものであり、ドイツにおける実践的意義と切り離して考えるべきではないということ、基本権保護義務論における「憲法の視点からの民法」の位置づけにおいては民法上の法形成要因及び主体が直接に表現されてはいないということが述べられる。従って、本稿は山本、高橋、宮沢の間での議論（そこでは論理構成の平面で基本権保護義務構成の是非・優劣が論じられている）に立ち入るものではなく、それらとは異なった角度——民法上の法形成要因の把握の方法というあえていえば機能的考察——から、「憲法の視点からの民法」という考え方を検討することが目指される

（1）　広中俊雄『民法綱要第一巻総論』〔一九八九〕六三、七一頁。この条文の立法過程については山本敬三「§1／2」新版注釈民法(1)　総則(1)（改訂版）〔二〇〇二〕二二五頁以下。狭義の解釈、広義の解釈という表現は、広中・前掲六〇頁及び同『民法解釈方法に関する十二講』〔一九九七〕四頁、一〇頁による。

（2）　基本権保護義務論の扱う内容の広がりについては、小山剛『基本権保護の法理』〔一九九八〕一八頁以下参照。基本権保護義務論は私人間効力問題をその一部とするものであるが、本稿の関心は基本権保護義務論全体にではなく、そのなかでの民法の位置付けにあるので、以下ではこの説を私人間効力問題に限定して論じる。従って、この説の憲法論

としての是非は本稿の対象ではない。

(3)　解釈学説であるからそれに対する懸念や批判説は当然にある。ドイツ憲法学における議論の概観は、小山・前掲三三頁以下、樋口陽一『国法学』［二〇〇四］一一一頁以下など。BVerfG の裁判をめぐる議論状況に関しては、畑尻剛「批判にさらされるドイツの連邦憲法裁判所（上）（下）」ジュリ一一〇六号七四頁以下、一一〇七号［ともに一九九七］七九頁以下、広渡清吾「憲法と民法」法律時報七六巻二号［二〇〇四］八八頁以下など参照。

(4)　私人間効力問題と基本権保護義務論の関係については、小山・前掲二二一頁以下。

(5)　小山・前掲二一二頁は、「私法規定の基本権適合的解釈」の問題という。

(6)　高橋和之「『憲法上の人権』の効力は私人間に及ばない」ジュリ一二四五号［二〇〇三］一三八頁注(1)にその時点までの文献が詳しい。その後のものとしては樋口陽一・上村貞美・戸波江二編　栗城壽夫先生古稀記念・日独憲法学の創造力（上）（下）［二〇〇三］所収の多くの論文がこの理論に言及している。

(7)　一方に、山本・前掲二三二頁以下などの一連の論文（山本「憲法システムにおける私法の役割」法時七六巻二号六七頁注(1)のリスト参照）があり、これに対し、批判的見解として高橋・前掲及び同「現代人権論の基本構造」ジュリ一二八八号［二〇〇五］一一〇頁以下、宮沢俊昭「現代立憲主義国家において国家法として民法を制定する意味（一）（二）（三）（四）」近畿大学法学五三巻一号五五頁以下、同二号［ともに二〇〇五］一〇三頁以下、同三・四号［二〇〇六］二四一頁以下五四巻一号［二〇〇六］一頁以下がある。

(8)　C. W. Canaris, Grundrechte und Privatrecht, 1999, S. 82. なお、Fn. 243も参照。Canaris のこの書は以下の本文では頁数だけで示す。基本権保護義務論の中での Canaris の位置については、小山・前掲二二二頁以下及び二三三頁以下参照。

(9)　カナーリス・山本訳「ドイツ私法に対する基本権の影響」法学論叢一四二巻四号［一九九八］一六頁の表現。

## 第二章　ドイツ連邦憲法裁判所における基本権の私人間効力問題

一　民法との関係での基本権保護義務論の細部については第三章、第四章で述べるが、ここでその要点を紹介しておこう。

①　GG九三条一項四文a号[10]に基づき、各人は「公権力により自己の基本権を侵害された」と主張することによって、憲法異議を申し立てることができるとされており、通常裁判所もこの「公権力」にあたると解釈されるから、通常裁判所の民事裁判における法命令も憲法異議の対象となる。この点は基本権保護義務論の内容というより、制度的な前提である[11]。

②　基本権の名宛人は国家である。この点は間接的効果説を受け継いでいる。

③　基本権の機能には、国家による侵害に対する防御機能と国家の保護の不作為に対する保護命令機能がある。後者の機能に対応するのが国家の基本権保護義務である。

④　保護命令機能は、国家（S）、被害者たる基本権者（A）、その基本権法益の侵害者たる第三者（B、こちらも基本権者であることがある）の三主体の関係において機能する（法的三極関係）。

⑤　防御機能については過剰侵害禁止（Übermaßverbot）、保護命令機能については過少保護禁止（Untermaßverbot）が憲法判断の規準である。

このような基本権保護義務論が間接的効果説と異なるのは、私人間効力問題が直ちに民法の適用の仕方の問題とされるのではなく、③から導き出される保護義務構成によって、まず憲法の適用の問題とされることである。この構成の中で民法は「憲法の視点からは、基本権保護義務の置き換えである」という機能をもつとされるわけである。

二　本稿は基本権の私人間効力問題についてBVerfGの果たしてきた役割を全体として検証することを目的として

はいないので、本章での裁判例の紹介は「憲法の視点からの民法」という考え方の検討の資料のための代表的な裁判例に限定される。なお、基本権保護義務論の登場前のもので保護義務構成を示してはいないが後に基本権保護義務論との関係で論じられるようになったものも含んでいる。裁判例の紹介に際しては次のような分類を行った。Ⅰ通常裁判所の判決に対する憲法異議申立てを認容して違憲判断をしたもの。これにも二種類あって、a通常裁判所による請求認容判決を破棄差し戻したものと、b通常裁判所による請求棄却判決を破棄差し戻したものがある。Ⅱ通常裁判所の判決に対する憲法異議申立てを退けたもの。これにも、a通常裁判所による請求認容判決を合憲としたものと、b通常裁判所による請求棄却判決を合憲としたものがある。

Ⅰ型では、通常裁判所の判決で掲げられた命題は維持されえないものとなる。BVerfGが破棄差し戻しの判決をしても、それは直接に当事者間の請求権の有無を判断したものではなく、論理的には差し戻し後の審理において当初の結論が維持される可能性が無くなるわけではないが、実際上はBVerfGの価値判断が示されているということができ、法形成への関与の度合いは大きい。このうちでも、基本権保護義務論にとっては、b型が通常裁判所判決が原告の保護に欠けるという判断内容であることから、保護義務論の主張内容に即して理解されるものとして位置付けられる(S. 57)。これに対して、a型では、通常裁判所判決の命題が被告(憲法異議申立人)の基本権の侵害となるという判断が示されていて、原告の基本権保護に関しては原告の請求を認めなくてもその保護が不十分になることはないという評価が含まれている点で、基本権の保護命令機能にとっては間接的な意味をもつ。Ⅱ型では、通常裁判所の判断がそのまま肯定されているのであって、通常裁判所の判断が異なるものであったら破棄判決になったであろうとは必ずしもいえない。従って、それらの判決における要保護性判断の民法の形成にとっての意味は更に間接的になる。

三　Ⅰ-a　通常裁判所による請求認容判決を破棄した判決

①　Lüth事件　BVerfG 一九五八年一月一五日判決(BVerfGE 7, 198)[12]

Hamburg州広報室長のErich Lüthは、一九五〇年九月二〇日、ドイツ映画週間の開催の挨拶において、ナチス時代にユダヤ人迫害映画の製作にあたったとしてVeit Harlanを批判し、ついで新聞紙上でHarlanが製作する映画のボイコットを訴えた。Harlan監督の新作を製作した映画会社と配給会社が、Lüthのボイコット呼びかけに対する不作為の仮処分をLG Hamburgに申請した。同裁判所はこの仮処分を認容し、OLG HamburgもLüthからの抗告を却下した。次いで、本案訴訟で、LG Hamburgは、被告Lüthの表現行為を良俗に違反するボイコット呼びかけであり、映画会社・配給会社に顕著な財産的損害を発生させるとして、映画会社からのBGB八二六条[13]に基づく不作為請求を認めた。Lüthは、OLG Hamburgに控訴すると同時に、LG Hamburg判決は自由な意見表明の基本権を侵害するものであるとして憲法異議を申し立てた。

BVerfGは大略次のように述べてこの憲法異議を認め、LG Hamburg判決を破棄差し戻した。基本権は第一次的には国家に対する市民の防御権である。しかし、基本法の基本権規定には法の全ての領域にとって憲法上の基本的決定として妥当する客観的価値秩序も具現されている。民法において基本権の法的内実は間接的に私法規定によって展開される。この権利内容はとりわけ強行的性格の諸規定を掌握し、裁判官にとっては特に一般条項によって実現可能なものになる。民事裁判官は、民法への基本権の影響を見誤ることによって、判決によって基本権を侵害することがある。民事法規定もGG五条二項[14]の意味での一般的法律でありうる。BVerfGは、民事裁判所の判断をそのような基本権侵害に関してのみ審査するのであって、法的誤り一般を審査するのではない。憲法裁判所はもっぱらいわゆる基本権の民法への「照射効（Ausstrahlungswirkung）」を判断し、憲法命題の価値内容を実現しなければならない。基本権と一般法律の間には「相互的作用（Weckselwirkung）」があり、この一般法律は基本権を制限するが他方この一般的法律は自由な民主的国家にとっての自由な意見表明という基本権のもつ特別な意義に照らして解釈されなければならない。ボイコットの呼び掛けを含む意見表明は必ずしもBGB八二六条の意味での良俗に反するというわけではない。それは、事件の全ての事情の衡量において意見表明の自由によって憲法上正当という場合がありうる。LGは、中立人の行為の評価において、他者の私的な利益と対立するところにおいても自由な意見表明の基本権がもつ特別な意義を正しく理解しなかった、と。

この判決は表現行為の民事法上の違法性についての古典的憲法判例の位置を占めている[15]。ここで示された論理は基本権の私人間効力問題についての間接的効果説を支えるものとなった。基本権保護義務論はここで述べられているような民法上の一般条項を通しての基本権価値の実現という主張ではないが、基本権ルールを私人の行為を直接に規律するものとは見ないという前提を間接的効果説と共通にしているから、この判決は基本権保護義務論にとってもその源という位置にある。しかし、Canaris はこの判決について、LG Hamburg による Lüth に対する不作為命令が Lüth の表現の自由という基本権を侵害しているかが問題となっているのであって基本権の侵害禁止機能による解決が可能であったとする（S. 31, 37, 39）。そしてさらに、例え LG Hamburg が原告の請求を棄却して原告からの憲法異議があったと仮定しても、事件としては、Lüth によるボイコットは芸術の自由への侵害ではないのであるから、Harlan の芸術の自由への侵害はすでに構成要件該当の平面で否定されるべきもので、基本権の保護命令は問題とならない、としている（S. 73）。しかし、Canaris とは別の角度からみれば、この判決には、差し戻された後に LG が原告の不作為請求を棄却しても原告の保護が不十分とはいえないという判断が含まれている。その限りでは、消極的な意味ではあるが保護義務機能にも関係している[16]。ここには、LG に対しての、ボイコット呼び掛けを直ちには違法とはしないという内容をもつ個人間での言論ルールの形成への要請がある。ここで指示されているのは、この問題領域のための規準の形成を一般条項（BGB 八二六条）の適用に際してそれを制限する規準を持ち込むという方法で行う欠缺補充である。

②　非嫡出子の父を知る権利事件　　BVerfG 一九九七年五月六日決定（BVerfGE 96, 56）

原告（非嫡出子である娘）が母を相手として父の名と住所を知らせることを請求する訴えを起こした。AG と LG Münster は共に子の請求を認容した。母親が LG 判決に対して憲法異議を申し立てた。BVerfG は大略次のように述べてこの申立てを認容し、LG 判決を破棄差し戻した。

GG二条一項と一条一項から導かれる一般的人格権[17]（das allgemeine Persönlichkeitsrecht, 以下 APR とする。ここでは母のそれ）は、個人的な生活領域を保護し、更にそれを越えてどの範囲でまた誰に対して自己の生活関係を知らせるかを原則として自ら決定する個人の権限を保護する。勿論この権利は無制限ではなく、個人は重大な公共利益がある場合は制限を甘受しなければならない。（子の）APR は確かに自己の出自を知る権利を含む。しかし、GG 二条一項と一条一項はそのような情報の入手を求める権利を与えるものではなく、ただ国家機関によって入手された情報を渡さないことに対する保護を与えることができるだけである。非嫡出子が父の名を知らせることを内容とする請求権を母に対してもつか否かは法律には明示されていない。それは立法或いは裁判所による保護義務の行使によって決定されるべきものである。この保護義務の履行に際しては、相対立する基本権の間での衡量を行いそれに伴う不都合な結果を考慮することが国家機関の任務である。確かにこの事件で LG が法形成の限界を超えているとまではいえない。しかし、LG は、通常裁判所に認められている衡量に関しての判断余地を見誤って、具体的衡量なしに非嫡出子の利益に母と父の利益に対する優位を認めた。LG が衡量を尽くしていたら別の結果に至ったということが否定されえない、と。

この事件でも、異議申立人である母親の基本権（人格権）が LG 判決によって侵害されているかという防御機能が直接の問題となった。しかし、この裁判例②は、確かに結論を指示しているとはいえないが、少なくとも原告（子）の民法上の請求を認めなくても保護義務に反しない場合があるとしている点で、子の基本権（人格権）の保護命令機能に関して、その保護（従ってまた、この問題での民法上の保護）に制限的な補助規準を導入することが可能であることを示したという意味での消極的な法形成要請機能があるということができる。

**四　I－b　BVerfG が通常裁判所による請求棄却判決を破棄差し戻した裁判例**

③ Blinkfür（閃光灯火）事件　BVerfG 一九六九年二月二六日決定（BVerfGE 25, 256）

ハンブルグを中心として発行されている週刊誌 Blinkfür は、西ドイツ、中部ドイツの放送局のラジオ・テレビ番組とともに当時の東ドイツの番組を掲載していた。この週刊誌に対して、大手出版社 Springer は、Hamburg の新聞雑誌の全販売業者に回状を発送し、Blinkfür 誌のボイコットを呼び掛けた。それにはこの呼び掛けに応じない業者との取引の停止の可能性が暗示されていた。Blinkfür 社が不正競争行為を理由として Springer 社の賠償義務の存在確認の訴えを提起した。LG Hamburg と OLG Hamburg はともに訴えを認めたが、BGH は OLG 判決を破棄し請求を棄却した（一九六二年七月一〇日 NJW1964, 29）。BGH は、被告によって行使された政治的意見の表現の基本権が原告の営業活動に優先し、被告によって採られた手段も、GG 五条一項一文によって保護された被告の利益が原告にあり得る不利益に対して後退しなければならない程には、目的に対して不相当とはいえない、とした。原告による憲法異議申立てに応えて、BVerfG は、大略次のように述べて BGH 判決を破棄差し戻した。

被告がボイコット呼び掛けの実現のために用いた手段は GG 五条一項一文に基づく基本権と一致しない。報道の自由の制度の保護のためには、経済的に強力な団体の不適切な手段による、報道の制作及び頒布に対しての侵害からの報道機関の独立が保障されなければならない。自由な世論の形成を促進し保障するという報道の自由の目標は、意見の競争を経済的圧力によって排除しようとする試みからの報道機関の保護を要請する。本件のボイコットは、この憲法によって保障された自由に反するものである。即ち、このボイコットは販売店によるこの週刊誌の販売を排除することによって放送番組についての情報を公衆に閉ざそうとするものである。被告の行為は、主として経済的手段による報道の抑圧を目指していて報道の自由に違反している、と。

法形成への関与という点からは、経済的圧力を伴ったボイコットに関する不法行為法上の保護規準がなかった状態に対して言論の自由ルールの個人間に関する部分の形成を要請するものであって、ここには欠缺確定機能をみることができる。この欠缺の補充は通常裁判所の任務になる。この判決は、通常裁判所による原告の保護を拒否した判決を GG 五条一項一文違反を理由として破棄したものであるから、基本権保護義務論の立場からは、「今日の視点からみれば実質的には BVerfG が基本権の保護命令機能を承認した最初の判決である」と評価されている（S. 57）[18]。

次章でみるように、Canarisは人格の憲法上の要保護性判断については上に述べた言論の自由の問題とは別な規準を設定しているから、人格保護に関するI－b型の裁判例を紹介しておこう。(19)

④ Lehbach事件　BVerfG 一九七三年六月五日判決（BVerfG 35, 202）

憲法異議申立人は、一九六九年にLehbachで発生した国防軍武器庫襲撃・殺人事件の共犯として六年の自由刑に服したが、一九七三年七月に仮釈放が予定されていた。ドイツ第二テレビ（ZDF）は、申立人らを実名で示したこの事件のドキュメント番組を制作した。申立人は、肖像権・氏名権の侵害を理由としてこの番組の放映禁止の仮処分を求めた。LG Mainは仮処分申請を却下し、OLG Koblenzも抗告を却下した。これに対して憲法異議の申立てがあり、BVerfGは大略次のように述べてその申立てを認めた。

放送の自由と人格保護という二つの憲法上の価値の間の衡量においては、どちらも原則的な優位を主張することはできない。個々の事件において人格領域の侵害の強さが公共の情報利益に対して衡量されなければならない。重大な犯罪についての時事的な報道に関しては公共の情報利益が一般的に行為者の人格保護に優先する。しかし、不可侵の内的領域への顧慮と並んで相当性原則が尊重されなければならない。それによれば、行為者の実名、肖像、同一化は常に許されるというわけではない（テレビのもつさらし者効果Prangerwirkungという表現が使われている）。人格の憲法上の保護は、しかしながらテレビが時事的な報道を越えてドキュメントのような形式で時間経過に無制限に行為者の人物及びその私的領域にかかわることを許すものではない。後日の報道は、それが時事的報道に比して新たな或いは付加的な侵害を及ぼし、とくに、社会への復帰を危うくするようなものである場合には許されないと。

この判決には基本権保護義務的な構成は現れていない。BVerfGが仮処分命令を発していることにも示されているように、(20)そのまま民法上の違法性判断に置き換えることができる程に民法上の法形成機能がストレートに出ている。

次の決定も次章以下で触れるので紹介する。

⑤ パラボラアンテナ事件　BVerfG 一九九四年二月九日決定（BVerfGE 90, 27）

憲法異議申立人はトルコ人で住宅建設会社（Wohnungsbaugesellschaft）の賃貸住宅に住んでいる。この住宅には共同アンテナがあってドイツのテレビ番組は受信できた。賃借人は賃貸人に対してトルコのテレビ番組を受信できるようにパラボラアンテナを設置することの同意を求めたが拒否されたので、同意を求めて提訴した。AGは請求棄却、LG Essenも控訴を棄却した。そこでは情報の必要性の増加はあるが、衛星放送設備の設置は共同賃貸住宅の契約上の使用には入らないとされた。LG判決に対して賃借人が憲法異議を申し立てた。BVerfGは大略次のように述べてこの申し立てを認容し、LG判決を破棄差し戻した。

テレビ番組もGG五条一項一文の一般的に入手可能な情報源であり、これには外国の番組も含まれる。受信がそのような情報源を個々人に可能にする技術的設備に拠っている限りにおいて、基本権保護はそのような設備の設置・利用にも及ぶ。民事裁判所が、通常、賃貸人がケーブル接続を用意している場合には賃借人の賃貸人に対するパラボラアンテナ設置の同意の請求を否定することに憲法上の問題はない。ケーブル接続の存在にも拘わらず賃借人がパラボラアンテナの設置を望む場合に関しては、基本権上保護された賃借人の利益と所有権者の利益の適切な調整にとって、賃貸人の同意義務に関する判例上の原則が一般的には適している。しかしながら、典型的な平均的事件に関連した衡量は、継続的にドイツに住む外国人の特別な情報利益を十分には考慮していない。外国人の状況は、共同アンテナにも広域ケーブルネットにも接続していない内国人たる賃借人の状況に近い。LG判決はGG五条一項後段を十分に顧慮すれば異なった結論に至ったであろうことは否定できない、と。

この⑤は、それぞれの原告の当初の請求との関係での方向は逆であるが、通常裁判所の衡量の仕方を疑問として差し戻したものであるという意味では②と共通している。しかし、⑤は、外国人賃借人の情報取得の権利の拡大の可能性を示しているという意味で既存の契約法規範に対しての積極的な法形成の方向を含んでいる。(21)

**五**　Ⅱ－a　通常裁判所による請求認容を合憲とするもの。通常裁判所の命題を違憲ではないとするものであるから、可能性としては通常裁判所が請求を棄却しても合憲判断がありうる。しかし、請求を認容した法命題の追認という結果は、法形成の確認として機能することがある。

⑥ Mephisto 事件　BVerfG 一九七一年二月二四日決定（BVerfGE 30, 173）[22]

著名な舞台監督かつ俳優であった故人の養子がその俳優をモデルとした小説「メフィスト」の出版の差止めを求めた。LG Hamburg は請求棄却、OLG Hamburg と BGH は請求を認容した。出版人が憲法異議を申し立てた。BVerfG では意見が半数に割れたことで、BGH 判決が維持された。法廷意見は大略次のようなものであった。

GG 五条三項一文は芸術領域の国家との関係を規律する価値規定的根本規範である。この規定は同時に個人の自由権を保障する。芸術自由と憲法上保護された人格領域の対立は基本権上の価値秩序の尺度によって解決されなければならない。その際には、特に GG 一条一項によって保障された人間の尊厳が尊重されなければならない。BVerfG は、通常裁判所によって命じられた出版禁止を、GG 三条一項[23]が遵守されたかという点に関してのみ検討できる。この出版禁止の基礎にある衡量は妥当性を欠くとはいえず、それゆえ恣意的とはいえない、と。

Canaris は、基本権保護義務論の立場から、本判決の対象を保護義務問題とは別の侵害禁止問題として性格付けたうえで、憲法判断の基準は恣意的侵害の禁止ではなく過剰侵害禁止であるべきであり、結論としても憲法異議が認められるべきであった、と批判している（S. 33）[24]。

このBVerfG 決定では意見が同数で二分されたことからみて、BGH 判決が逆の結論であっても維持された可能性が大きい。しかし、BGH 判決の法命題の追認という結果は、（BVerfG 決定の論理構成は異なるが）民法上は死者の人格権に関する法形成の確定の方向に機能するものであった[25]。

六　Ⅱ－b　通常裁判所による請求棄却を合憲とするもの。通常裁判所の命題を違憲ではないとしただけであるから、請求認容でも合憲判断はありうる。Canaris の関心からすれば、この型に属するものは通常裁判所に認められる判断余地を示すものとして多くあるように思われるが、本稿で検討している Grundrechte und Privatrecht には民法に関するものが見当たらない。ここでは、憲法裁判所が APR を定式化した判決として引用されることの多い ⑦ Eppler事件BVerfG一九八〇年六月三日決定（BVerfGE 54, 148）を挙げておく。[26]

Baden-Württemburg州のキリスト教民主同盟が総選挙での集会において同州の社会民主党の経済政策を批判する演説のなかで、「経済の耐久力を試す」という表現をEppler（同州社会民主党党首）の言葉として批判した。Epplerは、そのようなことは言っていないとして人格権侵害を理由に不作為請求の訴えを起こした。LGとOLG Stuttgartはともに請求を棄却した。EpplerによるOLG判決に対する憲法異議申立ては大略次のように退けられた。

一般的人格権は、一般的行為自由とは区別され、「より狭い人格領域」の侵害をカバーする。していない表現を捏造されることに対する保護もこれに含まれる。それは、私的領域に関する表現だけでなく、社会的信望を侵害する表現にも当てはまる。なにがそのような表現であるかは、本人の自己理解による（この部分はOLG判決と異なる）。しかし、そのような表現をしなかったという証明は原告がしなければならない。この証明は容易ではないが、被告には原告の表現を特定する義務があるから、この証明責任によって原告に不可能なことが要求される訳ではなく、OLGの事実認定には憲法違反はない、と。

基本権保護義務論がこの判決を支持するとすれば、このような立証責任ルールによって一般的人格権の適用・不適用を行っても過少禁止には当たらないという説明になるのであろう。[27]

（10）　GG九三条(1)　連邦憲法裁判所は、次の事項について裁判する。

略

4a　憲法異議申立て。何人も、公権力によって自己の基本権または二〇条四項、三三条、三八条、一〇一条、一〇三条および一〇四条に含まれる自己の権利を侵害されたとの主張によって提起することができる。

以下略

（11）　私人間効力論のなかで基本権規範の民事裁判所への拘束の理解が異なるが、何らかの形での拘束の承認は共通する。各説の相違については、小山・前掲二一七頁以下、二四七頁以下参照。

(12) 北川洋太郎「本件解説」別冊ジュリ・ドイツ判例百選［一九六九］五〇頁、木村俊夫「本件解説」ドイツの憲法判例［一九九六］一二六頁がある。
(13) BGB 八二六条　善良の風俗に反する方法で他人に対し故意に損害を加えた者は、その他人に対し損害を賠償する義務を負う。
(14) GG 五条(1)　何人も、言語、文書及び図画によって自由にその意見を表明し流布する権利、及び一般に近づくことのできる情報源から妨げられることなく知る権利を有する。出版の自由及びラジオ及び映画による報道の自由は、保障される。検閲は行われない。
　(2)　これらの権利は、一般法律の規定、少年保護のための法律の規定及び個人の名誉権によって制限される。
　(3)　芸術及び学問、研究及び教授は自由である。教授の自由は憲法に対する忠実を免除するものではない。
(15) この判決に関連するその後の憲法裁判所の判例については、木村・前掲一二七頁参照。
(16) 山本「現代社会におけるリベラリズムと私的自治（二）」法学論叢一三三巻五号［一九九三］一三頁注55の指摘も結論的には本文と同旨であると思われる。この防御権機能と保護機能の範囲画定の問題は学説上の議論の対象となっている。小山・前掲二五〇頁以下参照。
(17) GG 一条(1)　人間の尊厳は不可侵である。これを尊重し保護することはすべての国家権力の義務である。
　(2)　ドイツ国民は、それゆえに、世界のあらゆる人間社会、平和及び正義の基礎として、侵すことのできないかつ譲り渡すことのできない人権を認める。
　(3)　以下の基本権は、直接に妥当する法として、立法、執行権及び司法を拘束する。
二条(1)　何人も、他人の権利を侵害せずかつ憲法的秩序又は道徳律に違反しない限り、自らの人格の自由な発展を目的とする権利を有する。
　(2)　何人も、生命及び身体を害されない権利を有する。人身の自由は不可侵である。これらの権利は、ただ法律の根拠に基づいてのみ、侵害することが許される。
(18) Canaris が「今日から見れば実質的には」というのは、この決定の論理には基本権保護義務論からは問題があるという意味である。この点については第三章で述べる。玉蟲由樹「本件解説」ドイツの憲法判例一六六頁がある。
(19)　小山「本件解説」ドイツの憲法判例一四一頁以下がある。
(20)　BVerfGは、本事件では差し戻すことはその特殊性にそぐわないとして、自ら仮処分命令を発し、訴訟費用の決定についてのみOLGに差し戻した。
(21)　Ｉ―ｂ型に属する最近の判例で重要なものとしてカロリーナ判決（BVerfGE 101, 131）があるが、本稿はBVerfG裁判例の研究ではないのでこの判決には立ち入らない。鈴木秀美「有名人のプライバシーと写真報道の自由」石川明教授古稀記念論集・ＥＵ法・ヨーロッパ法の諸問題［二〇〇二］三〇二頁以下に紹介がある。
(22)　五十嵐清「『メフィスト事件』再考」北海学園法学研究四一巻一号［二〇〇五］七七頁以下にBGH判決とBVerfG決定の詳細な紹介とコメントがある。また、保木本一郎「本件解説」ドイツの憲法判例一四七頁以下がある。
(23)　GG三条(1)すべての人は、法律の前に平等である。
　(2)　以下略
(24)　同旨M. Vogt, Der sachliche Schutzbereich des zivilrechtlichen allgemeinen Persönlichkeitsrechts [1997], S. 46. Canarisは本文に述べたことに加えて、本人の死後でありまた芸術的昇華が相当程度に行われているこの本の頒布の差止めが憲法上の要請であるのかという点から、憲法異議が認められるべきであったとする。
(25)　BVerfGメフィスト決定は、死者にたいしての国家のGG一条の人間の尊厳の保護の義務をみとめ、GG二条の一般的人格権の主体とは認めなかったが、このことはその後BGHにおいて死者の人格権の扱いを狭めることには導いていない（五十嵐・前掲一〇五頁以下及び一一八頁）。
(26)　押久保倫夫「本件解説」ドイツの憲法判例三六頁以下がある。
(27)　Larenz/Canaris, Lehrbuch des Schuldrechts Bd. II・Halbband 2 Besonderer Teil 13. Aufl（以下SR）, 1994, S. 53, Canaris, Grundrechtswirkungen und Verhältnismäßigkeitsprinzip in der richterlichen Anwendung und Fortbildung im Privatrecht, JuS 1989, S. 170でこの判決に言及しているが、それは行為自由と一般的人格権の区別を支持するという文脈であって、本稿の関心とは直接には関係していない。

## 第三章　基本権保護義務論における評価基準と民法

一　基本権保護義務論を説く論者において個々の判決への批判はみられるとしても、この理論は基本的にはBVerfG の判断を支え、価値評価と論理構成の両面においてそれら諸判決を整理し新たな根拠の提示を行うものである。私人間効力問題での通常裁判所の判決に対する異議の審理では、個人間での請求権の存否が直接に審理の対象となるのではなく、それら判決において前提に置かれた法命題が基本権を侵害するか或いは基本権保護義務に違反するかが審理の対象となる。Canaris は、この憲法判断の過程を二つの段階に分け、第一段階は「ある基本権がおよそ当該の侵害に関して保護命令を含んでいるか」[28]、第二段階は「それが肯定された場合に、保護はどのようなものでなければならないか」が判断されるとする（S. 71）。前者は保護義務の有無・要保護性判断（Canaris はこれを ob 問題とよぶ）、後者はその実現の方法である（Canaris はこれを wie 問題とよぶ）。BVerfG における判断は、確かに一面では、制度上四審制とならないためには、また、基本権理解に基づく論理構成からも、通常裁判所とは異なった裁判規準によるものとすることが必要となるが[29]、しかし他面、この憲法判断の現実化のためには後に民法に置き換えられることが必要であるから、民法上の価値評価と基本的に一致しなければならない。そして前者の側面に由来する相違は残っても、後者の側面が実際の判断内容においては重要な意味をもっている。

### 二　要保護性判断と民法

Canaris は、保護義務の存否の判断について、「当該基本権の保護についての重大な必要性（wichtiges Bedürfnis）が存在しなければならない」（S. 74f.）とし、そのような要保護性判断の規準として、違法性、危険、依存性（Angewiesenheit）をあげている。以下では、それぞれの規準につき、それらの民法との関係という点から、その制度・法形成の合憲性説明・確認機能、憲法適合的法形成要請機能の内容をみていく。

(1)　違　法　性

まず、基本権の事実的基礎への侵害行為が「違法」とされる場合である。[30] Canarisは、この違法性判断を「憲法それ自体から生じうる」という。この(1)の内容として、㋑言論の自由についての経済的圧力を伴ったボイコット行為、㋺生命、健康、移動自由（Fortbewegungsfreiheit）及び物所有についての「一般的実力行使禁止（das allgemeine Gewaltverbot）」が挙げられている（S. 74f.）。

㋑　Canarisは Blinkfür 事件について次のように述べる。そこでは、憲法上違法とされる方法で他者の基本権（言論の自由）の事実的基礎が害された。意見の争いにおいて経済的圧力を行使すること、従って、用いられた手段が事実上既に憲法上受忍さるべきものではなかった、と（S. 75）。

基本権保護義務論におけるここでの要保護性・違法性判断の特色は、憲法上の判断であるという論理構成から、意見を戦わせるべき場合に経済的圧力を行使することが、対国家との関係（S－B間）での実力行使禁止に対する違法行為とされることにある。即ち、この構成によれば、国家は言論の自由という制度の保護を憲法上の価値の実現として図り、それは同時に個人の言論の自由という基本権の保障も含むとされ（S. 57f.）、この制度としての言論の自由の場面ですでに経済的圧力を伴うボイコットは保護の対象とならず、Springer のボイコット呼びかけは言論の自由という基本権に含まれないことになる。この構成では、Blinkfür の言論の自由という基本権の侵害はその名宛人たる国家のみがなしうるのであって、Springer によるボイコットは Blinkfür の言論の自由という基本権の事実的基礎を侵害するものである。言論の自由の制度は経済的圧力禁止を含むものであり、この禁止は国家と Springer の間での規範の内容（言論の自由という基本権の内容）である。保護義務論は基本権の間接的効果説の延長にあり、Blinkfür の基本権が Springer の義務を基礎付ける関係にあるのではなく、憲法適用場面では、Springer が経済的圧力で Blinkfür の基本権の事実的基礎を侵害してはならないという義務を負うのは国家に対してであるとされる。Blinkfür は基本権の内容として国家に対して事実的侵害の状態からの保護を求め、この憲法上の保護義務は、不法行為法上の損害賠償請求権（ドイツ法では原状回復としての不作為請求が重要）を認めることで果たされることになる。

Blinkfür の Springer に対する損害賠償請求権を否定した通常裁判所の BGB 八二六条解釈に対して、BVerfG は請求権を認めるという選択しか残さない形で BGH に差し戻した。基本権保護義務論の説くところはここまでであって、この請求権が民法上どのように構成されるかは民法に委ねられているとされる。[31] しかし、ここで基本権（言論の自由）の事実的基礎への事実的侵害行為が「憲法上違法」であるとして要保護状態を作り出すというとき、民法上の請求権の有無の判断の余地は無（Null）であるとされる（S. 59）。従って、ここでは、要保護性の判断と民法上の請求権の有無の判断は結果的に同じになる。そして、（イ）での違法性規準は、Blinkfür 決定が示すように、法形成要請（欠缺確定）機能をもつ。ボイコット行為に対して、この決定では個々の侵害行為の違憲性判断を根拠として民法上の賠償義務確認請求の承認が要請され、Lüth 判決では侵害の存在を否定して民法上の不作為請求権の否定を要請していた。このようにしてボイコット行為の民法上の違法性判断のための規準が形成されていく過程がここにある。

（ロ） Canaris のいう生命、健康、行動自由及び物所有権に関する「一般的な実力行使禁止」も憲法上要請される禁止として構成上は国家に対する関係での義務を設定するものであろう。ここで挙げられているものは BGB 八二三条一項[32]の列挙を思い起こさせるものではあるが、ここで構成される規準は、論理構成上は基本権の事実的基礎の侵害についての要保護性判断の一類型である憲法上の違法性判断の規準であって、民法上の違法性判断のそれではない。確かに、実力行使禁止について例示されている対象は民法上の故意の絶対権侵害のそれらに対応するが、BGB 八二三条一項における違法性判断の対象は故意行為に限定されないから、その限りでは憲法上の違法性判断と民法上の違法性判断（民法上の違法性と有責性の関係をめぐる解釈論の議論には立ち入らないとして）は同一というわけではない。しかし、過失行為の多くは次に述べる社会生活上の義務違反行為に含まれるから、憲法上の違法性判断の対象でないとしても、広く要保護性判断としてみれば憲法上の判断と民法上の判断は近いものになる。この接近は更に Canaris が、「とはいえ、いつ私法上の主体の他者に対する行為が憲法上重要な――つまり、民法に対して前におかれた（vorgelagert）——仕方で違法であるのかという問題は極めて困難な問題であって、これまでほとんど解明されていない」（S. 75. Fn. 223）と述べることにも現れている[33]。

㋑では民法レベルでの請求権の存否の独自の判断の余地はないとされていた。そのような叙述はこの㋺についてはないが、ここでの民法レベルでの判断の余地も㋑と同様に無に近いものと思われる。㋺として例示される違法性規準の機能は、もっぱら民法上の制度の合憲性の説明機能である。

(2)　人格保護における違法性と効率性

Canaris は、「私法上の人格保護」に関しては(1)とは「状況がやや異なる」として次のようにいう。もともと BGB の基礎に置かれていた狭い考え方における人格保護の形態（Ausgestaltung）は、「その全体」として憲法上要請される最小限の保護を充たさず、過少保護禁止に反する。何故なら、「この形態は、基本法二条と一条一項によって保障された APR の憲法上の地位と、技術、経済、社会の発展によるその危険の計り知れない増大をいくらかでも効率的な仕方で（in einigermaßen effizienter Weise）考慮することをしていないから」。かくて、「民法レベルで（判例と学説によるその継続形成が行われる前に——この括弧による挿入文は原文）存在した保護欠缺（Schutzlücke）はそれとして憲法違反とされるべきものである」、と（S. 75f.）。この(2)における要保護性判断の特色は、個々の侵害行為についての判断でなく、人格保護に関する民法上の規則が「その全体」として「効率的」な保護を与えるものであるかという視点から判断されていることにある。ここで「全体として」ということは、「個々の人格侵害——例えば弁護士の手紙を読者の投書として公表すること、被写体にされた者の承諾なしに写真を宣伝目的で使うこと——がまさに憲法上非難さるべきであるかはここでは重要性をもたないだろう。決定的なのはむしろその全体における保護不足である」（S. 76）と説明されている。ここに挙げられている例はどちらも BGH において APR 侵害行為として民法上の請求権が認められたものであるから[34]、ここでは行為の民法上の違法性判断と憲法上の違法性判断（「憲法上非難されうべき」）とが異なりうるということが前提になっている。この全体としてみての保護欠缺が人格の効率的な保護を要請するとされるのであるが、その保護においては「(保護不足の故に) 制裁がないままになってしまう侵害のなかに憲法平面においてすでに無価値判断が下されうるような幾つかの侵害が含まれていなければならない、ということが要求されるだけである」(S. 76) という。これは次のようなことを意味するのであろう。それは、侵害行為が憲法上非難されるべきものである場合に保護を拒む規範は過少保護禁止という規準に照らして保護義務違反と判断されるが、人格保護において問題となる利益及び侵害行為の多様性から、民法上は、憲法上非難されるべき行為だけでなくそれを囲むような必ずしも憲法上非難されるべきとはいえない行為も含んだ規範を設定しないと、「憲法上非難されるべき」場合において「効率的[35]」な保護に欠けることになってしまう可能性がある、という論理である。そして、この周辺部は民法上の違法性判断の対象とされる。「(憲法上の無価値判断がされる場合以外の――筆者) その他の場合においては、違法性判断は第一次的に民法に委ねられ、それ故、憲法上の保護義務の根拠付けのための要素として役立つものではない。かくて、中心的意味を持つのは、ここでは (例として挙げられている人格侵害の領域では――筆者) 違法性判断ではなく基本権保護の効率性 (Effektivität) である」、と (S. 76)。

具体的事件を上述に当てはめてみると、BGHZ 13, 334, BGHZ 26, 349においてAPR侵害として原告の保護が認められたことは、人格の効率的保護を裁判所が果たした (保護欠缺を充塡した) ものとして、そこにおける行為が憲法上非難されるべきものであるかは問われることなく、憲法上も是認されるということになる。これに対して、Lebach事件については、Canarisがドキュメント番組の放映がさらし者効果を持つことに着目していることから[36]、「憲法上非難されるべき」侵害行為であるとされることになろう。このように見てくると、人格保護の効率性という規準は、通常裁判所において憲法上非難されるべきとまではいえない行為が民法上APR侵害とされた場合であっても (過剰侵害禁止に抵触しないという前提で) その民法上の命題を合憲であるとするもの (法形成確認機能) という意味をもつ。というのは、「例えば弁護士の手紙を読者の投書として公表すること、被写体にされた者の承諾なしに写真を宣伝目的で使うこと」に関し、仮に通常裁判所で原告の請求が棄却され原告が憲法異議を申し立てたとしたら、Canarisが、それら行為につき「憲法上非難さるべきもの」か否かを問わずに、人格保護の効率性を根拠に、BVerfGは通常裁判所の判決を破棄すべきであると主張するかは疑問である。[37] このようにみると、(2)で効率性が違法性と並んで保護義務判断の規準とされているが、効率性は、BGHによる民法上のAPRの形成が合憲であることの根拠とされているもの（法形成の合憲性確認機能）とみるべきであろう。そして、Canarisにおいても、Lehbach事件のように、BVerfGが通常裁判所による請求棄却判決（或いは却下決定）を破棄して請求権の肯定を要請する場面では、効率性ではなく、憲法上の違法性が根拠となる（法形成要請機能）のであろう。

(3)　重大な危険性

Canarisは、法益の危険からの憲法上の要保護性について、人格保護と同様に効率性規準が妥当するとする。Canarisの説明においては人格保護との共通性が述べられているが、その説明の中に窺える相違も重要である。

まず、共通性から見ていくと、Canarisがここで「効率的な保護を保障する道具」が必要であるとするのは、危険創出行為には実力行使禁止違反という違法性根拠が当てはまらないから侵害と直ちに同一の段階に置くことはできないが、「基本権保護を重大な危険にまで及ぼさないとしたら、基本権保護は重要な領域で不完全なままになってしまうことになる」、従って、「法的秩序は全体としてみてまた典型的な危険状態に関して基本権法益の効率的な保護を保障する道具を用意しなければならない」ということにある。この効率的な保護は、「それぞれの個々の具体的危険源の創出が過少保護禁止という視点で問題とされることなしに」行われる（S. 77）。Canarisが、不法行為法上この課題を果たすための道具であるとするのが社会生活上の義務（Verkehrspflicht――以下Vp）である（S. 77）。この危険という問題領域で効率的保護が語られるのは、危険源創出行為の多様性の故であろう。また、APRの合憲性の前提として幾つかの（憲法上）違法な侵害行為が含まれていることが要請されていたのに対し、Vpについて重大な危険行為が含まれなければならないとは述べられていないが、この点でもAPRとの相違はないであろう。このような共通性とともに、他面、Canarisにおける(2)での違法な侵害行為と(3)での重大な危険との間には、次のような相違があると考えられる。

Vp違反は重大な危険からの民法上の保護を含んだ効率的な基本権法益の保護の道具とされ、また、Vp違反行為は民法上違法と判断される[38]。しかし、Canarisはこの領域の基本権保護の道具として「危険責任そしてまた部分的には犠牲補償責任も補足的に付け加わる」（S. 77）という。そして、「これらの責任は周知のとおり違法性に結び付けられていないから、他者による違法ではない危険に対しても市民を保護することが憲法上命じられうるか、即ち、国家は、一定のリスクの創出を、違法性に――ましてや有責に――依らない補償請求権（Ausgleichsanspruch）を代償としてのみ許すことができるのかという問題がある」と自ら問いを出し、これに対して「頭から否定することはできない」（S. 77）と答える。ここには(3)における重大な危険と(2)における「幾つかの憲法上も非難さるべき」侵害行為の機能上の相違が窺われる。というのは、Vp、危険責任、犠牲補償責任が危険からの保護道具として括られて、危険領域における要保護性基準が違法性と性格を異にしたものとしての「重大な危険」と表される。このような重大な危険に対しては、それに当たらないものも含めることで、上記のような民事法的道具で効率的な保護が可能になるとされるのであるが、ここに見られるのは、重大な危険規準がそれらの制度の憲法適合性の根拠付けとしての制度確認機能[39]をもつということである。しかし、人格保護の根拠のなかには侵害行為の（憲法上の）違法性が含まれることによってそこでの要保護性判断には人格保護領域での法形成要請機能が含まれるとすることに困難はなかった（実際にもLehbach判決がそれ）のに対し、(3)の高度の危険には同様なことはいえないだろう。ドイツでは従来から危険責任規定については類推可能性を否定する考えが強く、裁判例でも類推例が紹介されることはないようである。犠牲補償責任についてはいくつかの類推例があるが、それらの欠缺補充はBVerfGの保護義務判断によるまでもない性質のものである[40]。従って、Canarisが危険責任、犠牲補償責任について、それらを基本権保護義務から根拠付けることを「頭から否定さるべきでない」というとき、高度の危険を根拠として欠缺確定（補充要請）機能が考えられているわけではないであろう。実際にも、この領域に関してのCanarisの叙述を通してそのような機能の存在の例を見ることはできない[41]。

(3)の危険性規準の特色としてさらに次のようなことも挙げることができる。危険領域の要保護性判断の根拠の中核である高度の危険の創出が憲法上の違法性（非難性）から区別されることとして、そのような行為が、(1)での実力行使禁止、言論場面での経済的圧力行使禁止、(2)でのさらし者とすることの禁止のような、国家との関係での禁止行為という性格をもたないという点がある。危険領域は自由の例外的制限としての許可の領域として捉らえられている。このことは民法上の請求権付与において政策的考慮により大きな役割をもたせることを意味する。危険性規準が民法上の制度の説明機能をもっぱらとするということはここにも由来する。また、民法上の危険責任の性格についての複線説と呼ばれる考え方が[42]、(3)での高度の危険を違法性とは別の根拠とすることの背景にある。ここにも、実質的にみて憲法上の要保護性と民法上の要保護性判断の接近が現れている。かくして、危険性規準は民法上の制度の合憲性確認機能をもつものということができる。

(4)　依存性

Canarisは、要保護義務判断において（憲法上の）違法性判断が十分には機能しないことが特に明らかになる領域を示す例として、⑤パラボラアンテナ事件と②出自を知る権利事件を挙げ、それらにおいては基本権者の他の私法上の主体者の行為に対する依存性が要保護性判断の中心的な規準となるとする（S. 78）。即ち、⑤では、家主（所有者）がパラボラアンテナの設置を受忍しないと、賃借人は当該事件では情報自由という彼の基本権（公共的情報へのアクセスの権利という意味であろう）を事実上有効に行使できない[43]。②では、母親が子に父の名を告げないと、子はAPRによって保障された父について知る権利も、GG一四条によって保護されているといえる父に対する幾ばくかの財政的な内容の請求権を貫徹することもできない。ここでは、違法性規準は役立たない。なぜなら、（⑤での）設置受忍の拒否、（②での）情報の拒否がおよそ違法であるかを根拠づけることがまさにまず問題であって、（違法という）このカテゴリーによることでは循環論に陥る危険がある[44]、とされる（S. 78）。そしてさらに、受忍義務、情報義務の違反が違法であるということは当然ここでの問題とは拘わりない。なぜなら、そこにあるのは（国家の——筆者）保護義務の法的効果であって、保護義務の根拠付けにはならないから[45]、という（S. 78）。

依存性規準は、⑤②のような事件において法形成要請機能をもつことになるだろう。依存性が②での LG 判決における規準でもあったということは、憲法上の要保護規準と民法上のそれの実質的近似性を示している。

## 三　過少保護禁止と民法

Canaris はある基本権につき保護義務が存在するかの判断とそれが如何に実現さるべきかの判断の区別が重要であるとして（S. 71f.）、次のように述べる。保護義務命令の実現にはまず個別法律が必要である（S. 81）。侵害禁止におけるとは異なって、保護命令においては保護が欠けること即ち国家の不作為が審査対象になるから、保護義務が存在してもその実現の方法及び範囲は様々でありうる。また、（以下、民法に限定していえば——筆者）民法による保護命令の実現は通常憲法上要請される最小限の保護の民法への置き換えに限られるわけではない（S. 84）。従って保護義務の存否の判断と過少保護禁止は必ずしも一致しない。第一段階において保護義務が根拠付けられ、第二段階において民法が保護義務を十分に顧慮しているか、不足はないかが検討される（S. 86）。上述の要保護性判断はこの第一段階に関してだけ役割をもち、第二段階では、民法上の保護が有効（wirksam）かつ相応（angemessen）であるかが判断される。要保護性判断においても保護の有効性は必要であるが、第二段階では効率性が最小限の要請を充たしているか、対立する財・利益が過大評価されていないかが問題となる。そのような評価は問題に即した検討を必要とする、と（S. 87）。

ここで Canaris の述べることは、上記の判例に対する評価を手掛かりにすると、次のように理解できるだろう。Canaris は、③においては保護命令の存在の肯定によって結論が決められるのに対して、⑤は二段階の議論が必要であることを示す適例であるとする（S. 60）。まず、偶然的個別事件でなく、テレビアンテナ設置という典型的な問題状況において構造的に「私的自治」の制限なしでは情報自由という基本権の行使が事実上重大に侵害されるから、原則的に憲法上の保護命令が肯定されうる。次いで、第二段階として個別衡量が始まる。そこでは、アンテナの設置が建物の特別な構造から例外的に所有者にとって受忍が期待されえないものか、或いは、賃借人が例外的にアンテナなしでも十分な情報可能性をもっているかといったことが問題となる（S. 61）、と。Canarisは、この区別が常に容易であるとはいえないとしつつも、この第一段階（特定の問題につき、原理的に憲法上の保護命令が存在するか）はBVerfGの審査権限に属し、第二段階での個別事件における衡量（保護命令の前提が存在するか、他方の側のなんらかの反対利益は後退しなければならないのか）は通常裁判所に属するという実際的な意味をもつとする（S. 61）。ただし、他の箇所では過少禁止は憲法上の検討で機能するものとされている（S. 87）ので、この両方の箇所を整合的に読むとすると、個別的衡量をまず行うのは通常裁判所であり、その衡量を過少禁止規準で審査するのは憲法裁判所である、ということになるのであろう。

Canarisは、②を保護命令の具体化において民法に広い判断の余地が残される場合があることの例としている。そこでは、BVerfGがLGの衡量の結果を非難したのではなく、衡量を尽くしていないことを理由に破棄差し戻したものであることが強調されている（S. 63）。そしてCanarisはこの事件についての自らの判断を示すことには立ち入らず、(46) 憲法上の基本権衡量とは異なった平面での民法上の衡量の存在と内容を示すためとして、次のように述べる。LG判決が中心に置いた視点即ち両親は子が父が誰であるかを知らないことに責任がある、そして子は母からの情報に依存している――特に父に対する財政的な請求権の実現のためには――ということから帰結してくるのはおよそ基本権保護義務が問題となるということである。次の段階で民法の平面での個別衡量が加わる。そこでは、例えばこの事件では母は妊娠可能期間の間に複数の男性と性交渉を持ち、これらの男性は現在平穏な婚姻生活のなかにあるということが母の利益として顧慮されるかもしれない。また、複数の相手との性交渉という事実が娘との訴訟の関係者を越えて以前の相手にも知られてしまうということも母にとって重要かもしれない。LGがこれらのことを重要でないと判断しまた母のための他の論拠もないとした場合には、差戻し審は以前の判決を結論において維持して構わない、と（S.

64)。かくて、⑤②では、ともに依存状態の一般的存在から保護義務の存在を前提とし、具体的事件で例外的に否定しても過少保護禁止に反さないが、⑤では否定するという結論のためには過少保護禁止に反さないという事情を示す必要がある、ということになり、②では一定の条件があれば否定が可能であるということを排除してはならない（ここでも否定するためにはその事情を示さなければならない）という判断であると理解することになる。

基本権保護義務論にとって、憲法上の要保護性規準と民法上の裁判規準が異なるものであるとすることは、制度上・論理構成上不可欠である。しかし、Canarisによって上記⑤②が憲法上の衡量と民法上の衡量の区別を示すことにとって最も適切な例として採り上げられたであろうことからすると、区別が明確にされたというよりその困難さが示されているというべきであろう。というのは、基本権保護義務の存在の判断とその具体的実現のための判断をBVerfGと通常裁判所にそれぞれの任務として割り振るとしても、実質的にはどちらの裁判所においてもそのような判断が行われることには変わりなく、また、二つの段階の判断とされるものは、そのように明示的に区別されて示されるわけではない。更に、Canarisも認めているように、「両方の段階はほとんど継ぎ目なしに移行する。また、ある特定の規準がどちらの段階に置かれるべきかはいつも簡単にいえるわけではない」(S. 61) であろう。⑤②をみても、⑤に関して例外的に否定が可能である場合として挙げられる事情は、依存状態がないという例であって、そこでは保護義務がないとしてもよい例になる。これに対して、②の否定可能の例示は、依存状態についての判断は変わらず、母の利益の重要性を判断に入れることが請求権否定を導く可能性として挙げられているが、この母の利益は既に第一段階で考える（民法上の判断はそのように行われるだろう）こととどのような相違があるのかという問題が残る。このようにみると、Canarisが、この二つの段階を「思考上解釈論的 (gedanklich dogmatisch) に区別されるべき」(S. 61) というとき、この区別は困難を伴うものであっても論理構成上不可欠な位置を占める（この構成を採らなければこの区別の意義は低下する）という性格のものであることが示されている。また、ここからは憲法上のこの「迂回路」は実質的には民法上の裁判規準を内容とするものであるということが窺える。

(28)　ただしここでの第一段階の表現に関して後注(30)参照。
(29)　間接的効果説についてこの点を強調する棟居快行『人権論の新構成』〔一九九二〕五三頁以下は、基本権保護義務論にも当てはまるものであろう。
(30)　ここで事実的基礎への侵害というのは、保護義務論の論理構成上、基本権侵害は名宛人たる国家の行為によるのであって、第三者たる私人の行為が惹き起こすのは基本権侵害ではなくその「事実的基礎」の侵害であるとされるからである（S. 74)。小山『基本権保護の法理』一〇頁注(3)参照。
(31)　その根拠条文の選択、法的構成が複数可能であることについては、S. 59.
(32)　BGB 八二三条(1)　故意又は過失により他人の生命、身体、健康、自由、所有権又はその他の権利を違法に侵害した者は、その他人に対し、これによって生じた損害を賠償する義務を負う。
(2)　他人の保護を目的とする法律に反した者も、前項と同様である。法律の内容によれば過失がなくとも違反が生ずる場合には、賠償義務は、過失があるときに限り生ずる。
(33)　事実、Canaris が Fn. 223で既に解決の示唆を行ったとして指示する箇所（Fn. 102, 108）を参照しても、侵害者の行為が自由の行使といえる場合には、実力行使、詐欺及び同様の基本的違反行為（elementare Verstöße）がない限り、原則として、許されざる行為、保護される法的地位の法的確定が必要であること、生命、健康、物所有といった基本権法益についてもそれが当てはまると述べられているだけで、憲法上と民法上の違法性判断の相違についての説明といえるまでのものはない。なお、ここでの「基本的違反行為」というのは、それを禁止しなければ国家・法秩序の基礎が成り立たないようなものとされるが（Fn. 102)、すぐに思い浮かぶのは強迫であろう。
(34)　Leserbrief（読者投書）判決（BGHZ 13, 334), Herrenreiter（素人騎手）判決（BGHZ 26, 349）である。後者については斉藤博「解説」別冊ジュリ・ドイツ判例百選八四頁がある。
(35)　Larenz/Canaris, SR. S. 493では「効率性」と「迅速さ」が並べて挙げられている。本文で引用する「効率性」はこの両方を含んだ意味であろう。
(36)　Larenz/Canaris, SR. S. 512.

(37) Larenz/Canaris, SR. S. 496のBVerfG Soraya（ソラヤ）決定（BVerfGE 34, 269）についての理解を参照。

(38) Larenz/Canaris, SR. S. 399ff. 特に、S. 402.

(39) Canaris は Vp を BGB に当初から含まれていたものであると捉えているから、人格保護と異なって、危険領域についてはGG制定後も「全体としては」BGBに憲法上の保護が欠けている法的状態はなかったことになるが、しかし、この点はここでの要保護性の内容の問題にとっては重要ではない。Canaris の Vp 理解は Vp を判例の法形成によるものとする支配的学説とは対立するが、このことを本文ではなく Fn. 233で述べていることは、この点での Vp 理解の相違は基本権保護義務の問題には拘わらないとしていることを示している。従って、本文のいう制度確認機能は支配的 Vp 理解を前提とすれば法形成確認機能と言い換えうるものである。Vp についての学説の状況の概観は橋本佳幸『責任法の多元的構造』〔二〇〇六〕三四頁注20参照。

(40) Larenz/Canaris, SR. S. 668には、刑法三五条の責任阻却的緊急避難（entschuldigender Notstand）の場合に、BGB九〇四条二項の類推によって、損害を受けた者の損害賠償請求権を肯定することが述べられている。これは適法な行為における犠牲補償責任を違法無責な行為による責任に類推するというものである。これに類似なものとして、BGB九〇六条二項の補償請求権を同条でいう受忍義務のない違法な行為による損害の場合にも及ぼすというものがある（SR. S. 664f. 参照）。

(41) Canaris, Fn. 227が参照を指示している J. Isensee, Isensee/Kirchhof, Handbuch des Staatsrechts Bd. V, 1992, §111Rdn. 106（イーゼンゼー・ドイツ憲法判例研究会編訳『保護義務としての基本権』〔二〇〇三〕一五四頁以下）にも法形成要請機能にあたる具体的例は挙げられていない。

(42) J. Esser, Grundlagen und Entwicklung der Gefährdungshaftung 1941 以来のドイツでの通説的見解（これについては、浦川道太郎「ドイツにおける危険責任の発展（二）」民商七〇巻四号〔一九七四〕四一頁以下参照）。Canaris は最近の論文 Grundstrukturen des deutschen Deliktsrechts, VersR 2005, 577ff. でもこの立場を強調している。

(43) GG 一四条(1) 所有権及び相続権は、保障される。内容と限界は、法律によってこれを定める。

(2) 以下略

(44)　この本文の意味は、(1)(2)では違法性ないし効率性が肯定されることで要保護性が根拠付けられ、(3)では重大な危険性が肯定されることで要保護性が根拠付けられた。これに対して(4)では、違法性を規準としようとすると、要保護性があるから違法であるという判断をすることになってしまう、ということであろう。

(45)　この本文の意味は、基本権保護義務の根拠である要保護性の判断が問題なのであって、その義務の存在が肯定されてのちに、国家によるその義務の履行として、受忍義務、情報義務の設定があってその違反が語られうるのだから、それら違反は保護義務の法的効果の問題である、ということであろう。

(46)　カナーリス・前掲講演二四頁も同じ。

## 第四章　基本権保護義務論における論理構成と民法

一　基本権保護義務論の論理構成がそれまでの私人間効力論と最も異なる点は法的三極関係という構成にある。それは、それぞれが国家を名宛人とする基本権保持者たる対立している私人（A、B）と国家（S、そのなかに通常裁判所Gと憲法裁判所Vがある）からなる（A－B、A－S、B－S）。しかし、論理構成上の重要性の点でこれら主体間の三つの関係は同じ意味をもっているわけではない。Gの法命題によって保護を拒まれたAからの憲法異議申立ての審査では、当事者はA－Sであって、Vによって、A－S間で問題となっているAの基本権についてSに保護義務が存在するか（第一段階）、Gによる法命題において基本権保護が過少規準を下回っていないか（第二段階）が審査される。B－S間が問題となるのは、第一段階で、Bの行為によってAの基本権の実現が事実上困難にされているという事実の平面（論理構成上、Aの基本権侵害はBではなくGの法命題によるから）でA－S間でのSの保護義務の存在の要因として現れること、さらに場合によって第二段階でSがAに対する関係での保護義務を果たすための民法上の法命題がB－S間でBの基本権に対する過剰侵害とならないかが考慮されることによってである。A－Bの法的関係は、審理対象となるGによる法命題がA－B間での請求権の存否を内容とすることで間接的にこの法的三極関係に登場する。このように法的三極関係の中心にあって保護の対象及び根拠となるのはA－S間での公権としての基本権であり、その保護の実現における判断要因としてB－S間の関係、その保護の方法或いは結果としてA－B間の請求権があるという関係になる。かくて、実質的には紛争の中心にあるA－B間での請求権の有無は、この論理構成のなかでは保護義務判断の結果という位置にある。かつての間接的効果説との対比でいえば、基本権保護義務論においては基本権が公権たる性格を維持したまま機能が拡張され、憲法判断の場面で、拡張された機能の実現として個人間の請求権に関する命題の是非が判断されるという構造になった。基本権保護義務論は憲法解釈論であるが、そこで「憲法の視点からの民法」が語られるのはこのような法的三極関係によってである。

このような論理構成の第一次的な機能は、BVerfGで適用される裁判規準の法源（憲法典）との論理的整合性を示すということにある。この機能に関しては、その目的適合性及び付随的効果が測定の対象となり、それはBVerfGへの働きかけという実践的課題のための前提作業でありうるが、そのような実践を目的としていない（しかも邦語文献である）本稿の課題とはならない。上述の論理構成にはもう一つの側面がある。それはこの論理構成が表現する方法的及び体系的側面である。この側面は抽象度が高くなり理論的性格が強くなる。勿論この側面もそれぞれの国の実定法制度を前提とした実践的性格のものであることには違いないが、憲法裁判所制度を持たないわが国からの比較法的検討にとっては、この方法的及び体系的側面が一般理論レベルで検討の対象となりうるものである。

二　基本権保護義務論が間接的効果説の発展の上にあることは論者自身が述べるところである[47]。そのことから、基本権保護義務論には、一面では間接的効果説が前提としていた公法・私法（そして、国家と社会の）二元論を引き継いでいるとともに、他面ではその変容がある。まず前者については、名宛人を国家とすることを維持しつつ基本権機能を拡大して個人間の請求権の存否問題に対処するという前提には、「憲法を国家の秩序と捉え私法を社会の秩序と捉える」[48]間接的効果説と同じ発想がある。かつてRaiserは、第三者効論が国家と社会を分離する思考の上にあることから、「（論理的には）憲法規範の不当な干渉（Übergriff）とみられざるを得なかった」と述べていたが[49]、間接的効果説においては、論理構成上は、私人間に憲法は適用されず、そこでは民法が適用されているだけであるとして、憲法学の立場では峻別的二元論が維持されていた。これに対して基本権保護義務論は実質的には個人間の対立である問題を個人と国家の問題に構成して憲法適用の場面に取り込んだ。ここには憲法裁判所は民法を適用するのではなく、個人対国家間であるから憲法を適用するという構造がある。基本権規範は国家と個人の関係で適用され個人と個人の間で適用されるのは民法上の請求権であるという形で二元論が前提されている。他面、この憲法適用において、第三者の事実的侵害行為や個人間の請求権に関する命題が判断対象となることで、憲法と民法のそれぞれの適用の間には間接的な影響というに留まらない論理的な結びつきが構成された。そこには峻別的二元論からの変容をみることができる[50]。しかし、この論理構成は理論的レベルでの二元論と制度的レベルでの憲法異議手続に由来する「迂回路」であることによって次のような性格をもっている。

三　①方法に関する側面については、かつてRaiserが私人間効力論議に関して「一面性、不明確性、誤解から免れるために、基本権の第三者効という概念を避けて、それに代えて問題を基本法の私法形成力（die privatrechtsgestaltende Kraft des Grundgesetzes）問題と呼ぶことにしたい」と述べたことが参考になる[51]。この指摘のなかの「誤解」ということは、Raiserが「（国家と社会についての）分離思考は……私法の法秩序全体のなかで歴史的に変化する機能に注意を払うのでなく、私法を硬い固定的な大きな塊（Größe）として様々な思索に誘う」と述べているなかの「私法を硬い固定的な大きな塊」と解することである[52]。間接的効果説において一般条項を通してのみ民法の適用において基本権が効力を得るとされることは、民法を全体としては基本権的価値への対応可能性を欠いた硬い塊と理解しているからである、というのがRaiserの指摘であろう。基本権保護義務論は憲法解釈論であって、間接的効果説と異なって、民法の適用が憲法を規準とした裁判の対象とされても、原則として（例外はLehbach判決）民法の解釈・適用をすることは内容ではないから、民法の把握はそれとしては現れてこない。しかし、間接的には次のことがいえよう。民法上の請求権の肯定・否定判断によって基本権保護義務が履行されるとするとき、そこでは、民法上の制度の説明が行われるとともに、通常裁判所に対して、請求権の肯定・否定に関して、民法上の一般条項の利用による命題の構成に限ることなく、広く民法条文の適用による対応が求められている。ここには、民法の各部分においてもそのような命題の構成が可能であるという民法把握がある。この限りでは、基本権保護義務論は民法理解において間接的効果説とは異なっていて、Raiser のいう「硬い塊」と捉えているという指摘はもはや当てはまらない。しかし、「様々な思索」という指摘についてはなお保護義務構成にも当てはまる部分がある。確かに、保護義務構成には、憲法裁判所における審理が第四審であってはならないという制度的要請を充たすという実際的側面があるから、この構成を単に「思索」であるとするわけにはいかない。しかし、保護義務構成は迂回路であることによって様々な複雑な構成を伴うことになった。まず、この構成による第三者の行為と国家を名宛人とする基本権の保護範囲の関係について、第三者の行為は基本権侵害ではなく基本権の事実的基礎の侵害であるとする出発点が論理構成によって要請されるが、このことの技巧性は、同じ第三者の行為が民法上は権利侵害と構成され、そこでは権利の事実的基礎の侵害が権利侵害に導くといった構成は採られていないこととの対比から明らかである。また、ここでの保護義務は、個人間の請求権規範を設定することがその内容とされていて、個人間において存在する結果回避義務を前提として課されることのある行政の危険防止義務・監督義務とは異なる。従って、防止・監督義務であれば、名宛人は国家であってもまた判断要因の相違による義務内容の相違はあっても、請求権の基礎として民法上の義務と同じ性格をもつ。しかし、この保護義務はそのような法的効果の前提とされるものではなく、直ちに国家対個人の間での請求権の根拠となることは予定されていない(53)。さらに、この保護義務は、個人は基本権規範によって拘束されないが国家は拘束されるという前提で設定された義務であって、民法とは異なったレベルにある保護義務の履行として設定される請求権賦与規範に個人が服すためには、立法者・裁判所への直接的拘束が個人の間接的拘束をもたらすという技巧的構成が必要になる。前章でみた憲法上の判断の二段階構成、憲法上の判断と民法上の判断との区別も憲法裁判所の判断が第四審とならないとするためには欠かせないものであるが、要保護性判断のそれぞれの規準において民法上の判断との連続性がありまた二段階構成における区別には困難が伴っていた。かくて、この迂回路は入り口から出口まで様々な複雑な構成物を経るものとなった。

②第三者効概念に代えて「基本法の私法形成力問題」と呼びたいという Raiser の提案には、私人間効力問題を民法上の法形成の問題であるとしたうえで、二元論（分離論）に基づく第三者効という概念はこの法形成要因を的確に表現していないという批判をみることができる。Raiser の提案は、「第三者効」という論理構成に「私法形成力」という考察の方法を異にしたいわば社会学的概念を対置していることによるのであろうか[54]、間接的効果説に対しての批判としてはその後に影響をもつものとはならなかった[55]。しかし、基本権保護義務論の論理構成を民法上の法形成要因及び主体の表現という角度からみる場合には、Raiser の提案の意義はむしろ増しているといえる。

基本権保護義務論の論理構成においては、国家の保護の義務付けは、防御権（自由権）としての伝統的基本権理解に義務としての保護機能を加えるという形をとっている。ここで国家が義務付けられる規範は国家と個人との関係において妥当するものとされる憲法である。個人間での請求権規範の存在根拠は直接的には国家の保護義務の履行に求められる。ここに表現されているのは民法の法形成主体を国家にみるということである。（ドイツの憲法裁判所制度を離れて）これとは別の考え方としては、市民社会において生成する個人間の行動様式を巡る規範に国家の活動が制約されるという出発点がありうる。勿論この規範内容が憲法上の価値に適合しているかが判断されなければならないということが前提になる。後者の場合には、「基本権的価値」はまず社会構成員（法形成主体）に浸透することによって個人間での行動様式において現れることによって民法の形成要因となるものと捉えられる。

法形成主体をどのようにみるかということからは、国家の活動の制約の性格の相違が生じてくる。基本権保護義務論によれば、国家が課される制約は基本権の保護命令機能に即して民事規範を形成することである。ここでは国家が法形成の主体とみられることになろう。しかし、民法が国家法であることはこのような論理構成によってしか説明できないというわけではない。別な枠組みを立てれば、法律或いは法典という形式の制定とそれらの実質的内容の形成とは異なる。国家は民法の制定や適用を「義務」付けられているとしても、それは法の形式面での立法及び司法手続的要請であって、そのように構成された「義務」が請求権規範の実質的な存在理由を示すわけではない。民法でいえば、個人間での民法上の請求権の有無の争いの根拠になっている「基本権」（二元論的構成では基本権価値）理解をめぐる対立（同時に、社会的な利益・価値対立という意味をもつものであることが重要である）においては、それらの間に妥当するものとしての基本権価値について争われるのであって、国家の保護義務について争われているわけではあるまい。個人間での請求権を基礎付ける社会的要因は、この個人間での行動様式でありそれを支えるものとしての法或いは権利意識である。その対立に対しての裁判所の判断がその個別事件を超えて社会的に定着していくかはそれが社会を構成する市民において受け入れられるかによる。このような枠組みのなかでは、個人間の請求権の存在理由は、社会のなかで受容される利益保護の主張の個人間での貫徹を可能にすることであり、請求権を基礎づける規範の形成の主体は各個人である。国家・裁判の民法上の法形成における役割は、最終段階の助力・関与であって、その規範の内容（請求権）の根拠を構成する意味をもつものではないということになる。

このように見ると、確かに、基本権保護義務論の論理構成は、直接的効果説、間接的効果説と比べて、憲法裁判所の裁判規準の論理的整合性を提示するとともに、裁判規準の細分化を可能にして内容的な明確性の確保を図るという解釈論上の任務にとっての適合性が高いものとなった。しかし、他面においてこの構成のなかでは、直接には国家の保護義務が法形成にとっての規定的位置に置かれることによって、国家が請求権規範の形成主体として前面に出ており、また、「GG の私法形成的力」の実質をなすであろう社会的構造の中に存在する法形成要因は、実際には要保護性の判断要因として働くことになろうが、迂回路を作り上げる論理構成のなかでは間接的な位置に置かれている。

③このような論理構成と民法の体系的把握との関係については次のことがいえよう。基本権保護義務論における保護義務は、BVerfG による通常民事裁判所の法命題の合憲性審査権限の正当化と言う意味での説明の要としての位置

にあり、さらに、この論理が展開されて民法上の法形成の確認及び要請、民法上の制度の基本権保護義務からの説明が可能となった。しかし、既に述べてきたようにこの保護義務は個人間の請求権の出発点にある存在理由を示すものではない。このことから、まず、「憲法の視点からの民法」の体系は国家の観点からの保護義務の履行道具の体系化ということになり、それは、すでに方法的に評価法学が定着しているから[56]Raiserのいう「硬い塊」になるわけではないが、規範的関係に基づく制度の説明としての体系にならざるをえないであろう。[57]このことは、様々な基本権保護義務が相互的連関をもつとはいえないこと、市民社会の展開・変容が保護義務という迂回路の故に直接に民法の体系に結び付けられないということに由来する。そしてさらにより規定的なこととして、この迂回路が国家と社会の二元論を基礎としていることがある。即ち、法的三極関係構成は分離・峻別論からの変容であるとしても、なお二元論であることによって、国家を一方当事者とする規範を個人間に妥当する規範とは別な原理の基づくものとするということを表現している。この方法的特色は、個々の「基本権」が民法上の権利と異なる性格をもつのかという具体的検討を経ずに、一括して基本権と民法上の権利が異なる世界に置かれることに現れる。これは国家が個人間の規範の形成要因には直接には制約されない場に置かれることを意味する。[58]

ドイツ法においては裁判所の事物管轄という制度的手続的な要請の存在が（一定の解釈を経て）このような二元論の理由となるということは考えられる。しかし、そのような要因を抜きにすると、国家を当事者とするということが既にその一括化の理由とされていると考えるしかないが、それは個々の権利の内容に即した理由ではない。基本権保護義務論を離れて一般的にいえば、法思想史的には、国家を名宛人とした規範を一括して個人間の規範から区別することが、強大な力をもつ国家から市民の自由を保護するという一面をもちえたとしても、[59]ドイツ法圏以外ではこのような二元論が一般的ではないということは、この二元論の自由保護機能には過大な期待をもつわけにはいかないことを示している。

歴史的・制度的な理由以外に考えられるものとしては思考上の便宜と国家の固有の存在理由ということがある。思考上の便宜については、一般化は法的制度の不可欠の技術であるといえても、国家が当事者であることをその括りの単位とすることの適合性が問題領域に即して議論されたうえで二元論があるわけではない。また、基本権の私人間効力問題があるということが既に国家を当事者とすることでの一括が実質的には貫徹できないということを示している。国家の固有の、従って個人及び市民社会に根拠を置かない、存在理由ということについては、それを明示的に肯定する主張（その場合には、自由権保護的二元論とは逆の方向になる可能性が大きい）が現在のわが国の法においてどのような内容でありうるのかは判らないが、[60] ここではそのような存在理由を示すのは肯定論者が行うべきことであるというに留めざるをえない。

(47) カナーリス・前掲講演一三頁。また、基本権の保護命令機能が解釈論的には基本権の私法主体への間接的効果を説明するために「欠けている構成要素（missing link）」（Canaris. JuS 1989, S. 163）であったとしている。
(48) L. Raiser, Grundgesetz und Privatrechtsordnung, in: Die Aufgabe des Privatrechts, 1977, S. 165.
(49) Raiser, a. a. O., S. 163. これにはその論理からの逃げ道を探さなければならなかったという文章が続く。樋口・前掲一二二頁でいう「下降」という表現と同趣旨であろう。
(50) 栗城壽夫「ドイツにおける『国家と社会の分離』をめぐる議論について」社会科学の方法一三八号［一九八〇］一〇頁以下による憲法論の分類では、「分離シェーマを批判しながらその全面否定には慎重な態度をとる中間論」ということになる。
(51) Raiser, a. a. O., S. 166.
(52) Raiser, a. a. O., S. 166. 間接的効果説についてのこの「思索」という指摘はおそらく基本権を自然法的価値規範とすること更にLüth 判決にみられる「照射効」「相互的作用」といった法的構成に当たるのだろう。あとの二つのうち「一面性」というのは、本文で触れた憲法規範からの「干渉」ということを指し、「不明確性」というのは、（Raiser の言葉を使えば）第三者効のもとで私法全体への基本権の影響が理解されるのか私法上の私的自治の制限だけが理解されるのかが不明確であるとすることを指している。前者は本文で触れたように、保護義務構成によって解消された（或いは別の問題になった）といえることであり、後者については、保護義務論においてはそのような限定はない（また、そもそも私人間効力問題に限定されたものでもない）ということが明確になっている（間接的効果説も含め、小山・二五二頁以下参照）。なお、この「一面性」については、Raiser, a. a. O., S. 166ではEinsichtigenとある部分が同論文の初出である46. DJT. 1967, Bd. II, Teil B, 10ではEinseitigkeitenとなっているので文脈から後者に従って訳した。

(53)　基本権保護義務論の支持者においてはこのような区別は行われないようである。小山・前掲四頁以下参照。

(54)　従って、樋口・前掲一二六頁注19で紹介されている憲法学における第三者効概念批判とは異なったレベルからの批判であった。

(55)　もっとも、「形成力」について論じられている訳ではないから、Raiserのいう「GGの私法形成力」の内容が明確というわけではない。「私法」ということは別にしても、「GGの」とすることによって規範的説明のレベルの問題とする可能性も残っているからである。しかし、本稿ではRaiser理解の問題には立ち入らない。

(56)　Canarisにおいては、Wilburgの唱えた動的体系がそれにあたる（S. 78f）。

(57)　CanarisもBGBと異なる体系を提示しているわけではない。山本「基本法としての民法」ジュリスト一一二六号［一九九八］二六一頁以下に日本国憲法を出発点とした基本権保護義務の角度からの民法の体系の提示の試みがみられるが、規範的関係の説明という色彩が強い。

(58)　もっとも、基本権保護義務論の二元論を民法上の請求権の形成の論理の後半だけ述べたものとして、前半に民法上の法形成が国家を保護義務によって拘束する要因であるという前提を付け加えて（いわば迂回路を循環路にして）二元論から離れるということも論理的にはありうる。しかし、この途は仮にあるとしてもその場合には基本権保護義務論が拠って立つ憲法名宛人論の内容を変えることであって、異なった理論とみるべきであるからここでの検討の対象とは異なる。

(59)　但し、わが国での公法概念導入の経緯については、広中前注(1)七七頁注(1)。さらに、公法・私法概念への批判は、同三三三頁以下参照。

(60) 広中「一二年を振り返る」創価法学三二巻一・二合併号〔二〇〇二〕一二三頁の「国家的公共性」概念批判には、国家の実体化・固有価値を想定することに対する批判がある。なお、二〇〇二年一一月二三日の民法理論研究会（仙台市）で、現在のわが国の法において「国家的公共性」の存在を考える余地はない旨の広中発言があったと記憶している。

## 第五章　むすび

基本権保護義務論は冒頭で触れたように私人間効力問題だけを内容としているわけではないから、本稿で述べてきたことによってこの説の全体を評価することはできない。しかし、民法との関連に絞ってみると、基本権保護義務論は、憲法裁判所の裁判規準を提供することとこの裁判規準のための論理構成を提供するということを内容とし、それらは通常裁判所の民法上の法形成の合憲性を確認する機能と通常裁判所に法形成を要請する機能をもつものであった。さらにこの論理構成は体系的側面において「憲法の視点から」民法の諸制度を説明するという機能ももつ。この論理構成には、基本権の名宛人を国家とする（憲法をそのように理解する）公権論の理論的伝統と基本権機能の拡張による憲法裁判所の機能拡大の結び付きが表現されている。しかし、個人間の請求権の有無を巡る争いが国家の保護義務を介して判断されるという構成は、「迂回路」という性格を否めない。現在の社会では、個人の尊厳（男女の平等を含む）を尊重する義務は社会構成員も相互に負っているという意識の存在をみることができ、ここでは「個人の尊厳」の尊重は国家の保護義務を介するまでもない。国家はそのような社会の中の秩序に服すべきであるとする意識が支配的である社会においては、社会構成員間の紛争に関する裁判規準もそのような社会秩序に即したものであることが求められる。従って、ドイツ法では基本権保護義務という論理構成を通して基本権価値の民法上の実現を図るという方向が有力であるということを確認したうえで、この法現象のうちでわれわれが注目すべきなのは、論理構成そのものではなく、それが果たす機能即ち現実化される基本権価値の内容及びその民法上の実質的な法形成の過程であろう。

そこにみられるのは憲法裁判所の作業は憲法解釈上の問題であると同時に民法解釈上の問題でもあるということである。国家対個人の関係と個人間の関係において適用される裁判規準が異なることは当然ありうるが、基本権保護義務論のように出発点においてそれぞれの関係を括って異なった法的世界として構成するか、そのように括らずに問題領域に即して相違の意味を検討していくかは選択の問題である。

憲法が民法解釈の指導原理としての意味をもつことは、規範の上位下位関係という形式面からも、現行憲法に表現された価値が市民社会のそれと基本的には一致しているという実質面からも肯定できる。民法典は二条で個人の尊厳と男女の平等を解釈の指導原理とすることを明示している。[61] このことは、それら価値が民法の対象に直接に関連するからであって、他の憲法上の価値の民法にとっての意義を否定するものではあるまい。民法二条は直接には法適用者を名宛人として「解釈しなければならない」という命令であるが、民法の内容となっていないものを解釈せよと命令することはできない（更に欠缺補充に即して表現すれば、「民法の内容となりえないものを補充せよと命令することはできない」）。勿論そのような論理的な説明の場面とは異なって、個人の尊厳と男女の平等が解釈対象としての民法の実質的な内容として定着するのは、それら価値が個人間で妥当するものという価値意識が市民の間に浸透していなければならない。このことからすれば、ドイツで基本権の私人間効力として対処されている問題は、論理構成の平面に限れば、わが国では民法二条によって解決されているといえる。迂回路は本道が存在すれば不要である。そして、この本道を現実のものとするのは諸個人の価値意識の積み重ねである。民法解釈学は、民法二条の要請に応じた作業によってそのような法形成に参加することができる。

「憲法パトリオティズム」というドイツの社会哲学者ハーバーマスが広めた概念がある。そこには、ナショナリズムに対抗する普遍的価値の主張、現実政治的にはGGに表わされた価値をEUの価値とするという主張が窺える。勿論、これに対する批判も伝えられている。[62] しかし、それら政治的対立の中にあってもGG（様々な対立する立場から解釈されたそれであるが）は共通の土俵となっているようである。法の階層秩序といった法学レベルの論理構成上の議

論における とは異なって、GGと日本国憲法のそれぞれの政治と社会の現実において占める位置の違いは大きい。

確かに、その時々の憲法を巡る政治的対立と憲法解釈論・私人間効力論が直接に結び付くわけではないが、憲法上の価値を個人間でも妥当する価値であるとする意識の定着の度合いは裁判所の対応及び解釈学説と無関係とはいえない。わが国でも、憲法上の価値をめぐる社会的な対立の存在のなかで、そのような意識・行動様式の一定の広がりが見られるといえるが、個人の尊厳を中心とした価値が憲法のそしてまた民法の実質的な意味としてより定着するためには様々なレベルでの行動が引き続き必要となる。このことはまた国家の役割についての考え方の変化にも繋がるであろう。民法学者も、認識者としては、社会的対立の中でのそれら憲法上の価値の個人間での浸透とそれが民法上の法形成に果たす機能を捉えることのできる枠組みをもつことが、実践者としては、個人の尊厳が様々な場でネオリベラリズムとナショナリズムによって挟撃されるなかで、市民であり主権者である法形成主体の一員として、それら憲法上の価値の実現のための法解釈そしてそれと整合的な行動が求められている。

(61) そのような解釈の一つの例が憲法学から樋口「憲法・民法九〇条・『社会的意識』」前注(6)一四一頁以下に「憲法の民法化」として示されている。もっとも同・一五〇頁では、結論としての法的構成はドイツ法的構成に近付いているようにみえる。

(62) 「憲法パトリオティズム」を巡る議論状況につき、樋口『国法学』二一六頁以下および樋口「インタビュー・『国』とは？『愛する』とは？」世界二〇〇六年六月号七八頁以下。なお、そこで紹介されているとは逆の方向（つまり、保守陣営）からのハーバーマス批判が三島憲一『現代ドイツ』[二〇〇六] 四五頁以下に紹介されている。また、同書七四頁以下には、この概念が全く異なった（しかし当然予想されたであろう）意味で使用された例が紹介されている。

（補注）本稿での規準と基準の区別については論文8末尾（補注1）参照。

# 12 民法上の法形成と民主主義的国家形態

第一章　問題の所在
第二章　最高裁景観利益判決と公法私法協働論
第一節　問題の所在
第二節　最高裁景観利益判決の特色と問題点
第三節　公法私法協働論の特色と問題点
第四節　小　括
第三章　民法上の法形成ともう一つの基本的人権
第一節　問題の所在
第二節　最高裁判例にみる民事裁判規準と基本権規定の関係
第三節　民法解釈からみた私人間適用論の問題点
第四節　最大判北方ジャーナル事件における合憲的解釈の意義
第五節　小　括
第四章　反制定法的法形成の正当性の所在について
第一節　問題の所在
第二節　反制定法的判決の登場
第三節　反制定法的法状態の変遷

# 第一章　問題の所在

## 一　本稿の構成

以下では、統一テーマ「民法上の法形成と民主主義的国家形態」の下で冒頭に章名として掲げた三つの小テーマを論じ、最後に短いまとめを付す。第二章から第四章まではそれぞれが独立した論稿でありそれらの間には相互の繋りはないが、いずれも「民法上の法形成と民主主義的国家形態」の関係という共通した関心の下で叙述される。統一テーマとそれら各章との関連は各章の第一節で述べられる。

統一テーマは、民法上の法形成の社会的意味を把握することにとっての適合性という観点から、法体系の中の民法の位置付け及び民法解釈方法が民主主義的国家形態との関係でもつ意味を明らかにすることにある。日本国憲法が民主主義的国家形態を導入し、市民社会とそれによって管理される市民国家の現実化および展開の可能性を開いた。この可能性を巡る様々な対抗のなかの一つの現象として民法上の法形成の過程もある。本稿はこの過程で現れた裁判による法形成（第四章）あるいはそれを巡る理論（第二章、第三章）につき、民主主義的国家形態の下での法形成としての意義或いはその把握の枠組みとしての適合性を検討する。具体的には、景観利益、人格的自由、高金利からの市民的生活の回復にかかわる裁判及びそれを巡る議論につき、民法と行政法の体系的関係、民法と基本権規定との関係、反制定法的法形成と国民主権の下での権力分立制度との関係の理論的整理を行う。そこでは、民事裁判規準の形成を要請し支えるものとしての社会的基盤とそれへの法的対応の意義に着目される。統一テーマについては、以下の各章の第一節および小括で触れるほか、第五章において各章の内容を前提として敷衍する。

二　各章で共通して用いる概念について

①　民主主義的国家形態　　日本国憲法によって導入された、正当性根拠としての国民主権とそれを前提とした権力分立を柱とする国家形態。大日本帝国憲法とその国家形態の否定という歴史的経緯が重要である。これは市民社会によって管理された市民国家の形態であるが、その内容である現実はこの形態の下での正当性を巡る諸力の常なる対抗のなかにある。

②　市民社会　　㋐資本制的生産関係が生産関係の支配的位置を占め、㋑①のような民主主義的国家形態の国家をもち、㋒個人の尊厳を承認する社会意識の一般的浸透を見ることのできる社会。これは広中俊雄『新版民法綱要』〔二〇〇六、旧版一九九九〕一頁の定義に拠っている。この三つの理念型要素の生成・登場は㋐㋑㋒の歴史的順序を辿り、それらの展開においては、㋐と㋒の緊張・対抗関係が基底的な意味をもち、その関係は㋑の現実的内容と強い関連性をもつ。

# 第二章　最高裁景観利益判決と公法私法協働論

## 第一節　問題の所在

### 一　公法私法協働論の登場と後退

景観利益の民法上の保護に関する解釈論の中で公法私法の協働ということが保護のためのひとつの論拠として主張され、この公法私法協働という言葉が一時は景観利益問題に限らず広く関心と共鳴を得て大きな影響をもつかと思われるものとなった(1)。民法関係の論稿では近時やや変化がみられ、「公私協働」という表現が多くみられるようになり(2)、

「公法私法協働」という表現の使用は減っている。(3) この変化に導いたものとしては、「公法私法協働」が「協働」する主体に焦点をあてた表現ではないこと、そしてなにより、公法・私法概念自体が不明確さをもち、公法私法協働の内容が判然としないということがあったといえるであろう。(4)

このような状況からすれば公法私法協働論は過去のものとなりつつあるとさえいえそうである。しかし、公法私法協働論の問題点が明確にされることのないまま次の流れとしての公私協働論に代わっても、民法学において「公法私法」「公私」「公共性」といった概念が明晰さを欠いたまま用いられ続ける可能性がある。これらの概念については従来行政法学によって行政法解釈との関係で検討されてきたが、本章ではこのうちの「公法私法」概念につき、民法の理解とくに民法上の法形成の意義の把握にとって適合性を有するかを、景観利益保護問題を具体的素材として、検討しようとするものである。(5)

本章の主張内容を予め要約的に示しておくと、本章は公法私法協働論の問題点の指摘が中心になるが、筆者は公法私法協働論が取り組んだ景観利益保護という方向を支持するものである。しかし、景観利益保護という法形成の意義を捉えることにとって、公法私法協働論は適切な枠組みではなかったと考えている。というのは、景観利益保護は生活利益法の展開を意味しうるものであったが、そのためには生活概念の拡張、生活の質の視点の変化が必要になる。しかし、最判は第一審判決が試みた法形成の方向を第二審と同じく阻止した。従って、ありえた法形成の意義を検討することは同時に最判の問題点を明らかにすることでもある。公法私法協働論が、最判の問題点を指摘して第一審判決が（その法的構成に問題点があったが）目指した法形成を本来の軌道に戻して展開を主張するということに進まなかったのには、その前提をなしている公法私法二元論が一つの因となっていたのではないかと考える。この関係を明らかにすることが、公法私法協働論が景観利益保護の法形成の意義の把握に適した枠組みであったのかという本稿の取り組む対象である。

## 二　公法私法峻別批判と公法私法二元論

景観利益保護における公法私法協働論の議論の展開の出発点は、環境法制中の行政法規を公法とすることである。そしてこのことは単にネーミングの問題であるに留まらず、かつて行政法学において「行政法は公法なり」として民法に対する行政法の体系的独自性が主張されたことが示すように、体系的選択を意味する。[6] 公法私法協働論は後述するように公法私法峻別批判を重要な内容の一つとしているが、環境法中の行政法を公法としそれに対応して民法を私法とするという意味では公法私法二元論を前提としている。したがって、公法私法峻別批判は公法私法二元論批判と同じ意味ではないという点が明確にされないままでは、公法私法協働を公私協働に代えても問題の解決にはならない。[7] 公法私法協働論は、景観という公共財の享受利益の民法上の保護を公法私法二元論を前提として公法私法峻別論を批判することで根拠付けるものである。かくて、公法私法協働論の枠組みが景観利益の民法上の保護という目的にとってまたこの点での法形成の意義を把握することにとって適合的であるかという問題は、つまるところ公法私法二元論には民法の社会的機能の理解にとって具体的にどのような問題があるのかということの一個別問題なのである。[8]

## 三　統一テーマと第二章の関連

景観利益保護の法形成の主張においては当初から民法と行政法の関係付けが問題としてあった。公法私法協働論が登場する所以でありまた第一審判決から最高裁判決に至るまでの問題点の一つがこれであった。公法私法協働論は公法私法二元論を前提としたうえで公法私法の峻別批判として協働を主張するものであり、その前提において「行政法は公法である」とする行政法の性格付けがある。公法私法協働論を民主主義的国家形態の下の民法上の法形成の意義の把握への適合性という統一テーマの下の章とするのは、第一に、一般論として後述するような歴史をもった我が国の公法概念とそれの対応物である私法概念が、憲法とともに変革された国家形態の下での民法のもつ機能を把握しうるか、行政法との関係では民法の一般法的性格が公法私法二元論において見失われるのではないかということ、第二に、このような一般論が、上記のような性格を持つ景観利益保護をめぐる法形成に関して実際にどのような問題として現われるかを検討する必要がある、ということによる。

**四**　以下では、第二節で国立景観事件の最高裁判決の特色と問題点を第一審、第二審判決と対比させながら明らかにし、第三節では、公法私法協働論と関係する公法私法二元論の歴史を概観した後、公法私法協働論には最高裁判決に対しての批判的視点が欠けることを示したうえで、その理由を公法私法二元論との関係で考える。最後に本章の小括を付す（第四節）。

（1）　二〇〇六年五月の法社会学学会において全体シンポジウム「現代における私法・公法の〈協働〉」法社会学六六号［二〇〇七］が行われたのはその現れである。同号六頁の原田純孝「企画の趣旨と問題の提示」は、公私協働と公法私法協働を区別しつつ、後者につき規範レベルを表現するものとして肯定的な意味でテーマを説明している。なお、公法私法協働の主張は景観利益以外では競争法分野でみられるが、本稿では公法私法協働論の検討のための素材としてはそれが最も明確に現れている景観利益問題を採り上げるので、競争法分野には立ち入らない。後注(29)参照。

（2）　例えば、吉村良一の二〇〇七年発表の論文名は「民法学からみた公法と私法の交錯・協働」立命館法学三一二号であったが、二〇〇九年六月の論文名は「公私の交錯・協働と私法の『変容』」立命館法学三二三号となっている。もっとも、後者でも本文中（二七八頁以下など）には公私法協働という表現が使われている。

（3）　新しいものでは、秋山靖浩「まちづくりにおける私法と公法の交錯」シンポジウム「都市環境法における公私協働論」北大法学五九巻六号［二〇〇九］一七五頁以下がある。

（4）　吉田克己は、『現代市民社会と民法学』［一九九九］および一連の北大でのシンポジウムなどで、広中のいう外郭秩序（広中・前掲八頁以下、一九頁以下）に対応する競争法と環境法領域で公法私法峻別論が妥当しないことを精力的に説くことで公法私法協働論の火付け役となったといえるが、公法私法協働という表現は避けていたようである。しかし、大塚直（「環境訴訟と差止の法理」平井宜雄先生古稀記念・民法学における法と政策〔二〇〇七〕七一八頁）は、吉田のいう「公私協働」を「ここにいう『公私』とは公法・私法の意味である」としている。一般的にいえば「公私」と「公法私法」が日本語として同じ意味であるということはないのであるが、本稿も以下のことから吉田の論稿を（公私協働にも論ずべき点はあるが）公法私法協働論として扱う。第一に、吉田がしばしば公私協働と公法私法協働を同じ意味で使っている（例えば、吉田「景観利益の法的保護」慶応法学三号〔二〇〇五〕九二頁。また、吉田「競争秩序と民法」北大法学五六巻一号〔二〇〇五〕二六二頁、「シンポジウム環境秩序への多元的アプローチ㈠趣旨説明」北大法学五六巻三号〔二〇〇五〕二三八頁では公法・私法という言葉が使われている）。第二に、公法私法峻別論と公私峻別論が同じ意味で使われている（北大シンポ「競争秩序と民法」二五六頁）。後述する国立景観訴訟の最高裁判決の批評においても、この最判が「建築基準法違反だけで違法性を認める方向」であって、「公私峻別論に拘泥しない……態度を示すもの」（吉田「判例解説（本判決）」ジュリ臨時増刊・平成一八年度重要判例解説〔二〇〇七〕八四頁。吉田「判例解説（本判例）」別冊ジュリ・民法判例百選Ⅱ〔第六版〕〔二〇〇九〕一五七頁も）としているが、これも公法私法峻別・協働と同じ使い方である。第三に、北大や私法学会でのシンポジウムなどで、他の論者が公法私法協働としている場合でもそれとは違う意味であるとすることなしに議論している。なお、吉田は、前注(3)の秋山の報告が行われたシンポジウムの主宰者であり、そのテーマは「都市環境法における公私協働」とされているが、秋山以外の行政法研究者の報告の題名でも「産業廃棄物規制における公法的手法と私法的手法」（北村喜宣）、「公共事業紛争における公法と私法の交錯」（越智敏裕）となっている。

(5) 念のために述べておくと、公法私法協働論とその前提となっている公法私法二元論をその民法の体系および民主主義的国家形勢の下での法形成の意義の把握にとっての適合性という角度から批判的に検討することには、行政法学と民法学が協働することの意義に疑問を呈するという意味は全くないことは言うまでもない。

(6) ここでは公法概念は体系概念（原理）であって、教育科目や研究体制上の分類・区別とは無関係である。公法私法協働論でも公法私法峻別批判が重要な内容をなしており、やはり体系概念としての使用である。

(7) 吉村「公法と私法の交錯・協働」法時八一巻二号〔二〇〇九〕六五頁は、自身主張してきた公法私法協働論が「伝統的公法私法二元論」に拠っていたとして今後の課題を示唆している。ただし、同年六月の前注（2）立命館法学三二三号論文では民法は「私法」とされており、新たな課題への取り組みの具体的内容はいまだ明らかではない。

（8）　行政法解釈論において公法私法協働がかたられる際には、公法私法峻別論と公法私法二元論の区別がされている（山本隆司「私法と公法の〈協働〉の様相」法社会学六六号一六頁以下および「行政法と民事法(2)」法教三五三号［二〇一〇］五三頁以下。この点に関しては塩野宏『行政法Ⅰ〔第五版〕』［二〇〇九］四〇頁も参照。

## 第二節　最高裁景観利益判決の特色と問題点

（二〇〇六〔平一八〕三・三〇民集六〇巻三号九四八頁）

### 一　事実概要と判旨

ⅰ　事実概要　東京都国立市のいわゆる大学通りは、ＪＲ中央線国立駅南口のロータリーから南に真っ直ぐに延びる長さ一・二キロ、歩道を含めた幅員が約四四メートルの広い通りである。その両側には高さ約二〇メートルの桜と銀杏の並木が並び、それら街路樹と調和のとれた低層の店舗と住宅が立ち並んで落ち着いた景観を形成している。その南端に訴外Ａ社が所有する本件土地があった。大学通り沿いの地域のうち、一橋大学より南に位置する地域は、大部分が第一種低層住居専用地域に指定され、建築物の高度が一〇メートルに規制されている。しかし、本件土地は、第二種中高層住宅専用地域に指定され（地上にＡ社の高さ一六メートルの計算機センターが存在していたため、それが既存不適格となることを避ける趣旨であった）、建築物の高度制限はなかった。この土地を被告が取得し、高さ四三・六五メートル、地上一四階建て、総戸数三五三戸に及ぶ大型高層の分譲マンション建設を計画した。これに対して原告らが、建築行為の差止め（完成後は高さ二〇メートルを越える部分の一部撤去）等を求めたのが本件である。

第一審判決は、「景観利益」侵害に基づく不法行為の成立を認め、被告に対して、マンションのうち大学通りに直接面した一棟の高さ二〇メートルを超える部分の撤去を命じた。これに対して、第二審判決は、良好な景観は適切な行政施策によって保護されるべきであること、また、景観計画の主観性などを述べた上で、景観権・景観利益の存在を否定し、被告の敗訴部分を取り消して、原告らの請求を棄却した。原告らから上告受理申し立て。

ii　判旨（判決理由中の符号は筆者。本判決だけでなく本稿で紹介する判決理由の中の符号についても同様）

上告棄却

Ⓐ　景観利益の定義および根拠（見出しは筆者、判決理由は括弧内だけ）

「㋐都市の景観は、良好な風景として、人々の歴史的又は文化的環境を形作り、豊かな生活環境を構成する場合には、客観的価値を有するものというべきである。㋑被上告人Y1が本件建物の建築に着手した平成一二年一月五日の時点において、国立市の景観条例と同様に、都市の良好な景観を形成し、保全することを目的とする条例を制定していた地方公共団体は少なくない状況にあり、東京都も、東京都景観条例（平成九年東京都条例第八九号。同年一二月二四日施行）を既に制定し、景観作り（良好な景観を保全し、修復し又は創造すること。二条一号）に関する必要な事項として、都の責務、都民の責務、事業者の責務、知事が行うべき行為などを定めていた。また、平成一六年六月一八日に公布された景観法（平成一六年法律第一一〇号。同年一二月一七日施行）は、「良好な景観は、美しく風格のある国土の形成と潤いのある豊かな生活環境の創造に不可欠なものであることにかんがみ、国民共通の資産として、現在及び将来の国民がその恵沢を享受できるよう、その整備及び保全が図られなければならない。」と規定（二条一項）した上、国、地方公共団体、事業者及び住民の有する責務（三条から六条まで）、景観行政団体がとり得る行政上の施策（八条以下）並びに市町村が定めることができる景観地区に関する都市計画（六一条）、その内容としての建築物の形態意匠の制限（六二条）、市町村長の違反建築物に対する措置（六四条）、地区計画等の区域内における建築物等の形態意匠の条例による制限（七六条）等を規定しているが、これも、良好な景観が有する価値を保護することを目的とするものである。㋒そうすると、良好な景観に近接する地域内に居住し、その恵沢を日常的に享受している者は、良好な景観が有する客観的な価値の侵害に対して密接な利害関係を有するものというべきであり、これらの者が有する良好な景観の恵沢を享受する利益（以下「景観利益」という。）は、法律上保護に値するものと解するのが相当である。」

Ⓑ　規準の理由。「㊁本件におけるように建物の建築が第三者に対する関係において景観利益の違法な侵害となるかどうかは、被侵害利益である景観利益の性質と内容、当該景観の所在地の地域環境、侵害行為の態様、程度、侵害の経過等を総合的に考察して判断すべきである。㊂そして、景観利益は、これが侵害された場合に被侵害者の生活妨害や健康被害を生じさせるという性質のものではないこと、㋕景観利益の保護は、一方において当該地域における土地・建物の財産権に制限を加えることとなり、その範囲・内容等をめぐって周辺の住民相互間や財産権者との間で意見の対立が生ずることも予想されるのであるから、景観利益の保護とこれに伴う財産権等の規制は、第一次的には、民主的手続により定められた行政法規や当該地域の条例等によってなされることが予定されているものということができることなどからすれば、……」

Ⓒ　規準の提示

「㋖ある行為が景観利益に対する違法な侵害に当たるといえるためには、少なくとも、その侵害行為が刑罰法規や行政法規の規制に違反するものであったり、㋗公序良俗違反や権利の濫用に該当するものであるなど、㋘侵害行為の態様や程度の面において社会的に容認された行為としての相当性を欠くことが求められると解するのが相当である。」

Ⓓ　規準の適用

「㋙大学通り周辺の景観は、良好な風景として、人々の歴史的又は文化的環境を形作り、豊かな生活環境を構成するものであって、少なくともこの景観に近接する地域内の居住者は、上記景観の恵沢を日常的に享受しており、上記景観について景観利益を有するものというべきである。」

「㋚しかしながら、本件建物は、平成一二年一月五日に建築確認を得た上で着工されたものであるところ、国立市は、その時点では条例によりこれを規制する等上記景観を保護すべき方策を講じていなかった。

㋛そして、国立市は、同年二月一日に至り、本件改正条例を公布・施行したものであるが、その際、本件建物は、いわゆる根切り工事が行われている段階にあり、建築基準法三条二項に規定する『現に建築の工事中の建築物』に当たるものであるから、本件改正条例の施行により本件土地に建築できる建築物の高さが二〇メートル以下に制限されることになったとしても、上記高さ制限の規制が本件建物に及ぶことはないというべきである。㋜本件建物は、日影等による高さ制限に係る行政法規や東京都条例等には違反しておらず、違法な建築物であるということもできない。㋝また、本件建物は、建築面積六四〇一・九八平方メートルを有する地上一四階建てのマンション（高さは最高で四三・六五メートル。総戸数三五三戸）であって、相当の容積と高さを有する建築物であるが、その点を除けば本件建物の外観に周囲の景観の調和を乱すような点があるとは認め難い。㋞その他、原審の確定事実によっても、本件建物の建築が、当時の刑罰法規や行政法規の規制に違反するものであったり、公序良俗違反や権利の濫用に該当するものであるなどの事情はうかがわれない。以上の諸点に照らすと、本件建物の建築は、行為の態様その他の面において社会的に容認された行為としての相当性を欠くものとは認め難く、上告人らの景観利益を違法に侵害する行為に当たるということはできない。」

以下では、景観利益の性格付け、最判が提示する規準における行政法規の位置、地域秩序の意義付けの三点につき最判のもつ意味を第一審、第二審と対比しつつ明らかにする。(9) このことは、対極に位置する二つの下級審判決の内容は理解し易いのに対し、本最判の判決理由は理解が容易でないので、論理の展開を辿るに第一審・二審判決との相違を検討するという方途が有用であろうということからである。

## 二　最判における景観利益の性格付け――生活妨害との異同をめぐって

(1)　判決理由の景観利益の定義および性格付けのエッセンスを抜き出すと、まず、Ⓐの㋐都市の景観は生活環境としての客観的価値を有する、㋑国立市の景観条例、東京都景観条例、その後景観法も施行されている、㋒「そうすると、」その地域内に居住しその恵沢を日常的に享受している者が有する利益[10]（「景観利益」）は法律上保護に値する、とされる。ここでは、㋐が㋒に繋がる文章であって、㋑は㋐の確認的例示である。㋐と㋒においても、そのような享受利益の保護の必要性が述べられていないことに注意されるべきである。

そして本判決の要に位置するのが、Ⓑ㋔「そして、景観利益は、これが侵害された場合に被侵害者の生活妨害や健康被害を生じさせるという性質のものではない」、という部分である。この㋔で生活妨害ではないとすることが、以下で提示される規準の内容および適用に決定的な意味をもっている。それではどのような点が生活妨害事例において保護される生活利益と異なるのか。しかし、最判による景観利益の性格付けにはそのような生活利益とはみないことの理由は述べられず、当然のこととされているようにみえる。この点、第一審判決には生活利益との相違が述べられるとともに結論としては受忍限度規準を適用するための工夫がなされ、第二審判決では法的保護の対象たる生活利益とはしないことの理由が詳細に述べられている（以下では、従来の生活妨害事例で保護を認められてきた生活利益を生活利益Ⓐとする）。

(2)　第一審判決と第二審判決の判決理由から景観利益の性格付けの箇所を抜き出す。

i　東京地判二〇〇二〔平一四〕・一二・一八判時一八二九号三六頁

「㋐特定の地域内において、当該地域内の地権者らによる土地利用の自己規制の継続により、相当の期間、ある特定の人工的な景観が保持され、㋑社会通念上もその特定の景観が良好なものと認められ、㋒地権者らの所有する土地に付加価値を生み出した場合には、地権者らは、その土地所有権から派生するものとして、㋓形成された良好な景観を自ら維持する義務を負うとともにその維持を相互に求める利益（景観利益）を有するに至ったと解すべき」とした。

東京高判二〇〇四〔平一六〕・一〇・二七判時一八七七号四〇頁

「㋐良好な景観を享受する利益は、その景観を良好なものとして観望する全ての人々がその感興に応じて共に感得し得るものであり、これを特定の個人が享受する利益として理解すべきものではないというべきである。これは、海や山等の純粋な自然景観であっても、また人の手の加わった景観であっても変わりはない。良好な景観の近隣に土地を所有していても、景観との関わりはそれぞれの生活状況によることであり、また、その景観をどの程度価値あるものと判断するかは、個々人の関心の程度や感性によって左右されるものであって、土地の所有権の有無やその属性とは本来的に関わりないことであり、これをその人個人についての固有の人格的利益として承認することもできない。「㋑（日照、眺望などにおいては）定量的ないし固定的な評価が可能であり、特定の場所との関連において……社会通念上客観的に価値を有するものとして認めることができる場合がある。これに対して、景観は、対象としては客観的であっても、これを観察する主体は限定されておらず、その視点も固定的なものではなく、広がりのあるものである。……（不法行為上の保護に値するとされるためには）その要求が、主体、内容及び範囲において明確性、具体性があり、第三者にも予測、判定することが可能なものでなければならない」（以下では、符号を付けた部分を地㋐、高㋐というように引用する）。

ii　第一審判決の景観利益の性格付けの特徴は、地㋐と㋒から地域性と土地属性、地㋑から社会的承認、地㋓から相互拘束性をみることにある。この三つの性格は、生活妨害事例でことさらに採り上げられることはなく後退しているが、いずれも生活利益Ⓐの一つの側面であり、第一審判決がこれらを挙げることは、生活利益Ⓐとの相違と同時に共通性を示すことにもなる。このうち地㋒[11]についていえば、良好な景観（最判によれば「豊かな生活環境」とされるからなおさら）が土地の付加価値となることは確かであり[12]、それは生活妨害事例でも多くみられる。しかし、それら生活利益Ⓐの保護は、そのような財産的意味に着目してのものではない。生活利益と土地属性の関係はそれに留まらない。ドイツ BGB の Immission 規定が示すように、生活利益保護の出発点には土地所有権との結び付きがあった。人格的利益保護の進展と並行して生活利益の保護という考え方の定着があって、土地所有権から独立した法理としての生活妨害法の形成が可能になった。第一審判決がこれまでの生活利益保護とは異なったものとみうる景観利益の保護を図る際に、生活利益保護の原点にあった土地所有権の作用から論理を展開するのはあながち事態を無視したものとはいえない。しかし、やはり土地属性および所有権構成が（他の生活利益保護におけるよりもまして）景観利益保護の法形成の意義に相応しくないのは、景観利益における居住性のもつ意義が、他の生活利益Ⓐほどには土地属性と結び付くのではなく、地域性、相互拘束に比して後退するものであるからである。第二審判決が、地域性、相互拘束に関する第一審の叙述に対しては詳細に論駁しているのと異なって、地㋒の意味の土地属性に関しては高㋐で「土地の所有権の有無やその属性とは本来的に関わりない」と済ませているのは、それら三つの性格付けのなかでもっとも関係の薄いものであることを示すものといえよう。

　最判の景観利益の性格付けでは、第一審判決と比べると、これら三つの性格はすべて現れてこない。このうちの地域性と相互拘束性は景観利益の公共的性格に繋がるものであるだけに、それらの排除は景観利益の生活妨害事例との相違と共通性を捉えることに阻止的な意味をもった。この点は後に立ち入ることにして、ここでは第二審判決と第一審判決の対比を進めよう。

iii　享受主体の捉え方の相違に起因する景観利益の性格付けの相違

　地㋐㋓に対して、高㋐㋑は「観望する全ての人々」「観察する主体は限定されておらず」とする。これによって、高㋐㋑での景観利益と生活利益Ⓐとの相違は決定的となる。享受主体が限定されなければ、「その景観をどの程度価値あるものと判断するかは、個々人の関心の程度や感性によって左右される」し、多くの生活妨害事例における生活利益Ⓐのような「定量的ないし固定的な評価」はできない。第二審ではこの生活利益性の否定が景観利益保護の否定に結び付く。ここでは、景観は地域居住者の視点からではなく、その外の一般的視点から見られている。ここから、さまざまに評価される景観（景観利益ではない）を保護するのは、一般的視点の代表者としての行政ということになる。第一審と第二審の最大の相違点は享受主体の限定の有無にあった。

　最判は、生活利益とはしないことは第二審と同じであるが、生活利益としないことの理由及び生活利益としないことが保護の否定に直結するわけではない点で、第二審とは異なる。まず、最判の生活利益性の否定㋔には説明がない。

そこで説明のないところに理由を求めなければならない。最判㋐㋒が生活環境の個人的享受利益を法的保護の対象であるとすることができるのは、享受主体を限定していて第二審のようには評価の主観性を問題としないからである。第二審では享受主体を無限定とすることが生活利益性の否定に結び付いていた。享受主体の範囲と保護の対象とする景観利益の把握は強い関連がある。しかし、享受主体の限定といっても、最判におけるその限定の仕方従って景観利益と地域居住者の関係は第一審とは異なる。最㋒は、「良好な景観に近接する地域内に居住し、その恵沢を日常的に享受している者」を「密接な利害関係を有する」者として、その享受利益が保護の対象となりうるとする。しかし、最判の景観利益の性格付けからは、地域内居住者のこの生活環境の享受利益の保護が必要であるとする理由は現れてこない。第一審判決は、地㋐㋓によって、享受主体の限定と併せて、生活利益Ⓐとは異なった保護の必要性と根拠を、(土地の付加価値に繋がるとされた)住民による景観の形成参加と住民の相互的結び付きにみていた。第二審は、事実認定において第一審が認定した住民による景観の形成参加を否定した。これによって第一審による景観保護の根拠を否定したわけである。最判においても景観と地域居住者を結び付けるものがないことが、景観を生活環境であるとしつつも生活妨害の対象たる生活利益としないことに導いた。このことは、最判によって認められた景観享受利益の性格を不明確なものとした。

景観利益の生活利益Ⓐとの相違は、公共空間における共同享受である点にある。公共財の共同享受であることは生活利益Ⓐでもいえることであるが、地域的広がりのある生活妨害事例でも、生活利益Ⓐの保護においてはそのような側面は後退し、私的生活空間への妨害に着目される。騒音被害を例にすると、地域の静穏のなかで私生活空間も静穏を得られる。しかし、生活妨害として扱われる際には、私生活空間での静穏が直接の保護の対象となり、地域的静穏はその背景の位置に置かれる。これらのことを図式的に示せば、生活利益Ⓐ及び景観利益においてはいずれも公共財の共同享受を内容とすることは共通であるが、ここでの生活利益には三つの要素があって、それらが異なって現れる。ⓐ私的空間における享受利益(私的生活利益)、ⓑ共同空間における享受利益(共同的・地域的生活利益)、ⓒ開放空間としての享受利益（公衆的生活利益）である。[13] 第一審は、地㋐㋓において、上記ⓑ部分に着目して景観利益を捉えて法形成が模索されている。そこでは、公共空間をそのものとして共同享受すること、その際の住民間の関係が景観保護の対象となってくる。[14] これに対し、第二審は、生活利益Ⓐの保護をⓐ部分にみることを前提に、高㋐で景観利益をⓒ部分で捉え（享受主体の限定をしないことがこれに導く）、ⓐ部分を持つことを否定して、景観利益保護を否定した。最㋔が景観利益侵害は「生活妨害を生じさせない」としたのは、生活利益Ⓐ保護をⓐ部分にみることを前提としている。

## 三　最判の違法性規準における行政法規第一次主義

ⅰ　本最判は景観利益侵害を生活妨害としなかったから、受忍限度規準を持ち出さない。それに代わる違法性規準は㋗である。そして、㋖㋗が文章としては㋗の例示になっている。しかし、規準の理由を述べる㋕はもっぱら㋖に関係し、そして実際にもこの判決では行政法規違反がないということ以外の判断はほとんど行われていない。この意味で本判決を行政法規第一次主義と呼ぶことができる。㋕と併せると㋖の規準は景観保護に伴って規制される周辺住民の財産権の保障の要請への対応である。財産権保障といってもここで述べられるのは立法や条例制定という手続だけで、財産補償を内容とするわけではない。受忍限度規準であれば、この規準による違法性判断によって侵害者の財産権行使は制限され、間接的にはその他の周辺住民の財産権制限を伴うこともありうる。しかし、周辺住民はそこでは当事者ではないからその財産権はせいぜい受忍限度判断の要素とされる地域性の中で考慮されることがあるというだけのものである。これに対して、㋕の理由によって求められる行政法規においては、潜在的景観侵害者を含む周辺住民一般が被規制者となる。このことが後述する行政法規適用の形式性に繋がる。

最判において景観利益の民事法的保護規準とされるのはこのような行政的規制の転用ということになり、その保護は行政法規違反の付随的効果という性格になる。このような規準設定が必要であるとされたのは、景観利益は生活利益Ⓐとは異なったものとされて、その侵害だけでは侵害者の財産規制を含む違法性判断を根拠付けないとされるからである。第一審と異なって最判においては景観利益が受動的享受利益とされていたことが、この利益が景観行政の付随的利益としてしか捉えられていないということに導いた。

最判では、この行政法規第一次主義の故に、最㊁が実質的意味を持たず、行政法規違反以外の最㋗による判断は殆ど検討がなかった。学説では、最判が景観利益保護の可能性を認めたことを活かすという意図から、この最㋗の規準を活用することが強調されているが[15]、そのためにはまず㋖の批判が必要であり、また㋖を導く㋕への理論的対処が必要となる。

ii　行政法規第一次主義が最㋕に基づくものであるということは、行政法規違反の有無の判断における形式的運用に導いた。最判における行政的規則の運用の形式性は最㋚㋛㋜にも現れているが特にそれが顕著なのが最㋝である。まさに「その点」が景観を乱しているのであるから、この文章は既に批判を受けている[16]。この文章も、「この点を除かなければ……周囲の景観の調和を乱す」ことを認めているのであろう。そもそも全く「景観の調和を乱すような点があるとは認め難い」とするのであれば、違法性判断を言うまでもなくはじめから景観ないし景観利益侵害がないといえばすむわけである。景観を侵害していることを認めたうえで、その建築行為の「態様とその他の面から」「社会的に容認された行為の相当性を欠くものとは認め難」いという判断をしたのがこの判決である。それでは、「その点を除」かなければ全体としては「調和を乱す」ような建物の建築であっても違法でないとされるのはなぜか[17]。最判の行政法規第一次主義からいって、行政法規違反の有無が違法性判断で決定的である。このことからいえば、高さと容量の点で行政的規制への違反はないとされるであるから、「調和を乱」している原因が高さと容量であっても、「その点」は違法ではない。そして、「その点を除けば」それ以外の「外観に周囲の景観の調和を乱すような点があるとは認め難い」のであるから、その建物は全体として「景観の調和を乱」していても行政法規への違反はないとされることになる。かくて、結論として、この「建物の建築は、……社会的に容認された行為としての相当性を欠くものとは認め難く、」とされた[18]。

**四　最判における地域への着目の後退**

第一審判決では、地域住民と景観との関係に生活利益Ⓐとは異なった利益の特色をみてそこに法形成への手掛りを求めていた。これに対して第二審判決は、景観の地域属性とその住民との関係を法的保護根拠とはみないで、むしろそこに景観評価の主観性に起因する定型性及び定量性の欠如をみて、生活利益Ⓐと対比させて保護の可能性を否定した。第一審判決を個別的視点と呼ぶとすると第二審には画一的視点がある。

最判のⓐⓘⓤでは、その地域に居住するということ以外には景観の地域属性は重きを置かれていない。これが景観の享受利益の受動性に通じる。景観の地域性が住民の生活関連性と結び付かないことによって、やはりⓞで生活妨害はないとして、生活利益法の継続形成が拒まれた。かくて問題は、最判の柱をなす最ⓚⓚに関して、法形成の基盤をなす社会過程における地域住民と景観との関係の把握に問題がないかが鍵となる。公法私法協働枠組みが、最判をこの点で批判しこの関係を把握することに適切であるかが次ぎの問題となる。

(9)　既に指摘されているように、本判決は原告の請求内容である損害賠償と差止めのうち後者についての判示を含んでいるのかは明示されてはいないが、この判決理由はどちらも否定したことの理由であると読むしかないだろう。景観利益に限らず、生活利益侵害は一般に差止めが認められないと利益回復にはならない。

(10)　ⓘについては、本文のような理解とは異なって、ⓘをⓤの理由とする理解が多い。前田はそのような理解を前提としてⓘからⓤへの「論理の展開に飛躍がみられる」(前田陽一「判例研究(本判決)」法の支配一四三号[二〇〇六]一〇一頁)とする。これと同旨に見えるものとして、大塚直「国立景観訴訟最高裁判決の意義と課題」ジュリ一三二三号

〔二〇〇六〕八〇頁、吉村「景観保護と不法行為法」立命館法学三一〇号〔二〇〇六〕四七六頁。そのような評価は加えないが理解としては㋑を㋒の理由の一つとするもの吉田・民法判例百選Ⅱ〔第六版〕一五七頁。富井利安「景観利益判決を超える地平」修道法学三二巻二号〔二〇一〇〕六八頁。なお、潮見佳男『不法行為法Ⅰ〔第二版〕』〔二〇〇九〕二四九頁注三六五の読み方は「不自然」である。

(11) この土地属性から土地所有権行使に景観利益保護の法的根拠を求めた部分は、景観利益保護を支持する角松生史「判例解説（本件地裁判決）」別冊ジュリ・地方自治判例百選〈第三版〉〔二〇〇三〕八一頁、吉田「判例評釈（本件地裁判決）」判タ一一二〇号〔二〇〇三〕七〇頁からも批判された。確かにこの批判はもっともである。しかし、同時に本文のような役割をもったことも見落とせないだろう。

(12) 現に被告は景観をマンション販売におけるセールスポイントとしており、景観が価格の要素となっていることは容易に推測される。もっとも、被告にとっての付加価値はマンションからの景観であって、この事件ではマンションによって都市景観は侵害されるから、被告による景観の商品化が同時に私物化になる。水野謙「プライバシーの意義」NBL九三六号〔二〇一〇〕三〇頁注⑿では、①地域住民、②新居住者、③開発業者の利益が並べられている。①の利益を排他的帰属とすること（そのような主張は見当たらないが）への批判という文脈であるが、その利益状況の把握には問題がある。

(13) 富井・前掲注(10)七一頁以下では、「景観利益＝人格権説」の内容として「公共財としての景観破壊」「集合利益としての景観侵害」「個別的利益としての景観利益侵害」という「三層の侵害（環境権の理念に基づく景観権侵害）」という考え方を提示している。本文のⓐⓑⓒは景観享受という社会現象の分類を示すものなので、富井の環境権の主張の中の三層とは異なる。

(14) このような利益理解につき、亘理格「景観法が切り開く新しい法の世界」都市計画二五三号〔二〇〇五〕八頁、「環境行政法における公益、個別的利益、共同利益」シンポジウム「環境秩序への多元的アプローチ(一)」北大法学五六巻三号〔二〇〇五〕二四九頁以下、「公益　エンジョイ！　行政法三」法教三一一号〔二〇〇六〕三七頁以下など参照。大塚「環境訴訟における保護法益の主観性と公共性・序説」法時八二巻一一号〔二〇一〇〕一一〇頁以下は、フランスの「集団的利益」の考え方を紹介し、景観利益をそのうちの「公私複合利益」と性格付けている。

(15) 吉田・民法判例百選Ⅱ〔第六版〕一五七頁、吉村・立命館法学三一〇号四八三頁、大塚・ジュリ一三二三号八〇頁、富井・修道法学三二巻二号七六頁以下、北河隆之「景観利益の侵害と不法行為の成否」琉球法学七七号〔二〇〇七〕五〇頁。秋山・法社会学六六号四五頁は公序良俗違反・権利濫用を中心的規準とすることを主張する。長谷川貴陽史「地域コミュニティは景観法を活用できるか」ジュリ一三一四号〔二〇〇六〕五〇頁注⒅も同旨になりそうである。

(16) 吉村・三一〇号四八三頁、三一六号四六七頁、富井「判例評釈（本判決）」判例公害法一五八・一五九合併号〔二〇〇七〕八三五〇ノ六二三頁など。

(17) 民集における［判決要旨］②では「その外観に周囲の景観の調和を乱すような点があるとは認め難いこと」とされていて、判決理由での文章から「その点を除けば」が省略されている。しかし、景観の調和を乱さないのであれば違法性判断の必要はないのであるから、判例委員会による要旨の作成において省略された部分は重要な意味をもつと考えるべきである。

(18) 大塚はこれを「侵害態様の重視」であるとして受忍限度規準適用との相違をみている（ジュリ一三二三号七九頁）。本文と同旨になるのであろう。ただし、大塚は受忍限度規準をあるべき規準としている訳ではないようである。

## 第三節　公法私法協働論の特色と問題点

### 一　公共私法協働論と公法私法二元論の関係

(1)　生活利益保護法における行政法規を公法とすること

公法私法協働論の出発点には環境法中の行政法規を公法と捉えることがある（「行政法は公法である」）。次に、協働とすることには、環境法制中において行政法規が中心的役割を果たし民法の果たす役割は補充的なものであるという認識を基礎にしつつ、環境法従ってまた景観保護問題における行政法を公法と、民法を私法と言い換えたうえで、その間の協働そして補充的ではあれ民法（それが私法とされる）の環境という公共財保護への参画（それが公法による公共性独占の打破であるとされる）を強調するという内容をもつ[19]。環境法のなかの行政法規の中には民事裁判規準を含むものもあり、そこでは行政法規違反が民事法上の違法性を根拠づけている。しかし、行政法規が民事裁判規準を含んでいない場合には、民事法的保護は不法行為法に拠ることになる。したがって、協働論の主張は、不法行為法の適用において、環境法中の行政法規のなかに民事裁判規準が置かれているのと同様に、行政法（それが公法とされる）と民法の両方の視点の協働が重要である、ということであろう。行政法中の民事裁判規準には、被害者保護が環境保護に結び付くという考え方があるとすることがこの根拠となる。

このような協働の考え方に立った場合にはさらに行政法と民法の関係を明確にすることが必要になるが、行政法を独自の体系を意味する公法と性格付けることによって、この協働の内容の明確化への途が閉ざされることになる。行政法・民法を体系概念たる公法・私法によって置き換えることは、協働という主張が公法私法峻別批判を意味しているとはいえ、前提として公法私法二元論に立つことである。そのことによって、存在基盤を異にする相互に独自の体系をなすそれらの間での関係付けの基礎が失われるからである。このことの意味は、我が国の公法概念の歴史を概観することから明らかになる。

(2) 公法私法二元論が民主主義的国家形態に不適合であること

i 「行政法は公法である」とすることの系譜

公法という概念は、行政法学において、私法との対置という意味での公法私法二元論という文脈で、法典をもたない行政法を対象とする行政法学の対象範囲および学問の性格を表す概念として用いられ、また、その故にこの概念を巡っての議論が重要な意義をもって行われてきた。そして後述のように行政法学において近時はこの概念を用いることと従ってまた公法私法二元論を放棄する見解が支配的ともいえる地位を占めるに至っている[20]。これに対して、民法解釈論のなかから現れてきた公法私法協働論においては、そのような公法概念の変遷およびその意義が考慮されることなく、行政法を公法と捉えたうえでその対をなす私法概念とともに公法私法二元論が前提されている。そこでまず、公法概念そしてまた公法私法二元論の変遷の意義を確認しておこう。

公法概念の変遷は行政法学の研究者にとっては周知の事柄であろうが、民法解釈論における公法私法協働論の意味を考えるうえで必要な限りでの概観をしてみよう。[21]

まず、穂積八束には公法私法峻別論と呼ぶに相応しい主張がみられる。[22] 穂積八束峻別論の特色は、公法私法に法律関係を支配する原則の相違をみて、この区別の準則は「権力の行動と対等の関係との別」であり、前者である権力関係（公法関係）は法以前にある国家と臣民の支配服従関係が基礎になっているとする。したがって、原理的に国家と臣民の関係は平等な私法関係と交錯することはなく（「私法は権利関係を規定し公法は権力関係を規定する」）、このことが端的に、「余ハ公用物ノ上ニ『此の所民法入るへからす』ト云フ標札ヲ掲ケ新法典ノ実施ヲ迎ヘントス」という表現となる。[23]

このような穂積八束公法私法峻別論への批判は美濃部達吉によって展開されることになる。[24] この批判は次の二つの点に特徴的に現れる。㋐美濃部説も「公法関係」と「私法関係」の区別に基づく公法私法二元論に立つが、そこでの「公法関係」も権利義務関係とされその点では「私法関係」と異質なものではないとすること、㋑「公法関係」でも国家の私経済的作用においては私法規定の適用がある（美濃部『行政法撮要』〔一九三二〕三二頁以下）とすることである。[25] しかし、その二元論は旧憲法下の理論であることの次のような特色をもつ。㋒「行政法ハ公法ナリ」（三一頁）とされ、公生活の法として、国家、公共団体及びこれらの団体の一員たる地位においての人類の生活に関するもの（三一頁）を対象とする。㋐のように公法関係においても権利義務関係とはされるが、「私法関係」におけるそれとは異なる。国家法人説に拠る美濃部説において公法関係は「団体とその構成分子との関係なり」（三一頁）。ここでは、「私法」と異なって、各個人は権利主体として対等に相対するのではなく、「全部と一部の関係」であって、共通の利害関係にあるとされる（「国家の利益と臣民の利益は対立しない」）。「国家は優勝なる権力の主体として臣民を支配し、権利を与え義務を命ずる」（三三頁）。ここから、一般統治関係と特別権力関係（三五頁）や、㋓「国家意思の優勝性」

（四五〇頁）などが根拠付けられる。美濃部説は田中説によって実定法制度に即した精密化が行われ、公法私法二元論は戦後暫くの間は、行政法学の中心的な考えであり続けた(26)。

しかし、第二次大戦後は行政裁判所の廃止もあり公法概念の前提に置かれた国家権力の優位性・国家的公共性は当然のものではなくなり、その具体的説明を必要とされるようになる。塩野は、行政法規の個々の規定についての点検を経ることによって、そのような国家権力の制度的優越性に根拠付けられる規定はもはや存在しないとすることから、「行政法解釈学における、従来のような意義の公法・私法論は、使命を果たした(27)」と結論付けた。

かくて、公法概念には歴史的に、国家を個人および社会に対して独自の存在根拠・正当性根拠をもった存在として前提すること、従って個人及び社会からの管理・統御に服さない（それを全面的にとするにせよ、それを批判して部分的に限定するにせよ）とする考え方（国家・社会の二元論とそれに基づく公法私法二元論）が基礎になっていた。それは一言でいえば国家的公共性が（市民的公共性と並ぶものとしてか、それを凌駕するものとされるかはともかく）存在するという考え方である。

ii　民法との関連という角度から「行政法は公法である」とする考え方の変遷をみることによって明らかになることは、①公法概念は、国家の公権力発動が社会及び社会構成員からは独自の存在根拠をもつということを前提としており、民主主義的国家形態との適合性という点での問題性の故に現憲法の下で批判にさらされることになった、②美濃部説に明らかなように、公法私法峻別論と公法私法二元論は異なるものであって、峻別論批判によっても公法私法二元論は残っているということ、である。

景観利益の民法上の保護との関連で主張された公法私法協働論は、環境法制中の行政法規を公法と呼び、それに対応して民法を私法と表現して公法私法の協働を唱える。といっても、そこでの「協働」はその内容を具体的に主張するよりも、景観利益の性格および民法上の保護の意義を根拠付けるものとして述べられていて、解釈論の根拠付けとしての色彩が強い。また、かつての行政法学が「行政法ハ公法ナリ」とすることは公法私法二元論を積極的に根拠付け具体的解釈論と直接に結び付くものとしてあったが、公法私法協働論で行政法を公法とすることによって、このことが繰り返されているわけではない[28]。しかし、民法解釈論において、かつてのこの命題を精算する作業が行政法学において行われてきたことが考慮されることなく公法概念が前提とされることによって、公法私法二元論に伴う「私法」という視点がそこで目指されている法形成の意義を把握するうえで適合的なものたりえているかという問題を抱えることになる[29]。この問題は、「行政法は公法である」とする公法私法二元論においては、公法・私法という独自の二つの体系が前提とされることによって、民法と行政法の共通の存在基盤の把握が妨げられることになるが、また、民主主義的国家形態の下での民法の法形成を観察し支援することに適合的でありうるのかということである。これは法体系論のレベルでいえば、民法と行政法の間で民法の一般法的性格を見出すのか否かということになる。以下では、これらの問題が具体的に景観利益保護における公法私法協働論においてどのように現れるかを、景観利益最高裁判決の上述した三つの問題点（景観利益の性格付け、行政法規第一次主義、地域秩序が現れないこと）をこの説が的確に捉え批判できているか、そうでないとしたらその理由はどこにあるのかという点から検討していこう。

## 二　公法私法協働論における景観利益の性格付け

### (1)　公益私益二重帰属・交錯論と最判の景観利益把握

i　公法私法協働論の主張は、景観利益を公益私益の二重帰属性[30]・交錯性[31]・連続性[32]によって性格付けることと結び付いている。公法・私法がそれぞれ公益・私益を主たる対象とするものとされ、景観利益保護における公法私法峻別の批判、公法私法の協働という主張が導かれるわけである。言葉として、公益私益とは、行政法と民法ではなく、公法私法（あるいは公私）概念が結び付き易い[33]。このうち公益については市民的公共性という性格であることが強調され[34]、私益については地域住民の景観形成との関わりが重視されている[35]。このことも、公益私益の二重性・交錯性を表すものとして、私益とされる景観利益の保護の根拠付けとされる。以下では、これらのことが、最判の景観利益理解の批判には繋がらないこと、生活利益Ⓐとの異同を明確にして生活利益法の展開を図るという方途には向かわないものであったということが示される。

ii　景観利益と生活利益Ⓐとの関係について

吉田は景観利益に限定することなく、「外郭秩序の特徴」として、第一に公共的な利益と私的な利益とが交錯すること[36]、第二に、外郭秩序では、財貨帰属秩序とは異なり排他性を持たないが、「私的利益を割り当てている」、「私的帰属を認める」とする[37]。ここでの「公共的な利益」は「市民総体の利益」、私的な利益は「私的個別的利益」と説明されている。この二つの特徴付けはそのまま吉田による景観利益の性格付けに現れる[38]。民法が外郭秩序に対応する場面の中心は生活妨害事例であるから、ここでは景観利益を生活妨害事例との共通性において捉えているといえる[39]。このように公益私益の二重性・交錯性が公法私法協働を表すものとされて、景観利益保護の法形成の根拠・意義がここに求められている。しかし、公法私法協働論は、景観利益保護を生活利益保護法の展開のなかに位置付けるという視点からの最判批判に向かうことはなかった。

景観利益が「外郭秩序」において生活妨害事例における被侵害利益（生活利益Ⓐ）と性格を同じくするとみるだけであれば公法私法協働といった枠組みを新たに主張する必要はなかったであろう。そこでいう「私益」性が、生活利益Ⓐにおけるほど明確ではない、言い換えれば享受主体との関係性が明確ではないということが、一つには公益との二重性・交錯性・連続性（したがって、公法私法の協働）を保護の根拠とし、もう一つは、景観形成への参加を加えることで、保護可能性のための強化が目指されたのだと思われる。

iii　最判の景観利益把握との関係

公法私法協働論は最判が生活利益性を否定したことへの批判には向かわなかった。まず、当然のことながら最㋐㋒が景観利益の民法上の保護可能性を承認したことは公法私法協働論によって高く評価された[40]。ただし、吉田は、最判による享受利益の承認を帰属の承認のことであるとしているから[41]、吉田のいう帰属は「（法的保護可能性を認められた）利益を有する」ということと同義のようである[42]。しかし、最判は公法私法協働論が評価する「私益」の承認については、客観的景観価値の享受利益というだけであって、享受利益の性格と保護の必要性が不明確であった。吉村は、享受主体の範囲との関係で、「(景観の）形成・維持に関わることによって始(ママ)めて、公益でもある景観利益が私人である地域住民にしっかりと係留されることになるのではないか[43]」とする。しかし、この批判は、最判が生活妨害ではないとしたことへの批判に向かうことには導かなかった。吉田は、最判が「生活妨害や健康被害との違いを強調する形で景観利益の特質を捉えていることに示されているように、……判旨が景観利益侵害による不法行為成立をかなり限定的に考えていることは否定できないであろう[44]」とするが、ここでは認識が述べられていて、最判の生活妨害理解に対する批判は述べられていない。もともと景観形成参加が協働の一つの現れとして公益私益の二重性・交錯性を通して私益性の承認の根拠であったから、最判がそのような協働への言及なしで景観の私的利益性とその保護可能を承認したことで協働論は批判の対象を失ったことがこのような対応に現れている[45]。これは同時に景観利益保護の意義と根拠を公益私益の二重性・交錯性に結びつけていた公法私法協働論が、景観の私益性を認めた最判からの展開可能性をもちえないことを意味する。公法私法協働枠組みからは、この能動的享受利益とでも呼ぶべき利益を、公益私益の二重性・交錯とは別の観点から、景観利益の性格に繋げ法形成の展開の契機とする方向は出てこなかった。

(2)　景観利益把握における民法の一般法的性格把握の意義（公法私法二元論の問題性）

景観利益は「生活環境としての地域属性たる景観の公共空間での共同享受利益」として、その保護は生活利益法の展開の中に求められるべきである。したがって、最判の景観利益把握の問題点は、生活妨害ではないとして景観利益の生活関連性の意味に向かわなかったことにある。生活妨害法の展開のためには、生活利益享受の対象を私生活空間への限定から例外的であれ公共的空間に及ぼすことが必要になる。この方向は、公益私益の交錯を介しての公法私法の協働に求めるのではなく、市民社会の展開に対応する民法の性格に求められるべきである。

景観利益保護においても、公共財の共同享受を内容とする生活利益[46]であるという生活妨害事例との共通性は前提に置かれなければならない。公共財の共同享受であることは生活妨害事例における私生活空間（生活利益Ⓐ）での享受であっても変わるものではない。景観利益保護はそれら生活妨害法の展開の上で初めてありうるものである。生活妨害における生活利益享受が相隣的な相互的制約を出発点としていることは、それら生活利益Ⓐの源にある社会環境の公共性の原点を示すものであり、それが景観利益においても保護の基礎となるものである。生活環境の公共性及びその享受の共同性は、生活利益Ⓐにあっては妨害が広範囲に及ぶものであっても保護の論理としては私生活空間での享受に限定されることで、後退しているようにみえるが、やはりその基礎をなしているものである。この公共性と享受の共同性は公共空間そのものの享受である景観利益において前面に出てくる。「住みごこちのよさ」[47]を共同で享受することは限定的であるが、景観利益の享受は同時に外部に開かれていること（ⓤの性格の存在）によって、ひろい社会的承認を獲得することができる。そしてこの承認が、享受の共同性を開発資本との対抗において護ることの不可欠の要素となる。

かくて、ⓑ（この符号は一七頁［本書三四一頁］）を中心とする景観利益も民法上の保護の対象としてⓐとあわせて生活利益と括ることができる。しかし、公益私益という枠組みで私益としてしまうとⓑの側面が適切に表現されない。日常生活における景観（日常景観）の共同享受を保護するということは、私的生活空間を超えた共同性・社会性を保護の内容とすることであって、その法形成には景観を創り維持する市民の連帯が基盤となる。これはいうまでもなく民主主義の展開・市民社会の成熟と不可分である。民法には景観利益の法形成への要請に応えうる性格があり、それを実現する技術の蓄積も備わっている。これまでの生活利益Ⓐとの共通性と差異の中に法形成の意義を見出すことができる。このことは、公法私法協働論の要ともいうべき民法と行政法の関係において、協働論とは異なった関係付けを必要としそのことはまた、最判の行政法規の扱いとの関係での協働論の問題点を明らかにすることにもなる。

## 三　公法私法協働論と最判における行政法規第一次主義

(1)　公法私法協働論は、峻別的公法私法二元論による公共性の「公法」による独占を批判してそれを打破するという主張である。しかしながら、体系的独自性を前提としている公法と私法においては、共通の社会的基盤が想定されることはない。このことは公法概念の存在根拠とされる公共性の理解の問題として現れる。公法私法協働論が「行政法は公法である」とすることの意味の検討を経たものではないということは、そこでは自覚的に国家的公共性が否定されたうえで公法概念が用いられているわけではないということを意味する。公法私法峻別批判が当然に国家的公共性の存在の否定を意味するというわけではないことは美濃部説以来の公法概念の歴史が示すところである。確かに、協働論が景観保護でいう公益＝公共性は市民的公共性であることが強調されているが、そのような協働の場以外の「公益」「公法」は国家的公共性を内容・根拠とすることがありうるのかが問題となる。協働論者はこのように問われれば否定するであろうと思われるが、公共性を論じる際にそのような否定は明示されていない。これが否定されていれば、なぜ行政法とせずに「公法」概念を用いるのかの説明が行われることになったであろう。[48][49][50][51]

国家的公共性を否定することは、すでに民主主義的国家形態のなかに含まれていたと考えるべきである。戦後の行政法学における公法概念否定には、直接には行政法上の実際問題の解決にとっての有用性の消失が大きな理由としてあったが、そのような有用性の消失をもたらしたものは国家形態の変革である。国家的公共性の否定によって初めて民法と行政法の基盤の共通性を前提とした体系的関係付けが可能となる。それが「協働」の内容を明確にすることの前提でもある。

(2)　最㋕を受けた㋖において提示される違法性規準のなかで行政法規が第一次的な意味をもつことに対して、協働論はここでも批判の視点を見出しえない。吉田は、このような行政法規第一次主義を協働の現れとみている。吉村にも最㋖の根拠㋕への批判はみあたらない。[52][53]

このように最㋕や㋖への批判が現れないことには、公法私法協働論が公法私法二元論を前提としてその協働を説くが故に、行政法規第一次主義批判の視点をもたないことが関係している。その結果、協働論者の批判は規準㋖㋗に向かわないで、㋗の適用において基礎とされた被告の土地取得の経緯と建築申請行為における行為態様評価の不十分さの原審認定事実へ向かうことになった。協働論者は、最㋗に拠りつつ公序良俗違反、権利濫用の要件充足を主張するのであるが、最㋗は行政法第一次主義の下での例外的位置にあり、現にこの最判もそれら規準の適用を検討してはいない。協働論者の叙述は、実際的視点から最判規準を前提としたとしてもそのようにいえるとするものではなく、他の規準を提示するためには必要となる㋕の克服への方向は窺われない。公法私法協働論が行政法規第一次主義批判の視点をもたないのは、その前提にある公法私法二元論が民法の一般法的性格を基礎とする考え方を妨げるからである。その結果、民法と行政法は並列した体系に属するものとなり、両者を関係付ける視点が現れないことになる。

ところで、公法私法協働論は、公益・公共性の公法による独占の打破を主張していたのであり、私益保護が同時に公益保護ともなるということには、その保護が行政法規違反の存在に拠る必要はないということを含んでいた筈である。ところが、公益私益を一旦公法私法の対象としたうえで例外的に協働を主張するということが、最判の行政法規を第一次的とし公序良俗、権利濫用を例外におく構成を民事裁判規準の場面での協働として受け入れることに結び付いたようである。

(3)　最判の行政法規第一次主義の根拠＝財産権規制論の克服の必要性

公法私法協働論は、最㋕と㋖の関連への関心を示していない。これは他の論者もそうであるから公法私法協働論の故だけとはいえないが、協働論者においては、協働をいうことで行政法規が規準の前面に出されることへの抵抗感が少なくなったのかもしれない。しかし、最㋕㋖は生活利益法との決定的相違を表すものである。生活利益保護の展開は同時に財産権制限の歴史である。生活利益Ⓐ保護において、直接には侵害者及び間接的には周辺住民の財産権制約につき最㋕のような論理が出されないのは、私生活空間における生活利益保護の必要性についての意識の定着があるからである。確かに、生命健康被害にもおよぶ環境破壊と生活妨害は連続的なものである場合があるから、そのような環境破壊に対する否定的意識が生活妨害事例での生活利益保護を支えることに与ったことはあったであろう。しかし、環境破壊による健康被害と生活妨害が法的保護の上で区別されていることは最㋔でも示されている。この区別の上でみると、景観侵害は、大気汚染や水質汚染のような公共空間或いはそこに存在する公共財の共同享受の侵害が健康被害を惹き起こすことと同列に置かれるものではなく、また、生活妨害事例での生活利益Ⓐのように私生活空間へのマイナスの影響として捉えられるものでもない。最㋔が述べるのはこれである。最㋕には、最㋐㋑を言いつつも、景観利益保護の意識は財産権制限を受け入れるというまでの一般的定着をみることはできないという最判の判断がある。この最㋕が示すハードルを越えるには、景観利益の生活関連性の明確化が必要であろう。このことは、法形成の方向としては、生活利益法に新たに組み込まれたものとして、受忍限度規準の適用範囲とするということである。第一審判決は、その苦心の判決理由が批判されたが、受忍限度規準の適用の途を模索するという方向を示したものであった。(54)

生活利益法のこれまでの展開をみるに、行政法的対応のない場合でも、民法の一般法的性格の基礎の上での生活利益保護法の展開があり、その後に民法の展開に基づく行政法上の対応がある。民事裁判規準の展開と関連をもちつつ行政法規も拡充される。ここには、民法と行政法規が社会的存在基盤を共通にすること、行政的規制は民事裁判規準の特則として生活利益保護に任ずるという関係をみることができる。景観利益保護のための法形成の意義を生活関連性把握の進展を通しての生活利益法の展開にみることにとって、存在基盤を異にする独自の体系とする公法私法の二元論とその間の協働論は適切な枠組みとはいえない。

最後に行政法規第一次主義への批判がないことは、この規準の適用における形式性への批判がないことに通じている。まず、最判において規準設定の根拠最㋕が行政法規適用の形式性に繋がっていた。行政と被規制者間での財産規制の視点だから、予測可能性が重視される。第三者（利害関係者）からの駆け込み申請批判を行政法規第一次主義とした根拠が封じる。また、最判では、公序良俗違反・権利濫用は適用を予定されていない。行政法規第一主義の下では、行政法規がなくても最㋕がいう「財産権者」達の了解は可能であるという状態が示されるか、あるいはそれを示す必要さえないという場合に限られることになる。個別事件での例外的保護ではなく、ルール形式を目指すには最判の規準設定そのものを問題とすることが必要になる。つぎに、最㋝の「その点を除けば、」は、上述のように行政法規の形式的運用を示すものであった。行政法規第一次主義の適用場面での具体的現れがこれである。最㋕の財産権保障の考え方は手続だけでなく成立した法律の運用に及んでいるのである。

(4) 協働論は最判と第二審判決の相違を評価しているから、最判批判は全体として後退している。確かに、第二審がおよそ景観利益の民法上の保護の可能性を否定したのとは異なり、最判は㋐㋒㋗㋘のように保護の可能性を残している。にも拘わらず最判において㋐㋒が㋕㋖と併存することになるのは、㋐㋒を支える位置にあるべき景観意識の社会的定着を最判が評価の基礎としなかったことによる。しかし、生活の質を問い直す流れは既に第一審判決が応えようとしたように法形成を要請するものとしてあり、景観を巡る争いが各地で生じていることは景観意識の社会的広がりを表している。多くの論者が公序良俗違反あるいは権利濫用であるとするような行為態様を被告が採らざるを得なかったことが、この景観をめぐる地域住民の意識の定着を示している。(55)

## 四 公法私法協働論における地域秩序

i 第一審判決は、住民の景観形成参加と維持に景観利益保護の法形成の要請をみることを起点とし、法的構成上はそれを生活利益法の原点ともいえる土地所有権構成に依ったが、最終的には受忍限度規準を適用したから迂回した生活利益法の形成の方向と評しうる。これに対して最判は、景観と地域との関係を居住による受動的享受に後退させることで、生活利益法から離れた。そこには生活利益における生活を私的空間に限定することがあり、そのことと行政法規第一次主義を導く財産権保障思考は共通するものであった。最判の方向とは逆に、第一審の目指した法形成の方向は、土地所有権構成への依拠を取り除くことで、生活利益の再構成によって展開されうるものであろう。地域秩序は生活関連性を示すものとして、最判の狭い生活利益理解と対峙するための鍵となるものである。

ⅱ　しかしながら、公法私法協働論において地域秩序はそのような位置に置かれてはいない。確かに、協働論において地域秩序あるいは地域ルールの意義は高く評価されている。しかし、その内容は、或いは地域的公序として最判が提示する規準のなかでの公序良俗違反判断の主張であり、[56] 権利濫用や公序良俗規範による判断を重視して、地域ルールをそれらの判断において「重要な役割」を果たすものとみるべきことを主張するものであった。[57] これらは、最判の提示する規準を前提としつつその例外的な保護可能性を活用するという実際的な方途の選択とみえなくもないが、すでにみたように、最判に代わる規準提示の手掛かりを求めるという方向を窺わせるものはみあたらない。地域秩序の位置付けについていえば、最㋕に対置することが行われていないということである。[58] ここでも地域との繫がりは、公益私益二元論が二重性・交錯による公法私法の協働の主張する根拠となったが、景観利益の法的保護可能性をもつ私益としての承認によってその目的を達し、最㋕に結び付くような私益性の承認であったことの批判の主張に繫がるものとはされなかった。これによって、最判とともに公法私法協働論は、第一審の生活利益法形成の試みを本来の方向に戻すという課題から離れることになった。

地域秩序は、市民社会の一部分（環境秩序）として法形成基盤をなす。財産規制を結果することの承認を含む景観保護意識の定着を示すものであり、これがあって始めて最㋕㋖を押し返し、第一審判決を生活利益法形成の方向に戻すことができる。なお、地域属性であることが景観の特色であるが、地域属性は人格属性ではないから、景観利益保護の法形成を生活利益法の展開を図るには、人格利益と生活利益の相違の明確化が必要になる。[59]

(19)　吉田・慶應法学三号九一頁、吉村「景観の私法上の保護における地域的ルールの意義」立命館法学三一六号〔二〇〇七〕四七六頁、秋山・法社会学六六号四〇頁など。

(20)　塩野・前掲二七頁以下、藤田宙靖『行政法Ⅰ総論〔第四版〕改訂版』〔二〇〇五〕四二頁以下。これとは逆の方向を求めるものとして、「(公法概念を)もう一度生き返らせたい」(桜井敬子・発言「学としての公法　エンジョイ!行政法七」法教三一九号〔二〇〇六〕八四頁)という発言が現れていることも、行政法学において公法概念の使用に批判的な方向が支配的である現状を表しているといえよう。

(21) 民法に関連させての公法概念変遷の概観は既に広中・前掲八一頁注(1)および三五頁注(3)(4)にある。公法概念一般については、高柳信一『行政法理論の再構成』〔一九八五〕二五頁以下、四〇七頁以下、四二七頁以下参照。

(22) 「我が国で、公法の特質なり、公法と私法との区別なりを特にとりあげて論じた最初の代表的学者は穂積(八束)教授である」(田中二郎「公法と私法」『東京帝国大学学術大観』〔一九四二〕→『公法と私法』〔一九五五〕四頁)と言われている。穂積八束の峻別説の検討として高柳・前掲四二八頁以下。ただし、藤田はこれらと異なった理解を示している(『行政法学の思考形式』〔一九七八〕三八頁以下)がここではこの点には立ち入れない。

(23) 法学協会雑誌一五巻〔一八九七〕九一一頁。穂積八束の旧民法典人事篇に対する攻撃の標語として有名な「民法出テ、忠孝亡フ」も、法以前の権力関係からなる家制度と「平等な私法関係」の峻別を表すものであろう。この標語については七戸克彦「現行民法典を創った人びと〔一五〕」法セ六六七号〔二〇一〇〕五七頁も参照。

(24) 美濃部の公法概念の検討は磯村哲『社会法学の展開と構造』〔一九七五〕四〇頁以下、高柳・前掲四三七頁以下など。

(25) 高柳・前掲四四一頁は「公法と私法の相対化」と呼んでいる。後注(26)田中二郎説と併せて「公法関係私法関係の相対化理論・混合関係理論」といわれているようである(藤田・前注(20)三一頁)。

(26) 田中『行政法総論』〔一九五七〕に集約されているのだと思われる。

(27) 塩野「公法と私法」『法学協会百周年記念論文集〔第二巻〕』〔一九八三〕→『公法と私法』〔一九八九〕一三七頁。

(28) 行政法学における公法私法協働論につき、塩野『行政法I〔第五版〕』四〇頁参照。

(29) 本稿では立ち入れないが、公法私法協働論が唱えられるもう一つの分野として、行政法規違反行為の民法上の効力問題がある(吉田「総論・競争秩序と民法」NBL八六三号〔二〇〇七〕三九頁以下)。そこでは、大村敦志「取引と公序」ジュリ一〇二三、一〇二五号〔一九九三〕→『契約法から消費者法へ』〔一九九九〕一七八頁が、末広説を「『私法の世界に公法は立ち入るな』というもの」と性格付けて（米倉明「法律行為（一三）」法教五六号〔一九八五〕八六頁の表現に由来するようである）、それに対して自説を公法私法相互依存と表現し、この大村説のネーミングを引き継ぐ形でこの領域での公法私法協働論が現れた。しかし、大村説のように、末広説が穂積八束説を裏返しにしたような公法私法峻別の立場に立ったそれであるとすることには他の問題を含めて学説史的検討を経る必要がある。なお、民法学においてみられる公法私法二元論の理解と行政法学における理解との相違を示すものとして、大橋洋一・山本敬三「行政法規違反行為の民事上の効力」宇賀克也・大橋・高橋滋『対話で学ぶ行政法』〔二〇〇三〕一一頁以下がある。

(30)　吉田・判タ一一二〇号七〇頁、慶應法学三号九一頁。

(31)　吉村・立命館法学三一〇号四七七頁、同三一六号四五九頁。

(32)　秋山・法社会学六六号四〇頁。

(33)　このことは公法概念のメルクマールをめぐる利益説と関連しているというわけではない。利益説については藤田・前掲二九頁以下。

(34)　吉田・慶應法学三号九〇頁。ただし、問題は吉田において国家的公共性が否定されないことにある。これについては後注(49)参照。

(35)　吉田・民法判例百選Ⅱ〔第六版〕一五七頁、吉村・立命館法学三一〇号四七九頁。

(36)　これを「いわゆる『公法』といわゆる『私法』が交錯して現われるわけです」と本稿の関心からすると微妙な言い換えをしたうえで、つづけて「公法私法峻別論の問題性が、……現れ……公私を峻別できない」としている（北大法学五六巻四号二三五頁）。

(37)　吉田・前掲二三五、二五一頁、判タ一一二〇号七〇頁。なお、吉田が「帰属」という表現を使っていることについては、財貨帰属との関係で問題があるが、この点については、後注(42)参照。

(38)　吉田・慶應法学三号九一頁など。

(39)　秋山・法社会学六六号四三頁以下も。松尾浩「判例評釈（本件高裁判決）」判タ一一八〇号〔二〇〇五〕一二四頁も「生活環境利益の一種」とする。ただし、吉村は「公私法の交錯する問題群」として景観保護と「環境法や都市・土地法における交錯」を別項目としている〔立命館法学三一二号三二六頁以下〕から、生活妨害とは「交錯」ということだけに共通性をみているのかもしれない。

(40) 吉村・三一六号四六三頁、吉田・民法判例百選Ⅱ〔第六版〕一五七頁、秋山・法社会学六六号四四頁。ほかに、富井・判例公害法一五八・一五九合併号八三五〇ノ六一三頁など。前田・法の支配一四三号一〇一頁は必ずしも賛成というわけではないようである。

(41) 吉田・民法判例百選Ⅱ〔第六版〕一五六頁以下。

(42) 大塚も帰属を吉田と同じ意味で使っている〔大塚・ジュリ一三三三号〕。そこでは、排他性のある帰属と排他性を備えない帰属が区別されることになろうが、排他性メルクマールを欠くと「帰属」概念の有用性は失われる。また、生活利益Ⓐや景観利益で個人への割当て的配分〔吉田・判タ一一二〇号七〇頁〕とはどのような現象を指しているのであろうか。論者は財貨帰属といわないで「財貨の排他的帰属」とし、不当利得法における侵害利得類型の根拠についても同様に「財貨の排他的帰属」の侵害であって、それらを「帰属侵害」とだけするのは不正確であるとすることになろう。しかし、そのようにするよりは、最判が「利益を有する」としたことを同義であるというのであるから、生活利益、景観利益については「利益を有する」とだけいって「帰属」とはいわないほうがよい。帰属は移転との対置において用いるべきである。また、前注(12)も参照。

(43) 吉村・立命館法学三一〇号四八〇頁。吉田の同様の指摘は、民法判例百選Ⅱ〔第六版〕一五七頁。

(44) 吉田・前掲一五七頁。

(45) 大塚は公法私法協働論を主張するものではないが、大塚が最㋐㋒について「いとも簡単に」〔大塚「判例紹介〔本最判〕」NBL八三四号〔二〇〇六〕四頁、ジュリ一三二三号七六頁〕と評したことは、この点に苦心していた協働論者の感想でもあったであろう。

(46) 景観利益においても、日常的生活利益性即ち日常景観であることの重要性につき、田村明『まちづくりと景観』〔二〇〇五〕八〇頁以下。市民が景観を共同で形成・維持そして享受することが地域の日常生活のなかにあり、そのための市民運動も環境保護運動とは異なった性格をもってくる。これらの点につき石原一子『景観にかける』〔二〇〇七〕八〇頁以下、二一〇頁以下。なお、広島地判二〇〇九〔平二一〕・一〇・一判時二〇六〇号三頁は、その事件での景観利益を「日々の生活に密接に関連した利益」と表現している。
(47) 田村・前掲八二頁以下、九八頁以下。
(48) 樋口陽一「日本国憲法下の〈公〉と〈私〉」公法研究五四号〔一九九二〕一頁。
(49) 吉田・慶応法学三号八九頁以下。吉田「民法学と『公共性』の再構成」創文四四四号〔二〇〇二〕七頁は、「そこで〔「外郭秩序」のこと　筆者〕で問題になっているのは、国家的公共性ではなくて、市民的公共性なのである」としているが、文章の意味からして国家的公共性の存在は否定されていない。なお、この点に関しては、中村「憲法の視点からの民法？」広中俊雄先生傘寿記念論集・法の生成と民法の体系〔二〇〇六〕五四四頁注(60)〔本書三二三頁〕参照。
(50) 他に「外郭秩序」としての市場が挙げられている（慶応法学三号九一頁）。この点に関連しては、前注(29)も参照。
(51) 吉田の公法概念の使用に関して、中村（書評）「吉田克己著『現代市民社会と民法学』」法時七二巻一一号〔二〇〇〇〕一〇九頁参照。
(52) 吉田・民法判例百選Ⅱ〔第六版〕一五七頁。行政法規違反を認定した事件であればともかく、本判決が吉田のいうような規準を示したとはいえない。行政法規遵守が必ずしも違法性を阻却しないという関係にあることの方が重要であろう。平野裕之『民法総合6〔第二版〕』〔二〇〇九〕一四三頁注(231)参照。
(53) それにとどまらず、吉村は、最判㋖㋗を要約する際に、三箇所において（吉村・立命館法学三一〇号四八六頁、四八七頁）、判決理由で「刑罰法規や行政法規」と並列されているうちの「行政法規」を省略している。ただし、三一六号四一六頁では入れられている。
(54) 受忍限度規準を提案するものとして、淡路剛久「民法七〇九条の法益侵害と最近の三つの最高裁判例（下）」法曹時報六一巻七号〔二〇〇九〕二三頁以下がある。もっとも、淡路は、かつて新受忍限度論と呼ばれた受忍限度規準の広い範囲での適用を主張していたから、本稿とは違う立場からの主張かもしれない。
(55) 富井は日本不動産学会における野村不動産常務取締役の次のような発言を紹介している。「われわれより二〇億高くお買いになって採算が取れると考えておられたということは、景観保全に対する住民の意識の高さを過小評価なすったんじゃないかとしか思えないんです」(「判例評釈(本件地裁判決)」判例公害法一三九号[二〇〇四]八二五〇ノ三二〇頁)。

(56) 吉田・民法判例百選Ⅱ(第六版)一五七頁。なお、周知のとおり、生活利益の差止めの法的構成としての秩序違反説については議論があるところであり、筆者もそのような秩序概念の使用に疑問をもっているが、本稿ではこの問題には立ち入れない。

(57) 吉村・立命館法学三一六号四六六頁以下。

(58) 吉村は少し前の論文(吉村・立命館法学三一〇号四八二頁)では、地域ルールを建築自由の原則と対置させていたが、その後それが展開されることはなかった。吉村は権利(環境権)論の構成の方向へ向かうが、その権利論と公法私法協働の関係は述べられてはいない。これに対し、吉田の外郭秩序への注目とそれに結び付いた協働論には環境権構成への批判がある(北大法学五六巻四号二四五頁以下)。

(59) 吉田は北大シンポにおいて、国立景観訴訟で学校法人が原告となっていることと人格的利益保護の関係を問われて回答を逡巡していた(北大法学五六巻四号二七四頁)。人格的利益と生活利益の区別をしたうえで、生活環境と教育環境の関連性を求めることが考えられる。

## 第四節　小　括

一　景観利益保護における公法私法協働論は、みずからの目的に対する適合性をもたなかった。その因はそこで前提とされた公法私法二元論の問題性にあった。論者は公法私法峻別論と公法私法二元論を同義としていたふしがみられたが、この両者は同義ではない。公益私益二重帰属・交錯論は、最判が景観利益の私益性を認めたことで批判の対象を失った。それが、最判の狭い生活妨害・生活利益の扱いへの批判がみられないことに繋がった。前提にある公法私法二元論が、民法と行政法を共通の存在基盤のうえに置くことそれを通じて民法の一般法的性格を把握することを妨げ、最判の行政法規第一次主義の批判の視点が現れないことに導いた。さらに、公法私法協働論による地域秩序の位置付けは、景観利益の生活関連性を示すという方向に向かうものではなかった。

二　景観利益保護が生活利益法の展開として実現していれば、その社会的基盤は地域秩序とそれを支える社会的意識の定着であり、その法形成はそのような市民社会の展開への対応と意義付けられうるものであった。

三　公法私法協働論の後退は、その前提に置かれた公法私法二元論が民主主義的国家形態の下での法形成を把握する枠組みとしての適格性を欠くということを表すものであった。

# 第三章　民法上の法形成ともう一つの基本的人権

## 第一節　問題の所在

一　民事裁判規準の形成において基本権規定はいかなる意味を持っているのか。

この問題は、これまで憲法学において基本権の私人間適用というテーマの下で議論されてきたものであるが、そこでは「適用」の意味が明確さを欠くために、第二節以下で具体的に示すように、上記の問題について的確な答えが提示されているとはいえない。本章は、これまで憲法学から見られてきた上記問題を民法上の法形成という角度から見ようとするものである。本章では、民事裁判において裁判規準が構成されそれが適用される場面を指して適用とする。基本権規定は違憲審査において違憲判断規準が構成され適用される場合には「適用」は明らかであるが、我が国には民事判決についてそのような違憲審査を行う制度はないから、通常の民事判決における民事裁判規準の構成・適用と基本権規定との関係は、違憲審査規準の適用と同様に解するわけにはいかない。本章はそのような民事裁判規準と基本権規定の関係を観察対象とするが、その際に以下の二つの視点が重要であると考える。

二　視点①　もう一つの基本的人権。とくに第二次大戦後の裁判所による民法上の法形成の展開の中心的位置にあるものとして人格的利益或いは人格権保護の展開をみることができる。この展開においては、公害被害者の人権、患者の人権、子供の人権を護れというような主張が民法上の法形成を要請する基盤が造られるうえで大きな力となってきた。ここで人権とされるのは、「人間としての権利」「人間（個人）の尊厳」の主張である。また人権擁護局が扱う多くの相談事例において人々を動かしている「人権侵害」であるという意識についても同様なことがいえるであろう。それらにおいては、憲法規定の私人間適用議論で前提とされる基本権規定や基本権の性格論とは異なるレベルで基本的人権が受け取られている。実際、そのような社会におけるまた国家からの抑圧に対しての「人間の尊厳」のための闘いは、大日本帝国憲法下から行われてきた。本稿では、社会のなかで人々の意識に定着してきたそのような「基本的人権」[60]をもう一つの基本的人権という意味で基本権理念と呼んで、「適用」が問題となる基本規定とは区別することにする。この区別は、民法二条の機能を検討する上でも重要になるであろう。

視点② 民事判決の違憲審査の制度がないこと（ドイツ型憲法裁判所の不存在）。わが国の基本権の私人間適用議論にその発端から大きな影響を与えてきたのはドイツ憲法学の基本権の第三者効力論である[61]。ドイツ憲法学の議論では憲法裁判所を名宛人として、憲法裁判所の裁判規準に関しての主張が行われる。そこでは通常裁判所の民事裁判規準は違憲判断の対象ではあるが、その適否は憲法学の直接の対象ではないしいわんや憲法学が民事裁判規準の構成作業を行なうわけではない[62]。しかし、憲法学の作業対象は明確であるから、第三者効論やその展開としての基本権保護義務説については、憲法裁判所の違憲審査を介しての通常裁判所の民事裁判規準の形成との関係を語ることができる[63]。これに対して、わが国には民事判決の違憲審査の制度はなく、他方、ドイツBGBにはない民法二条がある。このように異なる条件のもとで、わが国の私人間適用論は民事裁判所を名宛人と想定しての主張であるということになるが、各学説において民事判決を対象として何を議論しているのかは必ずしも明確ではない。ありうる作業内容としては、①憲法あるいは民法解釈によって民事裁判規準の具体的提案をする、②みずから民事裁判規準を構成するのではなく、解釈指針として基本権規定の内容を示す、③制度はないが、仮定的違憲裁判規準を構成して憲法裁判所に代わって民事判決の合・違憲性を判断する、といったことが想定される。①であれば、憲法解釈と民法解釈との競合関係を整理する必要が出てくる。それは優先順位に留まらず[64]、ここでの憲法規定の適用は法律行為あるいは事実行為の違法性判断と異なるのか否か、異なるとすればその実際的意味はどこにあるのかといった事柄がそれである[65]。②であれば、基本権規定の「適用」と呼ぶのは不適切であるのみならず、解釈指針である民法二条との関係を整理することが必要になる。③であれば、我が国には民法解釈の違憲性を審査する制度はないから、民法解釈に対して違憲規準に関しての一つの憲法解釈学説が提示されたというに留まることになる。違憲規準が民法解釈を決定できる訳ではないから、論者が憲法上可能と考える民法解釈の範囲を提示するという作業になるが、具体的な作業が行われてそれについての議論があるというわけではないようである。①と③は一致することも論理的には考えられるが、そうでないものとして提案されている場合の方がむしろ多い。本稿のテーマにとっては、憲法学の各学説がそれらの作業のどれに当たるのかを区別しつつ、民法上の法形成と基本権規定の関係を理解するうえで有用な手掛りを与えるものであるかを検討する必要がある。

**三**　統一テーマの下での一つの章であること。現憲法によって、民主主義的国家形態の導入と併せて多くの基本規定が導入された。それら基本権規定が個人の尊厳と男女の平等（民法二条）を解釈指針とする民法上の法形成にとってもつ意味を、精神的自由・人格的利益を巡る判例と学説を素材として整理することは、民法上の法形成およびそれを巡る理論枠組みが民主主義的国家形態の下での市民社会とそれに管理される市民国家の関係の展開に対応するものでありえているか、更にその方向を確実にするために必要なことは何かの考察に資することができよう。

**四**　以下の叙述。第二節として、最大判三菱樹脂事件の民事裁判規準と基本権規定の関係の特色と問題点、ついで、最判日産女性定年制事件さらに最判入会団体男子孫会則事件での基本権規定の扱いを検討したのち、第三節として、私人間適用論の作業内容を最大判三菱樹脂事件に対する姿勢を素材として検討する。第四節として最大判北方ジャーナル事件を法規の操作に拠らない法形成における合憲的解釈の意義という角度から採り上げる。第五節として小括を付し、民法上の法形成との関係では基本権理念が解釈指針として民法二条を補完する役割において現れ、そして、解釈指針が現れるのはとくに必要と判断された場合であることが述べられる。

(60) この視点は直接には奥平康弘『憲法Ⅲ　憲法が保障する権利』〔一九九三〕一九頁以下からヒントを得たが、冒頭に例示したように基本的人権という言葉が憲法学とそれ以外（法律学に限定しない「現実の生活世界」（奥平・前掲二〇頁）ではなおさら）では使い方が異なっているというのは文献を挙げるまでもないであろう。後者には「もう一つの基本的人権」をみることができる。

(61) ドイツおよびわが国の憲法学説のネーミングも例えば間接効力説とされたり間接適用説とされたりする。また「基本権の」とするものと「基本権規定の」とするものがある。論者にはそれぞれの主張があって名前が選ばれているのであろうが、本稿ではそれらを整理したうえで名前を付けることは手に余るし、本稿のテーマにとって不可欠とも思われないので、引用の場合を除いて、基本権規定の直接あるいは間接適用説とする。

(62) ドイツでの憲法適用に関する裁判管轄については棟居『人権論の新構成』〔一九九二〕四九頁参照。なお、Nipperdey の直接適用説は連邦労働裁判所の実務に現れているが、これについても、同四九頁および五五頁参照。

(63) 中村「憲法の視点からの民法？」四九九頁〔本書二八五頁〕以下は、この角度からドイツの基本権保護義務説について論じたものである。

(64) 藤井樹也『「権利」の発想転換』〔一九九八〕二五五頁以下は優先順を論じている。民法上の救済が不十分な場合に憲法が適用されるとして本文①に相当する作業が考えられているようであるが、実際に憲法を適用するための規準の構成を行なっている訳ではない。

(65) 例えば、佐々木雅寿「判例解説（最判入会団体男子孫会則事件）」ジュリ臨時増刊・平成一八年度重要判例解説〔二〇〇七〕一二頁では、この判決を間接適用説によるものと解したうえで（この点については後注(79)参照）、これまでの最判例における公序良俗規準と違憲審査規準の異同の問題を指摘している。これは本文の叙述があながち的外れではないことを示すものといえよう。

## 第二節　最高裁判例にみる民事裁判規準と基本権規定の関係

### 一　民事裁判規準の形成ともう一つの基本的人権

(1)　最大判三菱樹脂事件（一九七三〔昭四八〕・一二・一二民集二七巻一一号一五三六頁）における裁判規準と基本権規定

i　事実概要　原告は、一九六三年三月大学卒業と同時に、被告三菱樹脂株式会社に三ヶ月の試用期間を設けて採用されたが、試用期間の満了直前に、被告から本採用を拒否する旨の告知を受けた。その理由は、原告が採用試験に際して、在学中に学生運動に従事し、また、学外団体である生活協同組合の理事に選任されて活動していたにもかかわらず、これらの事実を身上書の該当欄に記載せず、面接試験における質問に対しても虚偽の回答をしたというものであった。原告は、かかる本採用拒否の告知は無効であるとして、地位保全の仮処分を申請し認容される（東京地決昭和三九年四月二七日）とともに、雇用契約上の社員たる地位の確認と賃金の支払を求める本案訴訟を提起した。第一審（東京地判一九六七〔昭四二〕・七・一七民集二七巻一一号一五六六頁）は原告の請求を認容した。第二審（東京高判一九六八〔昭四三〕・六・一二民集二七巻一一号一五八〇頁）も後述するような理由で原告の請求を認容した。被告会社が上告した。

ii　判旨　破棄差し戻し

「㈠　Ⓐ憲法の右各規定は、同法第三章のその他の自由権的基本権の保障規定と同じく、国または公共団体の統治行動に対して個人の基本的な自由と平等を保障する目的に出たもので、もつぱら国または公共団体と個人との関係を規律するものであり、私人相互の関係を直接規律することを予定するものではない。このことは、基本的人権なる観念の成立および発展の歴史的沿革に徴し、かつ、憲法における基本権規定の形式、内容にかんがみても明らかである。……憲法上の基本権保障規定をそのまま私人相互間の関係についても適用ないしは類推適用すべきものとすることは、決して当をえた解釈ということはできないのである。

(二) Ⓑ私的支配関係においては、個人の基本的な自由や平等に対する具体的な侵害またはそのおそれがあり、㋐その態様、程度が社会的に許容しうる限度を超えるときは、これに対する立法措置によつてその是正を図ることが可能であるし、また、場合によつては、㋑私的自治に対する一般的制限規定である民法一条、九〇条や不法行為に関する諸規定等の適切な運用によつて、一面で私的自治の原則を尊重しながら、他面で社会的許容性の限度を超える侵害に対し基本的な自由や平等の利益を保護し、その間の適切な調整を図る方途も存するのである。……

(三) Ⓒところで、憲法は、思想、信条の自由や法の下の平等を保障すると同時に、他方、二二条、二九条等において、財産権の行使、営業その他広く経済活動の自由をも基本的人権として保障している。それゆえ、企業者は、かような経済活動の一環としてする契約締結の自由を有し、自己の営業のために労働者を雇傭するにあたり、いかなる者を雇い入れるか、いかなる条件でこれを雇うかについて、法律その他による特別の制限がない限り、原則として自由にこれを決定することができるのであつて、企業者が特定の思想、信条を有する者をそのゆえをもつて雇い入れることを拒んでも、それを当然に違法とすることはできないのである。憲法一四条の規定が私人のこのような行為を直接禁止するものでないことは前記のとおりであり、また、労働基準法三条は労働者の信条によつて賃金その他の労働条件につき差別することを禁じているが、これは、雇入れ後における労働条件についての制限であつて、雇入れそのものを制約する規定ではない。また、思想、信条を理由とする雇入れの拒否を直ちに民法上の不法行為とすることができないことは明らかであり、その他これを公序良俗違反と解すべき根拠も見出すことはできない。

Ⓓ……企業者が雇傭の自由を有し、思想、信条を理由として雇入れを拒んでもこれを目して違法とすることができない以上、企業者が、労働者の採否決定にあたり、労働者の思想、信条を調査し、そのためその者からこれに関連す

る事項についての申告を求めることも、これを法律上禁止された違法行為とすべき理由はない。もとより、企業者は、一般的には個々の労働者に対して社会的に優越した地位にあるから、企業者のこの種の行為が労働者の思想、信条の自由に対して影響を与える可能性がないとはいえないが、㋐法律に別段の定めがない限り、右は企業者の法的に許された行為と解すべきである。㋑また、企業者において、その雇傭する労働者が当該企業の中でその円滑な運営の妨げとなるような行動、態度に出るおそれのある者でないかどうかに大きな関心を抱き、そのために採否決定に先立ってその者の性向、思想等の調査を行なうことは、企業における雇傭関係が、単なる物理的労働力の提供の関係を超えて、一種の継続的な人間関係として相互信頼を要請するところが少なくなく、わが国におけるようにいわゆる終身雇傭制が行なわれている社会では一層そうであることにかんがみるときは、企業活動としての合理性を欠くものということはできない。㋒のみならず、本件において問題とされている上告人の調査が、前記のように、被上告人の思想、信条そのものについてではなく、直接には被上告人の過去の行動についてされたものであり、ただその行動が被上告人の思想、信条となんらかの関係があることを否定できないような性質のものであることというにとどまるとすれば、なおさらこのような調査を目して違法とすることはできないのである。

右の次第で、原判決が、上告人において、被上告人の採用のための調査にあたり、その思想、信条に関係のある事項について被上告人から申告を求めたことは法律上許されない違法な行為であるとしたのは、法令の解釈、適用を誤ったものといわなければならない[66]。」

(2)　この判決で適用された規準について

この判決の前半部分では「採用のための調査にあたり、その思想、信条に関係のある事項について……申告を求め」ることが違法であるかが問題であり、それへの答えがⒹである。しかし、最大判はこのⒹを規準Ⓑ㋐とその定式Ⓑ㋑の適用によって直接導きだすのではなく、それら㋐と㋑を適用してⒸを導き、このⒸによってⒹを根拠づけるという構造になっている[67]。従って、Ⓓの中ではⒷ㋐㋑をあらためて適用したといえる箇所はない。

この前半部分は Ⓓ末尾で述べられているように、原判決のこの点に関する判示を破棄することを内容としていた。本最判における Ⓐ Ⓑ の法的構成及び Ⓒ と Ⓓ の結び付きの意味を検討する上での比較のために、破棄された原判決をやや詳しく見てみよう。「ⓐ第一審被告は、第一審原告が、入社試験に応募した際、第一審被告主張の事実を秘匿する虚偽の申告をしたから、本件雇傭契約を解約し、または、詐欺による意思表示として取消す旨主張するけれども、右秘匿し、虚偽の申告をしたと主張する事実が第一審原告の政治的思想、信条に関係のある事実であることは明らかであるから、これを入社試験の際秘匿することは許さるべきであり、従つて、これを秘匿し、虚偽の申告をしたからといつて、詐欺にも該当しないし、第一審被告の申告を求める事項について虚偽の申告をした場合は採用を取消すべき旨予告されていても、これを理由に雇傭契約を解約することもできないものと解するのが相当である。ⓑすなわち、人の思想、信条は身体と同様本来自由であるべきものであり、その自由は憲法第一九条の保障するところでもあるから、企業が労働者を雇傭する場合等、一方が他方より優越した地位にある場合に、その意に反してみだりにこれを侵してはならないことは明白というべく、ⓒ人が信条によつて差別されないことは憲法第一四条、労働基準法第三条の定めるところであるが、通常の商事会社においては、新聞社、学校等特殊の政治思想的環境にあるものと異なり、特定の政治的思想、信条を有する者を雇傭することが、その思想、信条のゆえに直ちに、事業の遂行に支障をきたすとは考えられないから、その入社試験の際、応募者にその政治的思想、信条に関係のある事項を申告させることは、公序良俗に反し、許されず、応募者がこれを秘匿しても、不利益を課し得ないものと解すべきである。

ⓓ第一審被告が雇傭契約締結の自由を有することは疑いないけれども、このことは入社試験の際に前記のような事項の申告を求めることが憲法その他の前記各法条の精神に照らして違法の評価を受けることと相容れないものではない。ⓔのみならず、(雇用関係に入った後に)……後日の調査によつて知り得たとして雇傭契約を取消すことは第一審原告の抱く(もしくは抱いていた)思想、信条を理由として従業員たる地位を失わしめることとなり(第一審被告は第一審原告が従業員として暴力的、反社会的活動をしたというのではない)労働基準法第三条に牴触し、その効力を生じな

いといわねばならない」としていた。最大判は、原判決が被告の挙げる理由が雇用契約の解約の正当理由にあたらないとしたことに対して、その判断を誤りとして、労働基準法三条適用に際して、本来的な解雇とは異なった本採用拒否（留保解約権行使）に即した合理的理由の存否の審理を求めたのである（差戻後の東京高裁で和解が成立し、原告は職場復帰した）。

まず、最大判前半部分の眼目ともいうべきⓒとⒹの結び付けは直接に原判決のⓒとⓓを否定するものである。原判決もⓓが示すとおり締結自由を明示的に認めていて、締結自由の存否は争点ではなかった（すでにこの旨の指摘は多いから文献は省略する）。しかし、締結の自由ということの内容が相違していて、おそらく原判決では締結が強制されることはないという意味なのであろうが、最大判ではそれにとどまらず、当然にⒹを導くようなそれが考えられている。最大判は付加的理由としてⒹ㋐㋑㋒を述べているが、このうち㋐と㋒は内容が乏しいから、㋑がⓒからⒹを導く重要な理由であったと思われる。[68][69]契約の自由は契約関係成立の前後で内容を異にする。本件に関していえば、成立前は締結の自由があり、成立後の解約の自由は大きく制限される。留保解約権の行使は後者に入る。しかし、このことと締結前における思想の自由の侵害とその違法性は別の問題である。

思想申告要求の自由をも含むような最大判の意味での締結の自由を法的に理由付ける位置にあるのがⒷである。本採用拒否（解約留保権の行使という形での解雇）の合理性判断の前提として面接における政治的思想・信条の申告要求の法的評価が問題となっている事件で、原判決と異なって締結自由をⒷ㋐規準と㋑定式で扱うとすることが本最大判のもう一つの眼目をなしている。これによって、原告の主張を認めた二つの仮処分決定と二つの本案判決を通して示されていた法形成の方向が阻まれたのである。

このⒷについては基本権規定との関係で（私人間適用論との関係は第三節で扱うのでそれ以外の）二つの点が指摘されるべきである。まず、最大判は、上記の原判決の見解をまとめて「原判決は、……上告人が、その社員採用試験にあたり、入社希望者からその政治的思想、信条に関係のある事項について申告を求めるのは、憲法一九条の保障する思想、信条の自由を侵し、また、信条による差別待遇を禁止する憲法一四条、労働基準法三条の規定にも違反し、公序良俗に反するものとして許されないとしている。」とした。このまとめの中に既に最大判でⒶⒷが示されることに通じるものを見ることができる。原判決は最大判が要約したようには、「憲法一九条の保障する思想、信条の自由を侵し、また、信条による差別待遇を禁止する憲法一四条……にも違反し」とはしていない。最大判は原判決をいわゆる直接適用説によるものとして描き、Ⓐでそれを否定した。このⒶに導いたのは、原判決ⓑが、「人の思想、信条は身体と同様本来自由であるべきものであり、その自由は憲法第一九条の保障するところでもあるから、」としていることとの相違である。「本来自由であるべきもの」という文章は、思想の自由も身体の自由と同様、憲法の規定によって初めて創られたものではなく、憲法規定による保障以前の権利であるとする考え方を窺うことができる。「憲法第一九条の保障するところでもある」という表現もそのことを表している。最大判による原判決のまとめにはこの点が落とされている。このことは最大判のⒶにおいて直接適用の否定が述べられ、Ⓑにおいて憲法上の保障のある権利の間の調整という問題の設定がされることと関連をもつ。ここでの原判決と最大判の相違は、原判決が思想の自由を憲法による保障より前に存在するものとしていて、基本的人権の侵害を憲法規定の適用問題と直結させてはいないのに対して、最大判は、思想の自由侵害の問題を憲法上保障される権利の保護の仕方の問題と捉えていることである。

次に、最高裁で争われた問題は、本採用拒否の合理性判断の前提として、面接時の申告要求によって「思想の自由」が違法に侵害されたかにあったのであり、「締結の自由」が「思想の自由」の行使によって侵害されたのかという問題ではない。しかし、原判決では思想の自由の侵害の違法性規準という問題の設定になっているのに対して、最判Ⓑでは、二つの内容的に対立する権利の関係の問題とされていて、そのふたつの権利の調整が「私的自治」の原則的位置と「個人の基本的自由や平等」の例外的保護という方式・規準が立てられている。これが締結自由の原則的位置という最判Ⓒ及びその具体化としてのⒹに導いている。実際的問題である「締結自由」と「思想の自由」のそれぞれの内容についての原判決と最判の把握の相違が問題設定と規準の相違に導いているのであるが、この権利把握の相違にもう一歩入ってみると、原判決では「思想の自由」を「本来自由であるべき」ものとしている。これに対して最判では、憲法規定によって保障された権利とし、同様に保障される権利とされた「私的自治」[70]との調整の問題としたことが、このような最大判のⒷ方式に導き、Ⓒ更にはⒹを理由づけた。「本来自由であるべき」ものの侵害の違法性判断という設定をし、まして、ここでの「思想の自由」は「締結の自由」と衝突するものではないという見解[71]に立てば、最大判とは違法性判断の原則と例外が逆になる。

高裁の基礎にある「本来自由であるべき」という観念はいわば「もうひとつの基本的人権」と呼びうるものであり、基本権規定への言及はそこに基本権理念の顕現をみるという意味をもつものであった。これに対し、最大判は、思想の自由を基本権規定によって保障される権利という意味での基本権と解し、原判決の憲法への言及を基本権規定の直接適用としたうえでその否定を法形成拒否の手掛かりとした。東京地裁の仮処分決定から高裁段階までにみられる法形成の過程が空理に基づくものであったわけではない。就職予定者の思想調査は行われていたであろうが、それは既に正当であるという信念に裏付けられたものとはいえない状態であったといってよい[72]。この訴訟においても被告会社は思想が理由ではなく申告要求に虚偽の回答をしたことが問題であるとしていたが、このことも、「思想の自由」侵害であれば正当性の承認をえることは困難であると判断したことを推測させる。これらのことには、思想の自由を基本的人権であるとする意識の社会的浸透をみることができる。これは基本権規定の私人間に適用されるかということや基本権が対国家的な権利であるかといった憲法学上の議論とは異なる次元の現象である。思想の自由が人間・個人の尊厳に係わるものとして尊重されるべきであるという意識である。高裁判決が「本来あるべき自由」として論理を展開するのは、このような社会的意識との対応関係にある。これに対し、最大判の論理にある基本的人権は基本権規定による保障という法学的な構成を経たものである。思想の自由を基本的人権とする社会的意識の浸透が高裁までの法形成となって現れたことに対して、最大判は、一方では法学的意味での基本権規定の扱いの一般的定式を立て、他方で原判決による思想申告要求の違法化に対してのやや大げさにいえば司法を含む体制にとっての危機感を表わすものになったといえるかもしれない。[73] かくて、最大判三菱樹脂事件のⒷとその適用であるⒸおよびⒹは、「基本権規定」の法学的解釈によって、「基本権理念」に即した法形成を阻むものとなった。

(3) その後の最判における三菱樹脂判決の引用について

その後の最判例における三菱樹脂判決の引用には三つのタイプがある。①基本権規定の直接適用を否定する（上記Ⓐ）という文脈でのもの。最判一九七四〔昭四九〕・七・一九民集二八巻五号七九〇頁（昭和女子大事件）、最判一九七七〔昭五二〕・一二・一三民集三一巻七号九七四頁（目黒電報電話局事件）、最判一九八七〔昭六二〕・四・二四民集四一巻三号四九〇頁（共産党対サンケイ反論文事件）、最判一九八九〔平一〕・六・二〇民集四三巻六号三八五頁（百里基地事件）、最判一九九一〔平三〕・九・三判時一四〇一号五六頁（バイク禁止校則違反）、最判一九九六〔平八〕・七・一八判時一五九九号五三頁（パーマ退学事件）。②引用がⒷ部分を指しているもの。最大判一九八八〔昭六三〕・六・一民集四二巻五号二七七頁（自衛官合祀事件）は、「私人相互間において憲法二〇条一項前段及び同条二項によって保障される信教の自由の侵害があり、その態様、程度が社会的に許容し得る限度を超えるときは、場合によっては、私的自治に対する一般的制限規定である民法一条、九〇条や不法行為に関する諸規定等の適切な運用によって、法的保護が図られるべきである」としている。③雇入れ拒否が自由である（上記Ⓒ）ということを述べるうえで引用をするものとして最判二〇〇三〔平一五〕・一二・二二民集五七巻一一号二三三五頁（JR北海道・JR貨物事件、同日判決判時一八四七号一五頁国労動労採用差別事件でも引用されている）がある。

このうちの②の判決でも、上記引用文につづけて、「しかし」として、「静謐な宗教的環境の下で信仰生活を送るべき利益なるものは、これを直ちに法的利益として認めることができない」とすることの説明が述べられているから、「（侵害の）態様、程度が社会的に許容し得る限度を超える……場合に……不法行為に関する諸規定等の適切な運用によって、法的保護が図られる」ということがこの判決で行われた訳ではなく、本最判の引用は、「不法行為に関する諸規定等の適切な運用」が必要になる場面ではないということを示すためのものであった。それら事件は個々的な検討を要するが、これら三つの型の引用を通じて、三菱樹脂判決を引用する諸最判においては、すべて原告の権利・利益侵害を理由とする請求を棄却するものであることが三菱樹脂判決の役割を示している[74]。

(4)　勿論、最高裁が何らかの形で憲法に言及している判決で、最大判三菱樹脂事件のⒶⒷⒸだけで問題を処理している訳ではない。つぎに、最判日産女性定年制における民事裁判規準と基本権規定の関係、ついで入会団体男子孫会則要件判決のそれを見てみよう。

i　判決理由中に述べられているような男女で相違する定年に関する就業規則につき、第一審、第二審とも公序良俗に反するとしたので、被告会社が上告した。上告棄却。

「上告会社の就業規則は男子の定年年齢を六〇歳、女子の定年年齢を五五歳と規定しているところ、右の男女別定年制に合理性があるか否かにつき、Ⓐ原審は、上告会社における女子従業員の担当職種、男女従業員の勤続年数、高齢女子労働者の労働能力、定年制の一般的現状等諸般の事情を検討したうえ、上告会社においては、女子従業員の担当職務は相当広範囲にわたっていて、従業員の努力と上告会社の活用策いかんによっては貢献度を上げうる職種が数多く含まれており、女子従業員各個人の能力等の評価を離れて、その全体を上告会社に対する貢献度の上がらない従業員と断定する根拠はないこと、しかも、女子従業員について労働の質量が向上しないのに実質賃金が上昇するという不均衡が生じていると認めるべき根拠はないこと、少なくとも六〇歳前後までは、男女とも通常の職務であれば企業経営上要求される職務遂行能力に欠けるところはなく、各個人の労働能力の差異に応じた取扱がされるのは格別、一律に従業員として不適格とみて企業外へ排除するまでの理由はないことなど、上告会社の企業経営上の観点から定年年齢において女子を差別しなければならない合理的理由は認められない旨認定判断したものであり、右認定判断は、原判決挙示の証拠関係及びその説示に照らし、正当として是認することができる。Ⓑそうすると、原審の確定した事実関係のもとにおいて、上告会社の就業規則中女子の定年年齢を男子より低く定めた部分は、専ら女子であることのみを理由として差別したことに帰着するものであり、性別のみによる不合理な差別を定めたものとして民法九〇条の規定により無効であると解するのが相当である（憲法一四条一項、民法一条ノ二参照）。これと同旨の原審の判断は正当として是認することができ、原判決に所論の違法はない。右違法のあることを前提とする所論違憲の主張は、その前提を欠く。所論引用の判例は事案を異にし、本件には適切でない。」

ii　ここで適用された規準は民法九〇条である。そして男女平等がここでの公序良俗の内容とされていて、結論として被告の就業規則については例外としての「女子を差別しなければならない合理的理由」が認められないとする原判決の判断を是認している。確かに、原判決は合理性のない理由を詳細に挙げているが、それはこの種の事件に関しての最判例によって提示された準則がないためで、その為に男女平等原則とその例外という定式は明確になってはいない。しかし、「合理的理由があるとは認められない」というのは、原告の「合理性がない」という主張への答えではなく、被告による「合理性がある」という主張を退けたものであるから、やはり、原判決においても私的自治が例外的合理性を求められていたのであろう。加害者と被害者のそれぞれの権利の原則・例外の位置付けにおいて最大判三菱樹脂事件のⒷⒸとは逆になっている。しかし、これも三菱樹脂判決に沿って位置付けると、三菱樹脂判決でも雇用関係に入る前と後では原則・例外の内容が異なるものとなっていたから日産判決を雇用関係後についてのものという点からみれば、原則例外の逆転は最大判三菱樹脂と判断内容が異なっているとはいえない。日産判決が末尾で参照を退けている「所論引用の判例」のなかには勿論最大判三菱樹脂がある。上告理由では民法九〇条適用は基本権侵害が社会的許容を超えた場合だけであるとして同判決（したがってそのⒷ部分）を引用している。これに対して日産判決が「事案を異に」するとしたのは、直接には雇い入れ場面と退職制度が争われている場面との事案の相違を指しているのであろう。雇用後の関係では「一方（解雇権）の他方（被用者としての地位）への侵害」は、原則が被用者の権利・地位でそれに対する侵害するものとしての解雇権が例外に位置し、それが許容されるには合理的理由が必要とされる。三菱樹脂判決の後半部分では、解雇については立法的措置があるが試用期間からの本採用拒否は（解雇と同じではないにせよ）これに即して判断するという解釈（民事法規定の「適切な運用」）による調整の「方途」が示されていた。日産判決での原則・例外の運用も、三菱樹脂判決における雇用関係にある者の間での「基本的自由の対立」の原則・例外による調整と同様に、ここでの「一方」は就業規則に実現させた会社側の自由、「他方」は女性労働者の平等の権利である。後者が原則におかれて、前者は例外的に合理的理由を必要とされた。

　しかし、三菱樹脂判決と日産判決における基本権規定の扱いには、雇用関係前と雇用後で解約自由の原則と例外が逆になっているというには留まらない相違がある。日産判決の特色の一つは、「上告会社の就業規則中女子の定年年齢を男子より低く定めた部分は、専ら女子であることのみを理由として差別したことに帰着するものであり、性別のみによる不合理な差別を定めたものとして民法九〇条の規定により無効であると解するのが相当である（憲法一四条一項、民法一条ノ二参照）」とした文章のなかの括弧書きにある。そこでは、参照を求められた憲法一四条一項と民法一条ノ二（現二条）は、直接には「無効であると解するのが相当である」とすることと関連付けられるものである。しかし、それも補完的意味であって不可欠のものではない。すくなくとも、三菱樹脂判決においては憲法条文がそれぞれの権利を保障する条文として挙げられていたのに対して、日産判決においては、原告被告の権利の根拠を表すものとしてではない。しかも、現民法二条は裁判規準ではなく解釈指針である。[75][76] それと全く同じに並べられている憲法一四条一項もここでは解釈指針であり、しかも適用されているのが民法九〇条であるから、民法二条を補完するそれと解すべきであろう。この意味で、ここでは憲法一四条一項も適用されるべき基本権規定としてではなく、解釈指針として民法二条と同じく基本権理念を顕現するものとして挙げられたという意味をもつ。民法九〇条の公序良俗の内容をなすと構成された男女平等は、基本権規定によって根拠づけられているのではなく、（三菱樹脂事件の東京高判の表現をもじれば）「本来平等であるべき」ものとされたと解するべきであろう。基本権理念が人々の意識を介してその行動様式のなかに浸透するという状況の存在が法形成の基盤となったといえるであろう。最大判三菱樹脂では民法二条には全く考慮が払われていないこととの対比で日産判決の括弧書きをみれば、民法二条が示す解釈指針に沿った、一般条項の具体化としての欠缺補充という形でのもう一つの基本的人権の現実化がそこにある。

iii　近時の最判二〇〇六〔平一八〕・三・一七民集六〇巻三号七七三頁（入会団体男子孫会則事件）では、民事裁判規準の構成と基本権規定の関係に関し、日産判決とも異なる点が現れている。沖縄のA地区の入会団体の会員資格要件を男女で異にする会則につき、第二審は入会慣習であることを理由としてその会則を公序良俗に反するものではないとした。最判は以下のように述べて破棄差し戻した。「ⓐ男子孫要件は、世帯主要件とは異なり、入会団体の団体としての統制の維持という点からも、入会権の行使における各世帯間の平等という点からも、何ら合理性を有しない。このことは、A部落民会の会則においては、会員資格は男子孫に限定されていなかったことや、被上告人と同様に杣山について入会権を有する他の入会団体では会員資格を男子孫に限定していないものもあることからも明らかである。……ⓑそして、男女の本質的平等を定める日本国憲法の基本的理念に照らし、入会権を別異に取り扱うべき合理的理由を見いだすことはできないから、原審が……説示する本件入会地の入会権の歴史的沿革等の事情を考慮しても、男子孫要件による女子孫に対する差別を正当化することはできない。」

ⓑでの「男女の本質的平等を定める日本国憲法の基本的理念」は、ⓐで入会集団の会員資格についての慣行に男女平等の視点から合理性がないという実質的判断（ここでも日産判決が男女の扱いを異にする規則に合理性を求められたと同様にそのような慣行に合理性が求められている）がされた後に、「そして、」として、原判決が入会慣習の尊重を請求棄却の中心的理由としていたことに対する意味で、入会集団の問題であってもその慣行について現憲法下での合理性判断を免れる理由はないとしたダメ押し的な補足的位置にある[77]。合理性の有無の実質的判断であるⓐ部分では憲法への言及がないことと、その言及がある補足的文章[78]ⓑでも、憲法はこの「基本的理念」を表わすものとはされているが条文は挙げられていないことに着目すべきである。この判決では男女は「本来平等であるべき」ものであるということが、憲法条文を引用することなしに、前提とされているというべきであろう。そこには、男女平等に関しては、日産判決にあった括弧書きによる解釈指針の明示も必要ではなくなったという変化をみることができる。本判決の憲法への言及はむしろ本判決が私人間適用といった問題とはさらに離れたところに位置することを示すものというべきで

ある。[79]

ⅳ　このようにみると、基本権規定を明示的にあげて憲法上の保障された権利間の調整の問題として最大判三菱樹脂が法形成に阻止的であり、むしろ基本権規定に権利根拠を求めていない三菱樹脂事件高裁判決、日産判決、入会団体男子孫会則判決の方が法形成促進的であった。後者においては、侵害されている権利の根拠は基本権規定でなく、もう一つの基本的人権とも呼ぶべき本来あるべき自由なり平等である。それは憲法と関連させれば基本権理念ということになろうが、条文としては解釈指針である民法二条にも挙げられているから、民法解釈としては民法二条への補完的位置になる。そして、規準とは異なり、解釈指針は明示する必要があると判断されなければ明示されない。入会団体男子孫会則判決はそのことを示している。

(66)　本判決は雇用関係に入る前と後で告知の違法性規準の適用を別なものとしたことが重要な意味をもつが、基本権規定との関係を見るための引用であるので、判決前半の雇用関係前についての部分だけを引用した。したがって、三菱樹脂判決全体を検討するためのものではない。

(67)　この判決に関して、締結自由、雇用の自由の制限の可否が問題とされたとしつつ思想申告要求の違法性判断には触れない叙述がしばしばみられる。小山剛「判例解説（本判決）」別冊ジュリ憲法判例百選Ⅰ〔第五版〕［二〇〇七］二七頁、『憲法上の権利』の作法』［二〇〇九］一三六頁以下（ただし、同「私人間における権利の保障」ジュリ増刊・憲法の争点〔第三版〕［一九九九］五五頁も参照）、また川崎政司・小山編（新井誠執筆）『判例から学ぶ憲法・行政法〔第二版〕』［二〇〇九］二七頁以下、宍戸常寿「憲法の私人間効力」法セミ六四八号［二〇〇八］七二頁など。また、高橋和之「私人間効力論再訪」ジュリ一三七二号［二〇〇九］一四九頁では、「解雇権行使が憲法の人権保障の制約を受けるかどうかが問題となった」としたうえで、判決前半部分につきⒸまでの紹介をしてⒹ部分は省略されている。判決前半部分の結論がⒹであることは判決を読めば明らかであるから、それら論稿には私人間適用論を論じるには、法的構成Ⓐ Ⓑとその直接の適用を示すⒸを論ずることで足りるという判断があるのかもしれない。しかし、特に無適用説を説く高橋にとっては、この判決のⒹ部分を支持するのでなければ、Ⓓ部分の問題点を明確にしたうえで民法適用の途を示すことが、無適用説に対する批判に答えるためには必要であろう。憲法学者と民法解釈ということについて、高橋・発言「座談会・高橋和之憲法学との対話」法時八二巻五号〔二〇一〇〕六八頁参照。

(68) ㋑に対する批判は高柳信一・発言「座談会・三菱樹脂最高裁判決をめぐって」ジュリ五五三号〔一九七四〕三二頁、また二七頁以下も。ⒸからⒹを導き出すことに対する批判は、今村成和「思想調査は企業の自由か」ジュリ五五三号五三頁以下、山口浩一郎「判例批評（本判決）」判タ三〇六号〔一九七四〕一六頁、阿部照哉「判例批評（本判決）」民商七一巻五号〔一九七五〕一四九頁、棟居・前注(62)一〇八頁以下、芦部信喜『憲法学Ⅱ』〔一九九四〕三〇六頁、樋口陽一・山内敏弘・辻村みよ子（樋口執筆）『憲法判例を読みなおす』〔一九九四〕八七頁、芹沢斉「法人に人権?」法セ五〇三号〔一九九六〕三九頁、野坂「私人間における人権保障と人権規定の私人間適用」法教三〇〇号〔二〇〇五〕一三四頁、木下智史『人権総論の再検討』〔二〇〇七〕六五頁、万井隆令「『判例』についての一試論」龍谷法学四〇巻一号〔二〇〇七〕一号八五頁以下、また近時の傾向も含めた水町勇一郎「採用の自由」『労働法の争点〔第三版〕』〔二〇〇四〕一三一頁など多数。賛成するものは花見忠「思想の自由と雇用関係」ジュリ五五三号六三頁。なお、西村枝美「憲法の私人間効力は近代法の構成要素か」法時八二巻一号〔二〇一〇〕八六頁は「思想の自由の問題」とすることに反対のようであるが、最大判後半部分に沿って留保解約権行使の合理性を判断する際にも思想の自由についての評価は避けられないであろう。

(69) 締結自由に関しては、その後、締結拒否が不法行為となるとして損害賠償を認める下級審判決が幾つか現われている（大阪地判一九九三〔平五〕・六・一八判時一四六八号一二二頁、静岡地浜松支判一九九九〔平一一〕・一〇・一二判時一七一八号九二頁、札幌地判二〇〇二〔平一四〕・一一・一一判時一八〇六号八四頁など）。これらの裁判例のうち札幌地判が本最大判の引用と明示しないで、Ⓑの定式と規準を用いている。なお、ドイツの一般平等取扱法〔平等取扱原則の実現に関するEU指令の国内化の為の法律（二〇〇六・八・一四）〕の施行後、確かに締結強制の主張は学説でも少数説に留まっているが、損害賠償は一般に肯定されている。

(70)　山口・前掲一六頁もこの表現を用いている。

(71)　原判決ⓓが示唆するもの。詳しくは、高柳発言・前掲三二頁。

(72)　筆者は原告の数年後の同じ学部の卒業生である。当時の所謂就職シーズン大学構内でその種の調査を見かけることはあったが、周囲の同級生達は調査対象者にとって不利と思われるようなことを話すことは全くなくまたそれが当然と思われていた。また、上の学年でも同学年でも「思想」如何に拘わらず就職できていたから、調査や面接の資料的価値は一般には高く評価されるものではなく、当時であっても三菱樹脂の反応は過剰だったのではないか。

(73)　外尾健一・発言・座談会五五三号四〇頁は青法協問題に言及している。根森健「三菱樹脂事件最高裁判決の再検討」戸波江二編『企業の憲法的基礎』［二〇一〇］一四六頁も参照。

(74)　木下・前掲一八頁が「(本稿での)Ⓐ部分のみが先例としての意味をもって引用されている」とするのは正確ではないが、この文章の趣旨である本最判が「権利侵害の主張を遮断する機能しか果たして」いないとすることには同意できる。なお、下級審裁判例においてはⒷの意味で本最大判を引用して（従ってその定式を利用して）基本権侵害を肯定しているものがあるが、本稿ではすべてに立ち入る必要はないであろう。

(75)　憲法学説では一般に日産判決における民法二条の意味への関心が薄い。例外的に、阿部照哉「判例評釈（本最判）」民商八五巻五号［一九八五］一二一頁以下はこの括弧書きに注目して次のように述べている。「労働基準法三条は性別による差別禁止を含んでいないが、私法の一般法としての民法一条ノ二がこれに代わる意義をもっているのである。民法のこの規定は憲法一四条一項の性差別禁止の趣旨をそっくりそのまま私法に導入するものと解されるので、この規定を無視して憲法規定を直接に適用せしめるのは公私法混淆の誤りをおかすものであり、またいわゆる間接適用をはかるとすれば、同趣旨の私法規定の直接適用を阻むというそしりを受けるであろう」。阿部は多くの説とは異なって本判決を間接適用ではないとするのであるが、そのことをこの括弧書きを根拠として論じている。間接適用とすることへの批判も興味深いがそれとは別に、ここでの問題は阿部が民法一条ノ二を他の民法規定と同様に適用可能なものとみていることにある。現二条の文言が表わすように、この規定は裁判規準としての性格をもたず、もっぱら解釈の指針を示すものである。

(76) 君塚正臣『憲法の私人間効力論』〔二〇〇八〕八五頁は、括弧書きの意味を「不鮮明」であるとする。小山『「憲法上の権利」の作法』一三八頁は「間接適用であるようにも、憲法上の公序と民法上の公序が一致しただけのようにも読める」とする。この文章からは同じ括弧の中の民法二条が裁判規準ではないということは意識されていないようである。戸松秀典『憲法訴訟』〔二〇〇〇〕二〇一頁が括弧書きについて「憲法一四条や民法一条ノ二に基づくことを示している」とするのは、これが最大判三菱樹脂のⒷに該当するとしていることから定式および規準としての理解を意味しているようである。日産判決が上告理由の求めた最大判三菱樹脂の参照を退けていることからいっても、戸松の理解には問題がある。木下「私人間効力論の意義」戸波編・前掲一一九頁注(31)にも同様の理解が見られる。

(77) 吉田(克)「判例批評(本最判)」判時一九六八号〔二〇〇七〕一九七頁は「法源としての慣習(慣習法)についての、公序良俗規範を媒介としての事実上の違憲立法審査」であるとする。興味深い指摘であるが、吉田の指摘はこの判決の公序良俗判断の機能を指したものであり、本文で補足的としたのは判決理由のなかに占める文章上の位置と意味のことである。この文章に限定していえば適用条文と違憲規準の提示なしではそれを適用しての違憲審査とはいえない。

(78) 民集の参照条文欄には民法二条と並んで憲法一四条一項が挙げられているが、これは判例委員会の理解を示しているとはいえても、判決の内容として扱うわけにはいかない。判例委員会は、男子孫要件の合理性判断において民法二条が九〇条解釈での指針の意味をもち、歴史的沿革を根拠とする高裁判決を否定することに憲法一四条一項が指針となったと判断したのであろう。しかし、判決がそれら条文を掲げていないということの意味こそが重要なのではないだろうか。

(79) 本判決で適用された民事裁判規準は民法九〇条である。本判決に関しても私人間適用の有無・内容について議論があるが(たとえば、小山発言と高橋発言・注(68)座談会法時八二巻五号七〇頁、また、佐々木・前注(65)一三頁、吉田邦彦「判例批評(本判決)」民商一三五巻四・五号〔二〇〇七〕七六七頁、松並重雄「判例解説(本判決)」最高裁判所判例解説民事編平成一八年度(上)〔二〇〇九〕三九五頁など)、「適用」の意味を明確にしなければ、実りある議論にはならないであろう。

## 第三節　民法解釈からみた私人間適用論の問題点

### 一　私人間適用論は何を議論してきたのか

(1)　民法上の法形成と基本権規定の関係を考えるについては、憲法学における私人間適用議論はいかなる意味をもつかという問題がある。しかしながら少しでもこの問題に入って行くと、それぞれの論者の説く私人間適用論の内容および学説間の相違の所在の明確な把握の困難に行き当たる。これは必ずしも、筆者が憲法研究者ではないということの故ばかりではないと思われる。その理由は、「間接」「適用」といった言葉の意味の不明確さとともに、本章冒頭で視点②として述べたように、我が国においては、ドイツと異なって、民事判決の違憲性審査という制度が存在しないということが議論を複雑にしているのではないかと思われる。これまで挙げてきた判例においては、被告の行為あるいは会社や入会団体の規則が合憲か違憲かという意味での憲法判断が行われたとはいえない。それら判決では、基本権規定あるいは基本的理念への言及はあるが、違憲判断規準が提示されて適用されるという構造は見られない。したがって当然のことながら、合憲あるいは違憲であるという表現は現れない。しかし、これら判例は憲法学において私人間適用論の中心的素材として扱われているから、それでは私人間適用をめぐる諸学説はそれら判例の何を論じてきたのかという問題が生じてくる。以下では最大判三菱樹脂に対する態度設定を素材にして、私人間適用学説が行なってきたのはどのような作業（第一節で述べた①民事裁判規準の構成（それも㋐憲法解釈か㋑民法解釈か）、②民事裁判規準構成或いはその適用の指針の提示、③仮定的違憲裁判規準の構成と適用[80]）であったのかをみていこう。

(2)　最大判三菱樹脂に即してこれらの私人間適用論の機能を考えてみると、最大判が申告要求の違法性を否定する論理はⒷ規準を適用してⒸを導き、Ⓒが申告要求は違法ではないという結論Ⓓの根拠となるものであった。このうち、具体的適用場面であるⒸおよびⒹへの批判は基本権規定の「適用」についてのどの立場からでも同じような批判がありうるから、それらを導くⒷ規準および定式に対する姿勢についてみると、上記作業の分類に合わせると、①Ⓑ規準および定式に代えて、㋐基本権規定解釈か㋑民法解釈によって異なった民事裁判規準を提案する、②Ⓑ規準を基本権理念から批判するが①作業は行なわない。③違憲裁判規準を設定してⒷ規準についての憲法判断をする、ということが対応しよう。この角度から三菱樹脂判決に関する憲法学の作業の性格を幾つかの論稿を素材としてみてみよう。

i　芦部は、Ⓐについて直接適用を否定したことについてではなくその理由付けに関しての問題点を指摘したあと、Ⓑについては、社会的権力の扱いに対する批判に力点を置き、「(対公権力と) 個人に対する社会的権力の支配関係との間には『画然たる性質上の区別が存する』という立場を基礎として、私法の諸規定の『適切な運用』の可能性を指摘しているにとどまる。……『態様、程度が社会的に許容しうる限度を超える』場合という基準も、私的自治の側に大きく傾斜して運用されるおそれも生じる。『無効力説に近い間接効力説』と評することもできるほど……である」と述べる[81]。ここでは、Ⓑでの定式および規準そのものではなく、その運用が批判の対象になっている。芦部はⒷの定式および規準を指して、本最大判を「間接効力説を採るべき旨の立場を明らかにした[82]」としており、みずからの立場である間接適用説からみて、それとしては問題がないとしたようである。かくて、芦部の批判は、②のうちでも規準の構成に対してではなく、規準の具体的適用に向けられたそれである。ここでは①の意味でも③の意味でもこの判決を対象とはしていない。このことは次のようにⒹを批判していることからも言える。「そのような調査等は最も根源的な人権の侵害として『公序』に反し違法である、という解釈がかりに採りえないとしても、少なくとも、『使用者の必要と労働者の人格保護との調整をはかるために、使用者のなしうる労働者の思想・信条にたいする質問・調査は、労働者の職業的適格性ないし職業的態度に関するものを限度とする』という趣旨の限定を付して解すべきであろう」としている[83]。このような「限定」を超えた申告要求を違法とするべきであるという批判であるが、そこでの違法は違憲判断とは異なるようである[84][85]。

ii　間接適用説のなかからもう一つの論稿を見てみると、阿部の批判はもっぱらⒸⒹに向けられている[86]。Ⓒに対しては対立する基本権間の比較衡量が欠落していること、Ⓓに対しては芦部と同じ批判が行われている。従ってここでも最大判批判は②のうちの適用場面の作業に対してあった[87]。

ⅲ　奥平は、ⒶⒷ批判に力点を置いている。「裁判所をつうじての法創造的な役割が期待されるし、それを導くのは、憲法上の価値体系にほかならない。おなじことは、民法の一般原則や不法行為に関する諸規定についてもいえる」とする[88]。ここからは憲法規定の適用か民法規定の適用かという以前の、立法との関係での裁判所の法創造機能の重要性が説かれ、「憲法上の価値体系」がそれを方向付けるものとされる。これが「プラクシスを通じての……展開」と結び付くのは、「社会過程への憲法規範の浸透[89]」を経ることによってである。そこには奥平がいう「もう一つの基本的人権」が現れてくるのであろう。これらのことを三菱樹脂判決に当てはめると、そのⒶⒷはこの法創造機能をみずから狭めるものとして批判される。奥平の作業の性格を上記の分類に当てはめるのは困難であるが、違憲裁判規準への言及はないから、②のうちのⒷでの定式と規準とは異なった規準の必要性その際の社会過程を通じた「価値体系」（指針）の存在を指摘したものと言えよう。

ⅳ　有倉遼吉は、本最大判を無効力説と解し、これに対して原審判決を「憲法一九条が民法九〇条を媒介として適用されるべきものとして間接適用説をとっていることは明らかである」とする[90]。しかし、また、原判決について、「(思想の申告要求は) 民法九〇条を媒介として憲法一九条に反するとしている」とも述べている[91]。有倉の論稿では最大判のⒷ規準とそのⒸを介しての適用であるⒹ対して、それとは異なった規準とその適用を示したものとして原判決に高い評価が与えられている。原判決は有倉のいうようには憲法一九条を規準として違法性判断をしたとはいえないが、有倉の評価からすると「憲法一九条に反する」（最判も原判決をそのように要約した）とすべしということになるから、有倉の最大判批判は、Ⓑ規準を憲法一九条に換えるという上記①㋐で同時に③であるそれのように見える。いわば間接適用の形をとった実質直接適用という主張のようである。

ⅴ　直接適用説という表現からは基本権規定を直接に民事裁判規準とする主張（①㋐）のような印象をうけるが、三並敏克によると、そのような「論者が現在ほとんどいない……のに、『仮想の敵』」として描かれているとされる。

三並は、直接適用と直接効力という言葉を区別し、自説を「企業権力からの自由」に関して、「原則規範は現行私法規定を形式的に媒介として直接効力をもつ」とする「原則規範の私法的効力説」(三並の言う意味での直接効力説)とする[92]。この立場から、最大判三菱樹脂事件に対して、「もっぱら私法問題として処理することが強調されており、憲法問題としては無効力説を貫徹」したものであると批判する[93]。三並の立場からすれば、最大判のⒷにおける定式㋑は、「私法規定を形式的に媒介として」使っているのではなく、内容的に「私法問題」として設定され適用されているというのであろう。この立場からすれば、憲法学は、Ⓑ㋑に代わる「形式的媒介」に留まるような定式を提案し、その下での実質的規準として、Ⓑ㋐に代わって直接効力をもつ基本権規定を裁判規準に構成することになるのであろう。これは「憲法問題」として「原則規範」を具体化して裁判規準として適用可能なものとする作業①となろう。三並の説明からこのように推論できるとしても、さらに①が同時に③にもなるかは推論することはできない。もっとも、三並の著書・論文では、そのいう直接効力の論理的可能性と意義の主張とそれにもとづく判例批判が展開されていて、このような作業①が憲法学の課題であると述べられている訳ではなく、実際にもその作業は示されてはいない[94]。三並の日産判決への対応はこのような作業の困難さを間接的に示すものとなっている。三並は、日産判決に対して、一方では「私法問題として処理した判決と評し得る」としていたが、他方では、「憲法問題として処理する『間接効力説』採用」であると修正している[95]。ここからは、三並のいう「私法問題」と「憲法問題」の区別、「形式的媒介」か否かの判別がすでに困難であることが窺われる。

vi　棟居説は、救済方法(したがって、ドイツと日本の制度上の相違)を視野に入れて[96]、とくに間接効力説の問題点を抉り出し、「私人間適用論の発展的解消[97]」を主張していることに特色がある。そこで構想される「基本権訴訟」における規準の性格が本稿の問題となる。棟居は最大判三菱樹脂事件につき、「思想調査においては、原告の側には政治信条や世界観に関しての権利としての、『思想の自由の本質保障』が現れるものの、会社の側には単なる自由としての『営業の自由』があるのみであって、裁判所を含む国家は前者の保護義務しか負わないことになろう。すなわち、会社の思想調査は原告の思想の自由の本質的部分をおかすものであるから、人権侵害となる」[98]。会社と原告のあいだで（留保解約権付きも含めて）雇用契約が成立している場合には「違法違憲に収集した資料にもとづき」解雇・本採用拒否はできないという。ここでは、「自由対権利の場合には権利が勝つ、という形式的基準」が提示されている。これは憲法解釈として示されているから、棟居は、この「私法的救済は、……憲法の人権規定だけで実体法ないし（ならびに）手続法の救済規範として事足りると考え」[99]ているようである。思想調査を人権侵害であるとすることに導く「形式的規準」はⒷ㋐に代わるものとなり、間接適用を思わせるⒷ㋑定式は捨て去られるべきものになろう。民法の特則としてそのような「形式的基準」が民事裁判規準として提案されているのであるから、この作業は憲法解釈としての①である。三菱樹脂事件では仮に思想調査を人権侵害であると判断してもそれは独立に法的効果に至るものではなく、労働基準法三条の解雇の合理的理由の存否判断の要素という位置のものであるが、付加的あるいは独立に思想調査ないし思想申告要求に対して慰藉料請求がされたと仮定した場合には、棟居が構想する「基本権訴訟」[100]のなかで「形式的規準」と不法行為法はどのような関係になるのかという問題が出てくる。これが明らかにされてはじめて棟居の提案の法形成にとっての意義も明らかになる。

ⅶ　最後に私人間適用論の近時の動きを表わすものとして小山と君塚の最大判三菱樹脂事件への言及を採り上げることにしよう。

小山は、基本権保護義務説を精力的に主張している[101]。小山の基本的な考え方は、「（基本権保護義務説で保護の）上限と下限が決まるだけですから、通常、未確定部分が残ります。……比例的調整……は、憲法限りで最適の調整まで行うという意味ではありません。未確定部分は、民法にゆだねられます」というものである[102]。ここでの「上限と下限」はいうまでもなく、基本権保護義務説の（民法との関係での）中心的な主張である民事判決に関しての、被侵害者との関係での過少保護禁止と侵害者との関係での過剰介入禁止をさしている。したがって、この説が行なうのは③作業ということになりそうである。小山は最大判三菱樹脂事件の解説の中で、「本判決の価値充填が消極的であったことから……価値充填のあり方の判断基準の考究に向かった」と学説の概観を紹介し、そのような間接適用説のいう「『価値』にせよ、『充填』にせよ、捉えどころのない言葉である」と批判して、「裁判所は、被害者との関係での『保護義務』、加害者との関係での『防御権』に拘束され、両者の比例的な調整をしなければならない」とする。[103] ここで批判的意味において学説にみられる対応であるとされている作業は②であって具体的裁判規準の構成①ではない。これに対して小山が主張する「裁判所は……拘束され」は、上述の「上限と下限」のことを意味していて作業③の必要性をいうようであり、続けていう「比例的な調整」は作業①の必要性の主張になる。とはいえ、座談会発言と併せると「未確定部分」でのこの作業は「最適な調整まで行う」ものではないとされているから、小山の「比例的調整」は民法学との共同作業の呼び掛けのようである。[104] これはなお呼び掛けに留まっていて、小山において最大判三菱事件のⒷの㋐㋑に代わるような定式や規準の提案が見られる訳ではない。また、小山の主張の中心である「上限と下限」についても、最大判三菱事件に当てはめるとこの「上限と下限」がどのような違憲裁判規準となるのか、また、この最大判はこの「上限と下限」（具体的には過少保護禁止になる）に外れていると考えるのか否かおよびその理由についての叙述は見ることができない。つまりは、最大判三菱樹脂に対する批判は小山の（そしておそらくは山本も同様）基本権保護義務説からは出てきていない。このようにみると、小山の関心が、具体的民事判決に対して「上限と下限」を示して合憲・違憲判断をするということ（作業③）にあるのかも実は明らかではない。ここには我が国での基本権保護義務説が解決しなければならない困難が考えられる。それは、民事判決の違憲審査制度のないところでの、その為の違憲裁判規準の構成の方法と意義に関して論じることの困難である。まず、方法という点では、民事判決の違法審査では、侵害主体の相違から当然違憲立法審査あるいは行政行為審査とは規準が異なってくるのであろうが、我が国では民事判決に対しての憲法裁判所による憲法判断はないから、憲法学説は具体的事件も裁判例もなしで違憲規準を構成しなければならない。それが行われたとしても、憲法裁判所を名宛人をして主張された解釈論ではなく、民事裁判所を名宛人として提案された違憲裁判規準のための解釈論であるから、後の判決でどのように機能するかは民事判決の表面には出てこない。我が国の民事裁判は、小山の表現を用いれば、「（憲法裁判所によって示された違憲裁判規準に一般的には事実上、当該破棄差し戻された判決の審議においては制度的に――筆者注）拘束され」、「比例的な調整」をしなければならないという制度のもとにはないからである。民事判決の違憲裁判規準を違憲立法審査規準とは別に構成して提示するという抽象的であってかつ実際的意味を明確に感じることが困難な作業が今後憲法学で蓄積されることがあるであろうか[105]。上限・下限があるというだけで共同作業を呼び掛けられても民法解釈学は困惑するだけであろう。また、我が国では上限・下限は、それによって実際に違憲審査が行われる訳ではないから、違憲裁判規準というより民法解釈論の理由付けの一つとして機能することになりそうである。それでは、我が国における基本権保護義務説が上限・下限を設定しても、小山の意図に反して、指針であるという点で②作業である間接適用説のいう「価値充填」と変わらないものとなる。

viii　君塚は、「憲法の私人間効力の問題とは、私人間紛争における裁判所の私法の一般条項の合憲的解釈のことなのである」として、自らを「合憲解釈説」と呼んでいる[106]。その根拠付けは、「上位法である憲法が下位法令である私法の一般条項の解釈を合憲的に制約すれば足りるとする見解」という纏め[107]に示されている。このような立場から君塚は、最大判三菱樹脂事件につき次のように述べる。この事件を「第二節『弱い権利』と『強い権利』の（筆者注　衝突の）場合」のうちの「(5)経済的自由と精神的自由に関するとき」という項目の下で論じて、(a)「一方のみ（筆者注　原告のこと）が、『強い権利』を持ち出しながら、最高裁がその主張を認めなかった判決群と評価できよう。この問題を主として私法の問題であると解することは、憲法上の『強い権利』の効果を無視することにつながり、結果として私法が関心を有する財産権や営業の自由などに有利な判断を導いた、という印象が拭えない。或いは考慮したとしても、憲法上許されるか微妙なところで一般条項が用いられた例だと言えようか」とし、また、(b)「果たして最高裁の立場が、ⓐ憲法の枠内のものであったか……は疑わしいもののように思われた。ⓑ有力企業がその目的と無関係に採用時に思想・信条について質問し、採否の判断材料とすることは、かなりのケースで公序良俗違反と言うべきであったとの主張は、結論的には支持できるように思われる」と。[108] (a)は認識で(b)は実践的主張と解すれば両立可能であるが、(a)は「微妙」な文章である。(b)はその文章であるⓐⓑのほかに、ⓒ節・項目立てにおいて最大判のⒷ㋐㋑に代わるものとしての対立する権利の強い弱いの組み合わせの提案を前提としている。一般条項（ⓑからは公序良俗条項のようである）の合憲的解釈という君塚の目標からすると、ⓒにおける組み合わせは、棟居の同様な提案が形式的基準とされていたのとは異なって、[109] 一般条項操作における利益衡量のための目安としてのグループ化のようである。上に紹介した(a)ⓑが明確とは言えない表現になっているのはその故であろう。君塚は間接適用説を合憲的解釈のことをいっているだけであるとした。君塚が合憲的解釈というときの「解釈」は民法解釈である。しかし、間接適用説は民法解釈を行うことはなかった。君塚は自ら立てた言葉どおりに①作業にすすんでいる。その結果、間接適用説であれば立ち入らないで済ませるところで、(a)(b)のような迷いを綴ることになる。[110] 迷いを経た結論である(b)ⓑによっても、公序良俗違反とすることと「憲法の枠」による判断との異同は不明である。合憲的解釈という君塚のいう「枠」と民法解釈としての適否の判断の相違の所在という、基本権保護義務説の上限下限と同じ問題がここにはある。

ix　憲法学内部で行われている私人間適用の理論的根拠付けをめぐる議論を省略して、民事裁判規準の構成およびそれと違憲裁判規準の関係という点に限定して幾つかの憲法学説を見てきたが、それらに共通するのは、解釈指針である民法二条との関係が整理されていないことである。これは作業①と作業②の区別がされていないことに由来するが、さらに理由を求めれば、やはり私人間適用という場合の「適用」の意味が不明確であるということに行き着く。このことは阿部評釈を除いて、[111] 日産判決への対応のうちの多くに現れる。私人間適用論が「媒介」としての日本の民法典の一般条項の運用を論じるにおいて、ドイツの憲法学が一般条項としてあげるBGBの条文に対応する条文をのみ対象として、日本民法典がBGBにはない解釈指針のための重要な条文をもっていることへの考慮がないことは、民事裁判規準の構成に関する提案としては致命的な欠陥といえるだろう。

## 二　基本権規定と基本権理念そして民法二条

(1)　基本権規定の性格　㋐歴史性、㋑理念先行性、㋒細目性[112]と民法上の法形成の関係。

i　日本国憲法は大日本帝国に代わる民主主義的国家（市民国家）形態を示すとともにこの国家の権力行使の指針を示すものとして多くの基本権規定を置いている。以下でいう基本権規定の歴史性㋐とは、それら基本権規定が、国家無答責法理の支配に表されるような大日本帝国による基本権抑圧の体制の否定を表現していることを指している。この歴史性と民法との関係を概略的にではあるが述べてみよう。

国家無答責法理は国家の権力行使が民法原理に服さないことを内容としていた。それでは適用を拒否されたそれまでの民法典は国家権力に対してどのような関係にあったのであろうか。民法典はその制定時において国家との関係では二つの側面をもっていた。ひとつは、現民法三条（公布民法典一条）の審議において穂積陳重が「或ル国デハ民法ヲ国法ノ根本即チ基本法典ト見テ居リ……人民ノ権利ヲ極メタモノジャトシテ居ル国モ少ナクナイノデアリマス（しかし、我が国ではそのようにはしない　筆者注）」[113]と述べたことに現れる。ここで念頭に置かれているのはいうまでもなくフランス民法典である。穂積をはじめ政府委員には、彼らの留学知識を日本で現実化するということよりも、施行延期に追い込まれた既成法典の轍を踏まないことが優先する課題であった。穂積の発言は既成法典人事編の解体が同時にフランス人権宣言との訣別を意味していたということを示すものであった。すでに自由民権運動は鎮圧されていたとはいえ、支配層にとってフランス革命と人権宣言への恐怖感は大きかったと思われる。しかし、民法典のもう一つの側面も見逃してはならない。そのような政府委員としての使命の下でも、穂積や梅謙次郎から、民法の一般法としての性格という留学によって得たであろう考え方が消え去ることはなかった。その例として民法七一五条（原案七二三条）の法典調査会審議における穂積と梅の発言が挙げられる。ふたりは公権力の行使についても特別法がなければこの条文が原則であると主張する。穂積発言「（政府についても）其職務ニ付イテ過失ガアルト云フトキニ於テハ之ヲ用キル人ガ償ナウト云フノガ原則デアルト云フコトハ動カヌコトデアラウ[114]」、梅発言「特別法ガナケレバ此七百二十三条ガ当タル」[115]。しかし、この第二の側面はその後の展開をみることはなかった。

このように見てくると、不文の国家無答責法理が意味するのは、法典調査会で政府委員が繰り返したような、国家の免責のためには特別法が必要であるということ[116]即ち民法の原則性を否定して、個々的に特別法を作るまでもなく国家の権力発動を原理的に民法の適用範囲から外すという主張であった。国家無答責法理が支配的である社会即ち無答責である国家をもつ社会は、私人間においても人権宣言に掲げられている人権＝「人間であることによる権利」のうち財産主体としての権利の保護はあっても精神的人格としての自由の保護の要請が実現しうるような社会であるということはありえない。そのような社会では、民法の一般法としての性格の展開は閉ざされ、民法の形成は財産法としての現実対応（これには家制度が市場経済との対立のなかで基盤を弱体化していくことが含まれる）が中心となった。しかし、様々な弾圧と社会的抑圧の下でも、社会生活におけるもう一つの基本的人権を求める様々な運動が消えることはなかった。

ii　歴史性㋐に規定された㋑理念先行性と㋒細目性。㋑については、ポツダム宣言受諾に続いて制定された日本国憲法は、当時の現実の国家を前提としたのではなく、それまでの国家に代わる新たに目指さるべき民主主義的国家の形態と権力発動の指針を示すものであった。従って多くの基本権規定はその内容が、その後の現実の適用および国家の行動の中で意味が拡大的に展開されるのではなくむしろ限定的に運用されていく傾向をもった。民法における法形成との相違である。㋒については、基本的人権の保障はあらたな国家及び憲法の存在根拠としての意味となったものであり、克服さるべき大日本帝国における人権抑圧の経験からして基本権規定が多くなったのは自然なことであった[117]。例えば精神的自由については、民法七一〇条に比して、基本権規定では次の一二か条がそれに関連をもつ条文であるといえる（一三、一八、一九、二〇、二一、二二、二三、三四、三六、三七、三八条）。もっとも、これら条文の多くは、基本権保障規定といっても、国家による基本権侵害的行為の許容要件の設定を命じたものであることが重要である。

iii　樋口は基本権規定と民法の関係につき次のような指摘をしている。「ⓐ各人の生命はまず他の各人との関係で、また、各人の財産もまず他の各人との関係で、民刑事法によって保護されていた。憲法が『生命への権利』や財産権を国家に対する関係で保障する前から、そうであった（ⓐ及び以下の引用のⓑは筆者）」[118]。この文章は、最も中核をなす古典的「基本的人権」において、「基本権規定」による実定法化が民法に遅れること[119]、したがってまた、それら基本権規定が民事裁判規準として働く必要性はないということを意味している[120]。また、生命、身体的自由、財産に関する基本権規定は、侵害禁止の免除規程であることもこのことと関連している。樋口ⓐのいう民刑事法の先行性は本稿でいう歴史性と結び付いている。

(2)　基本権規定と欠缺補充および民法二条

i　しかしながら、同様に歴史性に規定されたものではあるが基本権規定の理念先行性と細目性は、樋口ⓐに続く次のような文章への疑問を引き起こす。「ⓑそれに対し、例えばセクシャル・ハラスメントに当たる言論を規制する場面では、ありうべき憲法二一条の援用に対抗して、一三条、一四条が持ち出される。ここでは、民刑事法の新しい保護法益を設定する際に、それと対抗関係に立つ法益を排除しようとする文脈で、基本権の私人間適用が問題となっているのである」。まず、「基本権の私人間適用が問題となっている」という表現は憲法学での議論についての樋口の認識を表したもので、私人間適用の問題と考えるべきであるという樋口の主張の文章ではないのかもしれない。そのことを前提としても、例示されている「セクシャル・ハラスメントに当たる言論を規制」を損害賠償責任の問題として考えると、判例においてそのように私人間適用の問題とされて法形成がされてきたとはいえない。確かに身体的接触によるセクハラ事例では性的自己決定権なり性的自由の侵害といった被侵害利益の性格付けが行なわれるが、そこでも侵害行為について行動の自由などという基本権を設定してその間の衝突とはしていない。まして、セクハラ言論事例では、被侵害利益も基本権的な構成ではなく利益衡量の対象となる利益と構成されるのが通例である。そしてそこでの侵害行為も言論の自由の行使と性格付けられることはなく、樋口の文章ⓑのようには、そのような侵害行為＝

「対抗関係にある法益を排除しようとする文脈」での私人間適用の議論を判例にみることはない。ドイツ法ではこのような被侵害利益は一般的人格権でカバーされるから、一般的人格権の形成に憲法裁判所が基本権の第三者効とよばれる解釈によって果たした役割を考えれば樋口の文章ⓑが当てはまるかもしれないが、日本法でのセクハラ言論の違法性判断については当たらない。また、「新しい保護法益の設定」の例を他に求めても、日照利益、景観利益、違法カルテルに対しての消費者の競争利益といった利益の設定とその対抗において、判例および学説上「基本権の私人間適用が問題となって」いたとはいえない。樋口ⓑは学説を念頭においているのかも知れないが、そのいう「憲法の民法化」としては、学説でなく、判決を通しての法形成によって民事裁判規準が構成されることを対象とすべきであろう。

樋口ⓑは基本権規定の理念先行性と細目性の意味とも関連している。民法の規定には、その段階の市民社会の状態の法的現れとして、精神的自由についての細目性に欠けている。しかし、そこでの民法上の欠缺の補充に際しては、より細目的である基本権規定は用いられていない。細目といっても、基本権規定は民法上の欠缺補充に直ちに利用可能なものとされずに、一般条項の利用による欠缺補充の方法が採られる（例えば、七〇九条旧規定の「権利」、現規定の「利益」、七一〇条の自由の解釈というようなものを含んで）。また、解釈指針としての理念性についても、民法解釈であるからその際の解釈指針は民法二条が優先される（日産判決に関して、前記のように阿部評釈が強調するところ）。個人の社会的抑圧からの解放への展開に対応した法形成の要請の存在という理念は、基本権規定の理念と歴史を共有している。[121]

さらに、解釈指針の明示はいわば解釈の種明かしをするに等しいから、解釈指針は必要があるときにのみ明示される。多くの争いには、基本権規定の適用の有無をめぐってではなく、理念そのものの意義および範囲をめぐる対立（その場合の欠缺補充による法形成を退けるための基本権対立図式〔三菱樹脂型〕にむしろ樋口ⓑが当てはまる）がある。もう一つの基本的人権意識の社会的定着は、解釈指針を明示する必要性を低下させる。日産判決と入会団体男子孫会則判決の相違はここから生じた。

ⅱ　かくて、㋐を捨象した形で、㋑理念先行性と㋒細目性が憲法学をして私人間適用議論に向かわせる（ドイツ憲法学の影響と並ぶ）要因となったといえるであろうが、㋑㋒は裁判上の法形成において基本権規定が民事裁判規準の要素とされるということには導かなかった。このことは、基本権規定の㋐㋑㋒が民法の一般法的性格を間接的に表しているということを示すものである。

(80)　憲法学のなかで、厳格憲法解釈と非厳格憲法解釈という区別が提唱されている（内野正幸『憲法解釈の論理と体系』〔一九九一〕一八頁以下）。本文での分類は民事裁判規準との関係でのそれであるので、内野のいう区別と一致するものではないであろうが、強いていえば、①③が厳格解釈、②が非厳格解釈に近いであろう。

(81)　芦部・前注(68)三〇四頁以下。

(82)　芦部・前掲三〇三頁、また、芦部『憲法（新版）』〔一九九七〕一〇八頁。なお、芦部『憲法判例を読む』〔一九八七〕八三頁ではこの判決を「無効力説」とするのは行き過ぎで、「間接適用の考えかたをとっている」としているから、「効力」と「適用」は同じ意味で使われている。

(83)　芦部『憲法学Ⅱ』三〇七頁。

(84)　芦部・前掲三一〇頁注⑽が引用するのは山口・前掲一六頁であるが、山口は違憲問題として論じているわけではない。

(85)　なお、芦部「私人間における基本的人権の保障」東京大学社会科学研究所編『基本的人権Ⅰ総論』〔一九六八〕二七九頁では、東京地判一九六六（昭四一）・一二・二〇判時四六七号二六頁（住友セメント事件）を「女子結婚退職制の違憲性をあきらかにした判決として世の注目をひいた」としているが、この文章は芦部の意見なのか、「世」ではそのように受け止めたという意味か不明である。

(86)　阿部「判例批評（本最判）」民商七一巻五号〔一九八〇〕一四五頁以下。

(87) 間接適用説ではないが、木下・前注(68)六四頁以下は、Ⓓ批判として阿部と同様な論旨を展開している。
(88) 奥平「私人間における思想・信条の自由」ジュリ五五三号五〇頁。奥平にとっては、憲法は「未完のプロジェクト」（奥平『憲法を生きる』〔二〇〇七〕二一三頁）であって、憲法典はプラクシスを通じてコモンロー的に展開している（二一五頁）と捉えられる。このようにアメリカにおける憲法と民法を念頭におく立場にとっては、ドイツ法的二元論を基礎とする直接適用・間接適用という問題設定が適切ではないということになる（奥平『憲法Ⅲ』七七頁以下）。
(89) 奥平・ジュリ五五三号四七頁。
(90) 有倉遼吉「三菱樹脂事件最高裁判決の憲法的評価」法セ二二〇号〔一九七四〕四頁。
(91) 有倉・前掲八頁。
(92) 三並『私人間における人権保障の理論』〔二〇〇五〕三八一頁。
(93) 三並「人権の私人間効力に関する判例」京都学園法学四七号〔二〇〇五〕一一頁。
(94) 三並は、三菱樹脂事件の原審判決を、「憲法一九条、一四条の間接適用説、それも直接効力説を採用」（前掲一八頁）としたとしているから、原判決の規準を考えているのかもしれないが、その旨の記述はない。
(95) 前者は『私人間における権利保障の理論』三六二頁、後者は京都学園法学四七号一三頁。
(96) 棟居・前注(62)一〇四頁参照。
(97) 棟居『憲法学再論』〔二〇〇一〕二五六頁。
(98) 棟居・前注(62)一〇八頁以下。
(99) 棟居・前注(97)二五六頁。
(100) 棟居はドイツとの管轄の相違（憲法裁判所ではないということ）を重要視して、基本権訴訟という構想を立てている（前注(62)一〇三頁以下）。
(101) おなじく基本権保護義務説を展開するものとして山本敬三説がある。ただし、山本には三菱樹脂判決や日産判決を論じたものが見当たらないので（三菱樹脂判決につき『公序良俗論の再構成』〔二〇〇〇〕一九三頁、日産判決につき一五四頁、『民法講義Ⅰ〔第二版〕』〔二〇〇五〕二四六頁に言及がある）、山本説については、後に北方ジャーナル判決との関係で採り上げることにする。

(102)　小山・発言・注(68)座談会法時八二巻五号六五頁。

(103)　小山・別冊ジュリ憲法判例百選Ⅰ〔第五版〕二七頁。

(104)　ドイツにおいて基本権保護義務構成の下で小山のいうような憲法学と民法学の共同作業があるのであろうか。あるとしたらその具体例、ないとしたらその理由を知りたいところである。

(105)　根森は「本当に上限と下限が画定・確定できるものなのか」と疑問を提示している（「憲法上の人格権」公法研究五八号〔一九九六〕七七頁。それに賛成するものとして、君塚・前掲二〇三頁）。これに対しては、山本「契約関係における基本権の侵害と民事救済の可能性」田中成明編『現代法の展望』〔二〇〇四〕四九頁注(25)に根森への反論がある。この反論については後注(127)および該当本文参照。念のためにいうと、本文でいっているのは、名宛人が民事裁判所となることによる困難があるであろうということであって、それが理論的に可能であるかを論じているのではない。

(106)　君塚・前掲二六一頁。

(107)　君塚編（藤井執筆）『VIRTUAL 憲法』〔二〇〇五〕一〇四頁の要約を君塚・前掲二六二頁は「適切な要約」としている。

(108)　君塚・前掲二九五頁以下、(a)は二九七頁、(b)は二九八頁である。

(109)　君塚の棟居説批判は、前掲二二六頁以下。

(110)　これに対し、木下・前掲六五頁以下の最大判三菱樹脂事件へのコメントはより明快なものになっている。しかし、木下のいう「対立する当事者の権利同士の性質、侵害の程度・態様を考慮するだけでよい」（六三頁。これは山本敬三説からの引用とされている）とすることには不法行為法における判断との関係の整理が必要である。「私人間の人権衝突の妥当な調整」（作業①）と違憲判断（作業③）の関係はやはり不明である。

(111)　前注(75)参照。ただし、阿部においても民法二条の解釈指針としての性格の理解に問題があることに注意。

(112)　㋒は民法典全体との関係ではなく、民法七一〇条にある人格的利益とくに「自由」との関係についてである。

(113)　『法典調査会民法主査会議事速記録』第二巻一一二丁。この発言については、広中「成年後見制度の改革と民法の体系（上）」ジュリ一一八四号〔二〇〇〇〕九五頁、および『新版民法綱要』一〇八頁注(4)、一一〇頁注(1)参照。

(114) 『法典調査会民法議事速記録』四一巻二五丁以下。穂積は軍艦が商船に衝突したという例を挙げている（四一巻三四丁）。特別法を要する旨の強調は四一巻三〇丁。

(115) 同四一巻三一丁。政府委員のこれらの発言は、松本克美「『国家無答責の法理』と民法典」立命館法学二九二号〔二〇〇三〕三六一頁以下が詳しく紹介している。なお、富井はこの条文の審議で発言していないが、「若シ特別法ガナカッタナラバ是（原案七二三条のこと）ガ当タルジヤラウト云フ考ヘハ三人共持テ居ル」という穂積発言があった（同四一巻三四丁）。

(116) 念のためにいっておくと、政府委員たちは特別法が作られることに否定的態度を示しているわけではない。そこではいわば形式的に民法の原則的位置を強調して原案七二三条の適用範囲に関しての論陣を張っているのである。

(117) 松井茂記『日本国憲法〔第二版〕』〔二〇〇二〕三二六頁は、比較法的にみて詳細であるという。

(118) 樋口『憲法という作為』〔二〇〇九〕一六七頁注(9)。

(119) 樋口ⓐでは民事刑事法となっているが、本稿の関心から民法に限定する。

(120) 私人間適用議論のなかで、間接適用説も憲法一八条については直接適用を認めているが、この樋口ⓐはそのことに対する批判をも意味する。

(121) したがって、奥平の「未完のプロジェクトとしての憲法」（前注(88)参照）という表現を借りれば、民法二条は「未完のプロジェクトとしての民法」の内容を示すといえる。フランス人権宣言もこの性格においてみられるものであろう（ハーバーマスの使い方とはずれるが）。

## 第四節　最大判北方ジャーナル事件における合憲的解釈の意義

一　民法上の法形成と基本権規定の関係について、前節までの叙述で終わりとすることはできない。最大判北方ジャーナル事件が私人間適用論とは区別して検討すべき判例として残っているからである。

この判決は法規の操作によらない欠缺補充によっている。[122] 民事判決が、法規の操作であるという理由を付すことができ、その法規の合憲性を前提できる場合には、解釈の補強としての憲法理念への言及はあっても、判決理由の中で合憲的解釈であることを明示することが必要とされることはない。しかし、欠缺補充において、操作のためのそのような合憲性を前提できる法規がない場合には、法源上は条理を持ち出すにせよそれは操作対象という意味をもたないから、民事裁判規準の構成の合憲性を表すものがない。そのような場合には、裁判所は作業の立法との類似性の故に、合憲性を示すことが必要であると判断することになろう。

違憲審査制度は、権力分立の展開形態として、直接には司法による立法の制御、それを通じての行政の制御という意味をもっている。しかし、ドイツにおいて基本権規定の第三者効力が論じられたのは通常裁判所の民事判決の違憲審査を通してである。我が国では、原判決の民法解釈を違憲であると判断しても、最高裁がそれを破棄差し戻す場合には、最高裁の民法解釈が提示されて差し戻されることになる。その際に判決理由の中で原判決の民法解釈に対する違憲判断が明示されるかどうかは制度的に決まっていることではない。まさに憲法判断が主題である憲法裁判所の違憲判断との相違である。[123] したがって、違憲審査制度の対象と民法解釈の関係については、ドイツ法におけるとは異なって私人間適用論とは区別して検討しなければならない。[124]

## 二　最大判一九八六（昭六一）・六・一一民集四〇巻四号八七二頁（北方ジャーナル事件）

### (1)　事実概要と判旨

ⅰ　被告$Y_1$（元旭川市長）は一九七九年四月施行の北海道知事選挙に立法補を予定していたところ、原告X（雑誌発行者）が同年二月二三日発行予定の雑誌北方ジャーナル同年四月号（予定発行部数発刷二万五〇〇〇部）に、$Y_1$に関して「ある権力主義者の誘惑」という記事を掲載することとし、印刷その他の準備をしていた。同記事によると、北海道知事たる者は聡明で責任感が強く人格が清潔で円満でなければならないが、Y1はその適格要件を備えていないとし、Y1について「嘘とハッタリと、カンニングの巧みな」少年であったとか、「言葉の魔術師であり、インチキ製品を叩き売っている（政治的な）大道ヤシ」等々の表現で評していた。これを知ったY1らは同年二月一六日、札幌地裁に、名誉権の侵害を予防するため本件雑誌の印刷、製本および頒布の禁止等を求める仮処分申請をしたのに対し、同日、無審尋でこれを認める仮処分決定がなされ、ただちに執行された。

これに対して原告は、上記仮処分及びその申請は違法であると主張して、Y1およびその選挙運動に従事したY2並びに国に対して、逸失利益等の損害賠償を請求した。

第一審、第二審はともに請求を棄却した。原告は、上記仮処分決定は検閲を禁じた憲法二一条二項に反するのみならず、上記事前差止めは同条一項にも違反するとして上告した。

ii　判決理由（検閲に当たらないという判断部分は省略）「論旨は、本件仮処分は、「検閲」に当たらないとしても、表現の自由を保障する憲法二一条一項に違反する旨主張するので、以下に判断する。

(一)　㋐所論にかんがみ、事前差止めの合憲性に関する判断に先立ち、実体法上の差止請求権の存否について考えるのに、人の品性、徳行、名声、信用等の人格的価値について社会から受ける客観的評価である名誉を違法に侵害された者は、損害賠償（民法七一〇条）又は名誉回復のための処分（同法七二三条）を求めることができるほか、人格権としての名誉権に基づき、加害者に対し、現に行われている侵害行為を排除し、又は将来生ずべき侵害を予防するため、侵害行為の差止めを求めることができるものと解するのが相当である。けだし、名誉は生命、身体とともに極めて重大な保護法益であり、人格権としての名誉権は、物権の場合と同様に排他性を有する権利というべきであるからである。

(二)　㋑しかしながら、言論、出版等の表現行為により名誉侵害を来す場合には、人格権としての個人の名誉の保護（憲法一三条）と表現の自由の保障（同二一条）とが衝突し、その調整を要することとなるので、いかなる場合に侵害行為としてその規制が許されるかについて憲法上慎重な考慮が必要である。

主権が国民に属する民主制国家は、その構成員である国民がおよそ一切の主義主張等を表明するとともにこれらの情報を相互に受領することができ、その中から自由な意思をもって自己が正当と信ずるものを採用することにより多数意見が形成され、かかる過程を通じて国政が決定されることをその存立の基礎としているのであるから、表現の自由、とりわけ、公共的事項に関する表現の自由は、特に重要な憲法上の権利として尊重されなければならないものであり、憲法二一条一項の規定は、その核心においてかかる趣旨を含むものと解される。もとより、右の規定も、あらゆる表現の自由を無制限に保障しているものではなく、他人の名誉を害する表現は表現の自由の濫用であって、これを規制することを妨げないが、右の趣旨にかんがみ、刑事上及び民事上の名誉毀損に当たる行為についても、当該行為が公共の利害に関する事実にかかり、その目的が専ら公益を図るものである場合には、当該事実が真実であることの証明があれば、右行為には違法性がなく、また、真実であることの証明がなくても、行為者がそれを事実であると誤信したことについて相当の理由があるときは、右行為には故意又は過失がないと解すべく、これにより人格権としての個人の名誉の保護と表現の自由の保障との調和が図られているものであることは、当裁判所の判例とするところであり（昭和四一年（あ）第二四七二号同四四年六月二五日大法廷判決・刑集二三巻七号九七五頁、昭和三七年（オ）第八一五号同四一年六月二三日第一小法廷判決・民集二〇巻五号一一一八頁参照）、このことは、侵害行為の事前規制の許否を考察するに当たっても考慮を要するところといわなければならない。

㈢　ⓤ次に、裁判所の行う出版物の頒布等の事前差止めは、いわゆる事前抑制として憲法二一条一項に違反しないか、について検討する。

⑴　表現行為に対する事前抑制は、新聞、雑誌その他の出版物や放送等の表現物がその自由市場に出る前に抑止してその内容を読者ないし聴視者の側に到達させる途を閉ざし又はその到達を遅らせてその意義を失わせ、公の批判の機会を減少させるものであり、また、事前抑制たることの性質上、予測に基づくものとならざるをえないこと等から

事後制裁の場合よりも広汎にわたり易く、濫用の虞があるうえ、実際上の抑止的効果が事後制裁の場合より大きいと考えられるのであつて、表現行為に対する事前抑制は、表現の自由を保障し検閲を禁止する憲法二一条の趣旨に照らし、厳格かつ明確な要件のもとにおいてのみ許容されうるものといわなければならない。

㋓出版物の頒布等の事前差止めは、このような事前抑制に該当するものであって、とりわけ、その対象が公務員又は公職選挙の候補者に対する評価、批判等の表現行為に関するものである場合には、そのこと自体から、一般にそれが公共の利害に関する事項であるということができ、前示のような憲法二一条一項の趣旨（前記㈡参照）に照らし、その表現が私人の名誉権に優先する社会的価値を含み憲法上特に保護されるべきであることにかんがみると、当該表現行為に対する事前差止めは、原則として許されないものといわなければならない。㋔ただ、右のような場合においても、その表現内容が真実でなく、又はそれが専ら公益を図る目的のものではないことが明白であって、かつ、被害者が重大にして著しく回復困難な損害を被る虞があるときは、当該表現行為はその価値が被害者の名誉に劣後することが明らかであるうえ、有効適切な救済方法としての差止めの必要性も肯定されるから、かかる実体的要件を具備するときに限って、例外的に事前差止めが許されるものというべきであり、このように解しても上来説示にかかる憲法の趣旨に反するものとはいえない」。

二　㋐名誉侵害での人格権に基づく差止請求権を承認し、その実体的要件の構成に入って、㋑表現行為に対する損害賠償規準を参照して、㋒事前差し止めでは、厳格かつ明確な要件が憲法二一条の趣旨に照らし必要とされ、具体的には、㋓原則禁止、㋔例外的認容要件として㋑で参照した要件を加重している。

これらのうちまず、㋐では、何を法源として規準を取り出したのかの明示がないが、条理に基づく欠缺補充と性格付けるほかない。この㋐では憲法について言及がないことが本稿のテーマからは興味深い。㋔で憲法の趣旨に反するものとはいえないとするのは、㋒を外れないとしたからであり、㋔は、制度的にはないが仮に違憲審査があると仮定したらそれに耐えうるという意味である。これは、㋐が上記のような性格の作業によるものであるから、その許容要件についても当然のことながら手掛りとなる法規はない。したがって㋒㋓㋔は立法類似行為となり、㋔の末尾は、立法が違憲であることを避けなければならないと同様の注意をもって判決がされたということを表明したものである。[125]

憲法の趣旨に反さないとされているが、基本権規定が違憲審査規準に構成されてそのように判断されたのではない。また、この事件は構成された差止規準によって差止請求権の行使が認められるのであるから札幌地裁の仮処分は違法ではないとして上告を棄却したのであって、仮処分決定の違憲審査をしたのでもない。また、趣旨に照らすというのは、基本権規定を民事裁判規準に構成することではなく、基本権理念を指針として民事裁判規準を構成するということ即ち（欠缺補充を含む）広義の合憲的解釈によって規準を作ったのであって、ある基本権規定の解釈（操作）によって構成したのではない。㋓㋔の構成が違憲にならないために憲法理念を指針として構成したものである。

### 三　最大判北方ジャーナル事件の二要件と過少保護禁止・過剰介入禁止

私人間適用論の多くにおいては必ずしも違憲判断規準の構成（前節でいう③作業）が意識的に取り組まれてきたとはいえないなかにあって、近時主張されている基本権保護義務説は違憲規準と思われる過少保護禁止（下限）と過剰介入禁止（上限）を議論の柱としている。

最大判㋔での二つの要件即ち「ⓐその表現内容が真実でなく、又はそれが専ら公益を図る目的のものではないことが明白であって、ⓑかつ、被害者が重大にして著しく回復困難な損害を被る虞があるとき」に関して、山本は、ⓑは、「基本権に少なくとも最低限の保護を与える義務──過少保護の禁止──から基礎付けられる」、ⓐは、「この要件が充たされるときは、事前差止めを認めても表現の自由を過度に侵害したことにならない──過剰介入の禁止に反しない──という意味をもつ」とする。[126]

ここでは、過少保護禁止と過剰介入禁止からみて最大判が提示した民事裁判規準は合憲といえるという説明が行われている。合憲であると判断することと民事裁判規準として支持するかは別の問題であるが、この解説中に判決のこの規準に対する批判的姿勢を思わせるものは見当たらないからおそらく判決支持なのであろう。山本解説からは憲法と民法の関係について以下の①②③のような問題が現れる。①判決支持の場合には民法解釈を支持する理由とその解釈が上限或いは下限基準を充たしているとする理由がそれぞれ明示されなければ、上限或いは下限規準を適用した故の合憲判断であるかの判定はできない。例えば次のようなことがあれば、上限あるいは下限が姿を現すであろう。我が国にドイツのように民事判決の違憲審査制があったとして、最高裁で敗訴した北方ジャーナル事件の原告が要件ⓐを違憲であるとして憲法異議を提起した場合に、憲法裁判所が要件ⓐを過剰介入になるとしたとすれば、そこで上限規準が機能したことがわかる。同様に最高裁が被告に損害賠償を命じたとして、被告が憲法異議を提起し、憲法裁判所が最判中のⓑ要件が下限を下回るものとした場合には、下限規準が機能したことになる。この二つの判断は別の事件で下されるものであるから、北方ジャーナル判決の二つの要件のそれぞれが上限と下限規準を充たしているというような判断が同時に行われることはない。しかし、憲法裁判所の判例とそれをめぐっての議論の蓄積のなかから、ということは論理的には憲法裁判所を仮定しなくても、上限下限セットができそうである。しかし、できたとしてそこから更に問題が加わる。②彼或いは彼女（以下後者略）が上限か下限かを機能させてある民事判決の立てた要件を違憲であると判断したとしよう。彼がその要件を民法解釈としても支持していないとしたら、民法解釈における不支持の理由と上限・下限違反であるとする理由が別であることはその両方の理由が明示されないと分からない。③彼がある民事判決の要件を支持しないが、合憲であると判断する場合、不支持理由と上限規準或いは下限規準に反さないとする理由を挙げないとやはり民事的判断と違憲判断の理由の相違は分からないであろう。

基本権保護義務説はこれらの問題すべてに対して、それぞれの理由を区別して提示することはできると答えるはずである[127]。これが可能でなければ、ドイツ憲法裁判所は第四審と変らなくなる。基本権保護義務説のアイディアのうちの裁判所判決の権力作用への着目は公権論と民事判決の違憲審査制度の関係の整合性についての論理的な根拠付けであったが、もう一つの眼目である上限・下限は、実質的な問題である。我が国では、民事裁判規準の妥当性判断と違憲性判断の異同の議論については、民事判決の違憲審査制度がないから判例の蓄積がないという条件の相違があり、また、ドイツの基本権保護義務説がもつような実際的な意味も少ない。このような問題は、山本が我が国で憲法問題ともされるような事例について具体的例をあげて①②③において民法上の妥当性判断と上限・下限の設定における判断は異なることを示せば議論の発端が開けるが、素材に乏しいことと議論の実際的意義の点からして、憲法学でこの方向での議論が展開されるという予想はし難い。

(122)　この判決における欠缺補充およびその合憲的解釈との関係につき詳しくは、広中『民法解釈方法に関する十二講』（以下、『十二講』とする）［一九九七］八五頁以下参照。

(123)　民法九〇〇条四号についての最大決一九九五（平七）・七・五民集四九巻七号一七八九頁の判断の対象は原判決の憲法解釈であって民法解釈ではない。この事件を逆にして、原判決がこの規定の合憲性を前提として判決したが最高裁が上告理由を受け入れて違憲と判断したと仮定した場合にも、確かに原判決の民法適用の結果が違憲とされるが、それは適用された規定が違憲判断の対象とされることによるのであって、原判決による規定の解釈と適用の仕方が違憲判断の対象とされるわけではない。

(124)　藤井・前掲二二四頁は、最大判北方ジャーナルにつき「Lüth 判決と同種の事例であるだけに、この事例と私人間の効力論との関係についての議論をさらにふかめる必要がある」とするが、それ以上は述べられておらず、両国の制度の相違を念頭においているのかは不明である。

(125)　ちなみに、㋑であげられている損害賠償の要件は民法七〇九条の違法性（権利侵害）と過失の客観的解釈によっている。そこでは、事前抑制のようには、憲法との関係は論じられていない。

(126)　山本「判例解説（本判決）」民法判例百選Ⅰ〔第六版〕一一頁。

(127)　山本は、根森の疑問（前注(105)参照）に対して、「衡量問題の解決にとって前提となるのは、何をどのような意味で衡量すればよいかという意味の確定である」と反論している（『現代法の展望』四九頁注㉕）。根森への反論として述べられているのであるから、ここで言われている比較衡量は違憲判断規準としての上限・下限の設定作業である。民法解釈では保護が下限でよいとされることは少ないであろうから、本文中で上述したような意味で、上限・下限の設定での評価と民法解釈での比較衡量での評価の相違が我が国判例の具体的例によって示されることが、我が国での基本権保護義務説に求められるところである。

## 第五節　小　括

一　わが国における民主主義的国家形態の導入の歴史的経緯及び民事判決の違憲審査制度をもたない権力分立制の下で、民法上の法形成において基本権規定の民事裁判規準への構成がないことは制度的に予定されたことであった。民法規定の歴史的先行性及び一般条項を利用した欠缺補充が民法規定の細目性の欠如をカバーすることが、基本権規定が民事法規準の要素とされる必要性を生じさせなかった。基本権理念の解釈指針としての機能においても、解釈指針たる民法二条と基本権理念の同一性および解釈指針が必ずしも明示されるものではないという性格は、基本権規定が解釈指針として機能するケースを少なくする。基本権規定の三つの性格は、もう一つの基本的人権の社会的基盤と民法の一般法的性格を間接的に示すものであるといえよう。

二　ドイツとの裁判制度の相違が、判例上の基本権規定の扱いを巡っての憲法学説上の混乱につながっている。憲法裁判所を解釈論の名宛人とするドイツ憲法学とは異なって、我が国では民事判決における民事裁判規準の構成の違憲判断ではなく、そこでの利益衡量の是非が論じられることになる。その結果、通説であった間接適用説の衰退と合憲的解釈論への収斂の傾向が生まれた。その先にあるのは、私人間適用論の「発展的解消[128]」という名の終焉であろう。市民社会におけるもうひとつの基本的人権に基づく要請への対応に、その理念を表わす民法二条が解釈指針として機能することは、そしてその明示が必要でなくなれば更に、民主主義的国家形態の下での法形成が市民国家の現実化であることを示すものといえる。

三　最大判北方ジャーナル事件は、基本権規定の私人間適用を示すものとはいえない。そこでは、基本権規定の解釈によって民事裁判規準（差止請求権行使の例外的許容要件）を構成したのではない。合憲性を前提できる法規の操作によることができないという点で立法的作業に近づくことから、設定される民事裁判規準が合憲的構成であることを示すために、基本権規定の趣旨が解釈指針とされた。これは基本権規定から違憲判断基準を構成する作業ではないし民事裁判規準を構成することでもない。

(128)　棟居『憲法学再論』二五六頁。

# 第四章　反制定法的法形成の正当性の所在について

## 第一節　問題の所在

一　二〇〇六年一二月二〇日、利息制限法一条四条の各二項の削除とともに貸金業規制法四三条みなし弁済規定の削除を中心とした貸金業法への名称変更を伴う改正を内容とした「貸金業の規制等に関する法律等の一部を改正する法律」（平一八法律百十五号）が公布され、二〇一〇年六月一八日の完全施行によって、最大判一九六八（昭四三）・一一・一三民集二二巻一二号二五二六頁（以下最大判一九六八）以来さまざまな形で争われてきた利息制限法の制限を超過して支払われた利息による元本充当計算後の余剰金の返還請求の問題は、いわば残務処理というべきものを除いて、民法解釈論上の問題としてはほぼ結着がついた。最大判一九六八の登場からそのような解決に至るまでの過程は、反制定法的法形成のそれと呼びうるが、そのような法形成の意義を把握するうえでは、権力分立を重要な柱とする民主主義的国家形態との関係での方法的な検討が不可欠である。

二　明文に反する判決が正当性を獲得する根拠と過程については欠缺補充とは別な検討が必要である。わが国の法制度である制定法主義は、裁判が裁判官の外にある規準を適用したものであるという社会的要請を、第一次的法源として制定法を提供することによって果たそうとするものである。様々な解釈および欠缺補充はこの制定法主義と矛盾しないという条件の下で行われる。ここには制定法の文言が解釈ないし補充の対象であると同時にそれら作業が文言と矛盾しないことを示しうることによってはじめてそれらが広義の解釈作業であることが承認される。そこには裁判への働き掛け可能性の手掛りとしての裁判の理由付けの存在が、民主主義的国家形態における裁判という権力作用に対する基本的要請であるという意識の一般的存在をみることができる。しかし、この制定法主義の前提と対立することになる反制定法的判決が現実に最高裁判決として現れ、しかもその後にその対象領域で極めて重要な役割を果たし、最終的には制定法とされて法形成の完成をみたのである。この法現象の意義を否定するのであればともかく、この法形成の意義を肯定するのであれば、わが国の裁判制度のもとで例外的なものとしてではあれ、反制定法的法形成の正当性の所在を明らかにしなければならない。この問題は具体的には、最大判一九六八に関して、①この反制定法的判決自体及び②この判決のルールがその後の法のなかで存続したことによって生じた反制定法的法状態につき、それぞれ㋐権力分立制度の下での立法府との関係でのその正当性の所在、㋑国民主権という制度の下での国民との関係での正当性の所在が検討されなければならない。民法上の法形成と民主主義的国家形態というテーマの下での一つの章とした所以はここにある。

三　本稿では、反制定法的判決を、その条文の外での論理操作を通じてその条文の適用範囲をなくすことによってその条文の適用を排除し、その条文の文言に反する結論を導き出す手法による判決とする。[129] しかし、最大判一九六八を反制定法的判決として採り上げることに対しては、二つの相反する方向からの異論がありうる。一つは、最大判一九六四〔昭三九〕・一一・一八民集一八巻九号一八六八頁〔以下最大判一九六四〕を既に反制定法的判決であるとする見方であり、もう一つは、最大判一九六八はいまだ反制定法的判決とはいえないとする見解である。これらの異論について論じるためには各判決の内容に立ち入らなければならないから、以下でそれぞれの判決を扱う箇所でそれらの異論について触れることにする。(130)

**四**　以下では、反制定法的判決の登場として、最大判一九六八の前史と関係させながら同判決の特色とそれへの様々な反応のもつ意味を検討し（第二節）、ついで、反制定法的法状態の変遷として、最大判一九六八後の法形成過程の特色とその意味を検討し（第三節）、最後に小括を付す（第四節）。(131)

(129)　反制定法的解釈については、広中『十二講』九五頁以下、『新版民法綱要』七五頁以下参照。

(130)　後注(142)および後注(172)参照。

(131)　本稿での「高利貸資本」という言葉について。本稿では、経済学上の利子理論による区別によるものではなく、利息制限法を超過した利息による貸付けを業としている業者の経済的表現として用いる。適正金利を想定してそれを越えているかといった問題や利息制限法の利率が高利ではないかという問題に触れるものではない。

## 第二節　反制定法的判決の登場

### 一　反制定法的判決前史

(1)　最大判一九六二（昭三七）・六・一三民集一六巻七号一三四〇頁（以下最大判一九六二）とそれに対する反応について

i　事実関係の詳細は省略するが、この事件は債権者による差し押さえに対して公正証書の執行力を排除するための請求異議の訴えであり、一九五四（昭和二九）年の一四〇万円の借入額からみて事業資金と思われる。原審は超過利息による元本充当を肯定したうえで請求異議を認容した。最高裁は大法廷判決によって、元本充当を否定し原判決を破棄差し戻した。いわく、「金銭を目的とする消費貸借上の利息又は損害金の契約は、その額が利息制限法一条、四条の各一項にそれぞれ定められた利率によって計算した金額を超えるときは、その超過部分につき無効であるが、債務者がそれを任意に支払つたときは、その後において、その契約の無効を主張し、既にした給付の返還を請求することができないものであることは、右各法条の各二項によって明らかであるばかりでなく、結果において返還を受けたと同一の経済的利益を生ずるような、残存元本への充当も許されないものと解するのが相当である。

……原判決は、右のような場合、元本債権にして残存するならば、超過支払部分は当然元本に充当されると解するのが、同法二条の法意に通じ、かつ高利金融に対して経済的弱者である債務者を保護しようとする同法制定の趣旨にも適合する所以であるというが、同法二条は、消費貸借成立時における利息天引の場合を規定したものであつて、債務者が、契約上の利息又は損害金として、法定の制限を超える金額を任意に支払った場合につき規定した同法一条、四条の各二項とは、おのずからその趣旨を異にするから、同法二条がその規定のような擬制を許すからといつて、同法一条、四条の各二項も同一趣旨に解さなければならないとする理由とすることはできない。

また、利息制限法が、高利金融に対して経済的弱者である債務者を保護しようとの意図をもつて制定されたものであるとしても、原判示の如く、その充当を、元本債権の残存する場合にのみ認めるにおいては、特定の債務者がそれによる利益を受け得るとしても、充当されるべき元本債権を残存しない債務者は、これを受け得ないことになり、彼此債務者の間に著しい不均衡の生ずることを免れ得ない」。

この最大判一九六二における多数意見の中心的理由[132]は、「結果において返還を受けたと同一の経済的利益を生じるような、残存元本への充当も許されない」とすることであった。

ii　これに対して、充当を肯定する反対意見は、元本充当を民法四九一条の問題とする。これを支えるのは超過利息債務無効論である。奥野、五鬼上反対意見がこれを詳細に述べる。充当の指定がない場合当然に元本に充当され、利息と指定した場合には、制限超過部分は無効であり、弁済不可能であるから弁済の指定もなかったものと同一になるとして、四九一条によって元本に充当されるとする。この反対意見でも充当後余剰金の返還請求を認めるという解釈は考えられていないようである。池田反対意見は、「元本債権が残存しない限り事実上債権者の利得する結果となることはやむを得ない」とし、奥野、五鬼上反対意見は、「制限超過部分の返還の請求を認めないことと矛盾、抵触するものでない」とし、山田反対意見は、「（利息制限法一条は）法条としては首尾一貫していないが、……現行法上少数説の……解釈が条文上の根拠がある以上、一歩理想に副うべく……」とする。興味深いのは、横田喜三郎裁判官が反対意見の中で次のように法律忠実を強調していることである。残存元本への充当を肯定する政府委員の発言をひきつつ、「立法趣旨が……十分に理由のあるものであるならば、……国民を代表する国会によって民主的に制定されたものであるから、……」と述べた。ここで横田（喜）反対意見が充当肯定について立法の趣旨を強調するとき、この時点で、その先にある充当計算後の余剰金の問題を一条二項との関係でどのように考えていたのかは推測できない。ちなみに、横田（喜）裁判官は、最大判一九六四では補足意見として立法の趣旨を再度強調するが、最大判一九六八では「立法の趣旨」への言及はない。

iii　この判決を批判する学説においてもその先の返還請求を主張するものは現れていない。ア、我妻栄は、助力拒否論にたち、最大判一九六二には反対するが、反対意見の元本充当の論理に対しては否定的であり、充当後の返還請求は否定する。（債権者による）利得の保有は助力拒否の「反射的効果」であるとする[133]。イ、石本雅男は、超過利息支払いを不法原因給付として、返還請求を否定する。元本充当肯定と返還請求拒否が債権者・債務者間の均衡論で結びつけられているとし、返還請求の否定に正当性があるとする立場であった[134]。ウ、広中は、元本充当を、（返還）請求権付与の前段階としての抗弁権付与と位置づけ、「解釈においても立法としても、……完成への途上（過度期）にある」として、充当肯定への判例変更を要求している[135]。

かくて、この間の議論では、裁判上も学説上も制限超過利息保持の限定（元本充当）の可否が論じられていて[136]、判決による保持の否定（返還請求の肯定）への要請は議論の平面には現れてはいなかった。本判決の調査官解説は、「大法廷判決は、現行利息制限法の解釈上これを採らないというに帰するのであって、本件のような債務者の保護が必要でないといっているわけではないのであるから、本件判決が出された以上は、至急に利息制限法を改正する等の措置が講ぜられ、明文化によってそのような債務者の保護を図ることが切望される」と述べていた。文章上はここで立法への要請とされているのは元本充当の承認であるが、一条二項の見直しが視野にあった可能性もある。

iv　この「切望」は調査官による最大判一九六二の解釈であったが、このような要請に対して行政に動きがなかった訳ではない。この判決から半年後、法務省から内閣に利息制限法改正案が提示され内閣において第四三回通常国会に提出を検討中とする小さな新聞記事（朝日一九六三・一・一一夕刊）があった。改正案の内容は制限超過利息の元本充当を認めることを明記する、同法一条四条の各二項を削除するというものであったようである。[137]また、日弁連の司法制度調査委員会が法務省案と同様に一条二項、四条二項削除を提言していた。これらの動きに対して危機感をいだいた全金連は、利息制限法改正に対する「猛烈な反対運動」を行い法案の国会上程を阻止したという。[138]

伝えられている法務省の利息制限法改正案の内容が、直ぐのちに現れる最大判一九六四および一九六八と同じであるということは、法務省が既に利息制限法一条二項、四条二項の社会的意義を否定していたということであり、そこには事業者金融の分野で高利貸資本が日本社会で必要とされるものという位置を失いつつあることが如実に現れている。また、内閣への法案提出は最終的決断を総理大臣に委ねるという段階であるから、それ以前に大蔵省との打ち合わせが全くなかったとは考えにくいが、それがなかったとしても、後にふれるように、大蔵省は全金連からの利息制限法適用排除の陳情に対して、その陳情への自らの消極的姿勢の弁明として、利息制限法は法務省の所管であるということを繰り返しているから、この法務省案には大蔵省からの異議はなかったものと推測できる。大蔵省にとっては、中小事業者金融に関しては戦後に相互銀行、信用金庫、信用組合といった金融機関の整備があったことが重要であった。[139]行政府には積極的にか消極的にかはともかく利息制限法一条二項、四条二項の削除の要請に応える姿勢があった。これに対して、内閣は法務省案の国会提出を見送った。内閣は行政の要ではあるが、議院内閣制の下では支配政党を代表するという意味で立法府の意思を事実上代表する。内閣の姿勢は直接には最大判一九六二以後の様子を見るというものであったと思われるが、そこには、最大判一九六二の内容を法務省案のように急いで変える必要はなく、充当否定で構わないとする判断が考えられる。このことから直ちに与党が当時の貸金業界の保護・支援に積極的であったとすることはできないが、充当否定判決を静観する姿勢には、高利貸付が市民社会の基本的ルールにはそぐわない存在であるとする見方は窺われない。

最大判一九六二をめぐるこれらの動きは短い時期のものであったが、そこで示されたそれぞれの姿勢はすぐ後の最大判一九六四および一九六八への対応更にはのちの貸金業者自主規制法、貸金業規制法の立法過程における姿勢につらなるものであった。

(2)　最大判一九六四とそれに対する反応について

i　最大判一九六四の特色

細かい事実関係は省略するが、連帯債務者二名に対して一九五四年から五六年にかけて計七〇万円を貸与した債権者が元本と未払い利息および損害金を請求したところ、債務者はそれまでに支払った制限超過利息部分の元本への充当を主張し、残債務額を争った。原審は充当を否定して債権者の請求を認容した。債務者が上告し、大法廷は以下のように述べて原判決を破棄差し戻した。

「債務者が利息、損害金の弁済として支払つた制限超過部分は、強行法規である本法一条四条の各一項により無効とされ、その部分の債務は存在しないのであるから、その部分に対する支払は弁済の効力を生じない。従つて、債務者が利息、損害金と指定して支払つても、制限超過部分に対する指定は無意味であり、結局その部分に対する指定がないのと同一であるから、元本が残存するときは、民法四九一条の適用によりこれに充当されるものといわなければならない。

本法一条、四条の各二項は、債務者において超過部分を任意に支払つたときは、その返還を請求することができない旨規定しているが、それは、制限超過の利息、損害金を支払つた債務者に対し裁判所がその返還につき積極的に助力を与えないとした趣旨と解するを相当とする。

また、本法二条は、契約成立のさいに債務者が利息として本法の制限を超過する金額を前払しても、これを利息の支払として認めず、元本の支払に充てたものとみなしているのであるが、この趣旨からすれば、後日に至って債務者が利息として本法の制限を超過する金額を支払つた場合にも、それを利息の支払として認めず、元本の支払に充当されるものと解するを相当とする。

更に、債務者が任意に支払つた制限超過部分は残存元本に充当されるものと解することは、経済的弱者の地位にある債務者の保護を主たる目的とする本法の立法趣旨に合致するものである。右の解釈のもとでは、元本債権の残存する債務者とその残存しない債務者の間に不均衡を生ずることを免れないとしても、それを理由として元本債権の残存する債務者の保護を放擲るような解釈をすることは、本法の立法精神に反するものといわなければならない。」

ii　最大判一九六二の反対意見が最大判一九六四での多数意見となった。多数意見の中心的理由は超過利息債務を無効とすることに基づく民法四九一条適用である。付け加えられているのは、最大判一九六二の多数意見の中心的理由に対して答えるように、利息制限法一条二項四条二項の趣旨について「制限超過の利息、損害金を支払った債務者に対し裁判所がその返還につき積極的に助力を与えないとした趣旨と解するを相当とする」と述べていることである。もっとも、これは元本充当が一条二項四条二項と「矛盾」(最大判一九六二の河村補足意見)するものではないという意味の文章であって、充当後の余剰金の返還請求について直接に述べているものではない。

充当を肯定する多数意見においても充当の後に残された問題が意識されてはいるが、弁済後の余剰金の返還請求の可否についての明示的言及はない。しかし、奥野・斉藤補足意見においてはその返還請求権の否定の方向が示唆されている。特に斉藤裁判官は、「問題の金額に関する限りにおいては、債権者・債務者いずれの側からするも新規の金銭の出し入れをなさしめないで、その当時の金銭支払関係の現状をもとにして……」「法律の解釈には、おのずから一定の限度があるのであって、……（多数意見も反対意見も）どちらの解釈も現行法の文理と必ずしも矛盾するものではなく、そのいずれを採るかは、……選択の問題にすぎないと信じる……」と述べている。ここには、元本充当後の余剰金の返還請求の否定を前提にしていることが窺える。多数意見に属する他の裁判官がこの補足意見に同調していないことが興味をひかれるが、補足意見と結論を同じくする以上この事件では返還請求に言及する必要はないのであるから、多数意見の述べる判決理由からは返還請求についての見解を想定することはできない[140]。これに対し、新たに充当否定論に加わった横田(正)裁判官の反対意見における返還請求権への言及が注目される。そこでは、奥野補足意見に対する批判として、「元利金を完済した後に起る問題は、超過部分についての不当利得の問題ではなく、元本の過払い、すなわち元本についての不当利得の問題に過ぎないのであるから、結局、法一条二項及び四条二項の規定は無意味な規定というほかはないのである」としている。ここには、充当肯定が返還請求権肯定に繋がることを理由とした反制定法的解釈への批判がある[141][142]。

最大判一九六四が元本充当を肯定したことで、元本が残存するか否かで生ずることになる不均衡への対処が現実の問題として問われることになる。内容的妥当性の点からは返還請求の肯定の方向を既に一九六三年の法務省案が示していた。元本充当後の余剰金返還請求権の肯定が伴わなければ元本充当は「不均衡を生じることを免れない」ことになるとすれば、多数意見のうちで補足意見に同調しない裁判官にとっては、返還請求が最高裁の法廷に現れるまでにその解釈可能性を検討することが課題となった。これらの裁判官は、横田(正)反対意見の中にそのヒントがひそんでいることに気付いたかもしれない。返還請求事件に判決を下すときまでが、一条二項四条二項が「無意味になる」（横田(正)）という批判への答えを探る時間であって、その間に作り出された、元本充当計算後の余剰金は一条二項にいう「超過部分[144]」ではないとする論理構成が、反制定法的判決へのスプリングボードとなるものであった[143]。

ii　学説の反応

㋐　判決反対・充当否定説

川井健は、利息の保持は「正当視され」うる、あるべき立法的解決を望むほうがよい、とした。[145] 西村信雄は自然債務論に拠っている（後注(157)参照）。匿名解説S・H・Eは、一条二項の存在は重大な障害であるとしている（法改正を要求しているのかは不明）。[146] これらの学説では充当否定の実質的な論拠を示すのではなく、一条二項を論拠としている。

㋑　判例の結論に賛成するが返還請求は否定する説

我妻・助力拒否論[147]（前注(133)該当本文参照）

㋒　判決を支持し、余剰金の返還の肯定を可能とする説

谷口知平は、最大判一九六四における充当の論理を前提として、「元本が完済されて存在しないと考えながら利息超過払いというのも論理一貫せぬことであるから、結局制限法の適用を否定して」不法原因給付規定の解釈によって原則として「無智・窮迫に貸主が乗じたという推定をして返還請求を認め」[148]る。元本完済による超過払いの不存在という理由による「制限法の適用を否定」という論理は最大判一九六八に繋がるもので注目される。不法原因給付とした（この点は石本説と同じ）ことで最大判一九六八後の学説から注意を引かなかったのであろう。

判例を支持する学説が圧倒的であったと思われるが、その中から谷口説の他には返還請求を肯定する説は現れてこなかった。石川利夫は、この間の状況を後に振り返って、「(私も) 返還請求を認めない立場だったといえよう」として、「本件判旨（注　最大判一九六八のこと）……の歯ぎれのいい論理を、昭和三九年の判例の段階では考え及ばないでいたことは確かであり、……利息制限法一条二項の存在から、大方もそこまで論ずるのに躊躇があったのではないかとおもう」と述べている。[149] しかし、学説の外で返還請求権肯定の動きは進行していたのである。

iii　返還請求権を肯定する論稿と下級審裁判例の登場

調査官解説による最大判一九六四多数意見の「不明確さ」の指摘が注目される。[150] 宮田①では、「(大法廷判決は) 構成員の意見の最大公約数的表現にとどまらざるをえない場合の多いことは否定できない。本判決においても、将来の

解決にまかされたと思われる問題点がないわけではない（一八頁）」として、元本充当後の余剰金についてのケースを想定したうえで、結論としては返還請求権の成立を否定することになるとしている。解説の中心が返還請求権問題であることがまず注目される。また、時間を置かないで執筆されたと思われる②において設定されたケースが①における それと異なっている（相違の詳細の紹介は省略するが、①の(二)、(三)と②の(二)を参照）ことは、担当調査官がこの判決の多数意見の理解に困難を感じていたことを示している。②一一八頁では前記①一八頁に対応する叙述が、「多数意見は、一〇名の裁判官の意見を本件の事案に即して最大公約数的に表現したものであるから、必ずしも明確でないと思われる点が若干ないでもない」とされていて、多数意見の不明確さを指摘するものになっている。この調査官解説の「最大公約数的に表現したもの」という表現は、①②を注意深く読んだであろう読者（とくに、補足意見および我妻ジュリ三二四号とは異なった途を探っていた実務家）を、多数意見のうちで補足意見に加わらない裁判官達が充当後の余剰金について補足意見とは異なる考えかもしれないという推測に誘うものであった[151]。

瀬戸正二「元本完済後支払った利息・損害金」判タ一九〇号［一九六六］九一頁が、元本充当計算後の余剰金の返還請求権を肯定する論稿の登場であった[152]。そこでは、最大判一九六四の多数意見が充当時に元本が残存する場合と残存しない場合の債務者間の不均衡をやむを得ずとしていることからすると、充当肯定説も「返還請求は許されないとの前提に立っているようにみえる」と含みのある表現をしつつ、「利息制限法一条二項……は、制限内の利息を請求できない場合（すなわち、元本が残存する場合　原文）であることを当然の前提として、超過部分の返還も許されないとしているのであって、利息全部……の返還を請求できるかどうかという本問題に適用さるべき規定ではなく、この場合には、元本完済後に重ねて元本を支払った場合と同様に、民法七〇三条・七〇五条の原則が適用されると解すべき」とする。瀬戸論稿は、充当計算上の元本完済時点後に支払われたものに元本部分と利息（制限内および制限超過のそれ）があるとしつつ（この点は前記宮田解説にもみられる）、まず元本部分（元本過払い）は利息制限法の対象ではなく非債弁済であることが前提とされている（ここには論稿中に触れられている横田(正)反対意見の影響が見られる）。そして、約定利息（従って、制限内利息も制限外利息も）について、「重ねて元本を支払った場合と同様に、」不当利得の原則が適用されるとするのである。その理由として、利息制限法の一条二項は、元本が存在している場合に制限内利息の返還請求ができないと同様に制限外利息の請求もできないとしたものであって、利息全部の返還が問題となる場合には及ばないという解釈が示されている。ここでは「利息全部の返還」であること、それによって一条二項の適用範囲外とすることが特色である。それを基に利息制限法一条二項が適用される「その返還」とその適用外の「利息全部の返還」を区別するという巧妙な（しかし、複雑な）解釈論が展開されている。瀬戸論稿の意義は、横田㊣反対意見で示されたとは異なった、一条二項の解釈を含んだ返還請求権肯定の論理の可能性を示したことにある。この瀬戸論稿は掲載雑誌の性格からみて実務家から注目されたと思われる。

瀬戸論稿の後、充当後残額の返還請求を肯定した二つの下級審判決が登場した。

① 最大判一九六八の原判決である東京高判一九六六・九・九下民集一七巻九・一〇号八〇六頁では、充当計算による「過払い」は「不当利得として返還すべきもの」とされた。この判決は、充当計算後の残額につき、利息の支払か元本の支払かという性格付けをしないで、「過払」・「過払金」の不当利得として返還を認めていることが注目される[153]。

② 横浜地裁川崎支判一九六八・八・二九金融法務五二三号三〇頁では、「制限超過部分が当然に元本債務に充当されるべきいわれはないといわなければならない」とするが、「しかしながら、……支払われた約定利息……の合計額が……制限利息……の合計額に達したときは、もはや債権者の受くべき満足は同法の許容する限度に達したものというべきである。しかりとすれば、その時点において、右の利息ないし遅延損害金中制限超過部分を元本債務に充当し、それによって一切の債務が完済されたことになる効果を認めるのが相当である。」とし、「合計額に達し」たのちは、原告は「過払い」したことになり、被告は「不当に利得したもの」であるとした。利息制限法一条二項、四条二項については、「この規定は、元本が完済された後の支払についいては適用がない……債務者は元本完済後その事実を

知らないでした支払については……返還を請求することを妨げられない」とした。この判決は、前半で「当然には……元本債務に充当」されないとしつつも、制限利息の合計を超えた部分から充当を認めているから、説明は異なるが最大判一九六四と結果的には同じ充当計算になる。そして充当計算後は、東京高判一九六六と同じく、計算上の元本充当の後に支払われたことになる部分につき利息か元本かといった区別に入らずに、まとめて「過払い」としている[154]。

かくて、下級審判決では、一条二項、四条二項を元本が存在する（したがって制限利息の支払義務のある）場合に限定する解釈を瀬戸論稿と共通にしつつ、しかし瀬戸論稿のようには制限利息の返還と超過利息の返還とを同様に認めるということに一条二項の適用排除の理由をみるという構成を介することなく、直接に「過払い」が不当利得となるとされており、もう一歩最大判一九六八の論理に近付くものであった。

iv　「（元本充当判決は）貸金業界に大きなショックを与え、業者の間に危機感が広がった」といわれ、全金連では、一九六四年一二月七日に法制対策委員会、一九六五年一月一九日に法制対策特別委員会が招集され、「最高裁判決に対処する方策」も議題とされている。しかし、判決に対しての具体的運動は起こされず、出資法金利の引き下げ阻止の運動およびその後は貸金業法制定の運動が組まれた[155]。

政党レベルでは、引き続き後述する全金連の立法運動への対応はあったが、最大判一九六四への新たな対応といえるものはなかった。法務省が再度改正案を提出するということもなかった。かくて、最大判一九六四が明示的に存在を認めていた（そして一九六三年の法務省案では返還請求の承認によって解消される）不均衡への内閣および立法府による対処の見込みがないという状態、そして下級審裁判例のなかから返還請求権を認める動きが現れてきているという状態のなかで、最高裁はこの問題への対処が迫られることになった。

## 二　最大判一九六八・反制定法的判決の社会的意味

(1) 最大判一九六八と学説の反応

i 事実概要 原告は、一九五六年五月一日、弁済期を同年六月一日利息を月七分として、被告から五〇万円を借り受け、利息天引きされた四六万五〇〇〇円の交付をうけた。貸金債務を担保するために、所有建物に抵当権設定登記、賃貸借設定登記、代物弁済予約を原因とする所有権移転請求権保全仮登記を経由した。被告は一九五八年四月一八日、代物弁済予約完結の意思表示をし、同年一一月二六日所有権移転登記を経由した。原告は一九五九年一月までに損害金の支払いを行い、そのうち利息制限法所定の損害金を超える部分を元本充当すると、一九五七年一二月一一日の支払いで元本は消滅し、その後の支払いは二〇万余に達した。原告は債務の不存在確認、各登記の抹消登記手続、過払い金の不当利得返還を求め、被告は本件建物の所有権に基づき原告に対して本件建物の明渡しを求めた。

第一審は、代物弁済予約の完結を認め、その後に支払われた一〇万円の返還を命じた。第二審は、既に紹介したように、過払い金の返還請求を認めた。被告が上告。

ii 判決理由「思うに、利息制限法一条、四条の各二項は、債務者が同法所定の利率をこえて利息・損害金を任意に支払つたときは、その超過部分の返還を請求することができない旨規定するが、ⓐ㋐この規定は、金銭を目的とする消費貸借について元本債権の存在することを当然の前提とするものである。けだし、元本債権の存在しないところに利息・損害金の発生の余地がなく、したがつて、利息・損害金の超過支払ということもあり得ないからである。㋑この故に、消費貸借上の元本債権が既に弁済によつて消滅した場合には、もはや利息・損害金の超過支払ということはありえない。

ⓑしたがつて、㋒債務者が利息制限法所定の制限をこえて任意に利息・損害金の支払を継続し、その制限超過部分を元本に充当すると、計算上元本が完済となつたとき、㋓その後に支払われた金額は、債務が存在しないのにその弁済として支払われたものに外ならないから、ⓒこの場合には、右利息制限法の法条の適用はなく、民法の規定するところにより、不当利得の返還を請求することができるものと解するのが相当である。」

ii　学説の反応[156]

①　最大判一九六八反対説

ア、最大判一九六四にも最大判一九六八にも反対する説

西村は、「一条二項、四条二項の各規定は、事実上、ほとんど全面的に削除されたのと同じ結果となる」、「もはや『解釈』でなく『立法』である」とした。[157]

イ、最大判一九六四に賛成し最大判一九六八に反対する説

我妻は、助力拒否論に拠っており、最大判一九六八を反制定法的判決であると批判した。「空文となり、少なくとも立法の趣旨に反する」、「第一条の二項とどう調和させるのであろうか」と述べた。[158][159]なお、我妻は最大判一九六四の斉藤補足意見を自己の考え方と近いとしており（前注(147)文献、前注(133)及び該当本文参照）。このことは、最大判一九六八に対しての批判と結び付くものであった。

②　最大判一九六八支持説における本判決と一条二項との関係についての姿勢

㋐　反制定法的判決であるとはしない説

水本は、元本が残っている場合の利息の超過部分の返還請求が否定されること、および、「解釈論の論理が続く以上は、これら判決は解釈論の限界を逸脱したとはいえない」という二つのことをあげる。[160]しかし、水本は「（法定充当説に立つ場合には　筆者注）横田正俊裁判官の批判に立ち向かうことのできる正当な論理構成を構築することが困難」とも述べている。[161]ここには、反制定法的解釈であることの正当化が困難であるとする立場が示されている。

石川は、「一条四条各二項を実質的に廃棄する立法といえないこともない」「しかし、……解釈としても……そう無理がない」としつつ、「制限超過利息を元利とも同時に完済された場合は、当該制限超過利息の返還請求ができないことには変わりはない」とする。[162]

玉田弘毅は、一条二項の末尾に「『ただし、その超過部分をもつて支払に充てたものとなすべき元本が存しないと

きはこの限りでない』という文言が付加されているものとして読むべき」と、目的論的制限として対処することを主張している。[163] 最判をこのように説明することで、反制定法的判決であるとすることを回避できるという説である。

㋑ 認識を述べるに留めるもの　吉原省三、星野英一、森泉章など。[164]

㋒ 反制定法的判決であることを含めて支持する説

淡路剛久は、「裁判所による一種の立法の妥当性を担保するものは、広い意味での裁判批判……である」とする。[165] この裁判批判ということは「実質的理由を明示してもらいたい」ということのようである。

広中は、「立法措置が当然なさるべきしてなされていない事項を、論理的に可能な解釈によって処理したことは、あえて非難されるべきことではない」とした。[166]

大河は、利息制限法一条二項の「法理論的不適合的性格」を根拠とする。[167]

㋓ 反制定法的解釈を批判し、「任意の支払い」の解釈での対応を主張する説

品川孝次・須田晟雄。[168] ただし、支払いの任意性についての解釈論は述べられていない。

このように見てくると、元本充当判決までとは異なって、反制定法的判決の登場にとっては学説の後押しといえるものがなかったばかりでなく、登場後もそれを方法的に支える動きは大きいとは言い難かった。完全に実務主導による法形成の始まりであった。反制定法的解釈という現象への理論的準備不足が、最大判一九六八登場に対して多くの学説にみられる戸惑いとなった。

(2) 最大判一九六八の法的構成の特色と意義

i 最大判一九六八の多数意見におけるⓐⓑⓒ部分の関係は、ⓐが利息制限法一条二項、四条二項の解釈、ⓑがその補足ルールとして元本充当の場合にもⓐ解釈が妥当するというものであり、ⓒは、ⓐとⓑを組み合わせることで導きだされた新しいルール（反制定法的最大判ルール）である。ⓐの㋐はこれだけ読めば当然のことであるが、最後に「したがって、利息・損害金の超過支払ということもあり得ない」と念をおして㋑につなげている。㋑は内容的には

確認的な繰り返しであるが、ⓑ㋒を引き出す文章になっている。ついでⓑは、「したがって」として、㋑からの論理的な帰結であるかのように述べられているが、この最判によって導入されたルール（ⓐのサブルール）である。それは二つの部分からなる。㋒は㋓を導く文章であるが、そこには充当計算上の元本完済を㋑ⓐでいう意味の元本弁済と同じに扱うという最大判一九六八の論理の鍵がある。その結果、㋓の「その債務」は元本債務とも利息債務とも限定されていない。そのことで元本充当後の充当を元本債務の過払いとする横田(正)反対意見の論理とは異なることになり、また、利息債務の過払いとされるものでもないから、元本充当のための原資は充当計算が行なわれる前は超過支払いされた利息であったが、充当計算した後に余剰金となっても元の性格は失われたままのものとして扱うということを意味する。これによって、充当計算上の元本完済後の支払いについては、元本支払いとも利息支払いとも性格付けずに、「債務が存在しないのにその弁済として支払われたもの」としてⓒルールに至り、それによって瀬戸論稿のような複雑な構成が不要になった。かくて、充当計算後の余剰金は、事実としては超過支払い（一条二項にいう「超過部分」）であったが、元本完済されたことになった時点の後に「債務が存在しないのに」支払われたものと扱われて充当計算前の超過利息への支払いという性格の復活が阻止されるのである。(169)

ⅱ　この法的構成の意義を、最大判一九六四の横田(正)反対意見において批判的な意味で言及された元本過払いによる不当利得返還という構成との比較から考えてみよう。元本過払いによる不当利得返還という構成と最大判多数意見の構成の結論は違わない。しかし、横田(正)意見のそれが「一条二項、四条二項の存在意義を無にする」という（反制定法的解釈）批判の文脈にあることが示すように、元本充当後も充当計算を続けることで――換言すれば最大判一九六四の論理の延長だけで――余剰金の返還請求を認めることは、一条二項解釈という手続きを経ることなくその文言に反する結論を導き出すことを意味する。最大判一九六八は、一条二項の解釈を示すⓐ部分から論理を展開することによって、最大判一九六四の横田(正)反対意見による批判に論理の上で答えたというものになっている。横田(正)構成とは異なって、充当計算は元本完済で終わり（だから最大判一九六八は元本の過払いとはしない）、余剰金はこの①部分と⑦①から債務がないのに支払われたものとされるから、利息の超過払い部分という性格が復活する訳ではないとされるのである。充当計算を続けることはしないが、また、超過部分としての性格の復活も阻止するもの、それが①②部分であった。このようにして、最大判一九六八の法的構成①②は、返還請求権を認めるという結論を正当化するというだけでなく、一条二項解釈を回避せずに正面から問題としたということを示すものとなった。①が直接に表すのは、一条二項の適用されるのは「元本債権が存在する場合」であるということである。これは表現としては一条二項の適用範囲の限定である。従って、①②③全体の文章だけからは、目的論的制限の方法を採ったように見える。[170] しかし、最判一九六四によって支払いごとに超過部分が元本に法定充当されていくから、「元本債権が存在」しても超過部分が存在することはなくなるので、「元本債権が存在しない場合」という本判決の文章は適用範囲の「制限」(その条文に相応しい目的を設定してそれに即して適用範囲を制限して適用される場合とを区別する)という意味をもたない。この「元本債権が存在しない場合」という文章は、それに続く超過部分が存在しないということに続くものという意味をもつことになる。さらに、最判一九六八には限定する目的が示されてはいないという点からも、そこで行なわれた操作は条文の適用範囲の目的論的制限とは異なる。[171]

同様なことは、最判一九六九の扱った一括弁済の場合の元本充当計算後の返還請求の肯定についてもいえる。この問題は、最判一九六八において限定された適用範囲として残された問題ではなかった。最大判一九六八の論理はそのような限定を含むものではなく、最判一九六九は最大判一九六八の確認的あるいは補完的判決とみるべきものである。[172][173]

iii 本判決での論理構成のもう一つの正当化機能

通常の場合には論理構成は対象たる規定の適用範囲の画定とその適法性の次元での理由付けを提示するものであるが、本判決のそれは①②部分を合わせて、規定の適用領域を否定するものになっている。本判決ではそれを否定したのちに、一般則たる不当利得返還請求権の準則を適用している。この論理構成によって示されるもう一つの正当化機能は、国民主権を基礎とした権力分立という制度がもつ正当性を否定するものではないということを表すものということである。立法府によって手続に沿って制定された規定のもつ適法性によって同時に正当性も推定されるとは言えても、この両者が当然に全面的に一致するとはいえない。解釈論作業はこれが（少なくとも部分的には）一致すると前提して、あるいは拡張あるいは限定また類推といった作業を行う。しかし、反制定法的解釈では例外的にこの前提が置かれない。とはいえ、本判決は正面から一条二項の正当性を否定するのではなく、まずⓐで、この規定の外にある「元本債権のない場合には利息が発生しない」という一般則からこの規定のもちうる適用範囲を画定するという論理をとる。ついでⓑで、計算上の元本充当後の余剰金も「元本債権弁済後」に支払われたものと扱われる。かくて、このⓐⓑは、間接的に一条二項の正当性は否定するが、民法の一般則および不当利得法の正当性は承認していること、したがって、この規定に関しては反制定法的判決であるが、民法に含まれた正当性およびその背景をなす制度としての権力分立の正当性を否定するものではないということを示すものとしてある。

iv　反制定法的判決である最大判一九六八の例外的正当性の所在

① 権力分立制度における立法府の怠慢といえる状態のもつ反制定法的判決の正当性問題にとっての意味

㋐ 一九六二年と一九六四年の二つの大法廷判決と一九六三年の法務省の改正案からは、司法・行政からの要請（反市民法的特典の廃止という内容のそれ）を立法府が無視していたということがいえる。とくに最大判一九六四が僅か二年で判例を変更して法務省案の内容と同様に元本充当を肯定ししかもその多数意見が不均衡の存在を明示しているという状況が現れるにおよんで、立法府は、司法に対して反制定法的判決であることを批判する正当性を失ったといえる状況になっていた。

㋑ 立法府によって示されていた反応は問題の重視の故の現状維持ではなく（明示的な現状維持の態度設定があるわけではなく）、問題の軽視によるものであった。また、この段階ではのちのサラ金問題のようには政治問題化されてはいなかったから、立法府が迅速に最大判一九六四に示された方向での改正を行う見通しはなかった。これらの点からみて、最大判一九六八は反制定法的判決ではあったが立法府との対立と言わなければならないものではなかった。

② 主権者たる国民（直接には当事者および利害関係者、間接には裁判をうける可能性あるものすべて）との関係での正当性について。

㋐ 立法府の作業の代行であること。①のもう一つの側面であるが、これは対立法府というより対主権者との関係での正当性を示す。民主主義的国家形態の下の権力分立はそれぞれの権力が固有の存在根拠・正当性をもって分立しているものではない。そこでの権力分立は、それぞれの権力が主権者たる国民から委託された任務を適切に遂行するための仕組みである。権力秩序全体としての任務の遂行をそのような仕組みのもとで行うというものである。一条二項の存置が立法府の怠慢を示しているというだけでなく、それを適用することは裁判所にとっては元本充当後の不均衡な法的状態を放置することを意味する。ここでは条文が権力秩序に国民から委託された任務を遂行することへの阻害要因となっているから、裁判所が立法府の怠慢を理由として不均衡を存続させることは、権力秩序全体としての任務の遂行という点から主権者に対しての正当性を問われることになる。しかも、市民法理と対立的な特典の廃止[174]は、目的論的制限による操作（この場合には制限されても正当性を承認された適用範囲が残る）にはなじまない。

ある規定の解釈的操作によって市民社会からの要請に対応することが困難と考えられた場合に、裁判所が主権者に対して負っている任務を果たす方途が制度化されたものとして違憲立法審査がある。しかし、この制度が反制定法的判決を排除する意味をもっているとはいえない。違憲判断も一種の立法的作業である。例えば、森林法の共有規定を違憲とした場合には、当該の事件はその規定を削除したと仮定して民法の共有物分割規定に従って裁判される。同様に、反制定法的判決においては、対象たる規定が削除されたと仮定した状態での法適用となる。従って、削除という立法府の行為の代行の内容が憲法適合的でなければならないのは当然であるが、最大判一九六八による反市民法的特典の廃止とそこで適用される不当利得返還請求権の準則には憲法適合性のうえでの問題はない。

また、横田（正）反対意見のような構成による返還請求権の肯定も反制定法的判決に至るものであるから、反制定法的判決に導く法的構成には複数あってその間の選択も問題になりえた。前述のように最大判一九六八の論理構成は横田（正）的構成を退けたという意味ももつ。これはどちらも反制定法的である充当計算の延長による返還請求権の肯定と最大判の論理構成による返還請求権の肯定の相違ということである。この点を国民に対する関係での正当性の観点からみれば、最大判の論理構成は一条二項の操作を経ていることを示すという意味で、判決理由の正当化機能における優位を持ちうるものであった。

上述したように最大判一九六八の論理操作は、権力分立制度の制度的正当性を否定するものではないことを表すという意味をもったが、それは立法府に対してというより主権者たる国民に対するものとしての重要な意味であった。

㋑　最大判一九六八の正当性に関して見逃せないこととして、判例としての内容的連続性がある。連続性は同一性ではなく新たな展開を示すものである。返還請求権の肯定によって不均衡が是正されたが、そのことが超過利息保持という特典の否定の展開という点での連続性のなかにあることに意味がある。返還請求権肯定のための法律家にとっての最後ハードルが反制定法ということであった。したがって、判例の継続的な展開のためには、利息制限法一条二項の明文と反することではあるがその「理由がつくのであれば」という状態の法律家にとっては、論理構成の可能性の存在が最後の一押し、具体的には最大判一九六四における補足意見から最大判一九六八の多数意見への一押しという意味をもったと思われる。この大法廷判決に臨む裁判官達にとって、判決理由において対立法府よりも国民に対する関係での正当性の提示ができるかは極めて重要であったに違いない。

最大判一九六八は、その事件が代物弁済予約、抵当権および併用賃貸借契約付きの消費貸借であったことが示すように、事業者金融が貸金業界の事業の中心的位置にある時代の事件についてのものであり、時代の転換に差し掛かっていた時期の判決であった。当時始まったばかりの「サラ金」が急成長を遂げるなかで、この最大判ルールはその後の消費者金融問題のなかで大きな役割を果たすことになるが、それは周知のとおり紆余曲折を経てのものであった。

(132) 我妻は「積極的なほとんど唯一の理由」としている(我妻「債務者は、任意に支払った制限利息の元本充当を主張しえないか」ジュリ二五四号〔一九六二〕一九頁)。

(133) 我妻・前掲一九頁。柚木馨「判例評釈(本判決)」判時三〇六号〔一九六二〕一〇頁も同旨。

(134) 石本・発言「座談会『任意に支払った超過利息は元本に充当できない』とする判決をめぐって」民商四七巻二号〔一九六二〕七一頁以下、「判例研究(本判決)」法時三四巻一〇号〔一九六二〕九三頁以下。

(135) 広中「利息制限法はどのような性格のものか」幾代通・鈴木禄弥・広中『民法の基礎知識』〔一九六四〕→『契約法の理論と解釈　広中俊雄著作集二』〔一九九二〕一八一頁以下。現時点から見ると、解釈による返還請求権の承認を肯定も否定も明言していないことが注目される。元本充当判決が実現される前にあえてこの問題を議論する必要はないという実践的な判断があったのかもしれない。

(136) 長利正己「本件解説」最高裁判所判例解説民事篇昭和三七年度〔一九六三〕二三二頁。

(137) 服部兼三郎『庶民金融と愛知』〔一九七九〕三七〇頁による。この著書によれば、愛知県金融業組合理事長であった久野貫治が新聞記事に気付き、上京して全金連(当時は全国金融業団体連合会。後に触れるような法制定や改正に伴い一九七二年から全国庶民金融業協会連合会、一九八三年から全国貸金業協会連合会となる。同会は二〇〇八年一二月一八日に解散し、翌日、日本貸金業協会が設立された)に法案内容の調査を要請したことから全金連の反対運動がスタートしたとされている。法務省から全金連への連絡がなかったことは不思議ではないが、大蔵省から閣議の後になっても連絡が行っていなかったということが大蔵省と全金連の距離という点から注意を引く。この時期の貸金業の事業の中心は事業者金融であるが、大蔵省にとって金融行政の対象は金融機関による金融であって、貸金業界は調査対象ではあっても政策の対象ではなかったことがここに現れているといえよう。当時の大蔵省設置法(昭和二四年法律一四四号)一二条一項による銀行局の事務では、その末尾である一六号に「貸金業の実態を調査し及び預り金となるべき金銭の受入についての情報の収集その他法令違反の防止に関すること。」とされていた(また、大河純夫「戦後日本における貸金業法制の成立と展開(七)」月刊パーソナルローン三巻五号〔一九七九〕二七頁も参照)。なお、法務省案の内容については、この時期の全金連の会報で会員に伝えられた可能性があるが、国会図書館所蔵の同会報はCD化作業のために確認できなかったので服部・前掲書によった。著者はこの運動の当時、愛知県金融業組合理事（のち愛知県貸金業協会会長）であった。

(138) 沖野岩雄編著『貸金業現代史（上巻）』［一九九二］五三頁以下。なお、貸金業への利息制限法の適用排除の主張は既に一九五七年頃には貸金業界の一部にあったとされているが全金連の運動にはなっていなかった（沖野・前掲四五頁以下、著者は元兵庫県貸金業協会会長）。

(139) 戦前の各省間の監督権限争いについて、渋谷隆一『庶民金融の展開と政策対応』［二〇〇一］一五七頁以下参照。戦後は金融機関の整備に伴い、その外にある貸金業界については後の貸金業規制法の制定の過程で見られるような消極的権限争いの観を呈するようになった。

(140) 多数意見は「最大公約数的表現」であるという以下で紹介する調査官解説としては異例の文章は、判決理由に纏めるに際しての元本充当肯定と返還請求権との関係についての意見調整を窺わせる。

(141) 横田(正)反対意見のこの部分については、広中『十二講』九九頁注(2)の指摘を参照。

(142) 笹倉秀夫『法解釈講義』［二〇〇九］一四八頁以下は、一条二項の「『その返還を請求することができない』とは、文字通りの意味では、任意に支払ってしまった場合は、仕方がない（文字通り「返還」を求められないばかりか、元本充当も期待できない）、という趣旨である」と解釈したうえで、最大判一九六四によって元本充当された部分は、「事実上、『その返還を請求できる』と同じ効果のものとなってしまった。この点が、（実質的には）反制定法的解釈である」という。元本充当が返還請求の肯定と「同一の経済的利益」であるとする主張は、最大判一九六二多数意見および最大判一九六四の反対意見において元本充当への反対の論拠として述べられたものである。しかしまず、元本充当の肯定がそれとして一条二項に反するとみるか否かは、元本充当と返還請求での債権者債務者それぞれの側の利益状況の相違があるものとみるか否かの判断に基づく同条の解釈問題である（水本「大法廷判例巡歴五」法セ二〇五号［一九七三］六四頁参照）。つぎに、元本充当の肯定と充当計算後の余剰金の返還請求の否定が解釈論として論理的には両立しうることは、最大判一九六四の補足意見や最大判一九六四に賛成し最大判一九六八に反対する学説の存在が示す通りである。また、一条二項の意味に関して元本充当を肯定するがゆえに、元本債権が存在する間は超過利息の返還が認められないという解釈も存在した（大河・座談会発言「サラリーマン金融の法的規制」渋谷隆一編『サラリーマン金融の実証的研究』［一九七九］二〇三頁。最大判一九六八を支持する立場であるが、玉田弘毅「判例解説（最大判一九六四）」『民法判例百選Ⅱ』［一九七五］一四頁）。笹倉は自らの解釈と異なるありうる解釈を反制定法的解釈である（笹倉の定義では「当該法律を規定とは別方向に解釈するという、実質的には法律改正にあたる作業」（一四八頁））とすることになる。このことを否定するためには、笹倉は、「その返還を請求することができない」とは「文字通り『返還』を求められないばかりか、元本充当も期待できない」という笹倉の解釈以外に日本語としてありえないという主張をしなければならないがそれは不可能であろう。ちなみに、最判一九六二の多数意見と最判一九六四の石坂反対意見においては、充当肯定説に対して反制定法的解釈であるとする批判は行れていない（河村補足意見では「元本充当は一条二項と矛盾する」という表現があるから反制定法的解釈としているといえる。もっとも、充当肯定と返還請求否定は両立可能であるから論理的には「矛盾」ではない）。最大判一九六四の横田(正)反対意見の、「法律の解釈にはおのずから限界があるのであつて、それ以上のことは、明確な立法をもつて解決すべきではないかと考える。」という結語は充当と返還の「同一の経済的利益」から導き出されているのではなく、笹倉・前掲書では引用が省略されている箇所（「利息、損害金を通じ、任意に支払われた制限超過部分の元本への法定充当が否定されればこそ、その超過部分について不当利得の問題が生ずるのであり、不当利得となればこそ、その返還を制限するために法一条二項及び四条二項の規定が設けられているもの」「元本の残存するかぎり超過部分は当然に元本に法定充当されるとすれば、元利金を完済した後に起る問題は、超過部分についての不当利得の問題ではなく、元本の過払い、すなわち元本についての不当利得の問題に過ぎないのであるから、結局、法一条二項及び四条二項の規定は無意味な規定というほかはないのである。」）によるものであった。ここで述べられているのは元本充当肯定によって（元本充当後は元本の不当利得になるから）論理的に一条二項の対象たる問題の存在が、したがってまた一条二項の存在そのものが否定されるとすることによる（もっともそのように元本についての不当利得になるとするのは一つの論理であって必然ではない。横田(正)反対意見に示された不当利得構成およびそれに基づく多数意見批判と最大判一九六八の関係につき後述本文二・(2)・ii参照）。反制定法的解釈という性格付けはその条文の解釈といいうるか否かの論理的区別であって、その条文の趣旨に即した解釈であるか否かの区別（解釈論上の主張）とは次元を異にするものと構成すべきである。裁判所がその条文の（欠缺補充を含めた広義の）解釈可能性のなかでの選択を行うことと、文言上予定された条文の適用可能性を（制限するに留まらず）排除したうえ他の規準を適用することの間には、裁判所の有権的解釈作業の正当性の所在を考えるうえで大きな相違があると考えるべきである。なお、「返還請求を認める」という命題と一条二項の関係は、その命題であることだけで反制定法的解釈となるわけではないが、この点については最大判一九六八と欠缺補充である目的論的制限との相違として述べる。後注(163)及び(170)該当本文参照。

(143) 鎌野邦樹『金銭消費貸借と利息の制限』［一九九九］二三五頁以下の、最高裁裁判官の間で充当の肯定・否定と憲法解釈におけるリベラル度とは連関がない旨の指摘が反制定法的判決という問題の性格を考えるうえで興味深い。

(144) 鎌野・前掲二三六頁以下に詳しい紹介がある。

(145) 川井「判例解説（本判決）」ジュリ増刊・民法の判例［一九六七］一五八頁以下。

(146) S・H・E「利息制限法に対する新解釈（下）」時の法令五二〇・五二一号［一九六五］一〇七頁

(147) 我妻「債務者は、任意に支払った制限超過利息の元本充当を主張しうる」ジュリ三一四号［一九六五］一〇頁。なお、我妻は旧利息制限法下で返還請求を肯定していた（『債権総論』［一九四〇］三八頁）。

(148) 谷口「判例研究（東京地判一九六六・一・二七判時四四九号六一頁）」法時三八巻一二号［一九六六］九二頁。

(149) 石川「判例解説（最判一九六九・一一・二二）」ジュリ臨時増刊・昭和四四年重要判例解説［一九七〇］四三頁。また、鎌野・前掲二四四頁も参照。

(150) 宮田①ジュリ三一四号［一九六五］一七頁、②法曹時報一七巻一号［一九六五］→最高裁判所判例解説民事篇昭和三九年度［一九六五］四二九頁以下。

(151) 鎌野・前掲二五七頁もこの調査官解説に注目している。

(152) 玉田「判例解説（最判一九六四）」民法判例百選Ⅱ［一九七〇］一四頁、鎌野・前掲二五八頁は、瀬戸論稿を「先駆的文献」とする。筆者は当時最高裁調査官であり、法曹時報掲載の解説が担当調査官によるものと思われるから、担当以外の調査官による異なった内容の論稿である。宮田解説が迷いを表現しつつのそれであったことと併せると、いかに裁判官の間で次の段階という視点から最大判一九六四を理解することへの関心が高かったかを表すものといえる。
(153) 広中『十二講』一五五頁注(23)が、この判決の上告審判決である最大判一九六八の民集の印刷段階での横田(正)反対意見の中の原判決への言及部分の表現の修正を紹介している。
(154) この判決は水田耕一裁判官単独によるものである。同裁判官は、旬刊商事法務三三四号及び三三五号に掲載されている最大判一九六四のコメントの執筆者であり、そのコメントでは充当を否定する反対意見に好意的であった。この判決の前半での充当否定にはこのコメントとの共通性が窺える。この判決については、鎌野・前掲二四九頁も参照。
(155) 沖野・前掲六一頁。
(156) 鎌野・前掲二六〇頁以下に詳しい紹介がある。
(157) 西村「判例評釈(最判一九六八・一〇・二九)」民商六一巻〔一九七〇〕六号二一九頁以下。西村は立法による対処を求めている。最大判一九六四に反対していた川井は、最大判一九六八については反対を表明しなかった(「判例解説(本判決)」ジュリ増刊・民法の判例〔第二版〕〔一九七二〕一五四頁以下)。
(158) 引用は、我妻『債権各論下巻二』〔一九七二〕一一七三頁と『新訂債権総論』〔一九七八版〕五八四頁。広中『十二講』一〇八頁以下に我妻説についての詳細な分析がある。
(159) 尾中普子「判例研究(本判決)」日本法学三五巻一号〔一九六九〕一四三頁もここに入れられるであろう。
(160) 水本「大法廷判決巡歴六」法セ二〇七号〔一九七三〕六一頁。
(161) 水本・前掲五六頁。
(162) 石川「判例解説(本判決)」ジュリ臨時増刊・昭和四三年度重要判例解説〔一九六九〕五四頁。ただし、この石川の解釈は最判一九六九〔昭四四〕・一一・二五民集二三巻一一号二一三七頁で否定された。
(163) 玉田・民法判例百選Ⅱ一四頁。
(164) 吉原「判例評釈(本判決)」判タ二三七号〔一九六九〕六二頁、星野「判例研究(本判決)」法協八七巻〔一九七〇〕一一一四頁、森泉「判例研究(本判決)」判例評論一二一号〔一九六九〕九九頁、また同「貸金業規制法四十三条の『みなし弁済規定』の意義」判時一〇八一号〔一九八三〕四頁では「『法の解釈のありかた』について疑義を残したものの……」としている。

(165) 淡路「利息制限法違反に対する最高裁判決の一つの断面」法律のひろば二二巻三号［一九六九］一五頁。

(166) 広中「制限超過利息のうち元本充当計算による元本完済後の分は返還を請求しうる」ジュリ四一五号［一九六九］→前掲『著作集二』一八九頁。

(167) 大河「利息の制限」星野英一編『民法講座五契約』［一九八五］二九〇頁。これに対しては、広中『十二講』一〇五頁注(7)に大河が「法理論的」とすることへの批判がある。

(168) 品川・須田「判例研究（本判決）」上智法学一二巻三号［一九六九］一三四頁。

(169) これが選択された論理であることにつき、広中『十二講』一四二頁注(15)。

(170) 玉田・前注(163)該当本文参照。目的論的制限による欠缺補充につき詳しくは、広中『十二講』六三頁以下。

(171) したがって、「元本債権が存在」する場合に支払われた超過利息の返還請求ができないのは一条二項の通りであるが、元本充当の論理によって超過利息が充当に用いられることによって返還対象でなくなるからということになる。これは一条二項は元本完済後に働く規定であるという政府委員の説明として伝えられる充当肯定の論理である。

(172) 石川はこの問題が残されたことを理由に最大判一九六八を反制定法的判決としなかった（前注(162)参照）。なお、瀬川信久は反制定法であることより、最大判一九六八では「理屈をたてて」いるが、最判一九六九では衡平しか理由が示されないことを問題視している（発言・瀬川・小粥太郎・加藤新太郎「座談会・民法解釈論と実務」加藤編『民事司法展望』［二〇〇二］一八三頁以下）。しかし、まず、その「理屈」が制定法条文を空文化させるものであることは、それ以外の「理屈」とは異なって、我が国の制度にとっては異物ともいうべきものでありその正当性が問われるべき重要な問題である。また、最判一九六九の理由付けを衡平だけであるとするが、この事件でも中心問題は一条二項の不適用であり、衡平は最大判一九六八の論理が前提になっていてその上での理由であるから、最判一九六九の中心的問題はやはりその前提たる最大判一九六八の「理屈」にあると見るべきである。

(173) 前田達明「法の解釈について（後編）」法セ六六一号［二〇一〇］四四頁は、最大判一九六八を「実質的には、反制定法的解釈といえよう」とする。ここで「実質的には」とするのは、目的論的制限の外形はあるが残された部分（元本債権が存在する場合）が適用範囲を残したことにならないという意味なのであろう。なお、笹倉の「実質的には、反制定法的解釈」という同じ表現が別な意味であったことについては、前注(142)参照。

(174) 最大判一九六八が内容的にそのような意味をもつことについては、広中『十二講』一四三頁以下参照。

## 第三節　反制定法的法状態の変遷[175]

一　以下では、最大判一九六八から二〇一〇年の改正貸金業法完全施行までを二つの時期に分ける。まず、I期を貸金業の規制等に関する法律（以下、貸金業規制法）成立（一九八三年）までとし、このI期を更に(1)前期　貸金業者の自主規制の助長に関する法律（以下、貸金業者自主規制法）成立（一九七二年）を経て一九七五年までと(2)後期　サラ金問題の政治問題化（一九七六年）から貸金業規制法成立までに分けることにする。II期では、全体を通して貸金業規制法四三条の適用が問題となる。これを(1)前期　一九九九年のノンバンク社債法制定まで、(2)後期　出資法金利二九・二%時代（二〇〇〇年から）に分ける。四つに分けられたそれぞれに時期において反制定法的法状態の異なった特徴を見ることができる。

### 二　(1)I期の前期（反制定法的法状態の暫定的安定期）

i　立法府（各政党）・行政府が最大判一九六八に対して黙認する状態は、一九七七年の貸金業者自主規制法制定を経て一九八〇年頃まで続いた。最大判一九六八後の沈黙は、元本充当および返還請求を肯定しかつそれが一条二項の存在にも拘わらず行われたということを黙認するものという意味をもった。判決の内容に対する評価とは別に反制定法的判決がその後の法状態となること自体を防ぐためには、判決に示されたような内容の立法をする（利息制限法一条、四条の各二項削除）か、元本充当を明示的に否定する立法をするという途があった。しかし、反制定法的判決が行われたことへの対応が必要であるという反応は立法府・政党からは現れず、最大判による反制定法的判決はそのまま法状態＝反制定法的法状態となった。

反制定法的判決の方法的問題は当然のことながら直接には司法と立法府との関係にある。与党の沈黙には、最高裁の判決について批判しないという一般的抑制あるいは政治的判断に留まらず、自民党は貸金業界に関しての確たる政策をもっていなかったということがある。このことは、中小企業の事業資金という点でも高利貸し資本が果たす役割が低下していたことの現れであり、また、政治的にも貸金業界と自民党との繋がりは必ずしも強いものではなかった。全金連への加入率が一〇％程度と言われていたように、業界といってもその組織化が行われていたわけではなく、与党にとって支持基盤としての重要性は低かった[176]。

法務省は、その手になる一九六三年の利息制限法改正案が示すように、最大判を内容的に支持する立場であったと思われる。最大判一九六八が出たことによってむしろ急いで改正案を提出する必要はなくなり、内閣からの指示待ちということであったのかもしれない。また反制定法判決であったという点に関しても、法務省としては、反制定法的判決であると判断するか否かまたそうであるとしてもその状況を解消するのは立法府（政治）の問題であるという立場であったと見られる。大蔵省にとっては、高利貸資本はその金融政策の外にある存在であった。この最大判の前年にも貸金業の所管を大蔵省から国家公安委員会に移管する動きがあったが大蔵省からの異議は特にはなかったようである[177]。なお、総理府のこの構想には警察庁も乗り気ではなかったようであり立ち消えになったが、各省庁が貸金業界の監督に及び腰であったことが現れている。かつては自庁の管轄を主張しての争いがあった時代もあったことと比べて、金融機関の一定の整備を経た時期の貸金業界が置かれていた位置を象徴している。

しかし、これまでも利息制限法改正や最高裁判決に対して素早い反応を示していた全金連は、最大判一九六八に対しても直ちに対応を検討している。判決直後の一九六八年一二月二日および一九六九年二月一九日の団体長会議[178]では、①利息制限法改正対策、②自主規制法対策が議題とされている[179]。一九六九年九月二四日および一九七〇年九月二四日の団体長会議の主議題も同じであった[180]。全金連はそのような危機感をもっていたが、政党および行政の最大判への黙認の姿勢から、最大判を無力化する方向での利息制限法改正は困難であると判断されて、一九六三年におけるような運動は起されなかった。かくて、元本充当および返還請求肯定判決に対する不満と不安は持ちつつも、全金連の運動は貸金業者自主規制法の制定に絞られていった。[181]

ii　貸金業者自主規制法の制定

全金連が取り組んだ貸金業者自主規制法制定運動は、一九五〇年後半からの貸金業法制定運動の延長にあるものであった。これは業界への社会的認知を求めてのものであった。[182] しかし、大蔵省は当初からこの立法には消極的であったようであり、一九六一年四月二八日の自民党財政部会での大蔵事務次官の「本来自由業である貸金業が大蔵省庇護による単独立法化をねらうのは自由営業化への逆行であり、また、届出制による行政の実態把握や検査監督など到底不可能である。その上、大蔵省公認という名称を悪用されている……自由業であるから資金業に対しては『出資法』による取締りだけで十分で、他に立法の必要はない」という意見が紹介されている。[183] ここで示された論理は、その後貸金業規制法制定の動きのなかで一九七六年段階でも大蔵省によって繰り返されており、大蔵省のこの業界への消極姿勢の重要な論拠になっていた。

それまでの法制化の動きの延長で自民党財政部会貸金業小委員会の足立篤郎委員長の試案（一九六八年）をもとに議員立法によって一九七二年に貸金業者自主規制法が制定された。金利に関する規定は当初の試案にはなかったが、成立した法律の四条で「庶民金融業協会の会員は、貸金業を行なうについて、貸金業に係る法令を遵守するとともに、貸金需要者たる顧客に対し政令で定める金利以下の金利により貸金を提供し、業務を適正に運営するように努めなければならない」と定め、それをうけて同年の政令第三三七号は「……金利は、庶民金融業協会が……その定款で定める金利とする」とした。かくて「自主規制法で未解決の金利問題は、その後の大きな課題として残った」[184] のであり、この法律はその内容および制定の経緯からして反制定法的法状態への対処とはいえない。[185][186] この自主規制法の制定は、最大判の前から登場していた小口無担保融資を特色とするサラ金（当時は団地金融と呼ばれたようである）が成長し、貸金業界の構造的変化が現れつつある時期であった。しかし、これら成長しつつある新たな消費者金融資本は自主規制立法に強い関心はなかったようで、立法過程に影響を与えるような運動をすることはなかった。[187]

このように最大判によって作られた反制定法的法状態が貸金業界以外の黙認によって支えられていたということは、立法府からの正当性の明確な承認があったのとは異なり、この反制定法的法状態は暫定的には安定していたが確たるものにはなっていないということでもあった。しかしまた、立法・行政のこのような黙認は、学説が反制定法的判決の正当性についての方法的検討を現実的かつ緊急の課題として取り組むことから免れることになったという効果をもった。

### (2)　第Ⅰ期の後期（反制定法的法状態の動揺期）

ｉ　後期を更に二つにわけて、まずサラ金問題の政治問題化（一九七六年）から貸金業関係五省庁間連絡協議会の発足（一九七七年九月）までをみる。

一九七〇年代後半になるとサラ金問題は急激に政党と行政が対処を迫られる政治的な問題となってきた。大手高利貸資本を中心としたＪＣＦＡ（日本消費者金融協会）が一九七六年一〇月八日に設立されたことが象徴するように、[188]一九六五年頃から始まったサラリーマン金融を中心とする消費者金融が拡大し、それに伴う大手と中層零細への貸金業界の二極化が明確になってきていた。[189]この時期、従来からの貸金業者の金利の多くは出資法限度一〇七％から七五％の間であり、五〇％という目標を掲げそれに近付きつつあった大手資本はまだ強い批判にはさらされていなかった。このような二極化はのちに貸金業規制法の立法過程での姿勢の相違として現れるようになってくる。[190]

一九七〇年五月の毎日新聞の連載をきっかけとした衆議院法務委員会での社会党稲葉誠一議員の質問と金融機関による消費者金融の充実や貸金業取締り強化の要請が、貸金業規制法の立法の動きの始まりとなった。この立法をめぐる動きのなかで、新聞連載や社会党議員の主張する方向とは異なって、最大判一九六八によって始まった反制定法的法状態は動揺の時期に入っていくことになる。

郵貯の庶民金融参入に対抗するように、一九七五年に信用金庫、一九七六年に信用組合が個人向けローンを開始したことに示されるように、大蔵省にとっては金融機関を通しての消費者金融への対応が基本的方針であり、貸金業についての新たな法制化については引き続き消極的であった。一九七六年一一月二〇日の全金連との「法制化についての懇談会」での大蔵省銀行局吉田中小金融課長の対応が紹介されている。[191] 部分的重複もあるが大蔵省の姿勢を明確に表しているので引用しておこう。「(1)貸金業は自由営業であり、国としてこれを育成の積極性をとる根拠はない。……サラ金等小口金融を出資法の外に積極的に規制する根拠はどこにもない。(2)取締法は大蔵省が法務省と連絡して作ったが、(利息制限法の)一条二条および高金利の点等は法務省の所管であり、大蔵省としてこれを積極化するには法務省の考えを聞かなければならない。(3)これ以上取締りを強化することは両省ともしないようにしている。制度の問題は、法務省、公安委員会、大蔵省、通産省、警察庁等と関連するので難しくなっている。(4)預貯金等預かりをするのでないから取締りを強化することはないし、もし許可制にしたいというなら質屋法のようになって警察が帳簿を見に行ったり、立入調査が自由にできることになる。所管は国家公安委員会にしたらという話がある。(5)政府がこれを社会的に保護育成する分野として考えれば、必ず金利のところで突き当たる。現在の金利を動かすには法務省の考えを定めてもらう必要がある。許可制その他で金利にふれることになると、かなり低いものになるだろう。(6)利息制限法の問題については超過金利は無効とされているのであるから、この金利の問題は法務省に考えてもらうべきであ る。(7)取締りの強化は出資法により警察方面ですすめてもらい、大蔵省では貸金業者に対する行政を強化していけばよいと思う。(8)言いにくいことだが、全体として大蔵省はこれら問題について消極的であると思ってもらって差支えない」。ここで示されているのは、全金連からすれば〝取り付く島もない〟といった姿勢である。

かくて、このように政治問題化されても、立法府(政党)・行政からは最大判による反制定法的法状態に手をつけるという動きはただちには生じてこなかった。また、全金連執行部は当初は自主規制法の存続改正の方向を採っていた。それは新たな立法が出資法金利の引き下げにつながることへの警戒が強かったことによる。

一九七七年に入って、社会党横山千秋議員の質問書への回答として、三月一一日の閣議で、所轄官庁の協議・連絡の場を設け、法改正の可否の検討を含め本問題の検討を行う旨の決定があったが、四月の衆議院法務委員会での質問に対する関係五省庁からの各政府委員の答弁は依然として取り組みへの消極的姿勢を示すものであった。[192]また、「昭和五二年夏頃、政府は本気でサラ金に対する法規制を考えていたとは思えない」[193]と言われる状況であった。

ii　五省庁間連絡協議会の発足から貸金業規制法成立（一九八三年）まで

国会からの要請に各省庁とくに大蔵省がようやく重い腰をあげて、閣議決定から約半年後の一九七七年九月六日、五省庁間連絡協議会の初会合がひらかれた（当初は大蔵省、法務省、自治省、警察庁、経済企画庁、のちに総理府が加わり六省庁となった）。

一九七八年一一月八日大蔵省試案が出された。出資法金利を五〇％として、利息制限法の金利を引き上げて合わせるというものである。ここには、前述の中小金融課長の応対に示されていた貸金業界だけの法律は作らないという方針が続いている。この試案は法務省らの反対にあい（貸金業者に限定しないで処罰基準を下げること及び利息制限法の利率改訂への反対であったといわれている）、省庁間の協議は断念されて残るは議員立法によることだけになった。[194]

省庁間の協議と並行して諸団体による要綱や改正案が発表されていたが、さらに協議断念を受ける形で各政党による立法提案が相次いで出され、最大判ルールの適用限定の主張と維持の主張の対立が明確になってきた。[195]以下では、反制定法的法状態の動揺という角度から、最大判ルール（元本充当、余剰金返還請求肯定）を巡る対抗という点に絞ってみていこう。

全金連は、一九七八年三月二八日に貸金業法案を発表した。[196]金利は政令金利方式で八〇％が妥当であるとし、利息制限法一条二項の適用の復活を求めている。ＪＣＦＡは、消費者小口金融業法案を発表している（一九七八年一一月九日）。「借主一人あたりの総額が五〇万円以下」の貸付につき、利率を一九八一年四月から一九八三年末までは五五％、それ以降は四八％とし、利息制限法の適用を除外する、という内容であった。[197]

この時期に日弁連も小口金融業法案（一九七八年四月一〇日）を出している。一人当たり総額五〇万円以下、利率は一〇万円以下が三六％、一〇万円を超える場合が三〇％程度、出資法金利は五四・八％とし、利息制限法一条の適用はしない、というものであった。[198]

自民党からは、一九七八年一二月六日塩崎試案では出資法金利も空欄、「利息制限法の金利についてはさらに検討する」とされていたが、一九七九年二月一九日の貸金業の規制に関する法律案要綱では、制限利率の特例は「割」と空欄にされ、超過利息の任意支払を「有効とみなす」とする条項が登場した。五月二九日自民党の「貸金業の規制等に関する法律」最終案が出資等取締法の一部改正案とともに第八七回通常国会に提出された。①貸金業を届出制から登録制に改める、②出資法の上限金利は一〇九・五％を貸金業については五四・七五％に引き下げる、③ただし、施行後三年間は七三％、④利息制限法の制限を超過して任意に支払われた利息は有効な弁済とみなす、といった内容であった。

これらのみなし弁済規定の導入を主張する諸提案に対抗して、最大判ルールの維持を内容とする社会党案（出資法金利は五四・七四％三年後から三六・五％、別途利息制限法一条二項、四条二項の削除）、公明党案（出資法金利は社会案党と同じで経過期間は二年）、共産党案（小口に限定、出資法金利は四〇・一五％で経過期間なし、別途利息制限法一条二項、四条二項の削除）が、同じく第八七回通常国会に出された。国会ではその後の会期を含め与野党対立によってそれらの案の廃案が繰り返された。

この間、全金連は独自案を断念して自民党案の支持を決定した。[199] 一九八〇年九月の全金連での大蔵省銀行局中小金融課長補佐の講演では、「任意ゾーンの必要性を訴えて実現を目指している」という大蔵省の意向が述べられた。[200] 大蔵省は一九七八年の連絡協議会では出資法と利息制限法を一致させようとして法務省の反対にあっていたから、一九七九年の自民党案が出されたあとの方針変更である。しかし、自民党案とは異なって大蔵省には貸金業淘汰の方針があることは、翌年の同じ中小金融課長補佐による全金連での講演で明言されていた。[201]

国会では与野党間の攻防が続き、第九五回臨時国会では、一九八一年一〇月二九日段階で自民党執行部は、金利制限とみなし弁済規定を削除する妥協案を出し、出資法の規制部分だけで成立させることを図った。これは国会対策・世論対策を優先させたものであるが、ここには、自民党全体にとっては貸金業界との関係が必ずしも密というわけではないことが現れている。このような国会内での動きに対して、全金連は自民党執行部の妥協案を「骨抜き」と呼び、みなし弁済規定の維持の運動をした。また、大蔵省は出資法金利引下げが入らない点でこの妥協案に反対した[202]。結局、第九五回臨時国会での自民党執行部による妥協策は功を奏さず継続審議となった。

この膠着した局面の転回は、一九八二年三月二日の大蔵省による与野党間の折衷案「出資法の上限金利及び貸金業規制法第四十三条（任意ゾーン規定）に関する処理案要綱」試案の提示によってなされた。この要綱試案は経過措置を経て出資法金利を四〇・〇〇四％に引き下げる、自民党案四三条のみなし弁済規定については政令で一七条・一八条書面要件を導入するというものであった。自民党案では経過期間後でも五四・七五％とされていた出資法金利をさらに引き下げることと書面要件を加えたみなし弁済規定をセットとにしたことが大蔵省のサラ金問題への対処の内容であった。衆議院大蔵委員会の理事会においてこの処理案要綱を一部修正のうえ大蔵委員会理事会検討メモが作られ、一九八二年五月七日の同大蔵委員会および聴聞会で配付された[203]。修正点は書面要件が大蔵委員会理事会検討メモでは政令から四三条本則に移されたことであり、最終的に自民党案となって第九六回国会に提出され衆議院本会議で可決された（一九八二年八月五日）。しかし、参議院において社会党がみなし弁済規定を理由に反対に回ったために継続審議となり、翌年の第九八回国会の参議院本会議で可決（一九八三年四月二〇日）され、衆議院への回付ののち四月二八日に衆議院本会議において、自民党・民社党・新自由クラブの賛成、社会党・公明党・共産党の反対で可決された。

法案四三条のみなし規定が国会内外での中心的対立点であったが、書面要件自体は議論の対象となってはいなかった。しかし、書面要件は後に裁判上重要な意味をもつようになったというだけでなく、制定時においても四三条の説明のために重要な意味を担った。書面要件の導入の経緯をみると、まず、大蔵省要綱試案においては政令による導入が提案されていた。そこで導入ということと政令によることのそれぞれの意味を考えてみよう。前者の理由としては、㋐第八七回国会に提出された自民党案では四三条の要件は任意支払いだけであったが、任意支払いは当然のことであるから制限超過利息の有効化の理由としては弱いと判断されたのであろう。[204] ㋑任意支払いだけで有効とみなすのは最大判一九六四および一九六八を正面から否定することになるから、四三条に新たな要件を加えるによって正面からの衝突を避けることができる。㋒第八七回国会提出の自民党案の四三条では優遇措置を意味するだけで規制法であることとの整合性の説明が困難である。これら㋐㋑㋒は、四三条が規制の強化および出資法金利の引き下げとセットであるという提案理由に、規制法四三条の要件と効果を関係付けた説明を付け加えるものという意味である。[205] このように、みなし弁済規定の説明のなかでは負担とその見返りという説明がされていたが、全金連の運動の中では、金利引き下げへの不満は大きかったが、書面を含めて新たな諸規制が負担であるとされたことを示すものはない。全金連の運動には、規制の強化によってそれに従う業者と違反する業者の差別化をはかり、前者の存在の社会的承認を得るという目的があったから、この程度の規制はむしろ制定を期待していたものであった。次に、㋓書面要件を政令に入れたことについては、本則で明示することが不都合なものを政令で規定した例として自主規制法第四条での政令金利・定款金利方式があるように、一七条書面は提出時には記載内容が無効（違法！）である場合が多いので、本則で有効要件として掲げるのは相応しくないと考えられたのかもしれない。

書面要件が理事会メモを経て最終案において四三条の本則に置かれたことには、㋐新しい要件であることを表に出すことで追加的説明として使える。最大判ルールを否定するのではないという外形が明確になり、新たな要件によって、事情が変わったからという理由ができる。㋑条文の正当化の根拠が条文自体の中でなく政令にあるのではおかしいと判断された、ということが考えられる。

大蔵省による折衷案は「与野党議員のメンツを立てた巧妙なもの[206]」といわれた。この試案は、六年先とはいえ金利を四〇・〇〇四％に引き下げることで一方では中小業者を淘汰し、他方では大手高利貸資本が可能な金利水準に合わせるものになっている。[207] しかし、このことは大手を積極的に支援する方針を採ったということを意味するわけではない。大手が可能であると打ち出している四〇・〇〇四％への出資法金利の引き下げがサラ金問題への対処になるとしたものであろう。一九八〇年には大蔵省からの大手消費者金融会社への天下りが始まっており（朝日新聞二〇〇六年一〇月一五日）、大手が天下りを受け入れるだけの余裕ができたこと、大蔵省からみて大手がこれまでの貸金業者にとって代わるであろうとみたということがいえる。しかし、大蔵省としては消費者金融も監督が行き届く金融機関によることがあるべき姿であるとする従来の方針を変えたとまではいえない。大蔵省にとっては、出資法金利の引き下げが第一次的関心で、みなし弁済規定はその導入を積極的に図ったというより、貸金業者淘汰のための出資法金利の引き下げのための重要な取引材料という位置にあったと思われる。

かくて、反制定法的法状態の立法府との関係での正当性問題は、立法府によって最大判ルールが形式的には新法の前提に置かれたという形での間接的承認によって解決した。ここに見られるのは、大蔵省（四〇・〇〇四％金利へ）と自民党（みなし弁済規定）による政治問題化されたサラ金問題への対処であった。[208]

## 二　第Ⅱ期　貸金業規制法成立と同四三条に関する最高裁判例

導入されたみなし弁済規定は、サラ金問題を政治問題とした社会の要請に応えるものというより、出資法金利引き下げとセットにされた政策的な特典復活であった。新法によって反制定法的法状態の妥当範囲は限定されたものになったが、そのような特典の復活が社会的承認を得ることは困難であったから、みなし弁済規定の解釈上の争いが第Ⅱ期を通じて存在することになった。四〇・〇〇四％さらには二九・二％金利の下でのサラ金問題においては、第Ⅰ期では批判の矢面に立たされてはいなかった大手高利貸資本が中心に位置するようになる。

この期の反制定法的法状態は大きく二つに分けられる。最高裁判決における貸金業規制法四三条の要件の厳格解釈の有無が、二つの時期のそれぞれを特徴付ける。これらの時期を反制定法的法状態の後退期と回復・強化期と呼ぶことができる。

(1) **第Ⅱ期の前期**　貸金業規制法の制定から一九九九年のノンバンク社債法まで（反制定法的法状態の後退期）

i　貸金業規制法成立後、貸金業界にとっては出資法本則に掲げられた四〇・〇〇四%への順次的移行が現実の問題となってくる。進行拡大する業界の二極化のもと、業界内でこの問題への対応が分かれた[209]。大手高利貸資本の成長は過剰貸付と競争激化による取立て問題の拡大となり、また、大手での借り換えができなくなると、中小で借り換えて大手に返済という構造ができあがる。借り手をキャッチボールして雪だるまのように多重債務者をつくり、生活破壊を生み出した。しかし、バブル経済は終わってもなお続く消費の拡大により、大手資本を中心とした消費者金融の最盛期を迎えることになる。とくに、無人契約機、テレビCM、リボルビングの「消費者金融の三種の神器」[210]が大手の貸付残高を押し上げた。一九九六年にアコム、プロミス、三洋信販、一九九八年に武富士が一部上場を果たした。一九九九年のノンバンク社債法は社債発行による資金調達を可能にし、大手と中小零細貸金業者の差をさらに拡大した。これらの動きは規制緩和、ネオリベラリズムの政治方針に支えられていた。

ii　最判一九九〇（平二）・一・二二民集四四巻一号三三二頁（最判一九九〇）は貸金業規制法四三条に関する最初の最高裁判決であり、この時期の反制定法的法状態の後退を象徴する内容になっている。この判決については、その特徴を第Ⅱ期後期の最判二〇〇六（平一八）・一・一三民集六〇巻一号一頁との対比によって明らかにすることにする。借主が制限超過利息による充当によって元本が完済されたとして債務不存在確認と根抵当権登記および賃借権設定仮登記の抹消を請求した事件で、第一審はこの請求を認容したが、原審はみなし弁済規定の適用を認めて請求を棄却した。最判は次のように述べて上告を棄却した。

「Ⓐ貸金業の規制等に関する法律（以下「法」という。）は、貸金業者の事業に対し必要な規制を行うことにより、その業務の適正な運営を確保し、資金需要者等の利益の保護を図るための措置として、貸金業者は、貸付けに係る契約を締結したときは、貸付けの利率、賠償額の予定に関する定めの内容等、法一七条一項各号に掲げる事項についてその契約の内容を明らかにする書面（以下「契約書面」という。）をその相手方に交付しなければならないものとし（法一七条一項）、さらに、その債権の全部又は一部について弁済を受けたときは、その都度、受領金額及びその利息、賠償額の予定に基づく賠償金又は元本への充当額等、法一八条一項各号に掲げる事項を記載した書面（以下「受取証書」という。）を当該弁済をした者に交付しなければならないものとして（法一八条一項）、債務者が貸付けに係る契約の内容又はこれに基づく支払の充当関係が不明確であることなどによって不利益を被ることがないように貸金業者に契約書面及び受取証書の交付を義務づける反面、その義務が遵守された場合には、債務者が利息又は賠償として任意に支払った金銭の額が利息制限法一条一項又は四条一項に定める利息又は賠償額の予定の制限額を超えるときにおいても、これを有効な利息又は賠償金の債務の弁済とみなすこととしている（法四三条一項、三項）。Ⓑ以上のような法の趣旨にかんがみれば、債務者が貸金業者に対してした金銭の支払が法四三条一項又は三項によって有効な利息又は賠償金の債務の弁済とみなされるには、契約書面及び受取証書の記載が法の趣旨に合致するものでなければならないことはいうまでもないが、法四三条一項にいう「債務者が利息として任意に支払った」及び同条三項にいう「債務者が賠償として任意に支払った」とは、債務者が利息の契約に基づく利息又は賠償額の予定に基づく賠償金の支払に充当されることを認識した上、自己の自由な意思によってこれらを支払ったことをいい、債務者において、その支払った金銭の額が利息制限法一条一項又は四条一項に定める利息又は賠償額の予定の制限額を超えていることあるいは当該超過部分の契約が無効であることまで認識していることを要しないと解するのが相当である。」

最大判に対する新法の関係の理解における対立を反映して、下級審裁判例においてこの「支払の任意性」要件の解釈が分かれていたことに対して、この最判が現れたのであった。それだけにこの最判には、反制定法的状態の後退を目指した新法の効奏が見られるものとなった[211]。しかしこの後退は全面的ではなく、書面要件に関しては既に下級審裁判例において厳格解釈が現れており[212]、第Ⅱ期の後期における最大判ルールの回復への伏線は存在していたことが見落とされてはならない。

(2) **第Ⅱ期の後期**　出資法金利二九・二%への引き下げから二〇一〇年六月一八日改正貸金業法完全施行へ（反制定法的法状態の回復・強化から制定法化による法形成の完成）

i　大手高利貸資本が市場占有率だけでなくサラ金問題においても重要な部分を占めるようになった。金利二九・二%の下での競争激化と過剰融資によるサラ金問題の拡大は、大手の経営にも影響を及ぼし始める。この時期に大手も四三条を利用し始めたといわれている。[213] 大手高利貸資本を中心とした四〇・〇〇四%更には二九・二%金利でも消費者金融に起因する社会的問題はなんら解決されずむしろ拡大された。過剰融資から返済のための借り換えをくり返して、金利のより高い中小業者から借りて大手に返すという構造ができあがっていたが、しかしこの後期にはその中小業者の撤退が止まらない状況になってきた。

ii　前記最判一九九〇の後、四三条のみなし弁済に関する最高裁判決としては、最判一九九九〔平一一〕・一・二一民集五三巻一号九八頁と最判一九九九〔平一一〕・三・一一民集五三巻三号四五一頁があるが、前者は利息の支払いが貸金業者の口座への払込みによって行われた場合でも一八条一項の書面の交付が必要であるとし、後者は、一七条書面にいう返済期日の記載はその日が休日であるときの扱いの黙示の合意があれば、明示の約定通りの日付で足りるとしたものである。それらはその後の最高裁の姿勢を窺わせるものではあるが、四三条要件に関しての一般的説示はなかった。これに対して、最判二〇〇四〔平一六〕・二・二〇民集五八巻二号四七五頁と同日判決民集五八巻二号三八〇頁による四三条要件を厳格解釈することの明示は、最大判ルールの適用範囲の回復の宣言という意味をもった。どちらも旧商工ファンドによる四三条の主張を認めた高裁判決を破棄差し戻した。とくに前者に付された滝井補足意見では多数意見の四三条一項に関する一般的説示部分にさらにその適用について「例外的に」という表現が付け加えられている。[214] 期限の利益喪失条項についての説示と併せ、最判二〇〇六〔平一八〕・一・一三（最判二〇〇六）への伏線となったという意味で重要な意味をもつものであった。

最判二〇〇六では施行規則一五条二項との関係での一八条書面要件の不備の有無も問題となったが、以下では期限の利益喪失特約の効力についての判示部分に限定して引用する。最判は原告貸金業者の請求を認容した原判決を以下のように述べて破棄差し戻した。

「⑴　Ⓐ　法四三条一項は、貸金業者が業として行う金銭消費貸借上の利息の契約に基づき、債務者が利息として支払った金銭の額が、利息の制限額を超える場合において、貸金業者が、貸金業に係る業務規制として定められた法一七条一項及び一八条一項所定の各要件を具備した各書面を交付する義務を遵守しているときには、その支払が任意に行われた場合に限って、例外的に、利息制限法一条一項の規定にかかわらず、制限超過部分の支払を有効な利息の債務の弁済とみなす旨を定めている。貸金業者の業務の適正な運営を確保し、資金需要者等の利益の保護を図ること等を目的として貸金業に対する必要な規制等を定める法の趣旨、目的（法一条）等にかんがみると、法四三条一項の規定の適用要件については、これを厳格に解釈すべきである（最高裁平成一四年(受)第九一二号同一六年二月二〇日第二小法廷判決・民集五八巻二号三八〇頁、最高裁平成一五年(オ)第三八六号、同年(受)第三九〇号同一六年二月二〇日第二小法廷判決・民集五八巻二号四七五頁参照）。

Ⓑ　そうすると、法四三条一項にいう「債務者が利息として任意に支払った」とは、債務者が利息の契約に基づく利息の支払に充当されることを認識した上、自己の自由な意思によってこれを支払ったことをいい、債務者において、その支払った金銭の額が利息の制限額を超えていることあるいは当該超過部分の契約が無効であることまで認識していることを要しないと解される（最高裁昭和六二年(オ)第一五三一号平成二年一月二二日第二小法廷判決・民集四四巻一号三三二頁参照）けれども、債務者が、事実上にせよ強制を受けて利息の制限額を超える額の金銭の支払をした場合には、制限超過部分を自己の自由な意思によって支払ったものということはできず、法四三条一項の規定の適用要件を欠くというべきである。

Ⓒ　⑵本件期限の利益喪失特約がその文言どおりの効力を有するとすると、上告人$Y_1$は、支払期日に制限超過部分を含む約定利息の支払を怠った場合には、元本についての期限の利益を当然に喪失し、残元本全額及び経過利息を直

ちに一括して支払う義務を負うことになる上、残元本全額に対して年二九・二％の割合による遅延損害金を支払うべき義務も負うことになる。このような結果は、上告人$Y_1$に対し、期限の利益を喪失する等の不利益を避けるため、本来は利息制限法一条一項によって支払義務を負わない制限超過部分の支払を強制することとなるから、同項の趣旨に反し容認することができず、本件期限の利益喪失特約のうち、上告人$Y_1$が支払期日に制限超過部分の支払を怠った場合に期限の利益を喪失するとする部分は、同項の趣旨に反して無効であり、上告人$Y_1$は、支払期日に約定の元本及び利息の制限額を支払いさえすれば、制限超過部分の支払を怠ったとしても、期限の利益を喪失することはなく、支払期日に約定の元本又は利息の制限額の支払を怠った場合に限り、期限の利益を喪失するものと解するのが相当である。

Ⓓ　そして、本件期限の利益喪失特約は、法律上は、上記のように一部無効であって、制限超過部分の支払を怠ったとしても期限の利益を喪失することはないけれども、この特約の存在は、通常、債務者に対し、支払期日に約定の元本と共に制限超過部分を含む約定利息を支払わない限り、期限の利益を喪失し、残元本全額を直ちに一括して支払い、これに対する遅延損害金を支払うべき義務を負うことになるとの誤解を与え、その結果、このような不利益を回避するために、制限超過部分を支払うことを債務者に事実上強制することになるものというべきである。

Ⓔ　したがって、本件期限の利益喪失特約の下で、債務者が、利息として、利息の制限額を超える額の金銭を支払った場合には、上記のような誤解が生じなかったといえるような特段の事情のない限り、債務者が自己の自由な意思によって制限超過部分を支払ったものということはできないと解するのが相当である。」

この判決と第Ⅱ期前期の最判一九九〇を比較してみよう[215]。

①　最判一九九〇Ⓐと二〇〇六Ⓐには、みなし弁済規定に向かう両判決の姿勢の相違が明確に現れている。一九九〇Ⓐでは、議会での説明や立法担当者による解説と同様の「立法趣旨」が述べられている。これに対し、二〇〇六Ⓐでは、例外という言葉が挿入され、それが要件の厳格解釈の必要性を導いている。ここには最大判ルールとその排除立法に対する評価の相違が示されている。

②　最判一九九〇Ⓑと最判二〇〇六Ⓑの相違。最判一九九〇Ⓑでは、任意の支払いとは利息の充当であることを知ることと自由意思であることが内容であるとされ、このことが、無効であることの認識を不要とすることを導いている。ここには、最判一九九〇Ⓐにもとづき、立法されたことの意味を失わせるような解釈は採れないという考え方が窺える。[216]したがって、最判一九九〇Ⓑは一九九〇Ⓐで示された四三条に対する没評価的姿勢を技術的に具体化したもので、支払いの任意性の一般論を述べたものといえる。内容的には、法の不知論および主観的事情に対する客観的事情判断の優先[217]による法的安定性の確保である。これに対して最判二〇〇六Ⓑは、二〇〇六Ⓐをうけて、「そうすると」、任意の支払いとは一九九〇Ⓑの通りである「けれども、……事実上にせよ強制」を受けている場合は任意とはいえないとした。これが二〇〇六Ⓐで予告された四三条要件が市民法理にたいする例外的な特典付与であることを理由とした厳格解釈である。ここでは、任意性の一般論としての一九九〇Ⓑを、四三条一項要件に即して、事実上の強制がないという意味であると「厳格解釈」している。制限超過利息の支払いの特質が法の不知であるから、債権者が債務者の法の不知を利用することは許さないというもうひとつの一般論（信義則）を用いることでも個別事件での同じ結果は可能ではあるが、それではなく一九九〇Ⓑを前提としつつ内容を狭める途を進んだ。このような期限の利益喪失特約利用の場合のルールの設定は、信義則を四三条一項要件に即して具体化するという意味をもつものであった。

③　最判二〇〇六Ⓒでは、本件期限の利益喪失特約の一部が「制限超過部分の支払を強制することになるから、……無効」とされ、二〇〇六Ⓓで、無効であるのに支払い義務の存在という「誤解を与え、その結果、……超過部分を支払うこと」の事実上の強制が存在するとされる。ここには四三条一項の書面要件が誤解・事実上の強制の因となるという四三条要件に即した信義則の具体化がある。法の不知を利用する取引構造への一つの対応である。この問題はたまたま法の不知があったというものではないという社会的現実が、「例外的」特則たる四三条要件の厳格解釈の基盤となっていた。

最判二〇〇六Ⓔで、「誤解が生じなかったといえるような特別の事情」がないと任意支払いとはいえないという原則・

例外ルールを提示して原判決を破棄差し戻した。一九九〇Ⓑのもう一つの根拠である形式的判断可能性（法的安定性）への対応となっている。期限の利益喪失特約の利用の広さを考えれば、任意性についての原則・例外の逆転である。

問題の核心は、みなし任意弁済規定による特典付与は市民社会の要請（社会秩序の確保助成）への対応とはいえないものであるということにあった。厳格解釈の明示はそのような立法に対して裁判所が対抗措置をとることの表明であった。最大判一九六四および一九六八は、任意支払（一条二項）であっても特典を否定したから任意性要件の判断を含むものではなかったが、最判二〇〇六による任意性要件の厳格解釈は、反市民法的特典を否定するという最大判ルールの延長にあり、反制定法的法状態の原則的位置の回復の宣言であった。このことは、立法府に対しては、最大判ルールの無限定的承認即ち現状のような法状態であることの解消を要求するものという意味をもった。

最判二〇〇六（平一八）・一・一三は第二小法廷によるものであったが、期限の利益喪失条項につき同趣旨の判決が、第一小法廷によって同年一月一九日（判時一九二六号二三頁）、第三小法廷によって同年一月二四日（民集六〇巻一号三一九頁）に下され、すべての小法廷によって最高裁の確定的な姿勢が示された[218]。その後、このようにして回復された余剰金返還請求権を強化する判決が続いて現れることになった。継続的に貸付けられた複数の債権間での元本充当関係を肯定した判決[219]、余剰金返還請求権の消滅時効の起算的を取引終了時とする一連の判決[220]、貸主に余剰金発生時から悪意受益者としての利息が発生するとする判決[221]などである。事案によっては貸主の主張が肯定された事件もあることは勿論であるが、それらは全体としての判例の方向を変えるものではない。

iii　最大判一九六四および一九六八によって導入されたルールは当時の社会においても周辺的存在となっていた中小高利貸資本による事業者金融に関してのものであったが、消費者金融の問題は大手高利貸資本が、一部上場、社債発行による資金調達の方途も準備され、多くの海外投資家からの資金導入が加わって市場を支配するに至って、周辺的とは言い切れない位置を占めるに至っていた。しかし、大手資本による二九・二％金利の経営でも前期資本が規模のうえで大手になっただけで３Ｋ（高金利、過剰融資、過酷な取立て）を特色とする「サラ金問題」の性格は変わらなかった。

確かに最高裁の姿勢がストレートに出資法金利の二〇％への引き下げ、資金業規制法四三条廃止、利息制限法一条二項、四条二項削除に繋がった訳ではない。他方には、規制緩和金利自由化と貸金業界による反撃はグレーゾーンを上に合わせる解消論として登場し、外資系金融会社からの要請と結び付いて、最大判ルールを押し流すかのような力となっていた。しかし、アメリカのサブプライムローンの崩壊は、高利と市場利率の相違のもつ意味の再確認を迫った。二〇〇六年一二月の出資法金利二〇％への引き下げ、貸金業規制法のみなし弁済規定の削除、利息制限法一条二項、四条二項の削除は、反制定法的判決の正当性を立法府が全面的に是認したこと、反制定法的法形成の制定法化であった。反制定法的法状態の回復・強化の基盤となったのは、高利の保持の許容を市民法に反する不当な特典付与であるとする意識の広汎な定着である。それが高利被害者による裁判を支える力となった。ここにあるのは市民法理の回復・展開であった。

(175)「反制定法的法状態」というのは、最大判一九六八後に、利息制限法一条二項、四条二項が存在しているが、それらを空文化する最大判ルールが妥当している状態を表わす。最大判一九六八当時とは異なった消費社会におけるこの部分の変遷の過程とその基盤の明確化が第三節のテーマとなる。

(176) 貸金業者規制法の立法の最終段階（一九七九年六月）で全金連が政治連盟をつくって政界への影響力強化を図ったが、却って内部の混乱を招いたと述べられている（沖野・前掲二六三頁以下）。

(177) 同様な移管の動きは一九七四年にもあった。一九六七年には全金連理事会が、一九七四年には全金連法制対策臨時委員会が反対決議を挙げている（沖野・前掲六二頁、服部・前掲四三〇頁、五七三頁）。また、既に一九六三年の臨時行政調査会の報告が大蔵省の消極的姿勢を理由として公安委員会への移管を提案していたことつき、大河「戦後日本における貸金業法制の成立と展開(八)」月刊パーソナルローン三巻六号〔一九七九〕四頁以下の紹介を参照。
(178) 全国金融業団体連合会の傘下団体の長の会議。
(179) 一九六九年二月一九日の会議では当日議案の順序が入れ替えられたうえで議論されたようであるが具体的な方針は決められてはいない(服部・前掲四八〇頁以下)。
(180) 沖野・前掲七五頁。
(181) 全金連のこのような運動方針に対して、自主規制法制定に反対する愛知県金融業組合が全金連から脱退して同じく反対の立場であった全国金融業協同組合連盟と共同して反対運動を行うようになる。その論拠は、この法律に貸金業者の安定的営業を可能とする(ということは充当および返還請求を受けないとする特則を含んだという意味)金利規定が盛り込まれていないという点にあった。これは貸金業への利息制限法適用除外の主張である。この主張は、自主規制法によって業界の社会的公認をまず得て次の段階で利息制限法改正の運動に取り組むという全金連の多数派と対立することになった(沖野・前掲七二頁および服部・前掲四七五頁以下)。
(182) 沖野・前掲四四頁以下。
(183) 沖野・前掲四七頁。
(184) 沖野・前掲九三頁。自主規制法制定までの全金連の動きについては沖野・前掲六二頁以下。
(185) 大河は、政令金利(定款金利)規定につき、判例への「巻き返し」(「サラリーマン金融の法的規制」渋谷隆一編『サラリーマン金融の実証的研究』〔一九七九〕一八七頁)であり、「最高裁によって否定された利息制限法一条二項の復権構想が明確にかたられている」、「(大河が金融行政上の一貫した方針であるとする)『私法上も有効な貸資金業者特有の法定金利』の事実上の導入であった」(大河・前注(177)七頁)としているが、以下の点から疑問である。①大河自身述べているとおり、同法四条は訓示規定であって法的にそのような意味を持ち得ない。②全金連によるこの法律のための運動のなかでは最大判に対抗する意味での金利規定の要求はでていない。自主規制法の運動と利息制限法問題は戦略的に二段階のものとして分けられており、執行部のこの方針が愛知県金融業組合の脱退の原因となっていた。③大蔵省はこの立法に消極的であった。

(186)　一九六七年以後国会でのこれに関連した法案の提出廃案を繰り返した経緯については、松下正美「貸金業者自主規制助長法の成立」手形研究一九〇号［一九七二］二八頁参照。なお、松下論文では利息制限法に関しての最大判への言及がなく、この法律と最判例の間にはとりたてて関係はないとしていることが窺える。これに対して原田大樹「自主規制の制度設計」法政研究七四巻四号［二〇〇八］八二五頁は、この法律につき、「昭和三〇年代後半からの一連の最高裁判決によって利息制限法が空文化される中で、……制定された」として、この法律と最大判の関係を示唆しているが文意が明らかではない。

(187)　服部・前掲四七一頁が、全金連役員による陳情の際の足立議員の「民社党の春日一幸君に話したら、君はなぜこんなものに手をつけたか……といわれ」たという言葉を紹介しているが、ここには従来からの業者を中心とする業界の運動が「こんなもの」と見られていたことが示されている。

(188)　同名の前身組織は一九六九年に設立されていたが、それと全日本消費者金融協会（一九七五年設立）が合併して新たなＪＣＦＡが設立された。

(189)　一九七七年度決算での、消費者金融全体の貸付残高が一兆一二三億のうち上位四社（マルイト現アコム、プロミス、武富士、レイク）のそれが六〇八億三四〇〇万で約五〇％であったが、一九八三年度決算の大手四社の融資貸付残高は一兆二〇〇〇億、二〇〇三年度決算では、全六〇六〇社中の上位四社（アイフル、アコム、武富士、プロミス）のそれは六兆八七二八億となり、五四・五％である。なお、上位一〇社では八九・六％である。沖野・前掲一一六頁、同『貸金業現代史〈下巻〉』［一九九二］九二頁以下、井手壮平『サラ金崩壊』［二〇〇七］四八頁、須田慎一郎『下流喰い』［二〇〇六］一六四頁などによる。

(190)　沖野『貸金業現代史〈上巻〉』一四七頁参照。

(191)　沖野・前掲一五二以下。全金連特報三九号からの原文引用であるとされている。

(192)　沖野・前掲一六七頁。

(193)　木村達也「貸金業規制法の成立を振りかえって」月刊クレジット三一五号［一九八三］六頁。

(194)　後の国会審議において、提案者から、議員立法になったいきさつとして、行政省庁が最高裁判例を否定する内容の案を行政として提案しにくいということがあったと述べられている（大原一三衆議院議員発言・第九八回参議院大蔵委員会会議録四号）。

(195) 諸提案は「サラリーマン金融立法に関する法案と要綱」立命館大学人文科学研究所紀要三〇号［一九七九］二八二頁以下に収録しているものに拠った。これら諸提案の比較検討として、椿寿夫「序説」法時五一巻五号［一九七九］↓「サラ金規制立法をめぐって」『民法研究Ⅱ』［一九八三］三〇七頁以下、木村・前掲六頁以下がある。

(196) この利息制限法についての部分には、「利用者の中には、自由契約を後刻否定して提訴する人も、一万人に一人くらいは見受けられます。その提訴した人は、再度経済的に社会復帰する事は話し合いで解決した人よりも惨めであり、二倍も三倍も時間を必要とします」（立命館大学人文科学研究紀要三〇号四八三頁）という説明が付されている。他方、「昭和五十年頃まではごく一部の大都会の債務者を除いてはこの判例を引用した事件が少なかったので、薄氷を踏むような恐怖感にさらされながらも、営業を続け、この判例のために貸金業を廃業したという話はまったく聞かれなかった」（服部・前掲三八八頁）とする記述もある。前者は強気、後者は不安を表しており、従来からの貸金業者はこの間で揺れていたのであろうと思われる。

(197) 全金連会長が、四八％とするＪＣＦＡ案に対して「語気強く」批判したと紹介されている（沖野・前掲二四九頁）。

(198) 特に利息制限法の扱いにつき、日弁連案を批判するものとして大河「サラリーマン金融の法的規制」渋谷編・前掲一九三頁以下。木村・前掲七頁に利息制限法不適用とした点につき当時を振り返っての反省が述べられている。日弁連は、貸金業規制法の国会審議が始まった段階で方針を修正し、みなし弁済規定の反対運動を展開する。

(199) 沖野・前掲二六二頁。

(200) 沖野・前掲二八一頁以下。

(201) 沖野・前掲三〇一頁以下。大河「利息をめぐる諸問題」私法四三号［一九八一］九頁に「大蔵省の説明」資料として載せられている同じ課長補佐の前年の講演でも、みなし弁済規定の考え方につき、出資法金利引き下げの「前提の上で」とされている。

(202) 沖野・前掲三一四頁、三二〇頁。

(203)　この聴聞会につき、沖野・前掲三三一頁は、「大蔵省提示案に拒否反応を示す貸金業界の説得対策であった」としている。出資法金利の四〇・〇〇四％への引き下げへの貸金業界の不満、全金連内部での意見の相違があったからである（沖野・前掲書三二七頁）。大手業者はこの金利を受け入れる方向であった。大蔵委員会の聴聞会での秋葉参考人（武富士代表取締役社長）発言が沖野・前掲三三五頁に紹介されている。なお、大蔵省処理案要綱試案は沖野・前掲三二一頁に、衆議院大蔵委員会理事会検討メモは三三〇頁に収録されている。

(204)　大河「貸金業規制二法の成立と金利規制問題㈠」法時五五巻九号［一九八三］五一頁はこの点から書面要件の導入を重視している。

(205)　第九六国会および第九八国会での提案者大原一三議員による趣旨説明は第九六回国会衆議院大蔵委員会議録二五号、第九六回国会参議院大蔵委員会会議録一五号および質疑応答は第九八回国会参議院大蔵委員会会議録四号、一一号。国会審議の様子は、茆原正道『四三条違憲論』［二〇〇四］七八頁以下に詳しい。

(206)　木村・前掲一五頁。

(207)　大森泰人『金融システムを考える』［二〇〇七］二二〇頁は、「一〇九・五％から二九・二％に至る規制上限の引下げは、大手の貸付金利実態を勘案して設定されてきた」と述べている。

(208)　法務省の姿勢は、一九六三年の改正案が示すように最高裁を支持するというものであったから、特典を復活させるみなし弁済規定には批判的であったと思われる。しかし、六省庁協議の不成立のちは、貸金業界に関してのみの出資法金利の引き下げとみなし弁済規定が問題とされており、自民党案では利息制限法改正は問題となっていないから、法務省が表面に出る問題ではなくなっていた。国会審議および法律成立後は官僚機構としての対応があるが、法務省の立法担当者による新法の解説（大森政輔「貸金業規制法四三条について」判時一〇八〇号［一九八三］三頁以下、「貸金業規制法四三条と利息制限法（上）（下）」ＮＢＬ二八四号［一九八三］八頁以下、二八五号［一九八三］三二頁以下）には利息制限法に対する例外則であることの強調がみられ、大蔵省の立法担当者によるそれ（先崎勝「貸金業規制二法の概要」ジュリ七九六号［一九八三］四三頁以下、大蔵省銀行局内貸金業関係法令研究会編『一問一答貸金業規制法の解説』［一九八三］など）との姿勢の相違を窺うことができる。

(209) 四〇・〇〇四%移行に関しての第二〇回大蔵省金融制度調査会消費者信用専門委員会(一九八九年三月三日)での松田一男日榮社長の意見陳述は当時の日栄の余裕を示している(沖野『貸金業現代史(下巻)』二五八頁参照)。また、商工ローンについては同書四六頁以下。

(210) 北健一『高利金融―貸金ビジネスの罠』[二〇〇八]八一頁。

(211) 小野秀誠『利息制限の理論』[二〇一〇]三頁、四二一頁。

(212) この点に関する下級審裁判例につき鎌野・前掲三〇九頁以下。

(213) 北健一・前掲五六頁には、「商工ファンドが貸金業規制法四三条のみなし弁済を主張するようになった……二〇〇〇年を境にがらっと変わった」という茆原洋子弁護士の言葉が紹介されている。

(214) 「法四三条一項は、債務者が利息制限法を超える利息を支払った場合であっても、その支払が任意に行われ、かつ、貸金業者が法所定の業務規制に従って法一七条及び一八条各所定の要件を具備した書面を債務者に交付しているときは、その支払を例外的に有効な利息の債務の弁済とみなしている。……また、本件各貸付けの中には、……元本の弁済期を契約日の約五年後とした上で、その間、利息の制限額を超える部分を含む利息等を一か月ごとに前払することとし、その支払を怠れば、期限の利益を失い、債務全額を即時弁済することを求められるとともに、年四〇・〇〇四%の割合による損害金を支払わなければならないとの内容の条項を含んだ取引約定書を用いているものがある。このような条項を含む取引においては、約定に従って利息の支払がされた場合であっても、その支払は、その支払がなければ当初の契約において定められた期限の利益を失い、遅延損害金を支払わなければならないという不利益を避けるためにされたものであって、債務者が自己の自由な意思に従ってしたものということはできない」。

(215) この二つの最判の解釈論的整合性については、最判二〇〇六の担当調査官であった三木素子「判例解説(本最判)」法曹時報五九巻二号[二〇〇七]→最高裁判所判例解説民事篇平成一八年度(上)[二〇一〇]三〇頁以下が整合性を説くのに対し、最判一九九〇の担当調査官であった滝澤孝臣「『支払いの任意性』に始まり、ふたたび『支払いの任意性』へ」銀法六五九号[二〇〇六]四頁以下は判例変更であるとする。

(216) 滝澤「判例解説(本判決)」最高裁判所判例解説民事篇平成二年度[一九九二]五五頁。

(217) この二つの理由については、滝澤・銀行法務六五九号九頁以下。
(218) 同年三月一七日判時一九三七号八七頁が特別上告審として、四三条の適用を肯定した上告審判決である高裁判決を職権で破棄したことも付け加えておこう。
(219) 最判二〇〇三〔平一五〕・七・一八民集五七巻七号八九五頁。ただし、充当を否定した最判二〇〇七〔平一九〕・二・一三民集六一巻一号一八二頁、最判二〇〇八〔平二〇〕・一・一八民集六二巻一号二八頁があるが、それを含め複数債権間の充当に関するこれら判例の充当合意構成の問題につき茆原正道「充当に関する最高裁の軌道修正」消費者法ニュース八三号〔二〇一〇〕三一頁以下参照。
(220) 最判二〇〇九〔平二一〕・一・二二民集六三巻一号二四七頁、最判二〇〇九・三・三判時二〇四八号九頁、最判二〇〇九・三・六判時二〇四八号一二頁。
(221) 最判二〇〇九・七・一七判時二〇四八号一四頁、最判二〇〇九・九・四裁時一四九一号二頁。
(222) アメリカからの対日要請事項については、井手・前掲一〇三頁以下、大森・前掲二一四頁。
(223) このことが貸金業規制法改正の最終段階で持った意味について、立法担当者であった大森・前掲二一四頁が示唆的である。
(224) 井手・前掲七七頁以下は、大蔵省時代からの「消費者金融は銀行にやらせるべきだ」という信念が背景にあるとする。同書五八頁は、金融庁にとって貸金業界は「傍流」と表現している。

## 第四節　小　括

一　最大判一九六八による反制定法判決の登場は、古典的ともいうべき高利金融が事業資金融資を中心に行なわれていた時代が終わりに差し掛かる時期であった。この最大判ルールがその後の「サラ金問題」のなかで、国会、行政、貸金業界、被害者とその支援者たちの間での限定と回復・貫徹を巡る対抗と裁判所の対応のなかでの変遷の過程を経て、制定法化に至った。

反制定法的法形成の制定法化が示すものは、大手高利貸資本が一部上場を果たすようになっても前期資本としての性格に変わりはなく、高利貸付は最終的に市民法上の承認を得ることができなかったということであった。行政的には大蔵省時代からの金融機関の外の貸金業界淘汰の方針及び法務省の利息制限法改正案（一九六三年）が現実になった。しかし、最大判の貫徹からなる法形成の基盤は市民社会の展開にある。権力秩序の対応は、被害者と支援者の運動が社会的承認を得ることができるものであったことが引き出したものであった。これが法を形成する力であり、法形成の正当性の所在である。

二　権力分立を重要な内容とする民主主義的国家形態の下では、反制定法的法形成の法形成一般との相違は、立法府の怠慢を条件として直接に主権者たる国民の意思に正当性根拠を求めざるをえないことにある。最大判一九六八による反制定法的判決の登場においては、立法府は、司法と行政からの要請になっていた利息制限法改正を怠ることで、反制定法的判決を批判する正当性を失っていた。この最大判は主権者との関係では、その論理構成によって法による裁判という要請を充たし、反市民法的特典の否定という我が国の市民社会の展開への対応であることで、内容的な要請を充たしていた。

その後の反制定的法状態は、立法府による反制定法的判決の黙認、それに続く立法によって前提とされたという意味での形式的消極的是認によって、立法府との関係での正当性をもつものとなった。最大判ルールを限定する規定の厳格解釈は、実質的には議会で明示されたその「立法趣旨」に対立して最大判ルールの適用範囲を回復するものであった。それは、ネオリベラリズムの支配に抗する市民社会の要請に対応するものとして、社会的な基盤を見出すことができるものであった。

三　裁判規準の実質的な内容は制限超過利息の返還請求権の存否であって、民法の体系のなかの位置としては不当利得法に属する問題であるが、大量現象としての高利消費者金融被害においては生活破壊に至る事例が多いことが

「サラ金」問題化の背景をなしており、とくに反制定法的法状態の回復期における法形成には、「個人の尊厳」という点からの社会的受容があったといえる。判決のなかで明示されてはいないが、民法二条が解釈指針として存在することとの意義がここにもある。

## 第五章　ま　と　め

一　先行の三つの章の末尾でそれぞれの小テーマについてのまとめを述べたので重複する部分もあるが、ここでそれら小テーマが統一テーマにとって示すものをみてみよう。

①　第二章では、生活利益保護法の展開としての法形成における民法と行政法の関係という点から公法私法協働論を検討した。この説はその前提とする公法私法二元論の故に、景観利益最高裁判決が示した行政法規の形式的運用を批判してあるべき法形成の方向とその意義を的確に示すことに成功しなかった。この二元論が法の共通基盤の認識を妨げ、市民社会の展開への対応における生活利益保護の民法上の法形成と行政法規を関係付ける視点が得られない結果となり、自らの目的としたと思われる民主主義的国家形態の下での市民国家の現実化という方向での法形成にとっての適合性に欠けることになった。

②　第三章では、わが国の民法上の法形成において憲法の基本権規定が民事裁判規準の構成部分とされてはこなかったことの理由を、民法規定と基本権規定の関係—歴史的先後関係、解釈指針としての機能における理念的共通性、基本権規定の細目性に対する民法の一般条項の包摂可能性—にみた。このことは、基本権規定によって導入された「基本的人権」とは別の「もう一つの基本的人権」を想定することを可能とする。憲法学の私人間適用論がこの関係の把握に適切な枠組みとなっていないことについては、㋐民法上の法形成の社会的基盤の生成を促すもう一つの基本的人権意識の定着と私人間適用論が前提とする基本権規の理解が相違すること、及び、㋑ドイツ憲法裁判所にお

ける民事判決の違憲審査に相当する制度がないことによって、ドイツ憲法学におけるとは異なった意味で憲法「適用」と民法「適用」の意味の明確化が必要になるがそのことが果たされていないという二つの理由が考えられる。このことによって、私人間適用論の議論は、そこで共通に目的としていたと思われる民主主義的国家形態の下での市民国家の現実化という方向の法形成にとっての適合性に欠けるものになった。

最大判北方ジャーナルにおける民事裁判規準の構成は、法規の操作に拠らない欠缺補充であることによって、基本権規定との関係について私人間適用論が対象とする諸判決とは異なった検討を要するが、そこでも基本権規定は民事裁判規準の構成要素とされることはなかった。

③　第四章では、最判一九六八による反制定法的判決の登場およびその後の「サラ金問題」のなかでの最大判ルールの限定と回復を巡る対抗を経て制定法化による完成に至る反制定法的法形成の過程を学説・立法・行政・貸金業界の動向と関連させながら辿った。この反制定法的法形成を民主主義的国家形態の下での市民国家の現実化の一現象として位置付けることを可能にするには、㋐直接には立法府との関係での権力分立原則に反しないこと、㋑更に、権力分立は権力機構が社会構成員総体（主権者）から委託された任務の遂行のためのものであるから、判決が社会構成員に対する関係で正当性をもちうることが必要である。㋐については、最判一九六八の登場は立法府が司法・行政府の要請に対して怠慢といいうる状態にあったことによって、判決後はまず黙認という消極的承認、その後の限定立法による間接的承認によって正当性問題は解決された。㋑については、判決の論理構成による理由付けが権力分立という制度を否定するものでないことの表明としての意味をもつこと、市民法理と両立しない特典付与を否定するという市民社会からの権力機構への委託を立法府に代行して果たすという内容といえるものであったことが、最大判一九六八ルールの登場とⅡ期後期（一二九頁以下）におけるその回復を支えるものであった。

二　最後に、これら三つのテーマが共通して示すものを統一テーマの視点から記して全体のまとめとする。

①②③のそれぞれが示すことは、民法上の法形成の意義を民主主義的国家形態をもつ市民社会の展開から生じる要

請への法的対応として捉えることの必要性である。民主主義的国家形態における権力分立と国民主権という二つの柱は、民法上の法形成にとっても制度を整えるものでありまたその社会的基盤の生成の可能性を広げるものであった。ⓐここでいう民法上の法形成と権力分立との関係は、③がテーマとした意味においてではなく法形成一般に関してのことである。権力分立のなかでもとくに司法権と行政権の分立とさらにそれを前提とした裁判官の独立の保障は市民社会の展開に対応した法形成の不可欠の制度的条件である。また、様々な形での裁判情報の公開は法形成促進的意味をもつ。ⓑ国民主権との関係では、㋐法（したがって権力機構の編制と権力行使の根拠）の正当性の所在が総体としての国民の意思におかれる形態の国家をもつということは、社会構成員の間で法形成主体としての主体性意識と正当性信念が生成・定着する可能性を意味する。また、㋑国民主権の具体化としての表現の自由、集会結社の自由の保障は法形成の社会的基盤の生成にとっての重要な環境となる。

日本国憲法によって導入された民主主義的国家形態の下での市民国家の内実化は、戦後民主主義批判に示されるような政治的動きとの対抗のなかにある。民事裁判規準の構成は、とくに人格的利益、生活利益分野において、更には財産的利益に関連しても、「生活世界」のルール作りとして、民主主義のいわば基礎体力の維持・強化の役割をもつ。民主主義的国家形態の下での民法上の法形成の意義の把握において、それが市民社会の展開に即した法的対応という国家機構の任務と適合したものであるかという観点を基礎においた枠組みが必要となるのはこのためである。

（補注）本稿での規準と基準の区別については論文8末尾（補注1）参照。

# 13 政教分離原則と民法
## ──靖国合祀取消請求訴訟控訴審判決を素材として──



### 一 はじめに

靖国神社に合祀されている戦死者の遺族が靖国神社に対して合祀取消しと損害賠償を、国に対して損害賠償を請求している事件につき、第一審大阪地判二〇〇九（平二一）・二・二六判時二〇六三号四〇頁、控訴審大阪高判二〇一〇・一二・二一はともにそれら請求をすべて棄却した[1]。これらの判決ではこの事件の中心をなす靖国神社に対する請求に関して、基本的に最大判一九八八（昭六三）・六・一（自衛官合祀事件）民集四二巻五号二七七頁の枠組みに拠って判断されており、この最大判が本件原告らにとっての大きな壁となって立ちはだかった。この大法廷判決は、その事件で被告とされた国（陸上自衛隊山口地方連絡部）による隊友会山口支部の合祀申請への協力行為について政教分離原則違反を否定する部分と被告とはされていない護国神社の合祀による原告の利益侵害を否定する部分からなっていた。靖国神社に対する合祀取消請求裁判への大きな影響というのは、大法廷判決の判断内容のうちの後者である。[(2)]従って、以下では大阪高判のこの部分――私人間の信教の自由の対置と呼ぼう――を検討対象とするが、その際の基本的視角は、①靖国神社による合祀の歴史的役割を抜きにして考えるべきではないということ[(3)]（以下の四）、②政教分離原則を憲法規定の適用としてだけではなく民法上も意味をもつものとして考えるべきであるということ（五の内容）にある。これら問題①②の所在については大阪高判を紹介したあと、三で敷衍することにする。

（1）　この大阪高判のあとも、同様の請求に対して東京地判二〇一一（平二三）・七・二一（判タ一四〇〇号二六〇頁、原告は韓国人生存者一名と遺族九名）、福岡高裁那覇支判二〇一一（平二三）・九・六（訟月五七巻八号二二〇〇頁）と請求棄却判決が続いている。

（2）　もっとも前者についても、大阪高判でいえば、その政教分離違反判断そのものに対してではないが、その判断の前提におかれた（以下の五で検討対象とする）靖国神社の合祀決定の自律性の強調には、大法廷判決における護国神社による合祀決定の独立性の強調と同様の役割がみられる。後注(27)および該当本文参照。

（3）　自衛隊合祀最大判の私人間の信教の自由の対置図式に対しては、護国神社の「歴史的な背景を切り落とし（た）」ものであるという指摘（樋口陽一・座談会「自衛官合祀と信教の自由」ジュリ九一六号［一九八八］一四頁）があった。そのことは靖国神社による合祀をめぐる争いについての本判決の判断により当てはまるであろうということが、以下四の叙述の内容である。そしてそこでは、「歴史的な背景」が具体的に合祀取消請求権の法的構成作業のなかでどのような意味をもちうるのかが扱われる。なお、本事件では差止めと損害賠償が請求されているが、本稿は差止請求と損害賠償請求の法的構造上の相違という問題には立ち入らないから、両請求権の違法性要素の共通部分を検討するものということになる。

## 二　大阪高判二〇一〇・一二・二一判時二一〇四号四八頁の事実概要と判決理由

〔事実概要〕　戦死者の遺族であるXらが、$Y_1$（靖国神社）がXら（第一事件第二事件あわせて九名）の故人を合祀し、合祀を継続している行為は、Xらの敬愛追慕の情を基軸とした人格権を侵害する違法な行為であり、また、$Y_2$（国）がXらの故人の情報を$Y_1$に提供した行為等が違法な行為（原告のうち一名の故人は国設靖国神社に合祀されたから、その合祀が国の責任であるという主張）であって、これによりXらが精神的苦痛を被っていると主張し、$Y_1$ $Y_2$に対して損害賠償を請求するとともに、$Y_1$に対してXらの近親故人の氏名の霊璽簿等からの抹消を求めた。第一審大阪地判はXらの主張する人格権の内容は宗教的あるいは非宗教的心情ないし感情であり、それらは直ちに法的利益として認めることができないとして、請求をすべて棄却した。大阪高裁はXらからの控訴を以下のような理由で棄却した。

〔判決理由〕　原告八名が「敬愛追慕の情を基軸とする人格権としてイメージしているものは、……靖国神社の教義や宗教活動に対し、内心で抱く個人的な不快感や嫌悪感を言葉で言い換えて表したものにすぎず、未だ、法的な保護に値する権利、利益とまでいうことはできない。」「(オ)　他方、合祀及び合祀継続行為は、被控訴人靖国神社にとっては、まさに教義にかかわる宗教活動そのものである。被控訴人靖国神社も私的な宗教団体であって、信仰を同じくする個人の集合体である以上、……他人に対する強制や不利益の付与を伴うものでない限り、個人と同様、信教の自由、宗教活動の自由が等しく保障されているのであって、権利利益相互間の調整のための内在的制約に服することはあっても、個人の人格権や信教の自由の保障に劣後するなどということはできない。(ウ)　そうすると、……控訴人らが、耐え難い苦痛を感じているからといって、ただちに控訴人らの権利又は利益が侵害されたことにはならず、結局のところ、本件では、敬愛追慕の情を基軸とする人格権が、損害賠償や差止請求の根拠になるような法的利益であると解するのは相当でないというべきである。

原告のうちの一名につき、「(イ)敬虔なクリスチャンである控訴人は、父も同様であったことから、……(合祀によって)耐え難い精神的苦痛を感じていることが看取できる。しかし、靖国神社にとっては、戦没者をできる限り広範に合祀することこそが、まさにその宗教活動そのものであって、仮に控訴人の宗教的人格権及び信教の自由を優先させ(……るならば、靖国神社の)教義に直接関わる事項であるだけに、その宗教活動の自由を侵害することになってしまう。」

国の行為は違法性については、「靖国神社の行為が違法であるとは認められないから、国の行為との間での共同不法行為性(客観的関連共同性)について判断する必要はない。しかし、Xらは国が靖国神社の合祀という宗教行為を援助、助長したことが違法であると主張しているので、……必要な範囲で判断する。」とし、「靖国神社が合祀を行なうことについて、国の協力が不可欠であったとまではいえないとしても、多数の合祀対象者の合祀の円滑な実行にとって国の協力が大きな役割を果たしたことは明らかであり、……国は、合祀という宗教行為そのものを援助、助長し、これに影響を与える行為を行なっていたということができる」としたが、合祀は靖国神社の自律的決定によるものであり、また、合祀によってXらの法的利益が侵害されたとはいえないから、「国の政教分離原則に反する行為により、Xらの信教の自由が侵害され、その法的利益が侵害されたということもできない」とした。

### 三　大阪高判の基本的構造とその問題点
#### ——検討課題①②の敷衍

① 自衛官合祀最大判では、合祀を拒否する原告の権利・利益の存在が否定され、その理由として、原告と護国神社の信教の自由を対置させたうえで、この利益を認めると相手方の信教の自由を害することになるとされた(私人間の信教の自由の対置)。この大法廷判決は、事件を遺族には故人を異なった宗派によって追悼されることを拒否する権

利があるかという問題として捉えたうえで、護国神社（宗教団体）の信教の自由への寛容を個人に求めた。大阪高判は寛容という表現は使わないが（大阪地判はこの表現を使っている）、最大判の私人の信教の自由対置図式を靖国神社が被告とされたこの事件にスライドさせて、靖国神社に対する合祀取消請求及び靖国神社と国に対する損害賠償請求を棄却した。被告の「信教の自由」に関して、霊璽簿からの故人の氏名の抹消は「戦没者をできるだけ広範に合祀する」という靖国神社の教義にかかわるとしているが、大阪高判のこの教義理解に問題があることは四（①ⓐイ）で述べる。

② 大阪高判は被告国（厚生省）の協力行為は政教分離原則に反するとしたが、靖国神社の行為が違法ではないから原告に対しては違法とならないとして、国に対する損害賠償請求を否定した。この事件での厚生省の行為は、戦前の陸軍省・海軍省の業務の延長であり、政教分離の実施が不十分であったことを表すものである。たまたまある宗教団体への協力行為を行ったというものではなく構造的であり、政教分離の目的（国家神道における国家主義・軍国主義の排除）に反するものであった。本稿は国に対する請求を否定した判断を直接に扱うことはしないが、厚生省の協力と靖国神社の行為との関係についての判断は検討対象となる。

このようにみると、まず①では、自衛官合祀最大判の枠組みが私人間の宗教行為についての一般的ルールであるのに対して、本件で原告が問題とするのが靖国神社問題であることのずれがある。私人間の「信教の自由」の対立とする図式は、靖国神社が歴史上果たしてきた役割を捨象している。ここには戦後政教分離原則が導入された経緯が現れてこない。戦死者がいてそれと無関係な私人たる宗教団体が合祀を行っているかのような構図になっている。まずこの点から、原告・被告の主張を私人間の「信教の自由」として同列に置くことに問題はないかが検討されなければならない。

次いで②の問題は、政教分離原則は憲法規定の適用問題に限られるのかということである。これは大阪高判が否定した国の行為と靖国神社による合祀の共同性の問題に繋がる。具体的には、そこから不法行為法と差止法のなかで政教分離違反問題を含んだ法的構成は可能かという問題になる。[4]

以下では、①私人間の「信教の自由」の対置図式についての検討は次のように①ⓐと①ⓑとし、ついで②合祀と政教分離原則の関係の問題が検討される。

①ⓐ　原告の主張からは、大日本帝国が故人を意に反して戦地に赴かせ、被告はその国の軍事施設であったことが重要な意味をもっていることが窺われる。そこでは、①の対置図式が表しているような、遺族による死の意味付けとその死には関与していない私人たる宗教団体が第三者として行なうそれとの間の対立が問題としてあるのではない。このような原告の主張の民法上の扱いの可能性について、以下の四で扱う。

①ⓑ　死者の扱い方における原告による故人への追慕と靖国神社による合祀の間には、追慕の私事性と戦死の国家主義的意味付けの対立がある。戦前からの靖国神社の教義は合祀への異議はありえないということを前提としている。原告による合祀取消請求と合祀には遺族の承諾は不要であるとする靖国神社の教義の対立に関しての民事裁判規準の構成に際しては、民法二条が「個人の尊厳」を解釈の指針として掲げていることの意義が省みられなければならない。その際には、宗教団体からの政治および個人（さらには故人）の解放も政教分離原則の一面であることが重要になる。このことについても四で扱う。

②　合祀にとって国の行為との共同性がもつ意味、そのことと遺族の追慕利益との関係が政教分離原則の民法上の意味という視点から五で検討される。

政教分離原則の導入が既に靖国神社が戦前に果たした国家主義・軍国主義的機能の排除を目指していたのであり、合祀取消請求訴訟判決を政教分離原則との関係から検討するうえでは靖国神社の教義に触れることが必要となる。②問題においてだけでなく、①問題においても合祀の意味は教義と不可分であるから教義の内容に言及するのは不可避である。従って、教義を扱うか否かではなく、合祀取消請求と関わる限りで教義を裁判上どのように扱うかが重要になる。合祀取消請求問題では、教義は宗教的ないし神学的な検討対象ではなく、法的視点からの検討対象となる。そこで直接の法的な争点たりうるのは（後述する本稿の構成では）合祀による受忍限度を超えた追慕利益侵害の有無である。この判断のためには、教義のもつ政治的・社会的役割およびそれと政教分離原則との関係付けが重要であり、この争いを差止法・損害賠償法のなかに置くことにとっては、神や霊の存在や内容についての信仰上の争いがあるとしてもそのことは重要な意味をもたない。従って、ここで教義の内容に言及してもそれは宗教・信仰そのものに関しての法的判断を行なうことを意味しない。だから当然のことながら、靖国神社の合祀において戦死者が祭神として扱われることの宗教上信仰上の意味やその是非は本稿の問題とはならない。このことから後述①の合祀の意味及びそれを受忍限度要素とすることに関しての検討においても、重要とされるのは、祭神とされることではなく故人及び遺族の意思に反して殉国者として扱われることの遺族にとっての意味である。確かに、殉国と祭神が結び付いていることが国家神道の（従ってまた天皇制国家の）特徴であったが、本稿は、本事件を神を巡る宗教・信仰上の争いとしてではなく、追慕の対象である故人の人格の扱いの法的評価を巡る争いと捉えることから、合祀のもつ戦死者を祭神とする側面と殉国者とする側面のうちで、後者を重要な受忍限度判断要素の一つとみるものである。

以下で上記の各問題の検討に入る前に、合祀についての筆者の認識を纏めておく。

合祀とは、戦死者を既に祭神とされているものの集団（「一座」）に加えることおよびその祭神とされている状態である。教義上は、合祀によって戦死者である人の霊が神霊となる。その霊は靖国神社に居るのであって、家族のもとに帰るものではないとされる。[5][6] 合祀は、氏名その他の事項が霊璽簿に記載され奉納されることによって行なわれる。この個人名の記載は個人（故人）の個性への着目の故ではなく、戦死者が祭神となるという教義によるものである。[7] また、これは死者の追悼ではなく殉国者としての顕彰であることが重要である。[8] 従って、合祀は合同慰霊祭とは異なる。合同という意味はなく一人と仮定しても合祀であり、祭神として祀るのであって死者の魂を慰霊するものではない。

合祀は決定後に遺族に通知されるだけである。[9] 天皇が戦死者を祭神とすることにしたのだから、合祀することにとって故人の意思や遺族の承諾は無関係であるという論理による。旧植民地人についても同様であった。

遺族たる原告が主張する合祀取消請求の具体的内容は故人の氏名の霊璽簿からの抹消である。その他の戦死者の合祀には影響しない。ただし、靖国神社にとっては、合祀の決定は教義上天皇・国家によるものであるから、遺族からの要求によるものであれその故人の合祀のみの取消しは考えられないことになる[10]。また、靖国神社が本来的に政治目的のための神社であったからその教義の運用には政治性恣意性が伴っていた[12]。戦後は合祀の決定は形式的には靖国神社によって行われることになっているが、実質的には大部分は厚生省の遺族補償リストと同じである。戦後になって補償基準と異なる合祀が部分的にあるが量的にも質的にも戦前の合祀の性格を変えるものではない[13]。

（4）　最大判一九七七・七・一三民集三一巻四号五三三頁津地鎮祭事件以来述べられている「制度的保障」によれば、政教分離原則は個人の権利を根拠付けるものではないとされている。とくに自衛官合祀最大判がこのことを明示した。憲法学説では一般に政教分離を「制度的保障」とすることには批判的であるが、他方で、私人たる神社は政教分離原則に服さないとされているから、自衛官合祀最大判を批判して別の不法行為法的構成を対置させる見解においても政教分離が判断要素とされることはない。

（5）　大江志乃夫『靖国神社』［一九八四］一二六頁以下に紹介されている陸軍大将・靖国神社宮司（一九三八年四月から一九四七年一月まで）鈴木孝雄の文章を参照。祭神が居るとされることは戦時下になると国民（臣民）が靖国神社参拝を強制されることと結び付いた。なお、帝国憲法二八条の「信教の自由」には、国家神道を拒否する自由は含まれていないとされていた。大江・前掲九七頁にはこれとの関連での帝国憲法第二八条の適用に関しての『内務省史第二巻』［一九七〇］の記述が紹介されている。また、村上重良『慰霊と招魂』［一九七四］一三二頁以下も参照。

（6）　戦前は、靖国神社は、臣下を祭神とする神社であったことから、伊勢神宮系列とは別という意味で別格官幣社とされた。臣下が祭神であったから、天皇は「御濱台」といわれる台に乗って祭神より高い位置から参拝した（赤沢史朗『靖国神社』［二〇〇五］一七頁）。

（7） 村上・前掲一一二頁。

（8） 追悼と顕彰の相違従ってまた首相などの公式参拝の際に追悼を理由とすることの問題性について、赤沢・前掲八頁以下。靖国神社創建の際における慰霊から勲功顕彰への変化につき、大江・前掲一二〇頁。天皇の「忠臣」を祭神とする別格官弊神社の全体については村上・前掲七六頁以下。

（9） 遺族を靖国神社に招待することも顕彰儀式の政治的効果にとって重要な意味をもっていた（具体的には、田中伸尚『靖国の戦後史』［二〇〇二］四八頁以下、高橋哲哉『靖国問題』［二〇〇五］二一頁以下など参照）。しかし、招待された遺族にも合祀祭典への参列は許されなかった。遺族は、招魂祭において招魂斎庭で、霊璽簿を本殿に運ぶ闇の中に浮ぶ御羽車を拝むのであり、翌日、合祀祭典後に昇殿参拝した（赤沢・前掲二〇頁）。

（10） 田中・前掲一一八頁に合祀取消要求者との面談でそのように述べる靖国神社宮司の発言が紹介されている。もっとも生存していたことが判った場合には取り消している。

（11） 靖国神社の前身である東京招魂社は一八六九（明二）年に兵部大輔であった大村益次郎が中心となって戊辰戦争の官軍の戦死者の招魂のために創建された。兵部省の附属施設であったことがのち一八七九（明一二）年の靖国神社への改称、別格官弊神社への列格後も（一時期神官人事に内務省が関係した他は）陸軍省・海軍省の管轄であることに続いた。これらの経緯および靖国神社の破格の扱いにつき、村上・前掲四五頁以下、一〇七頁以下参照。ちなみに、その後敗戦時まで、国家神道系の神官・神社は内務省、教派神道系は文部省の所管であった。

（12） その例は、大江・前掲一二七頁、井上勝生「ある日清戦争戦死者の碑から」図書二〇一一年九月号七頁にみられる。もっとも、このことは靖国神社の宗教性と軍の論理の間に全く齟齬がなかったということまでを意味するものではない。赤沢・前掲二〇頁以下に陸軍省と靖国神社の意見が相違した例が紹介されている。

（13） 追加は、旧皇族王族戦死者、旧植民地人の軍人軍属戦死者、敗戦時の自決者や戦犯刑死者、その他の「国と雇用関係にあった」とされた人々の合祀などである。詳しくは田中・前掲三七頁以下、赤沢・前掲九八頁以下を参照。なお、赤沢・前掲九九頁は、これら戦後の追加的合祀について、「合祀を天皇や国家からの恩恵として理解するような、政教分離以前の戦前的な感覚が残っている」と評している。大阪高判においては戦病死の範囲を例にして戦後の靖国神社のては五で述べる。

「自律」的決定の存在が重要な意味をもつものにされている。大阪高判におけるこの「自律」性判断のもつ問題につい

## 四　合祀による遺族の追慕利益の侵害と受忍限度規準
### ――課題①ⓐ、①ⓑの検討

**①ⓐ、歴史的背景をもったものとしての合祀は故人に対する二重加害を意味するものであることについて**

このことは靖国神社が遺族（以下、配偶者、子それが不存在の場合の親、兄弟姉妹とする）の合祀取消請求に応じないことに合理的根拠があるかを考えるうえで重要な点である（以下のウ）が、この点は、大阪高判における追慕利益の法的意味についての判断（以下のア）、靖国神社の教義の理解（以下のイ）に関係しているので、この符号の順番で述べることにする。

**ア　遺族の追慕利益の法的保護可能性について**

戦死者はすべて殉国者であるとすること、戦死者はすべて合祀を望んでいるとすることは戦前においても暴力によって維持されたフィクションであった。まして、戦後は合祀を望む遺族と拒否する遺族がいることは当然のことである。戦前とは異なり、遺族が追慕の情から合祀拒否の意思を表明しても権力からの制裁はないという意味でなら、合祀拒否が「自由」であることには疑う余地はない。この自由が相手方に対する損害賠償請求権や取消（差止）請求権を認められうるものであるかまたその要件如何は、遺族の追慕利益の性格付けから考えられなければならない。

大阪高判の追慕利益についての判断は、「未だ、法的な保護に値する権利、利益とまでいうことはできない」「控訴人らが、耐え難い苦痛を感じているからといって、ただちに控訴人らの権利又は利益が侵害されたことにはならず、結局のところ、本件では、敬愛追慕の情を基軸とする人格権が、損害賠償や差止請求の根拠になるような法的利益で

あると解するのは相当でない」というものである。大塚直は、その侵害の違法性判断を受忍限度規準によるべき利益を第一種利益、著しい違法性や権利侵害がある場合にのみ保護に値するとされる第二種利益との区分を提唱している。[14]それによればこの外に法的利益性が否定される利益があることになろう。そして、大阪高判の追慕利益についての説示は、原告の追慕利益の内容を「不快感や嫌悪感」であって、「未だ」上記の第二種利益でもなくその外にあるとするもののようである。[15]もっとも他方で「本件では、……ただちには……」という部分に力点を置いて読めば、本事件を離れた追慕利益一般には第二種利益たりうることも全く否定されたとまではいえないかもしれないが、[16]いずれにせよ、追慕利益を狭く解しておりまた保護に消極的であることは確かである。このことは大阪高判が故人の名誉やプライバシーの侵害を遺族の追慕利益侵害とは別のものと構成しているようにみえることと関連している。[17]故人の名誉やプライバシー侵害にあたる場合を遺族の追慕利益侵害と構成することは学説における有力な見解である。[18]この立場に立てば遺族の追慕利益は大塚のいう意味での第一種利益といえるであろう。下級審裁判例事件にみられるような故人の名誉・プライバシーを侵害することは遺族の追慕利益の侵害となるとしたうえで、追慕利益侵害はそれらに限られるわけではなく、故人の追悼という宗教的意味をもった追慕も一定の要件の下で保護される追慕利益とされるべきであるとするのが本稿の主張の一つである。追慕利益の内容を広げることで、本事件のもつ歴史的背景およびそれと関連をもつ政教分離原則と追慕利益侵害の違法性判断を関係付けることが可能になってくるであろう。その際に重要なことはまず追慕利益のあるべき保護の実質的根拠を明らかにすることである。筆者は、故人を追慕することは故人を直接間接に知る人すべてに開かれた自由であるが、法的保護の対象たる追慕利益は遺族の追慕に限定され、その内容は、故人との生前の家族関係が遺族の精神生活のなかに延長されたものであると考える。そして本件で問題となる追悼という意味での追慕は、市民社会に適合性をもつ政教分離原則が実効的である宗教的環境の下でその環境を共同享受するなかで行われる。[19]このような追慕利益保護の根拠を故人の遺族の精神的生活への関連性に求めることで、侵害の違法性規準を受忍限度規準と構成することが可能になると考えているが、この点に関しては他の課題の検討を済ませたのち五の末尾で改めて述べる。

### イ　大阪高判のいう靖国神社の「信教の自由」・教義について

大阪高判は、合祀取消し（霊璽簿からの故人の氏名等の抹消）は、「控訴人（靖国神社）の教義に直接関わる事項」であるから「その宗教活動の自由を侵害することになってしまう」（判時二一〇四号五五頁）という。しかし、靖国神社の教義が原告の合祀取消請求と対立するのは、大阪高判のいうような「戦没者をできるかぎり広範に合祀すること」の故ではない。「広範に合祀」というだけであるなら、合祀取消しの請求をしている遺族の数は合祀されている太平洋戦争の戦没者二一二万余のうちの僅かであるから、合祀取消請求に応じたからといって「広範に合祀すること」にとって大きな影響があるわけではない。また、「広範に合祀する」ということではもともと意思を確認していない遺族からの合祀取消要求に応じない理由としては薄弱である。教義としての硬さは、「できるだけ広範」ということにではなく、天皇の軍隊に属する者の戦死者はその意思に関係なくすべて殉国者であって例外はないとすることにある。それが天皇制国家による戦死の意味付けであり、「臣民」はそのことから逃れられない。靖国神社の創建以来の任務はそのような戦死者・殉国者すべての招魂と顕彰であり、それが明治天皇の意思に拠るものとされるから、例外が許されないのである。靖国神社は裁判の場では天皇制下でこの教義のもった意味（「戦死者はその意思を問わずにすべて殉国者である」）をそのまま言うわけにはいかずに、「できるだけ広範に合祀する」としかいえないであろうが、裁判外では合祀の方針は明治天皇の意思によっているから個人の遺族の意思によって影響されるものではないというのが現在でも靖国神社の対応である[20]。大阪高判による上述のような靖国の教義の理解は本事件での対立点を不明確にするものである。

### ウ　故人に対する二重加害性

以上のことを前提とすると、合祀の取消しを請求する遺族からすれば、戦前の靖国神社は陸軍省・海軍省所管の軍事施設として戦死に関して国家による加害の一端を担うものであったことに加えて、合祀は後述（①ⓑ）するように戦死者である故人の人格を無視するものであるという意味で故人に対する再度の加害を意味することになる。このような故人に対する二重加害は、合祀による追慕利益侵害の違法性・受忍限度判断の一つの要素とされるべきものである。この二重加害ということを判断要素とするには、裁判所がそのような主張を歴史認識として正しいと判定することが必要である訳ではなく、そこで行われるのは、そのような主張に合理的根拠があるかという判断である。合祀取消請求を「不快感・嫌悪感」によるものであるとする大阪高判にみる表現には、合祀取消請求には法的意味を認めるだけの合理的根拠がないという判断の存在をみることができる。原告の主張と靖国神社の歴史的役割の関係、合祀と故人の人格との関係の検討を欠くことがこのような姿勢に導いたのであろう。しかし靖国神社が果たした歴史上の役割を考えれば、一方で合祀を望む遺族がいると同時に、他方で合祀を拒否する遺族がいることには合理的根拠があるというべきである。また、重要なこととして、現憲法の政教分離規定の出発点に位置する総司令部による国家神道禁止指令（一九四五・一二・一五）は、戦前の靖国神社の歴史的役割と教義を主要な排除対象としたものであったことがある。靖国神社が現在に至るも政教分離原則に反対の姿勢をとっているのは、この原則が戦前の靖国神社の果たした政治的役割への否定的評価を基礎にしているからである。靖国神社は戦前の自らの存在との連続を否定してない[21]。原告の追慕利益の主張は、戦死に対して（法的意味ではないにせよ）責任を負う大日本帝国の軍事施設が故人を殉国者として顕彰している合祀状態が故人の人格を無視するものであって追慕利益を侵害しているという意味をもつものである。追慕利益の内容の把握において歴史との関連性を捨象するのであればそのことの理由を述べなければ、原告の主張の合理的根拠の有無という問題に答えたことにはならない。大阪高判は、靖国神社を故人らの戦死と関係を持たない第三者である私人と位置付けるから、靖国神社の戦前の役割に触れることがない。しかし、そのような位置付けは問題の実質的所在から離れた、私人たる宗教団体という法的概念による不適切な抽象というべきである。

①ⓑ、故人の追慕と合祀の相違──全戦死者合祀の論理と個人（故人）の尊厳の関係

本件事件での争いは、故人の追悼を被告が原告の信仰とは異なる宗教によって行ったあるいは故人を神としたということの故のものではない。従って、遺族は異なる追悼の仕方を拒むことができるかというような法的問題とされるべきものではない。

合祀は、故人がその戦争に対して如何なる姿勢をとっていたかに係わりなく、国家の行う戦争を「聖戦」であるとすることを前提として、戦死者をすべて殉国者として顕彰するものである。そこでは故人が個人としてもった人格を否定することが出発点にある。陸軍省・海軍省の目的である軍の士気の高揚からすれば兵士の個性を抹消してすべての戦死者を顕彰することが必要であり、人格をもった個人としての故人を追悼することは問題とならない。殉国者であるとすることは、個別故人についてそうであったということによって根拠付けられているものではない。殉国者であるかどうかを個別に判定することはまったく予定されていない。

更に、故人の名前を記載して殉国者として祀ることは、思想のレベルで集団としての戦死者を語るのとは異なった氏名の政治的利用行為という意味をもつ。故人の人格を無視しつつ殉国者であるとして特定する意味をもつ名前を記載して祀ることとは、殉国とされることに大きな抵抗感を持っていたと推測される故人の人格とその人格への追慕を自らの精神生活に関連させている遺族の追慕の念の一層の無視を意味する。ここには国家と軍の論理（軍国主義）が貫徹されている。そして、戦前とはその機能において比較にならないとはいえ、政治家の靖国参拝にみられるように、合祀されている状態の政治的利用はなお続けられているのである。国家の観点からの故人の属性（戦死者）による把握とは異なって、遺族は死者の私人としての人格と向き合うのであって、私事としての遺族の追慕と国家的視点からの死の意味付けである合祀が対立した場合には、（広義の）宗教の私事性という観点からいって、死者との関係で両者を同一レベルにおくことは適切ではない。戦前であれば合祀と個人（故人）及び遺族の意思との対立は表に出ない。(22)

予め合祀を拒否することは徴兵拒否と同じである。徴兵された個人は死後も国家によって管理された。霊璽簿の中の個人名はこのような象徴的な意味をもち、ひいてはこの意味の故に政治家の参拝という政治的利用に繋がる。

戦後に価値観の多様性に伴って戦争および靖国神社の合祀に対する考え方の相違が表面化してきた。そのうちの合祀を拒否する遺族による死者の取り戻しという精神的利益と靖国神社による国家主義的教義に基づく合祀の遂行利益の対立において、受忍すべきとされるのはどちらと考えるべきか。この受忍限度規準の適用において指針たるべきは民法二条である。原告の合祀取消しの請求が認められても合祀全体が取り消される訳ではなく、合祀を望む遺族の故人は合祀されている状態が続く。このような限定を伴ってのみ靖国神社は現在の社会で存続が認められると考えるべきである。(23)

「合祀されても追慕はできる」(自衛官合祀最大判以来の諸判決が合祀によっても強制或いは妨害がないかぎり利益侵害はないとしているのもこの意味)という論拠については、まず、故人が殉国者とされることの拒否は、同時に受容メッセージの送り手になることの拒否を含むということがある。(24) しかし、本事件においてより基本的なことは、原告の主張がもちうる意味として、政教分離の宗教環境の下での追慕利益が侵害されているということがある。そこで問題は次の五に繋がる。

(14) 大塚「公害・環境、医療分野における権利侵害要件」NBL九三六号〔二〇一〇〕四三頁。

(15) 原告の主張を合祀に対する不快・嫌悪によるものとする表現は第一審判決の文章を引き継いでいる箇所である。第一審、二審どちらにおいても、直接には原告による人格権構成を否定する文脈での表現であるが、原告の主張全体に対する裁判所の評価を表している。合祀の歴史的背景には目を向けない姿勢がそこにある。なお、自衛官合祀最大判においては、一般論を述べる箇所で他者の宗教行為について「たとえそれに対し不快感をもったとしても、」というような表現はあるが、本件第一審、第二審のようには、原告の主張内容を表すのに嫌悪感という強い表現は使われない。

(16)　この「ただちには、」というのは、「他人に対する強制や不利益の付与を伴う」場合ではないからという意味になろうか。しかし、これらが合祀以外の追慕利益侵害を想定しながら述べられているものであるのかの判定は難しい。ちなみに自衛官合祀最大判では、「静謐な宗教的環境の下で信仰生活を送るべき利益なるものは、これを直ちに法的利益として認めることができない性質のものである」とされていた。

(17)　これまで遺族の追慕利益の侵害に関しては、地裁裁判例（静岡地判一九八一・七・一七判時一〇一一号三六頁、大阪地判一九八九・一二・二七判時一三四一号五三頁）において、故人の名誉やプライバシー侵害の場合に損害賠償が認められている。大阪高判は、遺族の追慕利益とは別項目で「本件戦没者の法的利益侵害性」として死者の名誉とプライバシー侵害の有無を判断しいずれも否定している。この構成は原告の主張に答えたもので大阪高判が積極的にこの法的構成を採っているとまではいえないが、このような構成の下では地裁の裁判例を参照しても追慕利益の侵害を認められた例はなくなるから、この構成は大阪高判が追慕利益の法的保護可能性に消極的な説示をしたことと結び付いているといえよう。

(18)　学説の概観は、宇佐見大司「死者の名誉毀損」別冊ジュリ・メディア判例百選〔二〇〇五〕八三頁参照。

(19)　ここでの市民社会概念の使い方については、広中俊雄『新版民法綱要』〔二〇〇六、旧版は一九八九〕一頁、中村「民法上の法形成と民主主義的国家形態」民法研究六号〔二〇一〇〕三頁〔本書三二九頁〕。

(20)　前注(10)参照。

(21)　戦後の宗教法人靖国神社規則は「第三条　本法人は明治天皇の宣らせ給うた『靖国』の聖旨に基づき、国事に殉ぜられた人々を奉祭し、神道の祭祀を行ない、その神徳をひろめ、本神社を信奉する祭神その他の崇敬者（以下『崇敬者』という）を強化育成し、社会の福祉に寄与し、その他、本神社の目的を達成するための業務を行なうことを目的とする」として戦前との連続性を維持している。ここでは「本神社を信奉する祭神」とされているが、この「信奉」は故人の（生前の）意思や信仰を意味してはいないようである。神道と個人の信仰の関係については後注(32)にあげた文献中の井門富士夫発言を参照。なお、大阪高判は、「靖国神社も私的な宗教団体であって、信仰を同じくする個人の集合体である」としているが、この文章がそこで言われている「個人」の範囲が何を指すかという点が検討されたうえでのものであるかは明らかではない。

(22) 悲しみを公にすることは許されなかった。合祀は、国家による建前の強制のなかで遺族の悲しみを名誉の戦死であったという喜びに変えるため、祭神への天皇の参拝をみて「国のお役に立てた」と死を納得し受け入れさせるための顕彰儀式であった。これらにつき前注(9)文献参照。

(23) 総司令部からは、靖国神社を宗教施設として残すか、戦没者追悼のメモリアル施設として残すが問題とされ、日本政府の選択に従って、個人的信仰の対象である神社としての存続が容認された(大江・前掲三〇頁以下、赤沢・前掲四〇頁以下)。しかし、合祀取消しに対する靖国神社の対応(前注(10)該当本文および同注文献参照)は、当時言われた個人の信仰あるいは遺族による崇敬に基づいた宗教施設のそれによるものとは違っている。

(24) この点につき、蟻川恒正「日本・国・憲法」公法研究五九号(一九九七)二三五頁以下参照。なお、大阪高判が故人の名誉毀損を否定する趣旨でいう合祀の非公開性は受容メッセージ性の否定の理由にはならない。なぜなら、戦死者が合祀されていることは一般に知られていることであるから、原告らがそれを靖国神社に拒否しないとすればそれも受容メッセージ性を持つことになる。

## 五 政教分離原則と追慕利益および合祀の関係
### ――課題②、合祀における国家と靖国神社の共同性がもつ意味について

靖国神社による合祀は政教分離原則に違反する国の行為があって遂行できる宗教行事である。このことは合祀による追慕利益侵害の法的評価にとって意味をもたないものなのか、私人たる靖国神社の行為は政教分離原則とは関係をもたないという判例の前提になっている見解は支持されるべきものか(政教分離原則は憲法規定の適用問題に限定されるものなのかということ)が次に検討されるべき問題である。

大阪高判は、厚生省と靖国神社の関係について、㋐「(戦病死の扱いについて一部厚生省による遺族補償より広い扱いをしたことを挙げて)自らの判断で合祀基準を見直したこともあったこと等からすると、合祀は靖国神社の自律的な

宗教行為であり、国の関与によっても、その自律性は失われていなかった」とする。㋑「(この意味の「自律的な宗教行為である」) 合祀を国家の宗教行為と同視することはできないから、……合祀を憲法上保護されない宗教活動であるということはできない。国家の援助等を受けたことを理由に、靖国神社の宗教活動の自由が保障されないとか、保障の範囲が他に劣後すると解するのは相当ではない」とした。[25]

このうちの㋐は、厚生省の行為は (靖国神社に)「影響を与える行為」であるとしたから、「しかし……(靖国神社の) 自律」は失われていないとすることが必要になった文章である。この㋐については次の二点が指摘されなければならない。まず、ここでいわれている「自律性」の具体例として挙げられているものは、「自律」とするための根拠としては余りに周辺的な付加である。[26]「自律」がありうるのは戦後の厚生省との関係に限られるが、その中心をしめる二〇〇万を超える第二次世界大戦における日本軍戦死者につき合祀するかを靖国神社が「自律」的に判断したわけではない。次に問題なのは、大阪高判がそのいうところの「自律」を理由として靖国神社と国の行為の共同性が切断されるとみていることである。[27] しかし、大阪高判は合祀の中心的部分に目を塞いで、私人たる宗教団体の「信教の自由」図式のために「自律」を探し求めたようにみえる。そこでいう追加的合祀があったという程度の「自律」では、戦後の合祀という事業の大部分が厚生省の協力なしには行われえないものであったことを否定することにはならない。大阪高判はこの協力は合祀にとって「必要不可欠であったとまではいえない」としているがそのように判断する根拠は述べられていない。政教分離意識の不徹底のもと、合祀にとって不可欠であるから協力としていたとみることの方が現実に合う推論であろう。また、大阪高判は、「影響を与える行為」とそれに止まらない宗教団体の「自律性を失わせる行為」(強制、圧迫、干渉などであろう) を対置させて厚生省の行為を前者であるとしているようであるが、本事件にとってなされるべきであったのは、大阪高判のいう意味の「影響を与える行為」と特定の宗教行事を実質的に「可能にする行為」の対置であった。[28] そしてまさに厚生省の協力は合祀の大部分を「可能にする行為」であったという意味で「不可欠であった」というべきである。[29]

㋑部分は、判決理由中で「被控訴人国による法的利益侵害の有無について」という項目の(ア)として最初に述べられているものである。この文章は、原告との関係での憲法上の保障の意義について述べられているようで文意が明確とは言い難いが、合祀は私的宗教団体である靖国神社の「自律」的な宗教行為であって、この行為は政教分離違反とされる国の援助を受けていても（原告に対する関係でも）「自由が保障される」とするもののようである。これは国の政教分離違反行為は靖国神社の宗教行為の評価に関係しないということである。これによって、国の政教分離違反行為があっても、私人間の信教の自由対立図式が維持されることになる。㋐部分と同様ここでも、問題の所在からいえば周辺的というしかない靖国神社の「自律」が決定的な意味を与えられている。本稿の②問題は最終的に大阪高判のこの㋑部分に凝縮されて現れる。

まず、仮に大阪高判のいう「自律」を認めたとした場合でも、当然に㋑のように言える訳ではない[30]。大阪高判が述べている事態を、判決も認めている「大きな役割」を持つ国の「援助、助長」を靖国神社が「自律」的に、従って政教分離違反行為である可能性を認識しつつ利用したという文章に変えても、なお、原告の合祀取消請求を拒むことを正当化する㋑のような私人間の「信教の自由」図式は維持されうるであろうか。戦前の国家神道のなかで神道指令によって国家主義・軍国主義的歪曲であるとして排除の対象とされた中心にあったのが自らのことであったことは、靖国神社が危機感とともに認識していた筈である。厚生省の行為が陸軍省・海軍省の事務を引き継いでのそれであることの認識も当然にあったとみるべきであろう。また、たとえ政教分離違反を意識しなかったとしても協力・助長行為の「自律」的利用であったこと、大阪高判のいう「自律」があったとしても、戦死者はすべて殉国者である（戦死者は合祀から逃れられない）とする教義上、膨大な数にのぼる戦死者の氏名の判明が前提である合祀は政教分離されては教義どおりには遂行できない宗教行事である。しかも政教分離原則は政治の宗教からの自由を通して個人の宗教団体からの自由を実現するという意味をもつ[31]。国の政教分離違反行為に依存したあるいはそれを利用した「私的な」宗教団体の「自由」を、それによって追慕利益を侵害された遺族に受忍を求める根拠とすることはできない。国の行為と合祀との関係を述べる㋐㋑においても、靖国神社の歴史の評価が全く現れないことがこの判決の姿勢を表している。このように大阪高判のいう靖国神社の「自律」を前提とし、さらに、政教分離原則に服するのは国の行為だけであるということを前提としても、㋑部分は維持されえないといえるが、②問題の検討はなお続く。

政教分離原則は歴史的には憲法規定によって導入され、その後ジグザグを辿りながらも社会的制度としての定着の方向はある。靖国神社国営化の見込みは薄い。公権力による行為につき争われた場合の目的手段規準の適用例は政教分離の貫徹の不徹底を示すものが少なくないが、それでも玉串料事件最大判一九九七（平九）・四・二民集五一巻四号一六七三頁があった。また、首相の公式参拝に対して下級審レベルで違憲判断が示されることがしばしばあるのに対して合憲判断が示されることはない。このような状況の下で遺族による合祀取消請求訴訟に関して我々は如何なる民事裁判規準上の法形成を目指すべきなのか。民法上のルールとしてのあるべき法形成の方向は民法二条によって示されている。それには政教分離原則の下、宗教団体からの個人（故人）の解放を促進する方向が適合的である。政教分離原則の社会レベルでの推進は、不徹底であった戦後の民主化の遅れた実現に資するものである。

そのように政教分離された宗教的環境は、市民社会に適合的な社会環境として公共財であり[32]、本件で問題となる追慕利益の内容である追悼にとって重要な意味をもつ。私人である宗教団体の行為であっても、政治権力との共同で行なう宗教行為は政教分離を重要な内容とする公共財たる宗教環境を損なうものである。ここでは政教分離原則は憲法規定の私人間適用問題としてではなく、民法上保護される生活利益の内容である追慕利益にとっての環境であり共同享受の対象である宗教環境の重要な要素である。故人を直接間接に知る者はすべてこの環境の下で故人を追悼・追慕する自由をもつが（追慕も開かれているという意味で共同性をもつ）、侵害に対する法的保護の対象という意味での追慕利益と呼びうるのは遺族のそれである。そしてこの利益は人格的利益とは区別された意味で生活利益とみるべきである。確かに故人への追慕行為には追慕する人間の人格が現れる。このことは故人を追慕する者すべてについていえることである。しかし、追慕利益の法的保護が可能になりうるとき、この保護の内容・対象は追慕行為に現れる追慕者の人格性ではない。このことは追慕利益を遺族のそれと限定しても変わるものではない。ここで保護可能性をもつ追慕利益の実質をなすのは、故人との間にあった家族関係の現在の精神生活との関連性であるとみるべきである。このことのなかに、共同享受の対象である宗教環境そしてまた共同性をもつ追慕のうちで、個人性・生活関連性をもつ宗教的・精神的生活利益を考えることができる。(33) その侵害の違法性判断規準は受忍限度とすべきである。

(25) 大阪高判が国の行為を政教分離原則に反するとしたことには二つの面をみることができる。確かに、この判断部分はこの判決の結論とは関係していないという意味で傍論であり、本判決の理由付け中でも重要な意味が込められているとは解釈できない。このことからこの判断部分は「傍論の付加的判断」であって「新たな判断として重要視」されるようなものではないとする解説（判時二一〇四号本判決解説欄）が出てくる。しかし、他面、このような判断部分があることは、第一審判決との比較では、僅かではあるが問題の実態に近付いたとみることができる。首相の公式参拝を違憲と判断する裁判例における「傍論」に付け加わる形で、合祀に関係する国の行為が政教分離原則違反とされたことの政治的な意味は必ずしも小さくはない。とはいえ、大阪高判では、最大判自衛官合祀判決の枠組みの維持が先行しているが故の問題性は本文に述べるとおりである。

(26) 戦後の合祀の範囲の追加については、前注(13)参照。

(27) 大阪高判におけるこのような共同性の否定には、自衛官合祀最大判における政教分離原則違反の否定における護国神社の判断の独立性の強調との共通点が見られる。

(28) 大阪高判のいう「影響を与える」ということの具体的内容は明確ではない。この表現には本文で述べたことのほかに、政教分離原則の説明で多くの場合に宗教団体への圧迫や干渉と意味で「影響を与える」という表現がみられることとも関係するかもしれない。しかし、本件ではそのような「影響」は議論の対象になっていない。おそらくこの「影響を与える」は、すぐ後に続いて「明らかであ（る）」とされている「(厚生省の協力の）大きな役割」と同じ意味なのであろう。いうところの「自律」が、国の協力が「大きな役割」をもつものであっても国の責任を否定するだけのものであるかが問われなければならないが、本稿は国の責任についての判断部分を検討対象とするものではないから、この点にはこれ以上立ち入らない。

(29)　厚生省の協力は、戦没者についての調査資料の提供に留まらず、合祀決定の通知の発送にまで及んでいたといわれている。財政面を含むこれら協力の全体とその経緯については、赤沢・前掲一〇四頁以下。

(30)　ちなみに、もし大阪高判のいうように靖国神社が全体に亘って戦前とは異なった自律的な判断を行なっていたとするのであれば、まずその基準を明らかにすることから始めなければならないが、それは判決においてされていない。さらに、かつて軍事施設であったことは否定できないのであるから、戦没者を「できるかぎり広範に合祀すること」もその時代とは異なった意味でなければならない筈であるが、本判決はそのあるべき相違については無頓着である。また、そもそも「広範に合祀すること」が合祀取消しに応じない理由となりうるものであるかが検討された様子はない。

(31)　樋口・前掲ジュリ座談会九頁、同『憲法〔第三版〕』〔二〇〇七〕二二三頁。

(32)　樋口・前掲二二五頁は、「そう堅いことをいわずとも」というわが国の「風土」に、旧国家神道に対する政教分離の不徹底の背景をみる。政教分離された宗教環境の市民社会における公共財性の展開はそのような「世間」（阿部謹也『ヨーロッパを見る視角』〔二〇〇六〕一頁以下）との対抗のなかで進む。この文化的背景と本稿で着目している遺族の意思と合祀の対立との関係を考えるうえで、井門・前掲ジュリ座談会八頁における、共同体を基礎とする合致集団と信仰の同一性に基づく教団教派という宗教集団についての宗教学上の区別の紹介が参考になる。

(33)　生活利益保護については広中・前掲一九頁以下、八七頁以下参照。学説において人格的利益と生活利益は区別しないで使われることが多い。例えば、吉村良一「故人の追悼・慰霊に関する遺族の権利・利益の不法行為上の保護」立命館法学三二七・三二八号〔二〇〇九〕九五六頁以下の本件大阪地判への批判には賛成する点が多いが、この論文でも追慕利益は人格的利益とされている。しかし、この区別は今後の不法行為法上の精神的利益の保護の拡大において重要性をもってくると思われる。この区別をするうえでは、生活利益の実質を表す生活関連性は生活利益の内容に応じて多様な形をとるが、筆者は景観利益を日照利益との比較で捉えようとしたことがある（中村・前掲一七頁、二九頁以下〔本書三四一頁、三五二頁〕）。なお、吉田克己は、公私利益の二重帰属という考えを基にして景観利益の個人への割当て的帰属を語る(例えば吉田・判タ一一二〇号〔二〇〇三〕七〇頁、同・別冊ジュリ・民法判例百選Ⅱ〔第六版〕〔二〇〇九〕一五七頁など)が、「帰属」「割当て」は生活利益享受の実態を適切に表現するものとはいえないであろう。

## 六 まとめ

本件では、政教分離原則を重要な要素とする宗教環境を損なう合祀行為によって(課題②)、合祀を拒否する遺族にとっては、政教分離された宗教環境の共同享受の下での追悼を内容とする追慕利益という宗教的精神的生活利益の侵害がある。問題となった合祀が、故人や遺族の意思に反して故人を殉国者とするもの(①ⓐ二重加害性、①ⓑ故人の人格無視)であることによって、合祀はその取消を請求する遺族にとっての受忍限度を超えた追慕利益侵害となる。

靖国合祀取消請求訴訟は国内的な関心の対象であるに止まるものではない。最高裁には、諸外国とくにアジアの諸国[34]に紹介されてそこでも納得をうることができるような判決即ち大阪高判の破棄を求めるものである。

(34) 旧植民地との関係では、本稿で述べた二重加害性がより鮮明に現れる。このうち韓国の遺族については前注(1)に挙げた東京地判事件があり、台湾の遺族の動きについては高橋・前掲九四頁に紹介されている。

〔追記〕二〇一一年一二月二日付朝日新聞によると、最高裁は、一一月三〇日に韓国人遺族らによる「国に合祀の取りやめや損害賠償を求めた訴訟」の上告を退ける決定をし、請求を棄却した東京高裁の判決が確定したという。記事からは訴訟の具体的内容は判らないが、時間的にみて前注(1)であげた東京地裁判決の事件とは異なるようである(二〇一一・一二・〇五記)。

# V　広中俊雄先生を偲ぶ

*14*『日本民法典資料集成Ⅰ』と『新版民法綱要』に見る民法典編纂史研究

*15*闘うヒューマニスト

# 14 『日本民法典資料集成Ⅰ』と『新版民法綱要』に見る民法典編纂史研究



## 一　はじめに

近く刊行が予定されている『広中俊雄著作集第五巻・民法典の誕生』の中で、広中は第五部を「私の民法典編纂史研究」とし、そこに(1)②の「はしがき」と⑫の「あとがき」を収録するにあたり、前者に「民法の講義に利用する資料の調査・研究としての出発」、後者に「純粋な歴史研究としての民法典編纂史研究へ」と標題を付けた(2)。前者は研究の当初を回顧しての表現であるが、講義更には解釈論上の著作に「利用」するためとされた「資料の調査・研究」であっても民法典編纂史研究上の重要な指摘に満ちていることは、『契約法の研究』〔一九五八年〕、「尊属の概念」『家族法大系Ⅰ』所収〔一九五九年〕、『債権各論講義』〔初版第一分冊が一九六一年〕、『物権法』〔初版上巻が一九七九年〕などが示すところである。しかし本稿では、広中のいう「純粋な歴史研究としての民法典編纂史研究」に絞って、その特徴を検討することにする。

広中は①で民法典編纂史研究全体の状況を次のように述べていた。「第一期については、これまで、史料の発掘・検討・整理という作業を中心に研究が深められてきたし、第二期については、法典調査会に関するかぎり、研究は史料にかかわる作業から編纂史……の内容分析へと重点を移す段階にきている」（①一六頁以下[3]）と。しかし、ここで言う第二期に関して、二つの作業のうちの「史料にかかわる作業」について、その一〇年後に「法典調査会の民法関係の議事速記録は、ほぼ欠落なしに伝えられており、議事内容の研究にほとんど支障がない」（⑤一六〇頁）としつつも、「民法典に関する資料は不完全にしか保存されていませんし、現在まで残っている資料も、今のところ、研究者が簡単に調べうるような形にはととのってはいません」（広中「本誌の編集について」民法研究一号二頁）とされる状況は続き、広中によってこの作業が継続して行われた。続巻未刊であるが⑫がその集大成である。もう一つの作業とされる「編纂史の内容分析[4]」としては、簡潔に纏められた⑬一〇一頁以下の「日本民法典略史」が重要である。以下、⑫と⑬を中心に広中による上記二つの作業の特徴と意義を考えてみよう。

## 二　史料にかかわる作業

(1)　まず、⑫に至るまでの作業を対象資料の時系列でみていこう。

(a)　民法商法施行延期法律案の議決について。

「（旧民法典の公布までの第一期と法典調査会による修正作業開始からの第二期の）二つの時期にはさまれた二年は、具体的な編纂作業はまったくなかったものの、編纂史上の重要な時期であった。……第三回帝国議会の意義が重要」（⑤一三八頁[5]）であり、「民法及商法施行延期法律によって、（旧民法典の公布からその修正作業へと）橋渡しされたのであり、……一本の民法典編纂史としてとらえることができる」（⑤一三九頁）とする視点で、第三回帝国議会での民法商法施行延期法律案の議決に至る経過を議事録の精査を通して明らかにしている。資料という点では、⑤の第三回帝国議会関係の記述は新たな資料の発掘によるものではないが、従来の記述が当時の雑誌記事に拠っていたことに資料利用上の問題があることを指摘している（⑤一四五頁以下）。(6)

(b) 法典調査会における修正作業関係資料

b－一 法典調査会に提出された議案（甲号議案、修正案、決議案、整理案）の整理（それらの概観は⑤一五六頁以下）。これは主として(c)で述べる各文書の点検や目録作成を通して行われた。

b－二 法典調査会議事速記録に関する指摘（同議事速記録の概観は⑤一六〇頁以下）。㋐商事法務版が「組版による複製という方法をとっており、そのために誤植がすくなくない」、同版は「濁点及び半濁点は法文には付さないが、それ以外の部分には付し、……明白と思われる誤字、脱字及び余り字は修正する」という方針をとっているが、「この方針は時として疑問」であるとして幾つかの例を挙げている（⑤一六二頁以下）。(7) このことから⑫は資料を写真版によって収録している。(8) ㋑学振版『法典調査会民法議事速記録』の第五巻と第八巻の丁付に所蔵本間で相違があることの発見は、(9) 学振版利用にあたっての重要な注意喚起である。㋒学振版民法議事速記録における印字の誤りの指摘がある（⑤一六八頁注一五、一七頁）。(10)

(c) 起草委員・法典調査会委員が残した立法関係書類

c－一 穂積文書に関して、「復刻版利用者のために」（福島正夫編／清水誠・広中俊雄ほか『穂積陳重立法関係文書の研究』［一九八九年］）において『明治民法の制定と穂積文書』（広中は目録Aとよぶ）［一九五六年］及び『穂積陳重博士と明治・大正期の立法事業』（目録B）［一九六七年］中の解説・目録の訂正・補足が行われた。その後にも甲号議案三点記載漏れの補足（⑨一七九頁以下）、「民法中修正案（後二編の分）」に関する記載訂正が行われた（⑤一五八頁、またd－二参照）。

c－二 梅文書に関して、梅文書研究会編『梅謙次郎文書目録』［二〇〇〇年］がある。この研究会では、広中の指導を受けながら岡孝・山川次郎（元法政大学図書館職員）・筆者が編集作業に当たった。[11]

c－三　箕作文書に関して⑨。

c－四　田部文書に関して⑪。

広中は、梅・箕作・田部文書の存在が『日本民法典資料集成』の「編集の〝確定的承諾〟に導く最大要因であった」（⑫一五〇三頁）と述べている。「穂積文書に含まれる諸資料を再吟味」すること、「穂積文書に欠けている資料を探索し補充しつつ編集」（⑫一五〇二頁）することが可能になったとされたからである。

(d)　帝国議会における民法中修正案審議資料

d－一　第九回帝国議会の民法審議の速記録の復刻①。広中には、「帝国議会がはたした役割は、……大きいものであった──これまで漠然と考えられていたよりもずっと大きいものであった──」（①一六頁、「はたした役割」として旧民法の施行延期と前三編および後二編政府原案の修正が挙げられている）という認識があり、「最も重要視されてよいと考えられる第九回帝国議会衆議院民法中修正案の審議についても、これまで、速記録の検討すらほとんどなされなかったようであり、このたびの同委員会速記録の複製・刊行によって民法前三編に関する編纂史の最終段階の研究はやっとその緒につくといっても過言ではないようにおもわれる」（①一七頁）と述べる。またこれに関連して、東京大学出版会復刻版『帝国議会議事速記録』中の誤りを指摘し（⑤一六四頁、⑥二頁以下、⑧四四頁）[12]、事後措置を求めている（⑥五頁）。措置要求は資料の出版に関してのものであるが、同時に、広中の資料に携わる者としての責任感を表している。

d－二　第一一回帝国議会と第一二回帝国議会に提出されたそれぞれの後二編案の存在の指摘と対照表の作成が重要である（⑤一五八頁、⑧四五頁以下、⑩一頁以下）[13]。この対照表に付された注は資料点検の厳密さを示している。なお、後二編案に関して、後の学説への影響が大きかった富井『民法原論』中の誤りについての指摘（⑤一五一頁）およびこの指摘の部分的訂正（⑧一四〇頁）がある。

(e) 理由書・参考書

㋐穂積文書・梅文書・箕作文書中の理由書に朱印「訂正印刷ノ分」があるものとないものの混在を指摘し、それらの精査から『理由書』類の成立過程が解明される可能性をみている（⑤一六六頁）。

㋑『以活版換謄写／民法修正案理由書 附質疑要録』と『未定稿本／民法修正案理由書』の相違と後者の意義が③（特に一六頁以下）によって明らかにされた。③の出版後は後者が広く利用されるようになった。

(2) このような周到な準備を経て⑫が刊行された。⑫では旧民法公布から法典調査会での乙号議案及び目次案の審議に関しての資料が網羅的に収集・整理され解説が付されている。⑫での資料の扱いの特色を法典調査規程関係資料のそれ（⑫一五〇七頁以下）を例にみてみよう。[14] 広中が穂積文書目録A第一部乙八の『『法典調査会規則』内閣用罫紙二枚」という記載と現物との齟齬に気付き、のち梅文書中に「法典調査会規則、法典調査規程、法典調査の方針」という標題の資料を見付けたことからこれら書類間の関係と穂積文書の記載の問題の所在が解明された。しかしここから広中の驚くべき調査が始まる。穂積文書目録A第一部乙八の用紙にある「◎記号つき番号」（そこでは◎八と◎九）の意味は何かの探究である。この番号を手掛かりに「梅文書と同じものの復元」が可能かもしれないという関心が広中を動かした。数年に及ぶ調査によって穂積文書の各所に散らばった◎一から◎三一が付された資料が見付かったが、「◎記号つき番号」の意味は判明せず「復元」は断念された。ここには次のような広中の資料調査の姿勢を窺うことができる。即ち、資料の片隅にある不審な点を見逃さずに時間をかけて追究すること、資料亡失の有無を突き止めることを研究者の責任とすること、その際先行研究者への敬意と配慮を失わないことである。[15] この姿勢を支えるのは民法典編纂資料が自らの研究にとってだけでなくこの問題に関心を持つ人々にとってのいわば公共財であるとする意識であろう。[16] そのような問題意識の下での「史料にかかわる作業」への没頭は、「或る写本の或る個所について、これが『永遠の問題である』として何事も忘れてその解釈をうることに熱中するといった気持――これのない人は学問には向かない」[17] というWeberの言葉を思い起こさせる。

かくて、⑫は「戦前からの民法編纂史研究の蓄積の上に、資料の相互関係を精査して配列し、新たに発見された資料と法典調査会の議論を関係付け、各資料の位置と意義を解説している」[18]と評されるものとなった。しかしなお、「史料にかかわる作業」の蓄積がある法制史分野からの⑫の資料選択・吟味についての検証が待たれる。

(3)『日本民法典資料集成』全巻の計画。

「(全15巻)への序」(⑫v頁)によれば、第二巻から第八巻は『第二部　修正原案とその審議』として総則編から相続編関係(債権編と親族編は各二巻)の諸議案、法典調査会の議事速記録、議案草稿、審議の参考資料を収集整理し、第九巻は『第三部　整理議案とその審議』資料、第一〇巻、一一巻は『第四部　民法修正案の理由』として前三編理由書と後二編参考書関係の資料、第一二巻から第一四巻では、『第五部　民法修正の参考資料』として入会権資料、身分法資料、諸他の資料が三巻に分けられ[19]、第一五巻が『第六部　帝国議会の法案審議』資料に当てられる。この計画が作られてから後の資料利用環境の変化[20]を考えるとしても、広中亡き今、資料説明と研究ノートを付して「(第一巻と)均等な高い質を確保しつつ……」(⑫Ⅷ)続巻を編集することが至難であることに変わりない。

## 三　編纂史の内容分析

(1)　広中は自らの民法典編纂史研究を「民法総論の一部をなす」としていた(①序ii頁)。広中による民法総論の長く続けられた思索の結晶が⑬である。⑬は④の改訂というには収まらない記述を多く含んでおり、「民法典略史」もその一つである。④には「民法典略史」はなかった。④と⑬の間にある⑫の準備が「民法典略史」(及びその基となった⑦)にとって大きな意味をもっていたと考えられる。

「第二款　民法典の体系(日本民法典略史)」(⑬一〇一頁)とする標題が示すとおり、この「略史」では「民法典の体系」(④⑬でいう「実質的意義における民法の体系」とは区別されたそれ)が論じられる。そこでの重点は旧民法から明治民法典への過程での総則編の新設と旧民法人事編の解体の「由来と経緯の解明」である。「(『法典調査規程理由書』の「第二条理由」において) 単にパンデクテン体系採用の結果として説明されている総則編新設は、旧民法をめぐる『世間ノ争議』(法典論争) のなかでクローズ・アップされた『親族間ノ関係ハ家族制ニ依リタルヤ又ハ個人主義ニ依リタルヤ』という大問題に対処するために新しく『家族制』により第四編を編成するとともに『権利ノ主格』(権利主体) に関する規定を第四編から引き離して第一編『総則』のなかに置くという旧人事編解体の措置と密接不可分の関係にあった」(⑬一〇四頁以下)[21] とし、続けて親族編での「戸主及ヒ家族」の章の冒頭への格上げが言及され、さらに総則編での「権利ノ主格」規定につき「『個人主義』の色彩が出ないように慎重な姿勢が貫かれ (た)」(⑬一〇五頁) とする。[22] ここでの「密接不可分の関係」という表現は、二年後の⑭四六頁では「『第一編　総則』を設けた最大の理由は、法典論争における旧人事編への非難・攻撃を躱すため個人の法と親族の法とを分けて第一編と第四編とに遠く引き離すことにあったもののように思われるのである」という記述になっている。第三回帝国議会での民法商法施行延期法律案の可決には、民法典論争における延期派と国権派議員との結び付きがみられたが、[23] 民法中修正案(後二編) の第一二回帝国議会貴族院の委員会審議ではこの結び付きが崩れた。民法典論争において延期派に属していた法律家委員は後二編案に賛成し、これに対して政治的保守派委員は継続委員設置案を提出しそれが委員会で可決された。[24] 保守派議員にとっては人事編解体が問題であったのではなく、民法典が親族間に権利義務関係を生じさせることが問題とされたのである。貴族院本会議では、継続委員設置案が否決され、動議に基づいて第二読会・第三読会が慌ただしく行われた後、民法中修正案 (後二編) が可決された。[25] かくて、人事編の解体は明治民法典の制定を可能にするとともにこの民法典が抱える対抗・緊張関係の所在を示すものでもあった。「民法典略史」が明らかにするのはこのことである。[26] 今後、民法典編纂の歴史的意味の研究にとっては、⑬で提示された人事編解体テーゼの検討が不可欠となろう。

このような「民法典略史」が⑬で現れるについては、『資料集成』の作業とともに、「人の法」構想の展開との関連が考えられる[27]。「人の法」の中の後見法の位置と民法典の編成の関係を検討することからこのような「編纂史の内容分析」へと進んだのではないかと推測される[28]。ここには歴史研究を基礎作業として、現代における「人の法」の更なる展開という展望を見据える姿勢をみることができる。

⑵　付言──広中における民法典編纂史研究と解釈方法上の歴史的解釈の関係

広中にとって歴史研究は認識作業であり民法解釈は実践作業である。「法規の歴史的意味内容の確定は、歴史上の事実にかかわる純粋な事実認識の作業（評価的判断から遮断された作業）」であるが、歴史的解釈は「その意味内容に従った法規の適用によってもたらされる結果が現在における民事紛争の処理として妥当なものと判断されうるかどうかを検討し、結果が妥当でないと判断されないかぎり右適用を肯定すべきである（これは──外観はどうあれ──評価的な決定である）」（④六二頁、⑬六六頁）とする。従って、歴史的解釈の前提となる認識の対象は過去の歴史的事実であるが、解釈という行為は現在の時点での「評価的な決定である」とされる。歴史的解釈の検討は本稿の範囲ではないので以上の付言に留める[29]。

## 四　おわりに

広中の晩年の民法典編纂史研究は民法総論研究と並行し密接に関連していた。旧憲法時代は家と個人、家と「財産の法」の対抗が重要な意味を持ち、「人の法」は前史あるいは胎動期にあったといえようが、このことを含めて「人の法」と「財産の法」の対抗・緊張のなかでの法形成を把握するという視点が民法典編纂史研究と民法総論研究を貫いている。人間・個人の尊厳の尊重の考え方の展開の過程は、フランス人権宣言・自由民権運動・ポツダム宣言・日本国憲法という歴史の上に表されている。民法典編纂をこの歴史との関係で観察しその後の法形成の社会的意味を解明し更なる方向を展望する、この広中の研究がこれからも受け継がれ生かされていくかは、「人の法」という未完のプロジェクトを継続する社会が維持・形成されるかにかかっている。広中は、最後の対外的な活動となった講演「戦争放棄の思想――憲法九条を考える視点[30]」で、憲法九条を人間の尊厳から根拠付ける視点を提示している。この社会を覆いつつある暗雲に抗する立脚点がここにある。

（1） 広中の以下の著作は番号で示す。①『第九回帝国議会の民法審議』〔一九八六年〕、②「民法修正案（前三編）に関するおぼえがき」法学五〇巻五号〔一九八七年〕、③『民法修正案（前三編）の理由書』〔一九八七年〕、④『民法綱要第一巻総論上』（旧版）〔一九八九年〕、⑤「日本民法典編纂史とその資料」民法研究一号〔一九九六年〕、⑥「帝国議会議事速記録の復刻について」法時七〇巻九号〔一九九八年〕、⑦「成年後見制度の改革と民法の体系――旧民法人事編＝『人の法』の解体から一世紀を経て（上）（下）」ジュリ一一八四号、一一八五号〔二〇〇〇年〕、⑧「『民法中修正案』（後二編を定める分）について――政府提出案、条文の変遷」民法研究二号〔二〇〇〇年〕、⑨「箕作麟祥民法修正関係文書一覧」民法研究二号〔二〇〇〇年〕、⑩「第一二回帝国議会における民法修正案（後二編）の審議」民法研究三号〔二〇〇二年〕、⑪「田部芳民法修正関係文書一覧」民法研究三号〔二〇〇二年〕、⑫『日本民法典資料集成　第一巻民法典編纂の新方針』〔二〇〇五年〕、⑬『新版民法綱要第一巻総論』〔二〇〇六年〕、⑭「『第一編　人』で始まる新しい民法典の編纂」法時臨時増刊・民法改正を考える〔二〇〇八年〕。

（2） 『著作集第五巻』三校刷り七四二頁、七四九頁。校正刷りの閲覧につき（株）創文社に感謝します。

（3） ここでの第一期とは第三回帝国議会における民法商法施行延期法律案の議決まで、第二期とは法典調査会の作業開始から第一二回帝国議会貴族院における民法中修正案可決までを指している。後の⑤では第一期を旧民法公布までとしている（⑤一八八頁）。この点については後注(5)及び該当本文参照。なお、①では「史料」とされているが、⑤や⑫の標題が示すように「資料」も同義で用いられている。広中の著作からの引用を別にして、本稿では「資料」とする。

（4） ⑬一一一頁注(7)での「由来と経緯の解明」という表現がこれを指しているのであろう。

（5） 第一期の終点は①三頁の区分では民法商法施行延期法律案の議決に置かれていたが、⑤一三八頁では旧民法公布に置かれている。そのうえで本文に引用した文章がある。それに続けて「この帝国議会の意義を的確にとらえていないように思われる記述がこれまで少なくない」として幾つかの例が挙げられている。広中は⑤によって、「これまで正確でなかった旧民法公布以後の部分について正確な民法典編纂史をとりあえず研究者に提供……したい」（⑤一三九頁）と述べている。

(6)　見解が分かれている旧民法の公布年月日については、官報の日付である一八九〇年四月二一日と同年一〇月七日であるとする（広中「旧民法の公布年月日」法時七一巻四号［一九九九年］七三頁）。また、旧民法典の廃止についての⑤一三九頁、一四一頁注(五)(六)の指摘も参照のこと。なお、民法典に関してではないが、法時論文では、官報創刊の日付が明治一六年七月二日（月）であると確認し、同年七月一日を創刊予定日としていた太政官達二七号に拠ったと思われる幾つかの論文の誤りを指摘している。

(7)　⑤一六三頁は「(商事法務版は）研究上は検索に便利な書物として扱うにとどめ、論文等での引用には日本学術振興会謄写本……を用いるべきものと考える」とする。国会図書館デジタルコレクションにより学振版の利用が容易になり、広中の提案が実現される環境が整った。

(8)　写真版にも問題とされるべき点があったことにつき、後注(12)及び該当本文を参照。

(9)　広中「学振版議事録の異同」法時七一巻七号［一九九九年］一一〇頁以下。なお、法時論文には「(学振版は）一〇部宛ヲ複製シ」、うち二部は「セットとして完成されなかったものと推定される」という学術振興会研究員による記述の紹介がある。そこでいう「セットとして完成」の意味は明らかになっていないが、学振版は一橋大学に二部所蔵されているから九部の存在が確かであり、紹介された記述を前提とすれば残る一部（完成セットではない？）の所在が判っていない。丁付の異同も含め学振版についての調査が続けられている（高橋良彰 https://kaken.nii.ac.jp/pdf/2011/seika/C-19/11501/21530072seika.pdf）。

(10)　また広中「民商法修正案の起草」法時七三巻六号［二〇〇一年］一〇〇頁には、学振版『民法第一議案』における印字「梅」委員は「按」の判読の誤りによるとする指摘がある。

(11)　この研究会での広中の指導については、岡孝「梅文書目録作成の頃の思い出」廣中俊雄先生を偲ぶ会編『廣中俊雄先生を偲ぶ』〔二〇一五年〕一七七頁以下。

(12) 問題とされた写真版での正誤織り込み、正誤表と本文の消去（⑥四頁以下）につき、ある編集者が筆者に、訂正記事の写真から切り取った部分を議事録の写真に貼って再度写真を撮ったのであろうと推測を語ってくれた。国会図書館デジタルコレクションにより、広中が指摘した議事録参照上の問題は回避可能になった。

(13) 広中は対照表・一覧表を重視していた。⑫中に『法典調査規程』および『法典調査ノ方針』の変遷一覧表があるほか、『資料集成』第二部では民法典各編の甲号議案・修正案・決議案の変遷一覧表、第三部では整理会での変遷一覧表、第五部では帝国議会審議による変遷一覧表が各巻末に収められる予定であった。

(14) そこに見られる法典調査規程関係資料に対する細心の注意には、⑬「民法典略史」での人事編解体への着目、そこでの『法典調査規程理由書』の意義付けとの関連が考えられる。

(15)「◎記号つき番号」を巡る広中と清水の緊張と敬意に満ちた関係は感動的とさえ言える。清水による『穂積陳重立法関係文書の研究』の解説（同一四頁以下）も参照。

(16) 広中は民法典を「文化財」と呼んでいる（「綻びた日本民法典の体系と民法学の対処」創文四八二号〔二〇〇五年〕二頁）。

(17) M.ウェーバー・尾高邦雄訳『職業としての学問』〔一九三六年〕二五頁（新漢字にした）。

(18) 瀬川信久「『日本民法典資料集成』第一巻の刊行について（紹介）」民法研究五号〔二〇〇八年〕一四三頁。小柳春一郎「『法典調査の方法』について」ジュリ一三三一号〔二〇〇七年〕九五頁は「画期的業績」と言う。

(19) 民法典論争関係資料は第一四巻で扱うとされている（⑫三頁）。「民法典略史」との関連で第一四巻の編集方針が興味を引くが、もはや知り得ない。

(20) 佐野智也「立法沿革研究のための明治民法情報基盤の構築」http://in-law.jp/archive/taikai/2014/kobetsuB2-slide.pdf参照。

(21) 広中がここで引用している句や文は『法典調査規程理由書』の「第六条理由」（⑬では一〇三頁、原資料の写真は⑫六六四頁）からである。「第六条理由」は④では引用されていない。

(22)「権利ノ主格」規定の経緯については⑦（上）九四頁以下に詳しい説明がある。
(23)施行延期案が可決された要因としては更に、帝国議会開設直前の駆込み的な公布に対する批判も重要な意味をもっていた。この点に関する第三回帝国議会における議員発言は⑥二頁参照。広中が「立法過程そのものの側面」（⑤一四四頁）というときこの点が着目されていたのであろう。
(24)貴族院特別委員会の審議については⑩八四頁以下。また、中村「民法典論争と法典調査会及び帝国議会における修正作業の関連」松山大学法学部松大ＧＰ推進委員会編『シンポジウム『民法典論争資料集』の現代的意義』［二〇一四年］一四四頁〔本書五九頁〕以下。
(25)貴族院本会議での審議については⑩一一二頁以下。
(26)人事編解体のもつこのような意味からも、後二編を前三編の「追加的改正立法」とする法務省民事局見解は荒唐無稽ということになる（この問題については広中「民法改正立法の過誤（再論）」法時七二巻三号［二〇〇〇年］九三頁以下参照）。広中は法時論文の中で法務省民事局見解が拠る資料理解を厳しく批判している。このことは「民法ないし民法典の歴史や体系というものに対する鋭敏な感覚を立法実務関係者に求める気持ち」（⑬一一一頁注七）という記述の一因となったと思われる。
(27)④九六頁で総則編と切り離された親族編の理由付けの可能性が述べられていたが、その文章が⑬では削除されている。この削除は⑭における総則編廃止の提案（⑭四六頁）に繋がるものと見ることができよう。
(28)⑬一〇七頁および一一一頁参照。なお、念の為に言えば、禁治産・準禁治産制度の総則編と親族編への配分は、それに関する⑬一〇五頁における言及が「なお、」書きであることが示す通り、総則編と親族編への割り振りが必要になった結果の一つと捉えられている。
(29)亀本洋「法制定の重み」（広中俊雄先生傘寿記念論集・法の生成と民法の体系［二〇〇六年］五七五頁以下、特に五八四頁）は、広中の「歴史的解釈」を検討しているが、そこでは「歴史的意味内容の確定」と「歴史的解釈」の関係が却って錯綜したように思われる。なお、吉村良一「広中俊雄著『民法解釈に関する十二講』」法時七〇巻八号［一九九八年］九八頁には、「解釈の前提作業としての歴史的意味内容の探究において『何をどこまで』解明すべきかが明らか（でない）」という合評会同人の疑問の紹介があるが、意味が判り難い。

(30) 法時七八巻九号〔二〇〇六年〕→広中『戦争放棄の思想についてなど』〔二〇〇七年〕九八頁以下。みやぎ憲法九条の会『戦争放棄の根本思想は何か（みやぎ憲法ブックレット№3）』〔二〇〇七年〕にも収録されている。

# 15 闘うヒューマニスト

学生書房編集部編『闘うヒューマニスト――近代日本の革命的人間像――』（学生書房刊〔一九四八年〕）からは学生編集者たる若き先生の情熱が溢れ出ている。この本の内容については先生が一九九五年四月に東北大学法学部の新入生向けに行った講演「〝私の大学〟」（法学六〇巻一号〔一九九六年〕収録）の中で説明されているので、以下では重複を避けながら、この本を手にして思うこと、忘れ難い思い出となったことを述べてみたい。

この本では一二人の「近代日本の革命的人間」を採り上げ（編集時点で死去している人に限定したと述べられている）、それぞれの親しい人による回想記を三部構成にして、各部の扉において編者（先生）によってそれらの人々に次のような文が捧げられている。即ち、第一部の扉には「実践的活動に主として身をささげた人達」として、幸徳秋水・大杉栄・片山潜・山本宣治に、「彼らの心は人間愛にみちていた。人民の苦難をみて彼らの血はもえたたずにいなかった。彼らは暴力と闘つた。そして斃れた。」という文、第二部の扉には「実践運動と関連する理論闘争を中心として活動した人達」として、野呂栄太郎・猪俣津南雄・大森義太郎・河上肇に、「働く人達の苦しむ現代社会の矛盾――それの解明と打開とに彼らは情熱をかたむけて携つた。彼らの生活は窮乏の中で輝いていた。」という文、第三部の扉には「支配者層に抵抗しながら学問的研究に身をささげた人達」として、古在由直・吉野作造・三木清・戸坂潤に、「彼らは勿論衝突した。だが妥協はしなかつた。そこには正しい学問と暖い人問性とがあつた。人民はその中で息づいていたのだ。」という文である。

書名、副題、扉の文からいかに「人間」ということが編集に当たった先生の関心の中心にあったかが窺える。これらの文の先にある新人賞受賞作「炎の日」の掲載雑誌が『人間』であったのも偶然の符合とはいえないであろう。先生はその後、野間宏にも勧められた小説家の途を断ち、研究者の途を進まれることになるが、そこでの民法解釈学でも法社会学でも先生の研究の中心には常に「人間」および「人間関係の質」を観察する眼があった。扉の文から晩年の『民法綱要』（旧版〔一九八九年〕、新版〔二〇〇六年〕）における重要な柱である「人の法」まで太い線が貫いていることに気付かされる。「人間の尊厳」がそれである。このように見てみると、とくに第三部への文は既にその後の先生の研究者としての姿勢を表すものとなっている。先生もまた「闘うヒューマニスト」であり、第三部に挙げられた人々の列に連なる人であった。

先生の亡くなられる前の年、病室での面会を許された際、この本を携えて仙台に向かった。講演「〝私の大学〟」の中で話されたことをもっと詳しくお聴きしたかったからである。先生のお体の具合からそのようなお話をお聴きすることはできなかったが、先生はこの本を手にとられ、「僕が出した本だ」と言いながら何度も表紙を撫でられた。それは幼い子供を慈しむかのようであった。これが最後の病室での面会となった。

# 収録論文への補遺

論文1【補遺】本稿では梅の民法第二編親族案を彼の家族制度観を表すものとしてその意義を検討したが、それと並んでPandekten採用に対しての梅の懐疑という角度を付け加えると問題がより広がると思われる。論文3、4は梅を中心に論じたものではないが、本稿に繋がるものと考えている。

論文2【補遺】複数の甲号議案草稿の比較検討によって甲号議案の起草過程の推測を試みることができるのは本稿で紹介した箇所だけであるという状況は本稿発表後も変わっていない。また、それ以外の甲号議案草稿の研究上の利用もまだ少ない。

論文3【補遺】私は民法典論争の学説史上の意義についてはまだ測りかねている。歴史的にはこの論争を経て旧民法典施行が延期されそれが明治民法典の編纂に繋がったのであるが、民法典論争の内容そのものの学説史的評価はそれとは別の問題であろう。

論文4【補遺】二〇一二年二月四日新潟大学で開催された19世紀学会・19世紀学研究所国際シンポジウム『法典化の19世紀―ポストコロニアル・パースペクティヴ』における報告の記録である。二〇一四年二月に再校を校了して三月発行予定の『19世紀学研究』に収録されると聞いていたが同号は結局発行されないままになっている。

論文5及び6【補遺】批判的峻別論については憲法学において樋口陽一氏の論考をめぐって議論が行われたが、他の領域ではこの問題への関心は起こらなかったようである。しかし、法解釈論に限定すると、憲法学におけるそれら議論も論文5、6とは問題の共通性が少ないように思われる。なお、批判的峻別論に関してではなく憲法学全体を念頭においての論文であるが、水波朗「指月の譬え」創文四三二号［二〇〇一］五頁以下、「指月の譬え　後日譚」創文四四九号［二〇〇二］二一頁以下における新カント派批判は批判的峻別論の前提への批判にもなっている。しかし、認識論と存在論をめぐる西洋哲学史上の議論についてここで論じる用意はないので、そのような論考が存在するという紹介に留めざるを得ない。

論文7【補遺】論文12第四章第四節のなかの最判一九九〇（平二）年一月二二日民集四四巻一号三三二頁の位置付けを再検討したものである。本論文と論文12第四章での中心テーマである反制定法的判決の意義に関して、瀬川信久「民事裁判における三段論法の意義と課題―超過利息の判例を素材に」法哲学年報二〇一三［二〇一四］四五頁注(2)、注(9)での拙稿への批判に接した。反論を手短に述べると、注(2)は、拙稿が最大判一九六四を欠缺補充としなかったことを批判している。しかし最大判一九六四の法廷意見にあるのは元本への充当問題での利息制限法一条一項の二項からの切り離しと民法条文の解釈・適用への立ち返りである。ここでの解釈は（利息制限法条文については立法趣旨への言及もあるが基本的には）体系的客観的解釈である。瀬川説では「法律の欠缺」というとき利息制限法だけが考えられている。注(9)では、拙稿が最大判一九六八を市民法理の回復と捉えたことを批判して、最大判一九六八の基礎となっている最大判一九六四が利息制限法を「契約自由を制限する社会立法と考えている」から、拙稿の把握は「裁判官の意識には反する」とする。この文章は、瀬川の考えも「裁判官の意識」と同じという意味なのであろう。「裁判官の意識」を法現象の社会科学上の性格付けの根拠とすることの方法上の問題もあるが、ここでは瀬川説には高利貸資本を前期資本と捉える視点が欠けていることを指摘しておく。瀬川説は、例えば仮登記担保・譲渡担保精算金判決さらには前借金無効判決にも、それらは「契約自由を制限」しているとして、市民法的性格を否定するのであろうか。

論文8【補遺】この論文に関しては拙稿と比較的近い問題関心から簡潔な要約を伴った笹倉秀夫氏の論評がある（法制史研究三三号［一九八三］三四四頁以下）。ナチス時代の民法学の研究としてその後現れたものとしては、森田修「ラーレンツの手品（一・二）」法学協会雑誌一二四巻三号五九一頁以下、四号七三七頁以下［二〇〇七］がナチス時代の前と後を通じての Larenz の契約責任論の変遷・展開を検討している。拙稿では、森田論文の関心の所在とは異なって、主たる関心は利益法学による対応とその意味にあり（論文9、10の【補遺】参照）、学説史上はナチス時代の Larenz を利益法学の（そしてまた民事裁判の）変質を導く環境として位置付けている。なお、森田論文は拙稿（と広渡論文）を「イデオロギー批判」と性格付けている（「（二）」六〇一頁）。この表現の意味は明らかではないが、拙稿は解釈方法論の歴史的位置付けを試みたものであって、Larenz が示す認識とそのイデオロギーの関係といったことを議論したものではない。

ドイツにおいてはナチス時代の民事法についての研究は裁判所についての実証研究が進んだ。他面、Larenz についての法哲学および個人史的な研究はあるが、この時代の民法解釈方法についての研究は、Rüthers が Die unbegrenzte Auslegung の版を重ねながら精力的にその主張を繰り返すのが目立つのみで新たな展開といえるものはみられないようである。近時 Canaris と Rüthers の間でナチス時代に Larenz が果たした役割について激しい論争があったが、そこでも議論は Larenz が反ユダヤであったかということに向かっている（ナチズムと反ユダヤの歴史がもつ深刻さからすれば、ドイツでは議論が民法解釈方法の性格といったことに限定されないことはもっともかもしれないと想像されるが）。両者の論争の文献は以下のとおり。Canaris, Larenz, in Deutschsprachige Zivilrechtslehrer des 20. Jahrhunderts in Berichten ihrer Schüler/Hrsg.von Stefan Grundmann, Karl Riesenhuber. S. 263. derselbe, „Falsches

Geschichtsbild von der Rechtsperversion im Nationalsozialismus“ durch ein Porträt von Karl Larenz? JZ 2011, S. 879. Rüthers, Personenbilder und Geschichtsbilder–Weg zur Umwandlung der Geschichte? JZ 2011, S. 593. derselbe, Risiken selektiven Erinnerns JZ 2011, S. 1149.

論文9、10【補遺】論文8の原型である提出された学位論文では論文9、10はその第二章であった。それは論文9、10の副題に示しているような利益法学および自由法運動の問題点への関心が論文8の方法的枠組みを成していたからである（ただし、自由法運動は変質を示す前に政治的理由から壊滅したから、論文8では中心的検討対象には入ってこなかった）。

論文11【補遺】本稿は異なった制度と民法典上の規定のもとにあるドイツにおける憲法裁判所判決を民法上の法形成にとっての意義という角度から、法的構成でなく法形成の実質を検討しようとした。本稿に関しては「民法と憲法を対置するという志向がやや強」いとする見方が見られたが（山本敬三「基本権の保護と不法行為法の役割」民法研究五号〔二〇〇八〕九四頁）、本稿での法比較のための基本的視点は民法形成の基盤たる市民社会は憲法の基盤でもあるとするもの（従って山本・同頁の言葉を使えば「融合的」）である。なお、法セミ六四六（二〇〇八年八月）号は「憲法と民法──対立か協働か　両者の関係を問い直す」という特集になっていたが、「対立」させる主張がどのようなものか寡聞にして知らない。

論文12【補遺】本稿第二章で採り上げた景観利益の保護に関しては、その後の重要文献として、「シンポジウム公法と私法における集団的・集合的利益論の可能性」民商法雑誌一四八巻六号〔二〇一三〕四九二頁以下があり、そのなかでも特に吉田克己報告「保護法益としての利益と民法学」五七二頁以下において民法解釈論上の細密化という意味での展開を見ることができる。しかし、このシンポジウム全体としては、上記のテーマ設定からも窺えるように、かつて行政法学において公法概念に対して厳しい批判が行われたということが顧みられてはいない。そのことがひいては議論の中で最判国立景観事件の問題点の検討が行われないことにも関係しているのではないであろうか。

本稿第三章では、憲法学上の私人間効力論で議論されたテーマは、民法上は民法二条の個人の尊厳という解釈指針に沿った「人の法」の形成の問題として捉えなおされるものであることを示したが、直近の大飯原発差止判決（福井地判二〇一四年五月二一日）における憲法理念の強調と人格権侵害の具体的危険性の判断もこの意味で理解されるべきものである。

本稿第四章については、第四節中の最判一九九〇（平二）年一月二二日民集四四巻一号三三二頁の検討が不十分であった。これについては論文7で再検討した。

論文13【補遺】本稿は民法解釈論文であるが、憲法と民法の体系的位置付けからあるべき法形成を根拠付けるようとしたものなのでここに収録した。現今の政治状況からは、民法と憲法を共通に個人の尊厳の尊重を不可欠とする市民社会のなかで内容が形成されるものであるとする視点の重要性がますます大きくなっている。

〈初出一覧〉

Ⅰ　民法典編纂に関する研究

1　民法第二編親族案（法律時報七〇巻七号　一九九八）

2　民法修正原案の「単独起草合議定案」の事例研究（民法研究三号　二〇〇二）

3　民法典論争と法典調査会及び帝国議会における修正作業の関連（松山大学法学部松大GP推進委員会編『シンポジウム『民法典論争資料集』（復刻増補版）の現代的意義』所収　二〇一四）

4　Institutiones から Pandekten へ（未刊行）

Ⅱ　民法解釈の方法的分析

5　認識・評価峻別論と法解釈学（法政理論一八巻一号　一九八五）

6　法解釈における認識・評価峻別論の意義について（法政理論二二巻四号　一九九〇）

7　制限超過利息に関する反制定法的判決と厳格解釈判決の方法的検討（法政理論四四巻四号　二〇一二）

Ⅲ　民法解釈方法の歴史的分析

8　ナチス民法学の方法的分析（法学四一巻四号、四二巻一号　一九七八）

9　利益法学における評価と構成（文経論叢一四巻一号　一九七九）

10　自由法運動における評価と構成（文経論叢一五巻二・三号　一九八〇）

Ⅳ　民法上の法形成の現状分析

11　憲法の視点からの民法？（林信夫・佐藤岩夫編『広中俊雄先生傘寿記念論集・法の形成と民法の体系』所収　二〇〇六）

12　民法上の法形成と民主主義的国家形態（民法研究六号　二〇一〇）

13　政教分離原則と民法（法政理論四四巻二・三号　二〇一二）

Ⅴ　広中俊雄先生を偲ぶ

14　『日本民法典資料集成Ⅰ』と『新版民法綱要』に見る民法典編纂史研究（法律時報八七巻九号　二〇一五）

15　闘うヒューマニスト（廣中俊雄先生を偲ぶ会『廣中俊雄先生を偲ぶ』所収　二〇一五）

〈著者紹介〉

中 村 哲 也（なかむら　てつや）

1946年　静岡市に生まれる
1977年　東北大学大学院法学研究科博士課程修了（法学博士）
　　　　弘前大学講師・助教授、新潟大学助教授・教授を経て
2012年　新潟大学を定年退職
新潟大学名誉教授

学術選書
121
民法

民法理論研究

2016（平成28）年12月20日　第1版第1刷発行
6091-01011：P528 ￥10000E 012：035-005

著　者　中 村　哲 也
発行者　今井 貴 稲葉文子
発行所　株式会社 信 山 社
〒113-0033　東京都文京区本郷6-2-9-102
Tel 03-3818-1019　Fax 03-3818-0344
info@shinzansha.co.jp
笠間才木支店　〒309-1611　茨城県笠間市笠間515－3
Tel 0296-71-9081　Fax 0296-71-9082
笠間来栖支店　〒309-1625　茨城県笠間市来栖2345－1
Tel 0296-71-0215　Fax 0296-72-5410
出版契約2016-6091-5-01011　Printed in Japan

 印刷・製本／亜細亜印刷・渋谷文泉閣
ISBN978-4-7972-6091-5 C3332 分類 327.005-b011 民法